AF203919

Mark Nepo

Ankommen im Jetzt!

Inspirationen und Meditationen
für jeden Tag im Jahr

Titel der Originalausgabe:
The Book of Awakening.
Having the Life You Want by Being Present to the Life You Have.
Copyright © 2000 by Mark Nepo
All rights reserved
Published under arrangement with
RED WHEEL/ WEISER LL.C. &
CONARI PRESS, Newburyport, MA 01950-4600, USA

Deutsche Ausgabe:
© KOHA-Verlag GmbH Dorfen
6. Auflage 2025
Alle Rechte vorbehalten
Aus dem Englischen von Nayoma de Haën
Lektorat: Maria Müller
Layout: Birgit-Inga Weber
Umschlaggestaltung: Guter Punkt, München
Umschlagmotiv:© Paul Trummer / The Image Bank / Getty Images
Gesamtherstellung: Karin Schnellbach
Druck: CPI Books, Leck
ISBN 978-3-86728-170-6

KOHA-Verlag GmbH, St. Sebastian 13, 84405 Dorfen
info@koha-verlag.de, www.koha-verlag.de

Mark Nepo

Ankommen im Jetzt!

Kommentare zu
»Ankommen im Jetzt!«

»Mark Nepo ist ein erstaunlicher Dichter und Lehrer. Er tröstet uns und leitet uns gleichzeitig zu dem tiefen, ruhigen Fluss der Weisheit, der jeden einzelnen Tag unseres Lebens durchdringt.«
- *Wayne Muller, Gründer von »Bread for the Journey« und Autor von »Einfach genug«*

»Eine echte Schatzkiste an Übungen, Reflexionen und Dichtkunst zur Erinnerung an die Pracht, Schönheit und Großartigkeit des menschlichen Geistes.«
- *Angeles Arrien, Ph. D., Kulturanthropologin, Autorin von »Der vierfache Weg«*

»Mark Nepos Werk ist sanft und zuverlässig wie die Gezeiten, und er ist einer der Mutigsten, die ich kenne, wenn es darum geht, tief in die Mysterien des Selbst zu tauchen.«
- *Michael J. Mahoney, Professor für klinische Psychologie an der University of North Texas sowie Autor von »Kognitive Verhaltenstherapie«*

»Mark Nepo ist eine der besten spirituellen Leitfiguren unserer Zeit, und dieses Buch gehört zu den köstlichsten Früchten seines Geistes. Seine dichterische Gabe zeigt sich auf jeder Seite, und seine eigene mutige Reise von der Todesnähe in ein neues Leben haucht jedem seiner Worte Leben ein. Dieses Buch ist eine Liebesgabe. Öffnen Sie es wie ein Geschenk – öffnen Sie sich dafür – und Sie werden wie ich von Dankbarkeit erfüllt und mit Erneuerung beschenkt werden.«
- *Parker J. Palmer, Aktivist und Autor von »Let Your Life Speak« und »The Courage to Teach«*

Die Weisheit ist ein lebendiger Strom,
keine in einem Museum verwahrte Ikone.
Nur wenn wir die Quelle der Weisheit
in unserem eigenen Leben finden,
kann sie zukünftigen Generationen zufließen.

< Thich Nhat Hanh >

Eine Einladung

Dieses Buch ist als Gebrauchsgegenstand gedacht, es soll dir ein Gefährte sein, ein Seelenfreund. Es ist ein Buch des Erwachens. Um es zu schreiben, musste ich es leben. Es schenkte mir die Gelegenheit, viele der stillen Lehrer, denen ich im Lauf meines Lebens begegnet bin, in einem Werk zusammenzubringen. Das Finden und Ausformulieren der einzelnen Texte half mir, mein inneres und mein äußeres Leben näher zusammenzubringen. Es hat mir geholfen, mein Herz besser zu erkennen und zu nutzen. Ich hoffe, dass es auch dir in diesem Sinne nützlich sein wird.

Die in diesem Buch versammelten Erkenntnisse zusammenzustellen war ein wenig, wie entlang einem Weg glitzernde Steine zu finden. Ich hielt inne, um sie zu betrachten, von ihnen zu lernen, steckte sie dann ein und ging weiter. Als ich nach zwei Jahren des Sammelns meinen Sack Steine ausleerte, staunte ich selbst über meine Funde.

All diese Fundstücke sprechen letztlich über den Geist und die Freundschaft, über unser ständiges Bedürfnis, lebendig und in das Leben verliebt zu bleiben, egal welche Schwierigkeiten uns begegnen. Die aus vielen Traditionen, Erfahrungen und von vielen schönen und aufrichtigen Stimmen verfassten Lieder singen alle von dem Schmerz, dem Wunder und dem Geheimnis des Lebens.

Ich fühlte mich zu dieser Form hingezogen, weil ich mich als Dichter nach einer Ausdrucksweise sehnte, die so nützlich ist wie ein Löffel. Während meiner Krebserkrankung wurden mir Bücher mit Texten für jeden Tag zu einer wichtigen Seelennahrung. In den letzten fünfundzwanzig Jahren sind diese »Tagebücher« zur Antwort auf ein kollektives Bedürfnis geworden, zum spirituellen Sonett unserer Zeit, zu einem Gefäß mit kleinen Portionen von Wesentlichem.

Ich kann nur darum bitten, dass dieses Werk so über dich kommen möge wie das Meer, das einen herausragenden Stein überschwemmt: dass es überrascht und erfrischt, dass es dich und mich zum Glänzen bringt und uns zurücklässt, ausgewaschen und doch einen Augenblick lang glatter und klarer.

Ich hoffe sehr, dass du in diesen Seiten etwas finden wirst, was dich überrascht und erfrischt, was dich zum Glitzern bringt und dir hilft, zu leben, zu lieben und deinen Weg zur Freude zu finden.

Mark

◆ ◆

Vorwort

von Wayne Muller

Zu den größten Freuden meines Lebens gehört es, Mark Nepo zuzuhören, wenn er seine Gedichte vorliest. Ein Gefühl von Abenteuer erfüllt dabei den Raum. Ich bin immer wieder überrascht, wie Mark verborgene Schätze enthüllt und dabei die außerordentlichsten Wunder offenbart. Wenn er öffentlich liest, hört man, wie die Leute den Atem anhalten, weil sie etwas Tiefes, Wahres erkennen, etwas Bekanntes, das vergessen oder übersehen wurde. Mark sieht es, erinnert sich für uns und gibt es uns zurück. Am Ende bleibt ein Gefühl der Dankbarkeit dafür, sich etwas wirklich Kostbares wieder ins Bewusstsein gerufen zu haben.

Unser Leben besteht aus Tagen. Nur in den Tagen unseres Lebens können wir Frieden, Freude und Heilung finden. Es gibt Tausende winziger Wunder, die unsere Tage prägen, und Mark Nepo studiert solche Wunder. Als Alchemist des Gewöhnlichen lädt er uns ein, durch Sehen, Berühren, Tanzen und Fühlen unseren Weg ins Herz des Lebens zu finden.

So wie das Leben aus Tagen besteht, bestehen Tage aus Augenblicken. Ein gut gelebtes Leben ist fest verwurzelt im süßen Boden dieser Augenblicke. Mark Nepo ist ein Gärtner, der Samen der Gnade in diesen Boden pflanzt; sie können nur durch liebevolle Aufmerksamkeit und Zeit voller achtsamer Zuwendung wachsen. Wenn wir uns in solche Augenblicke verlieben, empfangen wir die größten Segnungen des Lebens – und Mark zeigt uns, wie wir uns tief und mit Hingabe verlieben können.

Mark hatte Krebs, und das rüttelte ihn wach. Durch seine Krankheit entwickelte er eine erstaunliche Achtsamkeit. Jetzt lädt er uns ein, mit seinen Augen und seinem Herzen zu sehen und zu fühlen, wie wach man leben kann. Mark hat den Krebs überlebt und lebt nun mit dem Blick eines Sterbenden, der einfach dankbar dafür ist, zu atmen. Aber weit über Dankbarkeit hinaus beschenkt er uns mit Weisheit, Klarheit, Güte und einer leidenschaftlichen Begeisterung dafür, in jedem Augenblick das Mark des Lebens in sich aufzusaugen. Wenn es dich drängt, auch so zu leben, ist Mark ein geeigneter Führer für dich.

Als Mark die letzte Runde Chemotherapie hinter sich brachte, die ihm half, seinen Krebs zu kurieren, stand er früh auf, presste sich ein Glas frischen Orangensaft aus und stellte das Glas vor sich auf den Tisch. Dann wartete er und sann über die Verheißung des kommenden Tages nach, bis die Sonne über den Bäumen vor seinem Fenster aufging. Wenn dann das Sonnenlicht in den Saft fiel und ihn in orangenem, kristallenem Licht aufleuchten ließ, setzte Mark, so erzählte er mir, das Glas an die Lippen und trank.

Die meisten Sakramente haben etwas atemberaubend Einfaches an sich: ein schlichtes Gebet, ein Schluck Wein und ein Stück Brot, ein Atemzug in der Meditation, ein wenig Wasser auf der Stirn, ein Austausch von Ringen, ein freundliches Wort, ein Segen. All diese Handlungen können, wenn sie von Achtsamkeit getragen werden, unsere spirituelle Wahrnehmung öffnen, uns nähren und mit großer Freude erfüllen.

Dies ist ein Buch der Sakramente; es ist Marks großzügiges Geschenk an uns, ein Bankett alltäglicher Wunder und der Reichtümer des menschlichen Lebens. Nimm dir Zeit, genieße jede Seite. Und sei vor allem gewillt, dich überraschen zu lassen. Das Leben ist vielleicht bereits wundervoller, als du es dir je hast träumen lassen.

❖ ❖

Geburtstage, Festtage

1
2
3
4
5
6
7
8
9
10
11
12
13
14
15
16
17
18
19
20
21
22
23
24
25
26
27
28
29
30
31

1.

Kostbares menschliches Dasein

Aus all den Dingen, die es gibt –
wir atmen, wachen und wandeln es zum Lied.

Es gibt einen buddhistischen Lehrsatz, der uns auffordert, Achtsamkeit dafür zu entwickeln, wie kostbar es ist, in menschlicher Form auf der Erde zu sein. Diese wundervolle Sichtweise des Lebens gibt uns Gelegenheit, Wertschätzung für die Tatsache zu entwickeln, dass wir hier sind als von Bewusstsein erfüllte Individuen, die Wasser trinken und Holz hacken. Sie fordert uns auf, uns umzuschauen, die Ameise zu sehen und die Antilope, den Wurm und den Schmetterling, den Hund und den Ochsen, den Habicht und den wilden, einsamen Tiger, die hundertjährige Eiche und den jahrtausendealten Ozean. Sie fordert uns auf, zu begreifen, dass keine andere Lebensform ein solches Bewusstsein hat. Sie fordert uns auf, zu erkennen, dass nur sehr wenige von all den endlos vielen Arten von Tieren, Pflanzen und Mineralien, welche die Erde bevölkern, über die Wachheit des Geistes verfügen, die wir »menschlich« nennen.

Dass ich aus einer gewissen Bewusstseinstiefe aufsteigen und dies zum Ausdruck bringen kann und dass du mich darin verstehen kannst, ist Bestandteil unseres kostbaren menschlichen Daseins. *Du* könntest eine Ameise sein – *ich* ein Ameisenfresser. Du könntest Regen sein – ich ein Brocken Salz. Aber wir sind gesegnet – in dieser Zeit, an diesem Ort sind wir menschliche Wesen, lebendig auf eine kostbare Art, die wir oft für selbstverständlich halten.

Das alles sagt uns, dass dieses kostbare menschliche Dasein nicht wiederholbar ist. Was wirst du also heute tun, in dem Wissen, dass du zu den seltensten Lebensformen gehörst, die es je auf der Erde gab? Wie wirst du dich halten? Was wirst du mit deinen Händen anfangen? Wonach wirst du fragen und wen?

Januar

Morgen schon könntest du sterben und zu einer Ameise werden, und jemand wird vielleicht eine Ameisenfalle aufstellen. Aber heute bist du ein besonderes, kostbares und bewusstes Wesen, das in diesem Bewusstsein ein Leben in Dankbarkeit führen will. Das lässt alles Zögern unsinnig erscheinen. Dankbar und bewusst kannst du nach dem fragen, was du jetzt wissen musst. Sagen, wie du dich jetzt fühlst. Lieben, was du jetzt liebst.

- Setze dich, wenn möglich, ins Freie, oder nahe an ein Fenster. Achte auf die anderen Lebensformen, die dich umgeben.
- Atme langsam und denke an die Ameise, den Grashalm und den Eichelhäher. Was können diese Lebensformen, was du nicht kannst?
- Denke an den Kiesel, das Stück Rinde und die Steinbank und richte deinen Atem auf die inneren Dinge, zu denen du fähig bist und diese nicht.
- Erhebe dich langsam, fühle dich wunderbar menschlich und gehe mit der bewussten Absicht in deinen Tag, heute etwas zu tun, was nur Menschen tun können.
- Wenn der richtige Zeitpunkt da ist, tue dies mit Andacht und Dankbarkeit.

2.

Alle fallen

Führe uns vom Unwirklichen zum Wirklichen.
< Hinduistische Anrufung >

Es war an einem Winterabend und es schneite, als Robert sich an die Zeit im Frühjahr vor zwei Jahren erinnerte: Damals beschloss er, das Wohnzimmer neu zu streichen. Er stand früh auf, fuhr zum Baumarkt, holte eimerweise rote Farbe, Holzstäbe zum Umrühren, Abdeckplane und die Pinsel, die sowieso immer hart werden, egal worin man sie einweicht. Er mischte die Farbe im Hof und schwankte dann zur Tür, in jeder Hand einen schweren Eimer roter Farbe, die Abdeckplane unterm Arm und den breiten Pinsel quer zwischen den Zähnen. Während er mir davon erzählte, begann er zu schmunzeln.

»Ich wankte ein wenig bei dem Versuch, die Tür zu öffnen, aber ich wollte nichts absetzen. Ich war so stur. Ich hatte die Tür schon fast auf, als ich abrutschte, nach hinten stolperte und zu Boden fiel. Literweise ergoss sich rote Farbe über mich.« Jetzt lachte er herzlich über sich, wie er es so oft tat, und wir sahen eine Weile schweigend dem fallenden Schnee zu.

Auf dem Heimweg dachte ich noch lange an diese Geschichte. Es ist doch erstaunlich, dass wir es alle so machen: ob es um Einkaufstüten geht, um Farbeimer oder um Geschichten, die wir unbedingt erzählen wollen. Wir tun es mit unserer Liebe, mit dem, was wir als wahr empfinden, selbst mit unserem Schmerz. Es ist so eine einfache Sache, und doch gibt es diese Momente, in denen das Ego sich weigert, die Last abzusetzen, damit wir die Tür öffnen können. Immer wieder haben wir die Chance, zu lernen, dass wir nicht gleichzeitig an allem festhalten und das Tor durchschreiten können. Wir müssen absetzen, was wir mit uns herumschleppen, die Tür öffnen und dann nur das Nötige mit hinübernehmen.

Die Menschen neigen von Natur aus dazu, Dinge in dieser Reihenfolge zu tun: sammeln, vorbereiten, absetzen, eintreten. Doch wenn es schiefgeht, bekommen wir auch eine zweite Chance; wir können lernen, zu fallen, wieder aufzustehen und zu lachen.

- ◈ Meditiere über eine Schwelle in deinem Leben, die du nur mühsam überschreitest – sei es bei der Arbeit, zu Hause, in einer Beziehung oder auch die Schwelle zu größerem Frieden.
- ◈ Atme gleichmäßig und betrachte dich selbst. Trägst du zu viel, um die Tür öffnen zu können?
- ◈ Atme langsam und stelle mit jedem Ausatmen etwas von den Dingen ab, die du trägst.
- ◈ Atme jetzt frei und öffne die Tür.

Januar

3.

Zurück zu Gott

Das Bewusstwerden ist nicht die Entdeckung
von etwas Neuem; es ist die langsame und schmerzhafte
Rückkehr zu dem, was schon immer war.
< Helen Luke >

Jeder Mensch hat von Geburt an eine Stelle in sich, die frei ist von Erwartungen und Reue, frei von Ehrgeiz und Peinlichkeit, frei von Sorgen und Angst – einen Nabelpunkt der Gnade, an dem jeder von uns zuerst von Gott berührt wurde. Dieser Punkt der Gnade ist der Ursprung des Friedens. Psychologen nennen ihn »Psyche«, die Theologen sprechen von »Seele«, C.G. Jung vom »Sitz des Unbewussten«; die Hindumeister nennen ihn »Atman«, die Buddhisten »Dharma«, Rilke spricht von »Innerlichkeit«, die Sufis nennen ihn »Qalb«; bei Jesus ist es das »Zentrum unserer Liebe«.

Diesen Punkt der Innerlichkeit zu kennen, bedeutet: zu wissen, wer wir sind, nicht anhand oberflächlicher Identitätsmerkmale, nicht aufgrund der Arbeit, die wir verrichten, der Kleidung, die wir tragen, oder der Titel, mit denen wir uns anreden lassen; vielmehr spüren wir, wo unser Platz im Rahmen des Unendlichen ist, und nehmen diesen Platz ein. Dies ist eine lebenslange, schwere Aufgabe, denn die Natur des Werdens besteht in einem ständigen Überwachsen unserer Anfänge, während die Natur des Seins sich durch eine ständige Erosion alles nicht essenziell Notwendigen auszeichnet. Jeder von uns lebt in diesem Spannungsfeld, wird immer wieder überwuchert, nur um wieder abgerieben zu werden bis auf jenen unzerstörbaren Punkt der Gnade in unserem Kern. Dann erleben wir Augenblicke der Erleuchtung und der Ganzheit, Augenblicke des Satori, wie es im Zen heißt, Momente klaren Lebens, wenn Innen und Außen einander berühren, Momente vollständiger Einheit. Solche Schichten können kultureller Art sein, sie können aus Erinnerungen, religiösen Überzeugungen, Traumata oder Kultiviertheit bestehen – in jedem Fall aber ist das Entfernen dieser Schichten und die Wiederherstellung dieses zeitlosen Punktes der Gnade das Ziel aller Therapie und Bildung.

Um welches Thema es auch gehen mag, dies ist das Einzige, was es wert ist, gelehrt zu werden: wie das ursprüngliche Zentrum wieder freigelegt werden kann und wie es zu leben gilt, wenn es wiederhergestellt ist. Wir können diese Schichten eine Betäubung des Herzens nennen; der Prozess der Rückkehr, ob nun durch Leiden oder durch Liebe veranlasst, ist das Verlernen, damit wir zurück zu Gott gelangen.

◆ Schließe die Augen und atme dich durch deine Schwierigkeiten hindurch, so wie ein Taucher in die stille Tiefe gleitet, die ihn unter den rollenden Wogen erwartet.
◆ Denke jetzt an zwei Dinge, die du sehr gerne tust, wie zum Beispiel laufen, malen, singen, Vögel beobachten, gärtnern oder lesen. Meditiere darüber, was dir bei diesen Beschäftigungen das Gefühl von Lebendigkeit gibt.
◆ Mach dir bewusst, was diese Tätigkeiten gemeinsam haben. Atme langsam und spüre, wie diese dir lieben Tätigkeiten jenen Punkt der Gnade in dir berühren.

4.

Zwischen Frieden und Freude

Wir konnten ja nicht ahnen,
dass wir schon gesegnet waren, dort wo wir waren …
< James Taylor >

Das erinnert mich an eine Frau, die einen zusammengeknautschten, vertrockneten Schwamm fand; und in den harten Falten steckte eine Botschaft, die sie gesucht hatte. Sie trug den harten Schwamm zum Meer, und hüfttief im Wasser stehend sah sie zu, wie er sich im Wasser entfaltete und zum Leben erwachte. Blasen stiegen aus dem Schwamm auf, und auf magische Weise wurde das Geheimnis des Lebens sichtbar. Zu ihrem Erstaunen tauchte

Januar

ein kleiner Fisch auf, den die Verhärtung des Schwamms im Schlaf überrascht hatte. Er wurde wieder lebendig und schwamm ins offene Meer hinaus. Von diesem Tag an fühlte die Frau, egal wohin sie ging, den kleinen Fisch in der Tiefe schwimmen, und dieses Schwimmen des kleinen Fisches, der so lange geschlafen hatte, schenkte ihr eine Befriedigung, die irgendwo zwischen Frieden und Freude lag.

Wie auch immer unser Weg aussieht, welche Farbe unsere Tage auch haben mögen, welche Rätsel wir auch lösen müssen, um zu überleben – das Geheimnis des Lebens hat immer mit dem Erwachen und der Befreiung dessen zu tun, was geschlafen hat. Wie jener Schwamm sehnt sich unser Herz danach, sich in den Wassern unserer Erfahrung zu entfalten, und wie jener kleine Fisch ist die Seele ein winziges Ding, das uns Frieden und Freude schenkt, wenn wir es schwimmen lassen.

Doch alles bleibt hart, zusammengezogen und unzugänglich, bis wir, wie jene Frau, hüfttief im Meer, unser schlafendes Herz in die Hände nehmen und es sanft in das Leben tauchen, das wir leben.

◆ Meditiere mit geschlossenen Augen über das Bild eines harten, trockenen Schwamms, der sich im Wasser wie eine Blume entfaltet.

◆ Übe während des Atmens, dein Herz als so einen Schwamm zu sehen.

◆ Wenn du das nächste Mal Geschirr spülst, nimm dir einen Augenblick Zeit, halte den harten Schwamm ins Wasser und spüre, wie sich dein Herz entfaltet.

5.

Zeige Haar

Meine Großmutter hat mich gelehrt:
»Verstecke nie dein grünes Haar – sie sehen es sowieso.«
< Angeles Arrien >

Seit den Qualen der Kindergartenzeit, als wir zum ersten Mal in all unserer Unbefangenheit gehänselt oder veralbert wurden, ringen wir auf die eine oder andere Art damit, zu verbergen, was an uns offensichtlich ist.

Niemand plant das. Es steckt keine Verschwörung dahinter, es ist vielmehr ein unausweichlicher und schmerzlicher Übergang von einem Zustand, in dem wir nur uns selbst kennen, in eine Bekanntschaft mit der Welt. Das Tragische dabei ist: Viele Menschen reden nie darüber oder erfahren nie, dass ihr »grünes Haar« wunderschön ist, dass sie sich nicht verstecken müssen, egal was die anderen auf dem Weg zum Mittagessen tratschen. Deshalb meinen wir oft, wir müssten uns selbst verstecken, wenn wir Bekanntschaft mit der Welt machen wollen.

Doch nichts ist weiter von der Wahrheit entfernt. Es ist eine alte, unausgesprochene Tatsache: Nur wer meint, etwas verbergen zu müssen, ist erpressbar. Doch unausweichlich tauchen Gefühle der Minderwertigkeit auf, wenn wir meinen, wir genügten nicht, so wie wir sind, und sei es auch nur für einen Augenblick.

◆ Setze dich still hin, schließe die Augen und spüre mit jedem Einatmen, dass du genügst, so wie du bist.

Januar

6.

Die Speichen des Rads

Wonach wir streben, mag sich unterscheiden,
doch was uns streben lässt, ist dasselbe.

Stell dir vor, jeder von uns ist eine Speiche eines unendlichen Rads; zwar trägt jede Speiche wesentlich dazu bei, dass das Rad ganz bleibt, doch keine zwei Speichen gleichen einander. Der äußere Reifen des Rades ist unser lebendiges Gefühl von Gemeinschaft, Familie und Beziehung, aber die gemeinsame Nabe, in der alle Speichen zusammenlaufen, ist das eine Zentrum, in dem alle Seelen verbunden sind. Indem ich mich hinausbewege in die Welt, lebe ich meine Einzigartigkeit, doch wenn ich es wage, in die Mitte zu meinem Kern hinzuschauen, entdecke ich das *eine* gemeinsame Zentrum, wo alles Leben beginnt. In diesem Zentrum sind wir ein und dasselbe. So leben wir in dem Paradox, gleichzeitig einzigartig und dasselbe zu sein. Denn auf mysteriöse Weise finde ich mich, wenn ich tief genug in dich schaue; und wenn du dich traust, in den Abgründen deines Herzens das Echo meiner Ängste zu hören, erkennst du darin dein eigenes Geheimnis, von dem du meintest, niemand wüsste davon. Diese unerwartete Ganzheit, die mehr ist als jeder Einzelne von uns und doch uns allen gemeinsam – dieser Moment der Einheit ist das Atom Gottes.

Wie die meisten Menschen habe ich in der ersten Hälfte meines Lebens hart dafür gearbeitet, meine Einzigartigkeit zu verstehen und zu stärken. Ich habe schwer geschuftet, mir meinen Platz auf dem Reifen des Rades zu sichern, und meinen Wert daran bemessen, wie ich mich von allen anderen unterscheide. Aber in der zweiten Hälfte meines Lebens bin ich demütig zum Zentrum des Rades zurückgebracht worden, und jetzt staune ich über die geheimnisvolle Einheit unseres Geistes.

Durch Krebserkrankung, Kummer, Enttäuschung und unerwartete Wendungen in meiner beruflichen Laufbahn, durch den Zusammenbruch und die Neuordnung genau der Dinge, die ich geliebt habe, erkannte ich allmählich: So wie Wasser den Stein glättet und den Sand durchdringt, durchdringen wir einander, werde ich du, und du wirst ich. Wie konnte ich so lange dafür brauchen? Was ich immer für trennend hielt, verbindet mich mit den anderen.

Nie wurde mir das klarer als damals, als ich in einem Wartezimmer des Columbia Presbyterian Krankenhauses in New York City saß. Direkt mir gegenüber starrte ich in die Augen einer spanischstämmigen Frau, und sie starrte zurück. In diesem Augenblick begann ich zu akzeptieren, dass wir alle dieselben Wunder schauen, alle dieselben Qualen fühlen, auch wenn wir mit unterschiedlichen Stimmen sprechen. Ich weiß jetzt, dass jedes geborene Wesen, so unbegreiflich es scheint, ein Adam oder eine Eva ist.

- Setze dich mit einem Menschen zusammen, dem du vertraust und der dir nahesteht, und wechselt euch bei der folgenden Übung ab:
- Benennt ein Charaktermerkmal, in dem ihr euch von anderen unterscheidet.
- Benennt ein Charaktermerkmal, das ihr mit anderen gemeinsam habt.
- Sprecht miteinander darüber, wie ihr mit der Einsamkeit umgeht, anders zu sein als andere, und wie ihr mit dem umgeht, was euch mit anderen eint.

7.

Wir müssen uns abwechseln

Wir müssen uns abwechseln:
Während der eine hinabtaucht in alles, was ist,
wacht der andere über die Zeit.

Das Geschenk und die Verantwortung in einer Beziehung bestehen darin, sich abzuwechseln: beim Abwasch, beim Zumachen der

Januar

Fensterläden; so hat der andere Gelegenheit, nach Gott zu tauchen, ohne sich um das Abendessen kümmern zu müssen. Während der eine das Innere erforscht, sorgt sich der andere um das Äußere.

Ein wundervolles Modell dafür ist die Art, wie Perlentaucher in Paaren zusammenarbeiten. Ohne Sauerstoffflaschen oder Druckmessgeräte wartet *sie* oben im Boot und wacht über die Leinen, an denen *er* hängt, während er am Meeresboden über den weichen Sand watet und hofft, Kostbarkeiten zu finden. Er geht über den Grund, sieht das Schwingen der Wasserpflanzen und schwingt selbst mit der Strömung, bis sie an der Leine zieht. Während er aufsteigt, verschluckt er den kleinen Rest Luft, der ihm noch geblieben ist. An Bord reden sie dann stundenlang, sortieren das Gefundene und polieren die rauen, natürlichen Perlen. Am nächsten Morgen taucht *sie* und füllt die Körbe, während *er* die Leine in den Händen hält und über die Zeit wacht.

Diese Perlentaucher zeigen uns deutlich, worum es geht im vertrauensvollen Zusammensein. Wir müssen uns abwechseln: Wer an der Oberfläche ist, muss über die verbleibende Zeit wachen, damit der andere unten frei ist zu tauchen.

◆ Setze dich still hin und meditiere über eine wichtige Beziehung in deinem Leben, sei es mit einem Partner, mit einer Freundin oder mit einem Familienmitglied.
◆ Atme gleichmäßig und frage dich, ob ihr euch darin abwechselt, zu tauchen und über die Zeit zu wachen.
◆ Wenn du magst, rede darüber mit der betreffenden Person.

8.

Das Herz nähren

*So dunkel es auch sein mag,
die Hand findet immer den Weg zum Mund.
< Sprichwort aus Nigeria >*

Selbst wenn wir nichts sehen können, wissen wir uns zu ernähren. Selbst wenn der Weg nicht klar ist, schlägt unser Herz.

Selbst wenn wir uns fürchten, strömt die Luft in unsere Lungen und wieder hinaus. Selbst wenn der Himmel dicht mit Wolken bedeckt ist, strahlt das Licht der Sonne auf die Erde.

Dieses afrikanische Sprichwort erinnert uns, dass die Dinge nie so schlimm sind, wie sie scheinen, wenn man mitten im Problem steckt. Wir verfügen über innere Reflexe, die uns lebendig halten, tiefe Impulse des Lebens, die unabhängig von den Schwierigkeiten funktionieren, mit denen wir vielleicht kämpfen.

Vergessen wir nie: Die Hand kann die Dunkelheit nicht auflösen, sie kann nur ihren Weg zum Mund finden. Genauso kann unser Glaube an das Leben unser Leiden nicht verschwinden lassen, jedoch den Weg finden, unser Herz zu nähren.

- Setze dich still hin, schließe die Augen und führe deine geöffneten Hände zum Mund.
- Atme dabei ein und achte darauf, wie deine Hände ohne weitere Hilfe den Weg finden.
- Atme lang und tief und führe mit geschlossenen Augen deine offenen Hände zu deinem Herzen.
- Bemerke, wie dein Herz ohne deine Hilfe den Weg findet.

9.

Leben im Aquarium

Liebe und tu, was du willst.
< Augustinus >

Es war eine merkwürdige Sache. Robert hatte die Badewanne gefüllt und die Fische hineingesetzt, um das Aquarium zu reinigen. Nachdem er die kleinen Wände ihres nachgemachten »Meeres« sauber gemacht hatte, ging er sie wieder holen.

Zu seinem Erstaunen drängten sich alle Fische in einem Bereich der Wanne, der ungefähr der Größe des Aquariums ent-

Januar

sprach, obwohl ihnen die ganze Wanne zur Verfügung stand. Da war nichts, was sie eingrenzte, nichts, was sie zurückhielt. Warum flitzten sie nicht frei herum? Welche Wirkung hatte das Leben im Aquarium auf ihr natürliches Schwimmvermögen gehabt?

Dieser stille, eindrucksvolle Moment wirkte noch lange in uns beiden nach. Wir sahen, wie diese kleinen Fische nirgendwo anders mehr hinschauten als auf sich selbst. Wir sahen die Welt jetzt durch die Aquariumsbrille und fragten uns täglich, in welcher Weise wir ihnen wohl ähnlich waren: Wo wagen wir nicht, irgendwo anders hinzugehen als in das Vertraute? Auf welche Weise schränken wir unsere Welt ein, um den Druck unserer selbst auferlegten Gefangenschaft nicht zu spüren?

Das Leben im Aquarium erinnerte mich an die Art, wie wir erzogen werden und aufwachsen. Ich dachte daran, wie uns beigebracht wird, bestimmte Jobs seien nicht akzeptabel und andere Jobs lägen außerhalb unserer Reichweite; wie wir erzogen werden, auf eine bestimmte Art zu leben und zu denken, dass nur praktische Dinge möglich sind; wie wir immer wieder gewarnt werden vor den Gefahren und Risiken eines Lebens außerhalb des Aquariums.

Ich begann zu sehen, wie sehr uns schon in der Kindheit vor einem Leben außerhalb des Aquariums Angst gemacht wird. Als Vater begann sich Robert zu fragen, ob er seine Kinder auf ein Leben im Aquarium vorbereitete oder auf ein Leben in einer Welt ohne Grenzen.

Jetzt, in mittlerem Alter, frage ich mich: Gehören Spontaneität, Freundlichkeit und Neugier zu den Aspekten unseres natürlichen Schwimmvermögens? Sooft ich zögere, das Ungeplante oder Unerwartete zu tun; sooft ich zögere, einem anderen zu helfen oder etwas zu erforschen, von dem ich keine Ahnung habe; jedes Mal, wenn ich mich dem Impuls versperre, durch den Regen zu tanzen oder jemanden anzurufen, um ihm zu sagen, dass ich ihn liebe …: Dann frage ich mich, ob ich nicht gerade aus der Aquariumsperspektive heraus lebe, ob ich mich nur sicher in der Mitte der Wanne aufhalte.

◆ Setze dich still hin, bis du dich ganz in deiner Mitte fühlst.
◆ Steh jetzt auf und gehe langsam im Raum umher, in dem du dich befindest.

- Geh jetzt dicht an den Wänden dieses Raumes entlang und meditiere über das Leben in deinem »Aquarium«.
- Atme tief und geh zur Tür. Meditiere darüber, was im Leben wirklich möglich ist.
- Tritt jetzt durch die Tür und in deinen Tag. Tritt durch deinen Tag und in die Welt.

10.

Akiba

Als Akiba auf seinem Totenbett lag, klagte er seinem Rabbi, dass er sich als Versager fühle. Sein Rabbi rückte noch näher zu ihm und fragte ihn, warum, und Akiba antwortete, weil er kein Leben wie Moses geführt habe. Der arme Sterbende begann zu weinen und gestand, sich vor Gottes Gericht zu fürchten. Als der Rabbi dies hörte, lehnte er sich dicht zu Akiba hinab und flüsterte ihm freundlich ins Ohr: »Gott wird Akiba nicht dafür richten, dass er nicht Moses war. Gott wird Akiba dafür richten, nicht Akiba gewesen zu sein.«
< Aus dem Talmud >

Wir werden nur mit *einer* Verpflichtung geboren: ganz zu sein, wer wir sind. Doch wie viel Zeit verbringen wir damit, uns mit anderen zu vergleichen, ob tot oder lebendig? Wer nach Vortrefflichkeit strebt, wird darin sogar noch ermutigt. Doch eine Blume in all ihrer Vortrefflichkeit sehnt sich nicht danach, ein Fisch zu sein, und ein Fisch in seiner Eleganz will kein Tiger sein. Nur wir Menschen verfallen immer wieder in den Traum von einem anderen Leben. Oder wir wünschen uns heimlich den Ruhm oder das Glück von Menschen, die wir gar nicht richtig kennen. Wenn wir uns selbst schlecht fühlen, wollen wir lieber in die Haut eines anderen schlüpfen, als uns darum zu bemühen, uns selbst zu verstehen und uns um uns zu kümmern.

Januar

Doch wenn wir uns mit anderen vergleichen, sehen wir weder uns selbst noch diejenigen, zu denen wir aufschauen. Wir erleben nur die Anspannung, die mit dem Vergleichen einhergeht, als gäbe es bloß ein paar Gramm Sein, das für alle reichen muss. Doch das Universum offenbart seine Fülle sehr deutlich, wenn wir es wagen, wir selbst zu sein. Jedes Unkraut und jede Ameise, jeder angeschossene Hase, jedes Lebewesen hat auf geheimnisvolle Weise seine ganz eigene Seinsweise, die mehr als ausreichend ist, wenn sie mit Hingabe gelebt wird.

Häufig fühlen wir uns jedoch unzulänglich und unsicher, und diese Kurzatmigkeit des Herzens erzeugt ein Gefühl der Minderwertigkeit, was uns zuweilen veranlasst, uns aufzuplustern. In unserem Schmerz meinen wir, wenn wir nur größer wären, könnten wir von unserem Schmerz abrücken; wenn wir größer wären, würden wir nicht mehr so leicht übersehen; wenn wir größer wären, hätten wir eher eine Chance, geliebt zu werden. Und natürlich müssen andere kleiner gemacht werden, damit wir die Illusion aufrechterhalten können, größer zu sein als unser Schmerz.

Die Geschichte ist voll zahlloser Beispiele für die Aufgeblasenheit des Menschen. Die Wahrheit dagegen – das ist die Geschichte, die alles wieder zurechtrückt und aufzeigt, wie wir zu uns selbst zurückkehren. Und unser liebevolles Mitfühlen ist die unendliche Geschichte, die erzählt, wie wir einander in den Arm nehmen und uns gegenseitig vergeben, dass wir unseren ganz besonderen Platz im Gewebe all dessen, was ist, nicht von vornherein eingenommen haben.

- Fülle eine weite Schale mit Wasser. Beruhige deinen Geist beim Meditieren und schaue auf dein Spiegelbild.
- Während du dein Spiegelbild betrachtest, lässt du einen Vergleich zu und spürst die aufsteigende Anspannung und den Schmerz, weil du dich an jemand anderem misst.
- Schließe die Augen und lass dieses Gefühl durch dich hindurch.
- Schaue erneut auf dein Spiegelbild in der Schale. Versuche, dich zu sehen, ohne dich mit jemandem zu vergleichen.
- Betrachte dein Spiegelbild und spüre, was dich einzigartig macht. Lass auch dieses Gefühl durch dich hindurch.

11.

Ted Shawn

Gott zu erkennen, ohne gottgleich zu sein –
das ist, als versuchte man zu schwimmen,
ohne ins Wasser zu gehen.
< Orest Bedrij >

Unter allem Angelernten verlockt uns eine Stimme dazu, über das Vernünftige hinauszugehen; wenn wir diesem Aufflackern des Geistes folgen, erfahren wir oft tiefe Heilung. Es ist die Stimme der Verkörperung, die uns aufruft, unser Leben zu leben wie eine Partitur, die gespielt wird, und wir vernehmen sie oft in Augenblicken großer Not. Manchmal ist diese Stimme so leise, dass wir sie für das Rascheln der Blätter im Wind halten. Aber wenn wir sie tief in unseren Schmerz eindringen lassen, kann sie die Lähmung in unserem Leben aufheben.

Das erinnert mich an die Geschichte eines jungen Theologen, der an Polio erkrankt war. Aus der Tiefe seines Seins kam eine merkwürdige Stimme, die ihn ausgerechnet dazu aufrief, zu tanzen. Unter großen Schwierigkeiten brach er sein Theologiestudium ab und begann zu tanzen, und langsam und wie durch ein Wunder gewann er nicht nur die Kontrolle über seine Beine zurück, sondern wurde im Lauf der Zeit zu einem der Gründerväter des Modern Dance. Es ist die Geschichte von Ted Shawn, und erstaunlicherweise wurde er nicht durch das Studium Gottes geheilt, sondern weil er Gott in seinen Körper brachte, ihn »verkörperte«. Das Wunder von Ted Shawns Heilung zeigt uns, dass Tanz in all seinen Formen gelebte Theologie ist. Das bringt uns unausweichlich dazu, das auszuleben, was in uns ist, und unser Wissen, unsere Gefühle und unseren Glauben in alle Muskeln und Knochen hineinzuatmen – immer und immer wieder.

In welcher Not wir auch stecken mögen, es gibt diese Stimme der Verkörperung, die hinter unserem Schmerz zu hören ist, und

Januar

wenn wir sie hören und ihr vertrauen, wird sie uns einen Weg zeigen, neu geboren zu werden. Wenn wir den Mut haben, zuzuhören und im Körper zu leben, offenbart sich uns ein verblüffendes Geheimnis: Unsere größte Chance auf Heilung und Ganzheit besteht darin, das zu lieben, was uns im Weg steht – bis es kein Hindernis mehr darstellt.

◈ Setze dich vor der Arbeit oder während des Tages eine Weile still ins Freie.
◈ Schließe die Augen und sei ganz ruhig. Spüre die Luft auf deinen geschlossenen Augenlidern.
◈ Lass deine Liebe durch dein Herz in die Brust hochwallen.
◈ Lass deine Liebe wie einen Windhauch durch deinen Hals und bis hinter deine Augen aufsteigen.
◈ Öffne deine Augen, strecke dich ein wenig und fokussiere das Erste, was du erblickst.
◈ Wenn es eine Bank ist, sage: »Ich glaube an diese Bank.« Ist es ein Baum, sage: »Ich glaube an diesen Baum.« Ist es eine abgeknickte Blume, sage: »Ich glaube an diese abgeknickte Blume.«
◈ Steh auf in dem Bewusstsein, dass du an das glaubst, was du vor dir fühlst, siehst und berührst, und gib deiner Liebe damit ein Ventil.

12.

Im Dunkeln sehen

Dem Dunkel auf den Grund zu gehen, bedeutet Klarheit …
Das nennt man: die Ewigkeit einüben …
< *Laotse* >

Angst bezieht ihre Macht daraus, dass wir nicht hinsehen, weder auf die Angst noch auf das, wovor wir uns fürchten. Erinnerst du dich an jene Tür zum Dachboden oder zum Kellerverschlag, hinter der etwas ganz Furchtbares lauerte? Je mehr Zeit verstrich, desto schwerer fiel es dir, die Tür zu öffnen.

Als Junge hat mich das so sehr beschäftigt, dass ich schließlich diesen ganzen Teil des Hauses mied. Doch irgendwann, als keiner zu Hause war, fühlte ich mich getrieben, mich dem Unbekannten zu stellen. Mit klopfendem Herzen stand ich eine halbe Ewigkeit vor der Dachbodentür. Ich brauchte alle meine Kleine-Jungen-Kraft, um sie zu öffnen.

Ich wartete auf der Schwelle, aber nichts passierte. Ich schlich mich ganz langsam hinein und stand längere Zeit dort im Dunkeln, bis sich mein Atem normalisiert und meine Augen zu meiner Überraschung an die Dunkelheit gewöhnt hatten. Ich fing an, die alten, verstaubten Kisten zu durchstöbern, wobei ich Bilder meines Großvaters väterlicherseits fand, des einzigen in der Familie, dem ich ähnlich sehe. Der Anblick dieser Bilder erweckte Teile meiner Seele zum Leben.

Um welche Tür es sich auch handeln mag, wovor wir uns auch fürchten – sei es vor der Liebe, der Wahrheit oder vor dem drohenden Tod –, wir alle stehen immer wieder vor der Wahl: Wollen wir diesen Teil unseres Hauses meiden, oder machen wir die Tür auf und warten ab, bis wir im Dunkeln etwas sehen, sodass wir mehr über uns selbst erfahren können.

◆ Setze dich still hin und vergegenwärtige dir eine Tür, die zu durchschreiten du dich fürchtest.

◆ Atme einfach und gewöhne dich an den Anblick der Schwelle.

◆ Nun atme tief und fühle dich vor dieser geschlossen Tür sicher. Versprich dir, wiederzukommen, wenn du dich stärker fühlst.

Januar

13.

Warum wir einander brauchen

Ein blindes Kind,
geführt von seiner Mutter,
bewundert die Kirschblüten …
< Kikakou >

Wer weiß schon, was ein blindes Kind von den Kirschblüten oder den Singvögeln wahrnimmt? Wer weiß, was irgendeiner von uns in der Abgeschiedenheit der eigenen Blindheit sieht? Sei gewiss: Jeder von uns ist in gewisser Weise blind, genauso wie jeder von uns auf einzigartige Weise sieht.

Jeder von uns wird blind durch das, was er fürchtet. Wenn wir Höhenangst haben, sind wir blind für die Demut, die der Blick aus der Höhe bringt. Fürchten wir uns vor Spinnen, sind wir blind für das Wunder und die Gefahren von Spinnennetzen. Haben wir Platzangst, sind wir blind für die plötzliche Abgeschiedenheit mit ihren Geheimnissen. Wenn wir Leidenschaft fürchten, sind wir blind für den Genuss des Verschmelzens. Wenn wir Veränderung scheuen, sind wir blind für die Fülle des Lebens. Mit Todesfurcht sind wir blind für das Geheimnis des Unbekannten. Und da es zutiefst menschlich ist, sich vor etwas zu fürchten, ist Blindheit unvermeidlich. Jeder von uns ringt damit, sie zu überwinden.

Vor diesem Hintergrund dient uns Kikakous Gedicht als innere Parabel. Im Lauf unseres Lebens ringen wir alle und stolpern in unsere Beziehungen und wieder heraus, in die Gnade der verborgenen Ganzheit des Lebens und wieder hinaus. Dies ist einer der Gründe, weshalb wir einander brauchen, denn häufig helfen uns unsere Beziehungen, die Einheit aller Dinge zu erfahren: Einmal sind wir das blinde Kind, einmal der liebevolle Führer oder die arglose Blüte – und wir wissen nie, was wir sein sollen, bis wir gelernt haben, was es für uns zu lernen gilt.

◆ Schließe die Augen und wiederhole dreimal Kikakous Haiku. Identifiziere dich jedes Mal mit einer anderen Position:

- Beim ersten Mal atmest du langsam und wirst zu dem blinden Kind, welches die Blüten bewundert, die es nicht sehen kann.
- Beim zweiten Mal atmest du tief und wirst zu dem liebevollen Elternteil, das sein blindes Kind zu einer Schönheit führt, die sie miteinander genießen, aber nie auf dieselbe Weise erfahren können.
- Beim dritten Mal atmest du, ohne nachzudenken, und wirst zu der Kirschblüte, vor der sowohl die Sehenden als auch die Nichtsehenden den Schritt anhalten.

14.

Das Leben der Erfahrungen

*Selbst wenn man eine Ahnung von Gott erhascht,
gibt es doch Schnitte und Splitter
und Brandwunden am Weg.*

Häufig erwarten wir für das Aufdecken der Wahrheit eine Belohnung. Wenn wir uns bemüht haben, erwarten wir Geld und Anerkennung. Für Aufopferung und Freundlichkeit erwarten wir insgeheim Akzeptanz und Liebe. Für Aufrichtigkeit erwarten wir Gerechtigkeit. Doch wie wir alle wissen, entfaltet sich das Leben der Erfahrungen nach seiner eigenen Logik. Und sehr häufig wird Anstrengung gewürdigt, Freundlichkeit geschätzt und das Risiko, sich an die Wahrheit zu halten, gilt als Grundlage menschlicher Beziehungen. Doch der Lohn fürs Atmen ist nicht Beifall, sondern Luft, und der Lohn für den Aufstieg ist keine Beförderung, sondern ein neuer Ausblick, der Lohn für Güte besteht nicht darin, als gütig zu gelten, sondern in der Energie des Gebens, die uns am Leben erhält.

Je näher wir dem Kern allen Seins kommen, desto mehr sind Einsatz und Lohn anscheinend ein und dasselbe. Wer hätte das

gedacht? Der Lohn für das Aufdecken der Wahrheit ist die Erfahrung des aufrichtigen Seins. Der Lohn für Verständnis ist der Frieden des Erkennens. Der Lohn für Liebe besteht darin, selbst Liebe in sich zu tragen. Es wird alles ganz einfach. Der einzige Daseinszweck des Flusses besteht darin, Wasser zu transportieren, und je mehr die Kraft des Wassers das Flussbett vertieft und erweitert, desto mehr erfüllt der Fluss diesen Zweck. Genauso erweitert sich das Flussbett unseres Herzens durch ständigen Gebrauch und wird immer offener für alles Lebendige.

All das zeigt uns, dass sich das Wunder und der Schmerz des Lebens nicht durch Denken vermeiden lassen. Keine Wand, keine Verleugnung, keine Ausrede verhindert, dass das rohe Leben in uns strömt. Zu manchen Zeiten mag das niederschmetternd erscheinen, doch tatsächlich ist es beruhigend, denn die Unbeständigkeit des Lebens kann uns zwar erschrecken und uns ständig den Tod vor Augen halten, wenn wir es zulassen; doch wenn wir das Ewige dieser Unbeständigkeit erkennen, kann sie uns mit der Erkenntnis trösten, dass selbst der tiefste Schmerz vorübergehen wird.

◆ Erinnere dich an einen noch nicht lange vergangenen Augenblick der Enttäuschung.
◆ Gab es ein bestimmtes Ergebnis, eine Antwort oder eine Reaktion, die du insgeheim erhofft hast?
◆ Statt dich auf die Tatsache zu konzentrieren, dass das Erhoffte nicht eingetreten ist, könntest du versuchen, herauszufinden, worum es bei dem Erhofften im Kern für dich ging: Wolltest du gehört werden, dich angenommen, geliebt oder wertgeschätzt fühlen, oder sehntest du dich einfach danach, in den Arm genommen zu werden?
◆ Versuche, diese Enttäuschung zu akzeptieren und so zu erkennen, was du aus dieser Erfahrung gewonnen hast.

15.

Wie schmeckt es?

*Je geräumiger und weiter der Grund unseres Seins ist,
desto erträglicher werden die Schmerzen des Lebens.*
< Wayne Muller >

Ein alternder Hindumeister war die Klagen seines Schülers leid geworden und schickte ihn deshalb eines Morgens, Salz zu holen.

Als der Schüler wiederkehrte, wies ihn der Meister an, eine Handvoll Salz in ein Glas Wasser zu tun und es dann auszutrinken.

»Wie schmeckt es?«, fragte der Meister den unseligen Schüler.

»Bitter«, antwortete dieser und spuckte es aus.

Der Meister lächelte und bat den jungen Mann dann, so eine Handvoll Salz zu nehmen und sie in den See zu werfen. Schweigend gingen sie gemeinsam zum nahe gelegenen See. Nachdem der Schüler das Salz in den See gegeben hatte, forderte ihn der alte Mann auf: »Und jetzt trinke aus dem See.«

Während dem jungen Mann das Wasser noch vom Kinn tropfte, fragte ihn der Meister: »Wie schmeckt es?«

»Frisch«, antwortete der Schüler.

»Schmeckst du das Salz?«, fragte der Meister.

»Nein«, erwiderte der junge Mann.

Daraufhin setzte sich der Meister neben den ernsthaften jungen Mann, der ihn so sehr an sich selbst in früheren Jahren erinnerte, nahm seine Hand und sprach: »Der Schmerz des Lebens ist reines Salz – nicht mehr und nicht weniger. Die Menge an Schmerz im Leben bleibt gleich, genau gleich. Doch wie bitter uns das schmeckt, hängt von dem Gefäß ab, in den wir den Schmerz füllen. Wenn du also Schmerz erfährst, ist das Einzige, was du tun kannst, deine Wahrnehmung zu erweitern … Hör auf, das Glas zu sein. Werde zum See.«

Januar

- Zentriere dich und konzentriere dich auf einen Schmerz, unter dem du leidest.
- Statt zu versuchen, den Schmerz verschwinden zu lassen, versuche, durch ihn hindurchzuatmen.
- Achte bei jedem Einatmen darauf, wie du dich bemühst, den Schmerz zu umgehen.
- Versuche mit jedem Ausatmen, deine Wahrnehmung deiner selbst zu erweitern, und lass den Schmerz in der Tiefe all dessen schweben, was wir nie wissen werden.

16.

Ich sage Ja, doch ich meine Nein

Ich sage Ja, doch ich meine Nein,
und die Falten graben sich ein.
< Naomi Shihab Nye >

Es gab viele Situationen, in denen ich Ja gesagt habe, obwohl ich Nein meinte, weil ich fürchtete, anderen zu missfallen, und noch viel mehr fürchtete ich, als selbstsüchtig zu gelten. Ich glaube, als ich das erst Mal geheiratet habe, habe ich Ja gesagt, obwohl ich Nein meinte. Ich war jung und unerfahren mit mir selbst, und so erklärte ich mich einverstanden, ein Fisch auf dem Trockenen zu sein, solange ich konnte, nur um niemanden zu verletzen oder zu enttäuschen. Es nahm kein gutes Ende.

Einmal geübt in der Selbstaufopferung, führen wir oft das Gegenstück zu diesem Gespräch mit uns selbst, wenn unsere Begeisterung für das Leben »Ja, ja, ja« sagt und unser vernünftiges Schutzverhalten meint: »Sei kein Narr, sei realistisch, geh kein Risiko ein.« Entlang dem Weg wird uns noch ein tieferer Aspekt all dessen bewusst: Jene, die uns wirklich lieben, verlangen nie wissentlich von uns, anders zu sein, als wir sind.

Die unwandelbare Wahrheit ist: Wenn wir uns auf Anforderungen, Erwartungen oder Bedingungen einlassen, die nicht unserem Wesen entsprechen, bezahlen wir dafür mit dem Verlust kostbarer Lebenskraft. Trotz des scheinbaren Lohns für unsere

Angepasstheit ermüdet unsere Seele, wenn wir uns ihr zuwider verhalten.

Wenn wir die geschäftigen Straßen verlassen und einem Teil der Natur – Baum, Reh, Schlange oder Blitz – bei seinem Tun zusehen, wird klar, dass die Energie des Lebens der Geist ist, der freigesetzt wird, wenn die Dinge sind, was sie sind. Und jene von uns, die sich auf die Liebe eingelassen haben, müssen akzeptieren, dass Fürsorge der innere Fluss ist, der über seine Ufer tritt. Doch wenn der Fluss der Seele nicht von der Quelle gespeist wird, gibt es auch keine Fürsorge.

- Setze dich still hin und meditiere über das letzte Mal, als du Ja gesagt hast, obwohl du Nein meintest.
- Atme gleichmäßig und mache dir, wenn möglich, bewusst, warum du nicht Nein gesagt hast.
- Atme tief und erkenne den Preis, den du zahlst, wenn du nicht sagst, was du meinst.
- Atme langsam ein und lade deine innere Stimme ein, das nächste Mal, wenn du aufgefordert wirst, anders zu sein, als du bist, eine direkte Antwort zu geben.

17.

Die Reibung des Sichtbarseins

Nur indem wir uns von Stunde zu Stunde
dem Risiko aussetzen, leben wir überhaupt.
< William James >

Wenn wir genug durchlebt haben, gelangen wir zu diesem Verständnis, auch wenn es schwer anzunehmen ist: Egal, welchen Weg wir wählen, wir werden immer Konflikte austragen müssen. Wenn wir uns entscheiden, alle Konflikte mit anderen zu vermeiden, werden wir irgendwann einen tiefen Konflikt mit uns selbst

Januar

ausbrüten. Und genauso werden wir früher oder später Probleme mit all denen haben, die uns lieber anders hätten, wenn wir uns um unser Inneres kümmern und so sind, wie wir sind.

Der Preis dafür, so zu sein, wie du bist, besteht darin, dass du nicht jedermanns Erwartungen entsprechen kannst und es daher unweigerlich zu äußeren Konflikten kommen wird – die Reibung des Sichtbarseins. Doch der Preis dafür, nicht zu sein, wer du bist, ist, dass ein wertvoller Teil in dir verkümmert, während du damit beschäftigt bist, es den anderen recht zu machen. In jedem Fall musst du mit inneren Konflikten umgehen – die Reibung des Unsichtbarseins.

Ich selbst habe dreißig meiner neunundvierzig Jahre gebraucht, bis ich erkannt habe, dass es tödlicher ist, nicht ich selbst zu sein; die restlichen neunzehn Jahre habe ich versucht, diese Erkenntnis in die Praxis umzusetzen. Im Alltag bedeutet das, gewissenhaft wahrhaftig zu sein und dem Drang zu widerstehen, meine Wahrheit um der Bequemlichkeit willen zu verbiegen. Es bedeutet, dass ich mir nicht verbiete, zu sein, wer ich wirklich bin, nur weil es anderen unangenehm ist oder sie es nicht hören wollen.

Es gibt großartige Vorbilder dafür: Nelson Mandela, Gandhi, Sir Thomas More, Rosa Parks. Aber wir müssen nicht großartig sein, um damit anzufangen. Ein Anfang wäre es, zu sagen, was wir wirklich zu Abend essen oder welchen Film wir wirklich schauen wollen.

- Zentriere dich und meditiere über eine Entscheidung, die dir bevorsteht und die einen Konflikt bewirken könnte: entweder in dir, wenn du dein wahres Selbst zurückhältst, oder zwischen dir und anderen, wenn du zum Ausdruck bringst, wer du bist.
- Atme gleichmäßig und fühle sowohl die Reibung des Unsichtbarseins als auch die Reibung des Sichtbarseins.
- Atme langsam und wisse: Du bist größer als jeder Augenblick des Konflikts.
- Atme tief und wisse: Du als der- bzw. diejenige, der/die du wirklich bist, kannst den Konflikten standhalten, die das Leben mit sich bringt.

18.

Die Spinne und der Weise

Ich möchte lieber zum Narren gehalten werden,
als nicht zu glauben.

In Indien gibt es eine Geschichte von einem gütigen, stillen Mann, der jeden Morgen im Ganges betete. Eines Morgens sah er nach seinem Gebet eine Giftspinne, die im Wasser um ihr Leben kämpfte. Er nahm sie in seine hohle Hand, um sie an Land zu tragen. Als er sie gerade auf den Boden setzte, stach sie ihn. Ohne dass er es wusste, verdünnten seine Gebete für das Wohl der Welt jedoch das Gift.

Am nächsten Tag ereignete sich dasselbe. Am dritten Tag stand der Mann wieder knietief im Wasser, und wieder sah er die Spinne, die mit den Beinen panisch im Wasser ruderte. Als der Mann sich anschickte, die Kreatur erneut zu retten, sprach die Spinne: »Warum hebst du mich immer wieder heraus? Begreife doch, dass ich dich immer wieder stechen werde, das ist einfach meine Natur.« Der Mann nahm die Spinne sanft in seine hohle Hand und antwortete: »Weil das meine Natur ist.«

Es gibt viele Gründe, gütig zu sein, aber vielleicht keinen so zwingenden wie die spirituelle Tatsache, dass es unserer Natur entspricht. Es ist die Art, wie das innere Organ des Seins beständig weitermacht. Spinnen stechen. Wölfe heulen. Ameisen bauen kleine Hügel. Und menschliche Wesen unterstützen einander und reichen sich die Hand, ohne Rücksicht auf die Folgen. Selbst wenn andere Wesen zustechen.

Manche meinen, das macht uns zu armseligen Wichten, die nie dazulernen, aber für mich liegt darin dieselbe Schönheit wie in den Beerensträuchern, die jeden Frühling wieder durch den Schnee und das Eis brechen. Das ist es, was die Welt im Stillen nährt. Schließlich verfolgen auch die Beeren damit keinen besonderen Sinn oder wohltätigen Zweck. Sie sind weder selbstlos noch

Januar

aufopferungsvoll. Sie wachsen einfach und werden köstlich, weil es ihrer Natur entspricht.

Und wir sind eben so, dass wir die Hand austrecken, wenn jemand oder etwas fällt. Wenn etwas zerbricht, versuchen wir, es zu reparieren. Weint ein lieber Mensch, versuchen wir, ihn zu trösten – weil es unserer Natur entspricht. Ich habe oft die Hand ausgestreckt, und manches Mal hat es sich wie ein Fehler angefühlt. Manchmal erging es mir wie dem stillen Mann, der die Spinne aus dem Wasser hob und gestochen wurde. Aber das ist nicht wichtig, denn es entspricht einfach meiner Natur. Es entspricht unserer Natur. Die Hand zu reichen ist wichtiger als der Stich. Wahrhaftig, ich möchte lieber zum Narren gehalten werden, als nicht zu glauben.

- ◆ Erinnere dich an einen Zeitpunkt, wo du ohne Grund freundlich oder gütig warst. Das kann so etwas Einfaches gewesen sein, wie einem Fremden etwas aufzuheben, das ihm hinuntergefallen ist, oder den Vögeln Brotkrumen hinzustreuen.
- ◆ Meditiere darüber, was solche Liebestaten in dir bewirkt haben. Hast du dich infolge deiner Freundlichkeit leichter, lebendiger, jünger oder offenherziger gefühlt?
- ◆ Beginne den Tag nicht mit dem Vorsatz, bewusst freundlich zu sein, sondern mit einer freundlichen Haltung, sodass du ganz einfach so sein kannst, wie es deiner Natur entspricht.

19.

Erinnern und vergessen

Was kann ich tun, um immer daran zu denken,
wer ich wirklich bin?
< Juan Ramon Jiminez >

Unsere Suche dreht sich zum größten Teil darum, herauszufinden, wer wir bereits sind. In diesem Sinne sind wir eine vergessliche Spezies, und vielleicht war es genau diese Fähigkeit, sich an das Heilige zu erinnern, was Adam und Eva verloren ging, als sie aus dem Garten Eden vertrieben wurden.

So laufen wir ständig gegen Berge an und in Flüsse, rennen bis an die fernsten Küsten und in die Arme völlig Fremder, nur um aufgerüttelt zu werden und uns zu erinnern. Andere Menschen wiederum leben in größter Einfachheit und hoffen, auf die Weise zu üben, nicht zu vergessen. Aber ein Teil unserer Reise und unserer Menschlichkeit besteht in eben diesem Vergessen und Erinnern.

Was also tun? Nun, es ist kein Geheimnis, dass Langsamkeit erinnert und Eile vergisst; dass Sanftheit erinnert und Härte vergisst; dass Hingabe erinnert und Angst vergisst.

Es ist wunderbar schwierig, uns zu erinnern, wer wir wirklich sind. Aber wir helfen einander, sooft wir den Becher der Wahrheit füllen und einander stützen, wenn wir davon getrunken haben.

◆ Setze dich still hin und lass zu, dass sich eine Stelle zeigt, an der du nicht fühlst.
◆ Atme langsam zu dieser Stelle hin, denn dort, wo wir nichts fühlen, haben wir etwas vergessen. Lass also langsam die Erinnerung hochkommen.
◆ Atme sanft über die Stelle hinweg und stell dir vor, dein Atem ist reinigendes Wasser.
◆ Nach einer Weile kannst du versuchen, dich zu erinnern, wann du das letzte Mal etwas an dieser Stelle gefühlt hast.

20.

Sich leicht erfreuen lassen

Ein Schlüssel zur Freude besteht darin,
sich leicht erfreuen zu lassen.

Viele von uns haben gelernt, wählerisch zu sein sei ein Zeichen für guten Geschmack; nicht zufrieden zu sein, bis unsere Ansprüche

Januar

erfüllt sind, sei ein Zeichen von Weltläufigkeit und Kultiviertheit. Ich war einmal auf einer Party, wo eine Frau sich ziemlich aufregte, weil sie für ihren Drink unbedingt einen bestimmten Wermut wollte. Und ich erinnere mich an das Abendessen mit einem Kollegen, der sein Steak auf eine ganz bestimmte, komplizierte Art zubereitet haben wollte, als wäre dieses Bedürfnis nach besonderer Behandlung seine Signatur in der Öffentlichkeit. Vielleicht kennst du auch hochintelligente Männer und Frauen, die aus ihrer Einsamkeit nicht herauskommen, weil ihre Kriterien für einen passenden Partner völlig unerfüllbar sind. Ich persönlich war bei Kunstwerken ganz besonders anspruchsvoll.

Diese Art von Unterscheidung und Abgrenzung wird häufig als hohes Niveau betrachtet, doch tatsächlich ist es eine Art, sich davor zu schützen, vom Leben berührt zu werden, und sich damit herauszureden, halt etwas Besseres zu sein als all jene, die unseren Ansprüchen nicht genügen können.

Die niederschmetternde Wahrheit: Hohe Ansprüche können uns nachts nicht im Arm halten, und ich habe durch meine Krankheit gelernt, dass hohe Erwartungen und kultivierte Bedürfnisse auch nicht helfen, wenn es ums Überleben geht. Ein Mensch, der kurz vor dem Verdursten steht, fragt nicht, ob das Wasser auch chlorfrei ist oder ob es aus dem französischen Voralpenland stammt.

Das Leben so zu akzeptieren, wie es sich uns zeigt, heißt nicht, seine Schwierigkeiten und Enttäuschungen zu leugnen. Es bedeutet vielmehr, dass auch in Schwierigkeiten Anlass zur Freude gefunden werden kann: nicht indem wir immer als etwas Besonderes behandelt werden wollen, sondern indem wir den Anspruch des Heiligen erfüllen, alles, was uns begegnet, als etwas Besonderes zu behandeln.

Uns wird beigebracht, Vorlieben zu entwickeln und diese als Zeichen von Bedeutung und Status zu sehen. Wer keine Vorlieben hat, wer einfach nimmt, was ihm vorgesetzt wird, wird häufig als schlicht oder tölpelhaft angesehen. Doch sowohl Weise als auch kleine Kinder sind leicht mit dem zufriedenzustellen, was jeder Tag bringt. Darin liegt eine tiefe Unschuld.

Je wacher ich dieses Leben wahrnehme, desto mehr erkenne ich, dass Gott überall ist und dass das Außerordentliche dicht unter der Oberfläche alles Gewöhnlichen sitzt. Licht bricht sich in der Glasscherbe und im Diamanten, Musik ertönt aus der Geige und aus dem tropfenden Regenrohr. Ja, Gott ist sowohl unter der Treppe als auch hoch auf dem Berg zu finden, und Freude entsteht sowohl in der ersten Reihe als auch im dritten Rang, wenn wir bereit sind, zu sein, wo wir sind.

- Zentriere dich und erinnere dich an eine Zeit, wo du es mit deiner Fürsorge für dich selbst übertrieben hast und anspruchsvoll oder wählerisch warst.
- Meditiere darüber, worum es dir dabei wirklich ging.
- Wenn du Aufmerksamkeit wolltest, würdige dieses Bedürfnis jetzt mit dem nächsten Atemzug und schenke dem Aufmerksamkeit, was gerade in deiner Nähe ist.
- Wenn es das Bedürfnis war, als etwas Besonderes angesehen zu werden, atme dieses Bedürfnis jetzt aus und betrachte die Dinge vor dir als etwas Besonderes.
- Wenn es das Bedürfnis war, geliebt zu werden, lass dieses Bedürfnis jetzt los und liebe, was immer dir begegnet.
- Beginne den Tag, gib, was du brauchst, und fühle, wie im Lauf der Zeit die Besonderheit der Welt es dir zurückgibt.

21.

Mit Liebe sehen

Erleuchtung ist Vertrautheit mit allen Dingen.
< Jack Kornfield >

Jeder von uns wirbelt immer wieder von der Blindheit zum strahlenden Licht, vom Abgespaltensein zum Ganzsein; unser Impuls, mit allem Lebendigen in Berührung zu bleiben, bewahrt uns davor, ewig weiterzuirren. Es ist der Impuls, Nähe zuzulassen.

Das erinnert mich an den jungen, blinden Franzosen Jacques Lusseyran. Er lernte, sich in seiner Dunkelheit zwischen ande-

Januar

ren Lebensformen zurechtzufinden, und stolperte dabei über das Geheimnis eines Lebens ohne Getrenntsein. Der junge Lusseyran schrieb: »Das ist mehr, als sie zu sehen, es ist ein Einschwingen auf die anderen, das Zulassen, dass der in ihnen lebende Strom sich mit dem eigenen verbindet, wie in der Elektrizität. Anders gesagt bedeutet es, aufzuhören, vor den Dingen zu leben, und anzufangen, mit ihnen zu leben. Stören Sie sich nicht daran, wenn das Wort schockierend klingt, aber das ist Liebe.«

Mit den Dingen zu leben und nicht vor ihnen, nicht mehr zuzuschauen, sondern zu erkennen, wir sind ein Teil von allem, was wir sehen – das ist die Liebe, die uns immer wieder in die Ganzheit zurückführt. Wenn wir lieben, indem wir einsehen, dass wir mit allem verbunden sind, sorgen wir auch dafür, dass es uns weiterhin gut geht. Zuzulassen, dass sich der innere Strom eines anderen Menschen mit unserem eigenen verbindet, ist der Anfang von Vertrautheit wie auch Erleuchtung.

- Schließe die Augen und werde still, bis du die Präsenz der Dinge um dich herum spüren kannst.
- Atme sanft und spüre den Strom ihrer Stille.
- Atme gleichmäßig und öffne dein Herz für alles, was du spürst.
- Fühle die Elektrizität des Seins, die die Welt in*form*iert.

22.

Nicht zwei

Um Einklang zu erreichen,
sag einfach: »Nicht zwei!«
< Seng-Ts'an >

Vor fast vierzehnhundert Jahren gab einer der ersten chinesischen Weisen, von denen wir wissen, einem Ratsuchenden diese knappe Antwort: »Nicht zwei!«

Diese Antwort ist so angemessen wie geheimnisvoll. Um sie zu verstehen, müssen wir hören, was nicht gesagt wurde: dass alles, was teilt und trennt, uns von dem entfernt, was heilig ist, und damit unsere Chancen mindert, Freude zu erleben.

Wie ist das möglich? Nun, um das zu begreifen, müssen wir uns für eine noch tiefere Wahrheit öffnen: dass alles – du und ich und die Menschen, denen wir misstrauen, und selbst die Dinge, die wir fürchten – jenseits aller Ablenkungen und Vorlieben, die wir entwickeln können, zuinnerst demselben Pulsschlag des Lebens folgt.

Wenn wir von diesem gemeinsamen Pulsschlag des Lebens getrennt sind, sind wir auch von der Fülle und der Kraft des Lebens abgeschnitten, so wie ein aus dem Körper entferntes Organ abstirbt. Um Frieden zu finden, um in Frieden zu leben, müssen wir unsere ursprüngliche Einheit wiederherstellen. Wir müssen diesen alten und zentralen Herzschlag erfahren, den wir mit allem, was existiert, gemeinsam haben. Wenn wir diesen alles verbindenden Puls fühlen, schwillt in uns wieder die gemeinsame Kraft, die allem Lebendigen innewohnt.

Und doch neigen wir dazu, uns zu verirren, wenn wir vor Entscheidungen stehen. Es entstehen Spannungen, weil wir schnell den einen Weg als gut und einen anderen als schlecht bezeichnen. Daraus wird rasch ein Gefühl von Entweder-oder: Das eine ist richtig, das andere falsch. Wir schätzen das, was wir lieber hätten, und so entsteht in uns ein Verlangen nach etwas Bestimmtem. Bekommen wir es, sprechen wir von »Erfolg«. Wir haben Angst, es nicht zu bekommen; das nennen wir »Misserfolg« oder »Versagen«. Aus alldem entsteht ein immer stärkerer Druck, bloß keine Fehler zu machen. So sind wir oft gehemmt und verwirrt, weil wir vergessen, dass jenseits unserer Etiketten von Gut und Schlecht, Richtig und Falsch, Erfolg und Versagen alle Entscheidungsmöglichkeiten in sich die Wahrheit und die Kraft des Lebens tragen, unabhängig davon, was uns lieber wäre.

Natürlich bedeutet dieser gemeinsame Pulsschlag des Lebens nicht, dass alles dasselbe ist, denn die Dinge sind unendlich unterschiedlich. Angesichts der Reichhaltigkeit des Lebens können wir nicht alles als gleichwertig ansehen. Aber wenn wir glauben, nur das, was wir wollen, mache uns glücklich, sind wir

Januar

schnell niedergeschlagen, falls wir es einmal nicht bekommen. Dann leiden wir unter dem angeblichen Unterschied zwischen Hier und Dort, zwischen dem, was wir haben, und dem, was wir zu brauchen meinen.

Wir haben mit Abertausenden von Dingen zu tun, die wir unterscheiden müssen; aber wenn wir sie ans Licht unseres Herzens halten, können wir sagen: »Nicht zwei! Eins!«, und erkennen, dass es keine falschen Abzweigungen gibt, sondern nur unerwartete Wendungen.

- Meditiere über eine Entscheidung, die dir bevorsteht.
- Benenne klar die Optionen, die du hast.
- Versuche, diese Optionen nicht aus der Sicht deiner Vorlieben zu betrachten; konzentriere dich lieber auf die Erfahrung, die jede Option dir bieten kann.
- Versuche, dein Gefühl für Identität nicht an einer der Optionen festzumachen.
- Wenn du nicht bekommst, was du willst, versuche, es nicht als Misserfolg zu betrachten, sondern als eine unerwartete Öffnung.

23.

Zum Wesentlichen vordringen

Wenn du wirklich verstanden werden willst,
musst du alles dreimal sagen, auf drei verschiedene Weisen.
Einmal für jedes Ohr ... und einmal fürs Herz.
< Paula Underwood Spencer >

Jahrelang fühlte ich mich so wenig gehört, dass ich jede Nachfrage als Zurückweisung oder Kritik empfand, wenn ich etwas aus vollem Herzen gesagt hatte. Häufig versuchte mein Gegenüber jedoch nur, mich zu verstehen. Die Situation verlangte, das Unsagbare einzukreisen und es noch einmal zu versuchen.

Ich habe gelernt, ein echter Dialog erfordert es, dass sowohl der Redner als auch der Zuhörer mehrmals versuchen, zum Wesentlichen vorzudringen. Manchmal wird die Wahrheit gerade in dem Augenblick gestammelt, in dem ich mich räuspern muss. Oder das Herz des anderen öffnet und schließt sich wieder, während ich noch dabei bin, bei ihm anzukommen.

Vieles hängt vom richtigen Timing ab, und so habe ich gelernt, mich nicht zu wiederholen, sondern das Wesentliche wie eine zeitlose Melodie immer und immer wieder erklingen zu lassen, falls die Person mir gegenüber aufrichtig und ernsthaft bemüht ist.

- ◆ Dies ist eine Sprechmeditation. Setze dich mit einem geliebten Menschen zusammen und wechselt euch damit ab, das Unsagbare einzukreisen:
- ◆ Zunächst einmal sagt ihr einander, was ihr füreinander empfindet.
- ◆ Dann verweilt ihr etwas in Stille und sagt danach erneut, was ihr fühlt.
- ◆ Nach einer weiteren Zeit der Stille nehmt ihr einander an den Händen und sagt euch ein letztes Mal, was ihr fühlt.

24.

Wunderdenken

Es gibt zwei Wege, das Leben zu leben.
Entweder so, als wäre nichts ein Wunder,
oder so, als wäre alles eins.
< Albert Einstein >

Die Sorgen nehmen nie ein Ende, weil das, was sich unseren Blicken entzieht, endlos ist. Sich zu sorgen ist eine Art Spiel mit dem, was geschehen könnte oder auch nicht.

Das erinnert mich an einen Freund, der auf einer entlegenen Landstraße einen Platten hatte. Er fand keinen Wagenheber im

Januar

Auto und machte sich zu Fuß auf den Weg, in der Hoffnung, in der Nähe einen Farmer zu finden, der ihm einen Wagenheber leihen könnte. Es dämmerte schon, und die Zikaden wurden lauter. Während er die Straße entlangwanderte, begannen sich in seinem Kopf die sorgenvollen Gedanken zu regen: »Was ist, wenn ich ein Haus finde, aber es ist keiner da? Was ist, wenn jemand da ist, aber er mir seinen Wagenheber nicht leihen will? Wenn er mich nicht telefonieren lassen will? Was ist, wenn er sich vor mir fürchtet? Ich habe ihm doch nie etwas getan! Warum lässt er mich nicht einfach mal sein Telefon benutzen?«

Als er schließlich eine Farm erreichte, hatte er sich so in seine Gedanken hineingesteigert, was alles schiefgehen könnte, dass er den freundlichen alten Mann, der ihm die Tür öffnete, nur anbellte: »Behalten Sie doch Ihren gottverdammten Wagenheber für sich!«

Als Menschen ringen wir ständig damit, bei dem Wunder dessen, was ist, zu verweilen, und nicht immer wieder in das schwarze Loch dessen zu rutschen, was nicht ist. Das ist ein altes Problem. Schon vor Jahrhunderten sagte der Sufi-Dichter Ghalib: »Jeder Teil der Schöpfung singt sein eigenes Lied von dem, was ist und was nicht ist. Zu hören, was ist, kann uns weise machen; zu hören, was nicht ist, kann uns verrückt machen.«

- Setze dich still hin und erinnere dich an eine Situation, die dir Sorgen bereitet.
- Atme langsam und konzentriere dich beim Einatmen darauf, zu akzeptieren, was ist. Versuche, sowohl die Geschenke als auch die Schwierigkeiten der Wirklichkeit, in der du lebst, in dich hineinzulassen.
- Atme gleichmäßig und konzentriere dich beim Ausatmen darauf, jenes loszulassen, was nicht ist. Versuche, alles loszulassen, was du dir im Kopf vorgestellt hast, was aber noch nicht Wirklichkeit ist.
- Lass dich auf das Wunder dessen ein, was ist.

25.

Sich selbst lieben

Ich beginne zu erkennen,
dass ich in meinem Forschen über meinen eigenen Ursprung
und mein Ziel etwas anderes als mich selbst erforsche …
In dieser Erkenntnis beginne ich,
den Ursprung und das Ziel der Welt zu sehen.
< Martin Buber >

Indem wir uns selbst lieben, lieben wir die Welt. Denn genau so wie Feuer, Stein und Wasser alle aus Molekülen bestehen, ist alles, auch du und ich, durch ein kleines Anfangsstück miteinander verbunden.

Doch wie uns selbst lieben? Manchmal ist das so schwer, wie die Hinterseite unseres Kopfes zu sehen. Es kann so flüchtig sein und ist so notwendig. Ich habe es so oft versucht und bin so oft gestrauchelt. Und ich kann nur sagen, sich selbst zu lieben ist, als füttere man einen durchsichtigen Vogel, den keiner sieht. Du musst dabei ganz behutsam sein und auf deiner offenen Hand deine Geheimnisse darbieten wie köstliche Samen. Wenn er deine Geheimnisse aufnimmt, erglüht er und du leuchtest, und sein Gesang, den nur du vernimmst, ist deine eigene, von allen Plänen befreite Stimme. Und das durch seinen Körper scheinende Licht umströmt dich, bis du dich wunderst, warum die Juwelen in deiner Hand je von einer Faust umschlossen waren. Andere werden dich für verrückt halten, weil du etwas hegst, das keiner sieht. Doch der durchsichtige Vogel will nur essen und fliegen und singen. Er will nur Licht in seinen Bauch lassen. Und ganz selten geschieht es, dass dich jemand so sehr liebt, dass er den Vogel sieht, wie er aus dem Nest aufsteigt, das unter deinen Ängsten verborgen ist.

Auf diese Weise habe ich gelernt: Sich selbst zu lieben, erfordert mehr Mut als alles andere. Es erfordert, an etwas zu glauben

Januar

und etwas treu zu bleiben, was niemand außer dir sehen kann und was uns in der Welt hält – unser eigener Selbstwert.

All die großen Augenblicke der Empfängnis – die Geburt von Bergen, von Bäumen, Fischen, Propheten und der Wahrheit dauerhafter Beziehungen –, alles beginnt dort, wo niemand es sieht, und unsere Aufgabe ist es, nicht auszulöschen, was so schön begonnen wurde. Denn einmal von Licht erfüllt, ist alles sicher auf den Weg gebracht – nicht schmerzfrei, aber ungehindert –, und der Wind unter deinen Flügeln ist dieselbe Luft, die meine Stimmbänder zum Schwingen bringt, und die leeren Bänke im Schnee sind genauso Teil von uns wie die leeren Gestalten, die im Frühling darauf hocken.

Wenn wir an das glauben, was niemand sonst sehen kann, erkennen wir uns im anderen. Alle Augenblicke des Lebens, egal wie schwierig, laufen auf denselben Punkt hinaus, wo das Selbst und die Welt eins sind, wo das Licht gleichzeitig hinein- und hinausströmt. Und einmal dort angekommen, realisiere ich – erkenne ich also als Realität an –, dass dieser Moment, wie auch immer er beschaffen sein mag, ein guter Moment ist, um zu leben, und ein guter Moment, um zu sterben.

- ◆ Setze dich still hin und lass dich von jedem Atemzug tiefer in dein Zentrum tragen. Sortiere nicht und triff keine Wahl, sondern erkenne einen alten und ursprünglichen Teil dessen, wer du bist. Es könnte dein Lachen sein oder deine Sturheit oder deine Liebe zu Blumen oder deine Freude am Regen.
- ◆ Bewahre diesen alten und ursprünglichen Teil von dir in deinem Atem, während du den Tag beginnst.
- ◆ Sei offen dafür, diesen tiefen Teil von dir auch in anderen zu finden. Derselbe Wind berührt viele Blätter.

26.

Gütig sein (1.)

Ihr sagt oft: »Ich würde geben,
aber nur dem, der es verdient.«
Die Bäume in eurem Obstgarten reden nicht so,
und auch nicht die Herden auf euren Weiden.
Sie geben, damit sie leben dürfen,
denn zurückhalten heißt zugrunde gehen.
< Khalil Gibran >

Der große und leidenschaftliche Mystiker William Blake hat gesagt, es gebe nichts Größeres, als einen anderen Menschen wichtiger zu nehmen als sich selbst. Er verweist damit auf das selbstlose Geben, anscheinend die Grundlage jeder wahren Liebe. Doch nachdem ich mich ein Leben lang nach den Bedürfnissen anderer gerichtet habe, wurde mir klar: Ohne eine gesunde Selbstliebe – ohne ein Würdigen der Essenz des Lebens, die in diesem »Selbst« steckt, so wie ein Same in einer Schote steckt – kann dieses Wichtiger-Nehmen von anderen Menschen zu zerstörerischer Selbstaufopferung und endloser Co-Abhängigkeit führen.

Um andere nicht zu enttäuschen, habe ich lange Jahre auf vielfache Weise meine eigenen Bedürfnisse und Erkenntnisse unterdrückt, selbst wenn niemand mich darum gebeten hatte. Und ich stehe damit nicht allein. Irgendwie kämpfen wir alle in unserem Bemühen, gut zu sein, mit einem falschen Dilemma: dass wir nur entweder gut zu uns selbst oder gut zu anderen sein können. In Wahrheit ist Güte gegenüber uns selbst jedoch eine Voraussetzung für Güte gegenüber anderen. Uns selbst zu würdigen ist tatsächlich der einzige beständige Weg, anderen gegenüber wirklich selbstlos gütig zu sein.

Ich glaube, Mencius, der Enkel von Konfuzius, hatte recht, als er sagte: So wie Wasser, wenn es nicht behindert wird, bergabwärts fließt, verhalten auch wir uns gegenüber anderen gütig,

Januar

wenn wir die Chance haben, zu sein, was wir sind. Die eigentliche, ständige Praxis für jeden besteht deshalb darin, aus dem Weg zu räumen, was uns daran hindert, rückhaltlos zu sein, wer wir sind. Wenn wir uns um diese Authentizität bemühen, dann wird die lebendige Güte – das Wasser des Mitgefühls – natürlich fließen. Wir brauchen keine Disziplin, um gütig zu sein, nur ein offenes Herz.

◆ Zentriere dich und meditiere über die Wasser des Mitgefühls, die sich in deinem Herzen gesammelt haben.

◆ Lass sie fließen, während du atmest, ohne Absicht, einfach in die Luft um dich herum.

27.

Gütig sein (2.)

Wir lieben jenes, worauf wir unsere Achtsamkeit richten.
< Mwalimu Imara >

Es waren einmal zwei Brüder, die nie miteinander auskamen. Der eine griff ständig alles, was seinen Weg kreuzte, aus dem Hinterhalt an und hielt schon nach dem nächsten Schatz Ausschau, während er den ersten noch umklammert hielt. Er stolzierte mit seinem Schild herum und verfluchte alles, was ihm in den Weg kam. Der andere Bruder wanderte offen und ungeschützt herum und achtete auf alles, was er fand. Er hielt bei jedem Blatt, jedem Zweig und jedem zerbrochenen Stein inne. Er segnete alles, was ihm in den Weg kam.

Diese kleine Geschichte zeigt: Wenn wir uns aus dem Versteck wagen, kommt ein tieferes Gesetz zum Tragen. Wenn wir unser Inneres entblößen, unsere Stärken und Schwächen gleichermaßen offenbaren, entdecken wir eine Verwandtschaft mit allem Lebendigen, und aus dieser Verwandtschaft entsteht eine Güte, die durch uns und zwischen uns lebt. Das Geheimnis lautet: Die Verwandtschaft mit dem Leben zeigt sich nur, wenn wir authentisch sind.

In diesem Sinne können wir Blakes Wahrheit umkehren und sagen, es gibt nichts Größeres, als sich selbst vor die anderen zu setzen. Nicht vor die anderen im Sinne von »zuerst kommen«, sondern im Sinne von »sich selbst vor anderen öffnen, die eigene Essenz offen darbieten«. Nur indem wir authentisch sind, kann sich echte Verwandtschaft zeigen und wahre Güte freigesetzt werden.

Deswegen berührt es uns, auch wenn wir es nicht zugeben, wenn Fremde ihre Fassade aufgeben und sich zeigen. Deswegen halten wir inne, um den Verwundeten und den Wahrhaftigen zu helfen. Wenn wir uns ganz voreinander öffnen, wird Liebe möglich, so wie sich auch ein hartes Ufer vom Meer erweichen lässt.

- Stell einen deiner Lieblingsgegenstände vor dich hin, sammle dich beim Atmen und spüre, was dieses Objekt für dich so besonders macht.
- Atme weiter und meditiere über die Stelle in dir, wo dieses Gefühl der Besonderheit herkommt.
- Atme gleichmäßig weiter und erkenne dieses Besondere als eine Art Verwandtschaft zwischen dir und diesem dir lieben Gegenstand.
- Nimm dir im Lauf des Tages Zeit, dich ganz vor etwas zu versammeln, das dir neu ist, und versuche, während des Atmens deine Verwandtschaft damit zu spüren.

28.

Der Welt begegnen

Du musst der äußeren Welt mit deiner inneren Welt begegnen, sonst wird dich die Existenz zermalmen.

Es gibt einen Wind, der weht seit Anbeginn der Zeit, und in jeder Sprache, die jemals gesprochen wurde, erklingt sein Flüstern: »Du

Januar

musst der äußeren Welt mit deiner inneren Welt begegnen, oder die Existenz wird dich zermalmen.« Wenn das Innere nicht dem Äußeren begegnet, wird unser Leben zusammenbrechen und vergehen. Wir meinen zwar oft, es schütze oder rette uns irgendwie, wenn wir unser Inneres verstecken, doch das Gegenteil ist wahr. Das Herz ist wie ein wundersamer Ballon. Seine Leichtigkeit beruht darauf, dass es erfüllt bleibt. Dem Leben mit unserem Herzen zu begegnen, bewahrt uns vor dem Zusammenbruch.

Dies ist der Grund, weshalb neunzigjährige Witwen sich um kleine Frühjahrsblumen kümmern; warum kleine Kinder, die selbst kaum genug zu essen haben, verwaiste Kätzchen füttern; weshalb erblindende Maler nur umso mehr malen und taub gewordene Komponisten großartige Symphonien schreiben. Und wenn wir meinen, keine Kraft mehr zu haben, um es noch einmal zu versuchen, ist dies der Grund, weshalb wir einen tiefen, durch die Jahrhunderte hallenden Seufzer ausstoßen, und dann, aller Erfahrung zum Trotz, einatmen und es doch noch einmal versuchen.

- Zentriere dich und atme langsam und tief.
- Fülle und leere deine Lungen beim Atmen wie einen Luftballon.
- Bemerke beim Atmen, wie eine innere Luft dein Herz füllt und verlässt.
- Lass im Lauf des Tages diese innere Luft der äußeren Welt begegnen, wann immer du dich überfordert fühlst.

29.

Die unberührte Lichtung

Ich bin auf der Welt zu allein und doch nicht allein genug,
um jede Stunde zu weihn.
< Rainer Maria Rilke >

Es scheint zwei grundlegende Wege zu geben, die Fülle des Lebens zu erfahren, und beide haben mit authentischen Beziehungen zu tun: Der eine beruht auf unserer Liebe zum Leben, der andere auf unserer Liebe zueinander.

Häufig können wir im Alleinsein die Wunder des Lebens erkennen, wenn wir uns die Zeit nehmen und das Risiko eingehen, allein zu sein, bis der Funke des Lebens sich offenbart. Das ist der Lohn aller Meditation. Wenn wir dem Pfad unseres Alleinseins tief genug in die Wälder folgen, führt er uns zu jener unberührten Lichtung.

Doch wir können diese unberührte Lichtung auch erreichen, wenn wir uns die Zeit nehmen und das Risiko eingehen, ganz miteinander zu sein. Das ist der Lohn der Liebe.

Was uns am meisten daran hindert, die Fülle des Lebens zu erfahren, worunter ich selbst viele Male gelitten habe, ist jedoch die Zögerlichkeit, die uns davon abhält, entweder ganz mit dem Leben allein oder ganz miteinander zu sein. Halbherzig irgendwo zu sein ist der wahre Anfang von Einsamkeit.

- Setze dich ruhig hin und lass eine Einsamkeit, die du in dir trägst, in dein Bewusstsein treten.
- Atme langsam und fühle, wenn es dir möglich ist, in welche Richtung es dich damit zieht: mehr in dich selbst oder mehr in die Welt.
- Atme tief und versuche, dein Herz in diese Richtung zu bewegen.

Januar

30.

Die Pilgerreise

Wer reist, ohne sich zu verändern,
ist ein Nomade.
Wer sich verändert, ohne zu reisen,
ist ein Chamäleon.
Wer reist und sich von der Reise verwandeln lässt,
ist ein Pilger.

Wir alle beginnen als Pilger, wollen reisen und hoffen, durch die Reise verwandelt zu werden. Aber genauso, wie es unmöglich ist, bei einer Symphonie auf die Dauer den Klang des ganzen Orchesters zu hören und nicht irgendwann nur die Geige oder nur das Klavier wahrzunehmen, entgleitet uns auch im Leben die Aufmerksamkeit und wir erleben Menschen und Orte, ohne uns von ihrer Ganzheit berühren zu lassen. Und manchmal, wenn wir uns verlassen oder verunsichert fühlen, ändern oder verstecken wir das, was in uns lebendig ist, um es anderen recht zu machen oder ihnen aus dem Weg zu gehen.

Diese Erkenntnis soll nicht dazu dienen, uns zu verurteilen, sondern einander zu helfen, Integrität als einen endlosen Prozess zu betrachten, in dem unsere innere und unsere äußere Erfahrung einander ergänzen, ungeachtet unserer menschlichen Verfehlungen.

Ich weiß so viel über diese Dinge, weil ich sie so oft missachte. Doch genau wie du verstehe ich mich als einen Pilger der tiefsten Art, der losgelöst von allen traditionellen Glaubensrichtungen unterwegs ist zu jenem verlockenden, immer wiederkehrenden Ort, an dem wir den Augenblick erkennen und von ihm verändert werden. Dieser flüchtige Moment, wo das Auge ist, was es sieht, wo das Herz ist, was es fühlt, dieser Moment zeigt uns auf mysteriöse Weise die Heiligkeit dessen, was sich offenbart.

◆ Zentriere dich und erinnere dich, ohne zu urteilen, an eine Zeit, wo du dich von deiner Erfahrung nicht verändern ließest. Spüre einfach die Präsenz dieser Zeit.

- Atme weiter und rufe dir eine Zeit ins Bewusstsein, wo du dich verändert hast, um es anderen recht zu machen oder ihnen aus dem Weg zu gehen. Spüre wiederum einfach die Präsenz dieser Zeit.
- Spüre, wie du weicher wirst, und rufe dir eine Zeit ins Bewusstsein, wo du deinen Weg gegangen bist und dich von der Reise hast verwandeln lassen. Fühle die Präsenz dieser Zeit.
- Danke für all dies, ohne zu urteilen, einfach indem du es annimmst. Danke dafür, menschlich zu sein.

31.

Üben

So wie ein Mensch bei seinem letzten Atemzug
alles loslässt, was er trägt,
ist jeder Atemzug ein kleiner Tod,
der uns befreien kann.

Atmen ist die kleinste Risikoeinheit, das Atom inneren Muts, das zu einem authentischen Leben führt. Mit jedem Atemzug üben wir, uns zu öffnen, aufzunehmen und loszulassen. Diesen Lehrer haben wir tatsächlich direkt vor unserer Nase. Wenn wir uns ängstigen, brauchen wir nur daran zu denken, zu atmen.

So oft entscheiden wir uns, unsere Gewohnheiten zu ändern, und verfallen angesichts neuer Situationen doch in alte Reflexe. Wenn uns die Angst packt, wollen wir reflexhaft festhalten, beschleunigen oder abhauen. Doch wenn wir den Reflex spüren, etwas festhalten zu wollen, ist es oft an der Zeit, loszulassen. Wenn wir den Drang haben, zu beschleunigen, ist es oft an der Zeit, langsamer zu werden. Und wenn in uns der Impuls auftaucht, wegzulaufen, ist dies oft die beste Gelegenheit, uns mit uns selbst zu konfrontieren. In genau diesem Augenblick tief und meditativ durchzuatmen – das hilft oft, das Momentum der

Angst zu durchbrechen und unsere Psyche in den Leerlauf zu schalten, sodass wir uns neu ausrichten können.

Ich spreche hier nicht über Augenblicke äußerer Angst, sondern über Momente innerer Wahrheit. Wenn ein Unfall droht, ist es natürlich sinnvoll, zur Seite zu springen. Wenn ein anderer Mensch strauchelt, halten wir ihn natürlich fest.

Ich meine hier vielmehr die Angst vor der Liebe, vor der Wahrheit, vor Gott, die Angst vor Veränderung, vor dem Unbekannten. Ich rede davon, wie wir alle uns an das Vertraute klammern, selbst wenn wir uns damit selbst schaden.

Loslassen, was wir tragen: all unsere vorgefassten Meinungen, unsere inneren Listen davon, wo wir versagt haben oder andere uns unrecht getan haben, all die geheimen Lasten, die wir immer weiter mit uns herumschleppen. Wenn wir alles Bedauern und alle Erwartungen ablegen, lösen sich auch unsere mentalen Einstellungen auf. Alles loszulassen, was wir als unbedingt notwendig erachtet haben, ermöglicht uns, neu geboren zu werden mit einer Einfachheit des Geistes, wie sie aus unbelastetem Sein entstehen kann.

Die Vorstellung, unsere ganze Lebensweise zu verändern, überfordert uns oft. Wo sollen wir anfangen? Wie können wir eine Mauer verschwinden lassen, die wir über fünfundzwanzig oder fünfzig Jahre hinweg errichtet haben? Atemzug um Atemzug. Einen kleinen Tod nach dem anderen. Von Augenblick zu Augenblick alles ablegen, was wir tragen. Im Vertrauen darauf, dass das, was die Last getragen hat, uns tragen wird, wenn es von der Last befreit ist.

- Setze dich allein an einen sicheren Ort und denke an die letzte Situation, die dich geängstigt hat.
- Frage dich: Was war es genau, was mir Unbehagen bereitete? Woran habe ich mich in meiner Anspannung mental geklammert?
- Lege jetzt sowohl dein Unbehagen als auch dein Festhalten vor dich.
- An diesem sicheren Ort kannst du nun das berühren, was dir Angst gemacht hat. Es kann dir jetzt nichts antun.
- An diesem sicheren Ort kannst du loslassen, woran sich dein Denken geklammert hat. Es kann dir jetzt nicht helfen.

- Wiederhole dies einige Male und atme dabei langsam und tief.
- Atme. Fühle, was in dir aufsteigt, wenn du frei bist vom Unbehagen und vom Festhalten.
- Atme. Dies ist Gott in dir. Verneige dich vor ihm.

Notizen

Januar

Geburtstage, Festtage

1
2
3
4
5
6
7
8
9
10
11
12
13
14
15
16
17
18
19
20
21
22
23
24
25
26
27
28
29

1.

Lebe langsam genug

*Lebe langsam genug
und es gibt nur den Anfang der Zeit.*

Beobachte etwas und schau, wie es sein Sein zum Ausdruck bringt: eine Schneeflocke beim Fallen, das Eis beim Schmelzen, ein Kind beim Aufwachen. Es versetzt dich in den ständigen Augenblick des Anfangs, jenen stillen Moment, aus dem jeder Atemzug hervorgeht. Dieser Augenblick ist so entscheidend, weil er fortwährend die Frische des Lebens freisetzt. Der Schlüssel, um diesen Augenblick und all seine Frische wieder und wieder zu erfahren, liegt in der Verlangsamung.

Wenn uns etwas ungelegen kommt, ist das häufig eine Aufforderung, langsamer zu werden. Wenn unser Zug Verspätung hat oder die Rechnung im Restaurant auf sich warten lässt, sind wir aufgefordert, uns zu öffnen und uns umzusehen. Werden wir in unseren ach so wichtigen und ehrgeizigen Plänen ausgebremst, geht es häufig darum, den Anfang der Zeit wiederzufinden. Leider sind wir alle so in Eile, rennen so schnell an ein Ziel, dass viele von uns erst durch Krankheiten oder einen Zusammenbruch zur Langsamkeit gezwungen werden. Wir sind so merkwürdige Wesen. Könnten wir uns aus großer Entfernung sehen, würden wir wahrscheinlich wie eine Kolonie von Insekten wirken, die fortwährend gegen etwas rennen: Tausende von wild entschlossenen kleinen Krabbeltieren, die gegen Hindernisse laufen, die kleinen Köpfe und Körper schütteln und wieder losrennen, gegen das nächste Hindernis.

Wie die Erde, die uns trägt, bewegt sich auch der Urgrund unseres Daseins so langsam, dass wir es für selbstverständlich halten. Aber wenn du dich ausgebremst, betäubt oder von den Widrigkeiten des Lebens erschöpft fühlst, verlangsame einfach deine Gedanken auf das Tempo auseinanderdriftender Erdspal-

 *Februar*

ten, verlangsame deinen Herzschlag auf die Geschwindigkeit des im Boden versickernden Regens, und warte darauf, dass die Frische des Anfangs dich wieder begrüßt.

- Leg einen trockenen Schwamm und ein Glas Wasser vor dich. Lass sie dort zunächst einfach stehen.
- Zentriere dich, indem du die Energie von allem, was sich dringend anfühlt, durch dich hindurchrauschen lässt. Atme aus und versuche es loszulassen.
- Tropfe ein wenig Wasser auf den Schwamm, und während du langsam atmest, sieh zu, wie sich der Schwamm öffnet.
- Lass immer wieder Wasser auf den Schwamm tropfen, während du langsam atmest. Fühle, wie sich dein Herz öffnet.

2.

Zwei Herzzellen pulsieren

Wenn man zwei lebendige Herzzellen
von verschiedenen Personen in eine Petrischale bringt,
finden sie nach einer Weile
zu einem dritten, gemeinsamen Pulsschlag.
< Molly Vass >

Diese biologische Tatsache enthält das Geheimnis aller Beziehungen. Es ist der zelluläre Beweis, dass es allen Widerständen zum Trotz und jenseits all unserer vergeblichen Bemühungen in der Natur selbst eine essenzielle, verbindende Kraft gibt. Diese angeborene Fähigkeit, einen gemeinsamen Pulsschlag zu finden und lebendig zu erhalten, ist das Wunder der Liebe.

Diese Kraft ist es, die Mitgefühl möglich, ja sogar wahrscheinlich macht. Denn wenn schon zwei Zellen den gemeinsamen Pulsschlag finden, wie viel mehr können dann ganze Herzen fühlen, wenn alle Ausflüchte wegfallen?

Dieser Trieb hin zu einem gemeinsamen Puls ist die Kraft hinter Neugier und Leidenschaft. Sie bewirkt, dass Fremde einander ansprechen, trotz des damit verbundenen Unbehagens. Sie bewirkt, dass wir das Risiko eingehen, neues Wissen zu erwerben. Wenn wir mit irgendetwas Lebendigem nur lange genug still sind, finden wir einen Weg, das *eine,* gemeinsame Lied zu finden.

Und doch erschöpfen wir uns häufig in Kämpfen darum, wie unsere Herzen zusammenkommen können, und erkennen selten, dass Kraft und Frieden entstehen, wenn unsere Herzen im Einklang mit allem Lebendigen schlagen. Obwohl wir einander nicht kennen, gibt es doch einen allen Herzen gemeinsamen Herzschlag, der nur darauf wartet, gefühlt zu werden – ein ungeheuer erhebendes Gefühl.

Das erinnert mich an eine Geschichte über den großen Dichter Pablo Neruda, der gegen Ende seines Lebens auf einer Reise an der Lota-Kohlenzeche im ländlichen Chile vorüberkam. Während er beeindruckt dastand, schritt einer der Bergleute stracks auf ihn zu, ein rauer Kerl, geschwärzt von der Arbeit im Stollen, umarmte Neruda und sagte: »Ich kenne dich schon so lange, mein Bruder!«

Vielleicht ist dies das Geheimnis: Jedes Mal, wenn wir es wagen, zum Ausdruck zu bringen, was in uns pulsiert, laden wir eine andere Herzzelle ein, sich auf das einzustimmen, was zwischen uns lebendig ist, und zu singen.

- Atme tief in Stille und spüre deinen Herzschlag.
- Meditiere über den gemeinsamen Pulsschlag deiner Herzzellen.
- Lass den Pulsschlag wie einen Lichtstrahl von dir ausgehen.
- Sende diesen Strahl deines Herzschlags zu allem um dich herum, während du durch deinen Tag gehst. Atme dabei ganz normal.
- Sei dir der Momente bewusst, wo du dich mit Energie geladen oder mit Emotionen erfüllt fühlst. In der Lebendigkeit dieser Momente bist du ganz und gar in Beziehung mit der Welt.

Februar

3.

Sehnen

Bevor wir auch nur mit der Wimper zucken,
kennen wir einander schon.

Bevor wir sprechen, sprechen wir mit den Augen und den Lippen, durch die Haltung unseres Kopfes, durch die Art, wie wir uns neigen wie Bäume, die das Warten auf die Sonne satthaben. Wir erzählen unsere ganze Geschichte, bevor wir auch nur den Mund aufgemacht haben. Und doch tun wir häufig so, als wäre nichts verraten worden. Wir tun so, als wären wir Fremde, und leugnen, was wir schon erfahren haben, noch bevor ein Wort gesprochen wurde.

Wir bestehen alle aus Sehnen und Licht, suchen nach einem Ausweg, fürchten, wir würden eingeschlossen oder abgeschnitten oder zurückgedrängt in die Tiefe, aus der wir uns emporstrecken.

Für den Anfang reicht es, zu wissen: Noch bevor wir uns mit Namen und Geschichten umgeben, wollen wir einfach nur gehalten und wieder allein gelassen werden, immer und immer wieder; gehalten und wieder allein gelassen, bis es zu einem Tanz des Überlebens und Wachsens wird, so wie der Frühling zum Winter und wieder zum Frühling wird.

◆ Während du durch deinen Tag gehst, lass dich auf das ein, was du von anderen lernst, durch die Art, wie ihr Sein dich im Vorübergehen streift.

◆ Gib jedem einen Segen mit auf den Weg.

4.

Eine Reihe innerer Türen

Das, woraus unser Leben besteht, ändert sich nicht.
Wir sind es, deren Beziehung dazu sich verändert.
< Molly Vass >

Was auch immer unsere Gaben oder Wunden oder Lebensumstände sein mögen – ob wir mehrfach verheiratet oder nie verliebt waren, ob wir jede Menge Geld haben oder dringend mehr benötigen: Die Kernthemen unseres Lebens verschwinden nicht.

Für jedes Leben auf der Erde gibt es eine Reihe innerer Türen, die niemand für uns durchschreiten kann. Liebhaber und Jobs kommen und gehen, wir mögen um die Welt reisen, Arzt, Anwalt oder Bergsteiger werden oder edelmütig unser Leben hintanstellen, um uns um unsere pflegebedürftigen Eltern zu kümmern. Obwohl all diese Ablenkungen Jahre gedauert haben, stehen wir, wenn wir damit fertig sind, doch immer noch vor der letzten Schwelle, die wir damals nicht überschritten. Sie wartet geduldig auf uns. Es gibt keinen Ersatz für ein echtes Risiko.

Noch merkwürdiger ist, wie genau die Kernthemen, die wir zu meiden versuchen, regelmäßig auftauchen, wenn auch manchmal mit anderen Gesichtern. Wie sehr wir auch versuchen mögen, dieses Thema zu umgehen, irgendwann müssen wir doch demütig anerkennen, dass es für uns keine andere Schwelle gibt, bis wir den Mut fassen, die Tür zu öffnen, vor der wir stehen. Die vielleicht älteste Wahrheit der Selbsterkenntnis ist, dass der einzige Ausweg geradewegs durch die Mitte geht. Dass uns immer wieder dieselben Umstände begegnen, ist jedoch nicht immer ein Zeichen der Verdrängung, sondern kann auch heißen, unsere Arbeit an diesem Thema ist einfach noch nicht erledigt.

Ich persönlich habe mich in meiner Jugend an einer dominanten und sehr kritischen Mutter abgearbeitet, daher ist es kein Wunder, dass ich immer wieder in Situationen mit dominanten

Februar

Männern und Frauen geraten bin, in denen ich leidvoll um Anerkennung rang und Zurückweisung fürchtete. Jahrelang habe ich versucht, damit besser umzugehen, doch das war, als würde ich die Tür abschmirgeln und neu lackieren, statt sie zu öffnen. Trotz zunehmender Geschicklichkeit war es mir bestimmt, den Schmerz der Ablehnung immer wieder zu erfahren, bis ich die Tür öffnete, die mich zu meinem Selbstwert führte.

Selbst mein Drang, Dichter zu werden, wurde in dieser Hinsicht eine jahrelang währende Ablenkung. Ich fühlte mich zutiefst abgelehnt und verunsichert und beschloss im Stillen, ein berühmter Autor zu werden. Doch eines Tages wurde mir klar, ich wiederholte das Thema »Anerkennung und Ablehnung« damit nur hundertfach per Post: in Form der Kritik zahlloser Fremder, die in den Verlagen saßen, bei denen ich mich bewarb. Ich war verblüfft und erleichtert, als ich endlich erkannte, dass ich wieder vor derselben Entscheidung zur Selbstliebe stand, vor der ich vor vielen Jahren geflohen war.

Die Türen bewegen sich nicht von der Stelle. Wir selbst sind es, die je nach Bereitschaft und Erfahrung immer wieder zu ihnen zurückkehren, denn die Seele kennt nur einen Weg zur Erfüllung: sich dem zu öffnen, was wahr ist.

- Meditiere über ein Thema, das immer wieder zu dir kommt.
- Betrachte es als einen Boten: Frage ihn, welche Tür er für dich öffnen möchte.
- Wie wird sich dein Leben verändern, wenn du diese Schwelle überschreitest?
- Wie wird es sich auswirken, wenn du es nicht tust?

5.

Jenseits von Problemlösungen

Hinter Kopfschmerz steckt meistens Herzschmerz.

Wir finden es oft leichter, um die Dinge herumzudenken, als sie zu durchfühlen. Was kann ich tun, um meine schlechte Laune loszuwerden? Was kann ich kaufen, entfernen oder reparieren, damit der Mensch, der mir nahesteht, nicht mehr so wütend oder traurig ist?

Im Rückblick erkenne ich, dass ich viele, viele Stunden damit verbracht habe, Lösungen für emotionale Probleme zu finden, die einfach nur gefühlt werden wollten. Ich begreife heute, dass meine ständigen Bemühungen, zu verstehen, was verkehrt gelaufen war, zwar manchmal nützlich, aber meistens doch Ablenkungen waren, die mich davor bewahren sollten, die Traurigkeit oder die Enttäuschung zu spüren, durch die ich hindurchmusste, um heil zu werden und weitergehen zu können.

Das ist alles sehr menschlich. Niemand will leiden, vor allem nicht, wenn man noch nicht einmal den Finger auf eine bestimmte Wunde legen kann. So ist es auch mit dem Herzen: Es gibt keine bestimmte Wunde, die man zusammenflicken könnte, und doch ist alles in Mitleidenschaft gezogen.

Analysen, Strategien und Vorbereitungen können zwar den Verstand beschäftigen und uns vielleicht sogar davor bewahren, auf dieselbe Weise wieder verletzt zu werden, doch es gibt keinen Ersatz dafür, frische Luft an die Wunde zu lassen; in Bezug auf das Herz bedeutet das, einfach tief und ohne Selbstmitleid oder Widerwillen zu sagen: »Aua!«

- Setze dich still hin und lass ein Unbehagen des Herzens aus jüngerer Zeit im sicheren Raum deines Atems auftauchen.
- Atme langsam und gib dir Gelegenheit, durch das Unbehagen hindurchzugehen, indem du es fühlst.
- Atme tief und vertraue, dass dein Herz über die Weisheit verfügt, dieses Unbehagen zu verarbeiten, wenn du ihm nur die Chance dazu gibst.

Februar

6.

Entlang dem Weg

Ich lerne durch Gehen, wohin ich gehen muss.
< Theodore Roethke >

Wir fuhren zu einem See, von dem einer von uns gehört hatte. Um den See herum verlief ein Weg. Wir hatten ein paar einfache Dinge dabei: Brot, Wasser, Bananen. Wir wanderten um den See und hielten an einzelnen lichten Stellen an. Von oben fielen riesige Eicheln herab, und kleine Krähen putzten sich auf Zweigen über dem Wasser.

Entlang dem Weg hielt Christine auf einmal inne; da war eine Lichtung, die sie anzog und an der sie nicht einfach vorbeigehen konnte. Wir folgten ihr, die Schritte wurden langsamer, der Atem tiefer. Abseits vom Weg wuchsen uralte Bäume, und der Drang, weiterzugehen, verlor sich ganz. Da waren nur wir und unser Atem. Wir hörten, wie ein Strom sich zu einem Gesang entfaltete, der auch im Gezwitscher der Vögel zu vernehmen ist.

Wir sprachen nicht darüber, aber es ist der Weg abseits vom Weg, der uns zu Gott bringt. Denn in unseren Herzen sind wir nur kleine Vögel, die warten.

- Zentriere dich und stell dir dein Leben als einen Weg um einen wunderschönen See vor.
- Atme langsam und verfolge den Weg bis zu dem Punkt, an dem du heute bist.
- Atme tief und stell dir vor, der morgige Teil des Wegs komme in deinen Blick. Rieche die unbegangenen Pfade.
- Beginne deinen Tag und bleib offen für die unerwarteten Lichtungen, die dich rufen.

7.

Das Vermächtnis der Trauer

Atlas wurde nicht gezwungen,
die Welt auf den Schultern zu tragen.
Er war davon überzeugt, die Welt würde fallen,
wenn er es nicht täte.

Viele von uns sind von wohlmeinenden Eltern dazu erzogen worden, deren Traurigkeit in sich zu tragen. Das eine Kind, das weicher und sensibler ist als die anderen, wird oft dazu auserkoren, all das auf sich zu nehmen, worum die anderen sich nicht kümmern wollen. Das ist ein merkwürdiges Schicksal.

Ich war eines dieser Kinder. Man hielt mich oft für übersensibel, zu emotional, einen Tagträumer. Aber als ich älter wurde und das Leben uns die Bürden bescherte, die keiner Familie erspart bleiben, war ich es, der die Last der emotionalen Unfähigkeit meiner Familie auf sich nahm. Ohne dass meine Fähigkeit, zu fühlen, je wertgeschätzt oder anerkannt wurde, blieb es an mir hängen, die volle Wucht der Trauer meiner Familie auf mich zu nehmen.

Ich habe erkannt, dass es einen großen Unterschied gibt zwischen dem Mitfühlen und dem Übernehmen eines Schmerzes. Nur allzu oft nutzen Leidende die Fürsorge ihrer Lieben, um loszuwerden, was sie selbst nicht fühlen wollen. Ähnlich wie Elektrizität bei einem Gewitter in die Erde abgeleitet wird, lassen sie ihre Trauer und ihren Schmerz an jenen ab, die sich um sie kümmern. Nur allzu oft wollen wir, dass andere unsere Trauer oder unseren Schmerz übernehmen, weil es uns zu riskant erscheint, sie darum zu bitten, uns zu halten, während wir leiden.

Als ein erwachsener Mensch, der versucht, eine eigenständige Person zu sein, verwirrt es mich oft, wenn ich zu unterscheiden versuche, welche Gefühle wirklich meine eigenen sind und welche ich übernommen habe. Menschen wie ich, und vielleicht

 *Februar*

erkennst du dich darin wieder, also sage ich: Menschen wie wir fühlen sich häufig verantwortlich für den emotionalen Zustand anderer.

Es ist eine heikle und nie endende Aufgabe: dieses Auseinandersortieren in »meins« und »nicht meins«. Wenn wir unfähig sind, bei uns selbst zu bleiben, werden wir co-abhängig und finden nie Ruhe, bis die Emotionen aller Menschen um uns herum versorgt sind – weniger aus Mitgefühl denn als Weg, unserer Aufgabe als Träger der Traurigkeit gerecht zu werden. Oder es schlägt in die andere Richtung aus und wir isolieren und distanzieren uns nicht nur von den Gefühlen anderer, sondern auch von unseren eigenen.

Die Aufgabe besteht darin, einen angemessenen Zugang zum Herzen zu entwickeln und uns dabei weder von den Gefühlen anderer noch von der Tiefe der Dinge, die es für uns selbst zu fühlen gilt, abzuschneiden. Auch wenn manche von uns dazu erzogen wurden, die Traurigkeit und den Schmerz anderer zu übernehmen, ist doch das Gewebe des Herzens, das uns gegeben wurde, in sich selbst stark und leicht genug, uns den Wind zuzutragen, der flüstert: »Lass los, gib es ab, die Welt wird dich tragen.«

- Wenn du ein Kind hast, überlege, wie du mit deinen Gefühlen deinem Kind gegenüber umgehst. Wenn du einen Liebsten hast, denke darüber nach, wie du mit deinen Gefühlen deinem Liebsten gegenüber umgehst. Wenn du eine nahe Freundin hast, denke darüber nach, wie du mit deinen Gefühlen in dieser Freundschaft umgehst.
- Meditiere darüber, wie du das letzte Mal gegenüber dieser Person mit einer Trauer oder einem Schmerz umgegangen bist.
- Betrachte anhand dieses Beispiels aufrichtig, wie du mit solchen Gefühlen anderen gegenüber umgehst, und sieh, ob du versuchst, deine Traurigkeit oder deinen Schmerz abzugeben oder abzuladen, oder ob du einfach zum Ausdruck bringst, was dir gerade auf dem Herzen liegt.
- Wenn du kannst, vergegenwärtige dir, wie du dich dabei gefühlt hast. Wolltest du zeigen, was sich in dir aufgestaut hatte, um diese Erleichterung spüren zu können? Oder wolltest du, dass die dir nahestehende Person für dein besseres

Befinden sorgt? Fühltest du dich ihr hinterher näher oder ferner?

◆ Wenn du meinst, dem anderen Lasten aufgebürdet zu haben, die eigentlich deine wären, geh zu ihm hin und danke ihm, weil er dir deine Trauer abgenommen hat. Dann nimm es ihm vom Herzen und hol es zu dir zurück. Bitte ihn stattdessen, dich in den Arm zu nehmen.

8.

Gier

Der Gierige sammelte alle Kirschen ein,
während der Einfache alle Kirschen
in einer einzigen schmeckte.

Wir leiden oft unwissentlich unter dem Verlangen, an zwei Orten gleichzeitig zu sein, mehr erleben zu wollen, als es einem Menschen möglich ist. Dies ist eine Form der Gier: alles zu wollen. Wir fürchten, etwas zu verpassen oder übergangen zu werden, und wollen deshalb alles. Doch als Mensch ist es uns unmöglich, alles zu haben. Die daraus erwachsende Anspannung kann zu einer unersättlichen Suche führen, voller Leidenschaft für das Leben, doch nie zufrieden. In dieser Gemütsverfassung ist nichts je genug, wie viel wir auch reisen, wie viel wir auch lieben, wie groß unser Erfolg auch sein mag.

Ich will damit nicht sagen, dass wir nicht unserer Neugier folgen und das Unbekannte erforschen sollten. Ich möchte die Welt sehr gerne erfahren und liebe es, fremden Menschen zu begegnen. Ich meine hier vielmehr, es ist der Same des Mangels, der zu einem Gefühl der Unzulänglichkeit führt, und um dem zu entgehen, fangen wir an, durch das Leben zu rennen mit einem Auge auf dem, was wir haben, und dem anderen Auge auf dem, was uns fehlt.

 *Februar*

Gier bezieht sich nicht nur auf Geld. Sie kann sich in ihrem Heißhunger auf alles richten. Wenn wir meinen, zu kurz zu kommen oder weniger zu sein als der andere, fangen wir an, mehr zu wollen, als wir brauchen, als ob das, was wir nicht haben, unseren Schmerz lindern und uns heil machen würde, als ob das, was wir noch nicht gekostet haben, genau das wäre, was uns zum Leben erweckt. In Wahrheit stillt eine einzige Erfahrung, die wirklich zu Herzen genommen wird, unseren Hunger danach, von jedem geliebt zu werden.

◆ Vergegenwärtige dir etwas, das du erfahren möchtest.
◆ Meditiere darüber, was dir diese Erfahrung schenken könnte.
◆ Atme offen und meditiere, welcher Teil dieses Geschenks bereits in dir wirkt.

9.

Was im Weg steht

Wir neigen dazu, das im Weg Stehende
zum Weg zu machen.

Wir waren früh aufgestanden, voller Vorfreude auf den Botanischen Garten von Montreal, in dem es die größte Bonsai-Sammlung außerhalb Asiens gibt. Wir wanderten auf den chinesischen Tempelgarten zu, eine üppige, jedoch schlichte große Anlage, deren Bauwerke aus dem siebzehnten Jahrhundert in China Stein um Stein abgetragen und 1990 in Montreal wieder aufgebaut worden waren.

Als wir an das riesige Tor kamen, fanden wir es verschlossen. Ich war fassungslos, wollte Einlass begehren, schließlich war ich extra vierhundert Meilen hierhergefahren. Robert hingegen blieb ruhig wie ein orientalischer Weiser und ging mit der Situation um wie mit einem Koan, einem Rätsel, das nur gelöst werden kann, wenn seine Grundannahmen aufgelöst werden.

Er begann, an der Einfassungsmauer des Gartens entlangzugehen. Sie schien unüberwindbar. Ich war frustriert. Er ging langsam weiter die hohe Mauer entlang. Der Garten war mehrere Hektar groß, und ich fragte mich, ob wir nun einmal komplett darum herumlaufen müssten. Allein der Gedanke versetzte mich in schlechte Laune. Doch er schlenderte weiter.

Als wir uns ein Stück vom Tor entfernt hatten, war plötzlich die Mauer weg. Es stellte sich heraus, dass der Garten keine weitere Umgrenzung hatte, außer rechts und links von der Toreinfassung. Wir konnten einfach über den Rasen zu einem einladenden Weg gehen.

Wie viele Schwellen, die uns versperrt scheinen, sehen nur aus unserer anfänglichen Sicht so aus? Wie viele Gelegenheiten für wahre Lebendigkeit sind frei zugänglich, sobald wir uns nicht ausschließlich auf den herkömmlichen Zugang konzentrieren?

- Zentriere dich und vergegenwärtige dir ein Hindernis oder eine Schwelle, vor der du stehst.
- Atme langsam und entspanne dein Beharren. Höre auf, auf die Tür einzuhämmern.
- Atme gleichmäßig und umkreise das Hindernis oder die Schwelle mit deinem Geist.
- Atme geduldig und sieh, ob es einen anderen Zugang gibt.

10.

Was dein Leben von dir fordert

Wie kümmerst du dich
um die sich entwickelnde Geschichte deines Lebens?
< Carol Hegedus und Frances Vaughan >

Wie viele Menschen stehe ich ständig vor der Herausforderung, nicht zu verstecken, wer ich bin. Immer und immer wieder finde ich mich in Situationen wieder, die von mir den ganzen Einsatz meiner selbst fordern, um sie zu bewältigen.

Februar

Ob es sich um das Aufbrechen eines Ungleichgewichts in einer lebenslangen Freundschaft handelt oder darum, die Ungeduld zuzugeben, mit der ich meiner Liebsten zuhöre, oder mir meinen Neid auf meinen Kollegen einzugestehen oder mich der Egozentrik von Fremden zu stellen, die mir eine Parklücke wegschnappen – immer wieder muss ich präsent sein, selbst wenn ich nichts sage. Ich darf meine Natur in ihrer Ganzheit nicht unterdrücken, sonst kann sich mein Leben nicht entwickeln.

Neben dem Gefühl der Integrität oder der Befriedigung, das mich überkommt, wenn ich ganz ich selbst bin, ist dieses Ich-selbst-Sein – nichts von mir zu verbergen – eine Schwelle, über die ich treten muss; es ist ein Tor, das ich durchschreiten muss, sonst passiert nichts, sonst stagniert mein Leben.

Sich um unsere Geschichten zu kümmern bedeutet, unsere Lügen offenbar werden zu lassen, damit wir in dem Mysterium leben können; unsere Art des Versteckens, wie subtil auch immer, muss losgelassen werden, damit Sein möglich ist.

- Zentriere dich und meditiere über die sich entwickelnde Geschichte deines Lebens.
- Atme langsam und bedenke, was das Leben von dir will, damit es sich zeigen kann.
- Atme vollständig und bedenke, wie du diesem inneren Erfordernis besser entsprechen kannst.

11.

Einfachheit

Ich habe bloß drei Dinge zu lehren: Einfachheit, Geduld und Mitgefühl. Diese drei sind deine größten Schätze.
Sei einfach im Handeln und Denken –
und du kehrst zur Quelle des Seins zurück.
< Laotse >

Im sechsten Jahrhundert vor unserer Zeitrechnung gab uns der legendäre chinesische Weise Laotse diese dreifaltige Anweisung.

Hier will ich über Einfachheit reden und in anderen Beiträgen etwas zu Geduld und Mitgefühl sagen.

Doch wenn ich auf diese drei als Ganzes schaue, muss ich gestehen: Während ich meinen Lebensweg entlangstolpere, muss ich diese Dinge unablässig lernen, auf immer tiefere Weise. Sie erscheinen mir inzwischen wie eine Wendeltreppe, die mich Stufe um Stufe tiefer in das Leben meiner Seele trägt.

Was bedeutet es also, *einfach* zu sein? In einer komplizierten Welt werden wir oft zu der irrigen Annahme verleitet, einfach zu sein bedeute, dumm zu sein; in Wahrheit führt es zu einem direkten Leben, in dem die Dinge endlich so erscheinen, wie sie wirklich sind.

Wie viele Male habe ich die Gesten eines geliebten Menschen oder eines Kollegen wahrgenommen und dann für mich allein darum gerungen, ihre Bedeutung zu entschlüsseln? Wie viele Male habe ich alles nur Erdenkliche getan, außer direkt zu fragen? Wie oft weigere ich mich, direkt zu sein: nicht zu sagen, was ich meine; nicht zu zeigen, was ich fühle; mich nicht von dem Leben um mich herum berühren zu lassen?

Erstaunlicherweise ist in der Natur nichts indirekt. Der Leopard, der den Fels hinaufstrebt, zeigt, wie sehr er sich anstrengt. Das verängstigte Eichhörnchen im Baum zittert und bebt und zeigt seine Furcht. Die Welle, die auf das Ufer zuläuft, hält sich nicht zurück; sie überschlägt sich und brandet gegen die Küste, die sich diesem Ansturm von Liebe offen hingibt. Nur Menschen sagen das eine und meinen etwas anderes. Nur wir gehen in eine Richtung und wünschen, wir wären woanders.

Wie bei so vielen anderen Aufgaben, die uns erwarten, ist auch hier der Lohn nicht unbedingt das, was wir uns vorgestellt haben. Es scheint, als offenbare uns Laotse ein geheimes Werkzeug zum Leben, das verborgen wird durch unsere mangelnde Bereitschaft, die Wahrheit zu akzeptieren. Dieser alte Weise sagt uns ganz offen, dass ein schlichtes, direktes Leben das Tor ist zur Quelle allen Seins.

Stell dir vor, das ist wahr. Ich bitte dich inständig: Wenn du dich verloren oder weit weg fühlst, probiere es – versuche, direkt

Februar

zu sein – und das Universum wird ohne ein weiteres Wort zum Leben erwachen.

- ◆ Atme langsam und erinnere dich an eine Zeit, als die Dinge direkt und unkompliziert waren.
- ◆ Atme weiterhin langsam und erinnere dich an eine Zeit, als die Dinge indirekt und belastend waren.
- ◆ Während du einatmest, spüre die Last.
- ◆ Während du ausatmest, fühle die Einfachheit.
- ◆ Was hat dir die Last abverlangt?
- ◆ Was hat die Einfachheit in dir erweckt?

12.

Tee zubereiten

Wo Lauterkeit gegeben ist, wird Erleuchtung sein.
< »Der Weg der Mitte«, 200 v. Chr. >

Wenn wir innehalten und es uns wirklich bewusst machen, ist Tee zuzubereiten ein wundersamer Prozess. Zuerst werden kleine Blätter gesammelt; sie wachsen an Pflanzen, deren Wurzeln wir nicht sehen. Dann wird kochendes Wasser über die Blätter gegossen. Und wenn man der Mischung dann erlaubt, etwas zu ziehen, entsteht ein Elixier, das infolge der Verdauung heilen kann.

Der ganze Prozess ist ein Modell dafür, wie wir unsere alltäglichen Erfahrungen innerlich nutzen können. Denn ist es nicht genau der gleiche Prozess, mit dem wir versuchen, den Ereignissen in unserem Lebens ihre Essenz zu entlocken? Bedeutet aufrichtiges und ernsthaftes Leben nicht, die trockenen Überbleibsel unserer Tage mit tiefster Aufmerksamkeit zu übergießen? Ist nicht Geduld vonnöten, um die Mischung von Innerem und Äußerem ziehen zu lassen, bis die Lehren anfangen, zu duften und der Kehle wohlzutun? Ist es nicht die Hitze unserer Ehrlichkeit, deren Dampf dem Leben seine Lehren entzieht? Und bewirkt nicht das innere Feuer dieser Lehren, dass wir sie nur langsam in uns hineinschlürfen?

Doch das Lehrreichste daran ist: Keines dieser Elemente allein kann Tee hervorbringen. Um den Tee des Lebens zuzubereiten, müssen wir alles nutzen: unsere Tage, unsere Ehrlichkeit und unsere Geduld … Und ohne die Bereitschaft, den Tee des Lebens auch zu trinken, wird uns keine Heilung zuteil.

- ◆ Bereite dir langsam und mit symbolischer Sorgfalt eine Tasse Tee zu.
- ◆ Während der Tee zieht, schau achtsam auf dein Leben und wie du mit Hilfe deiner Ehrlichkeit und Geduld deinen Alltag bewältigst.
- ◆ Schlürfe den Tee langsam und spüre, wie Dankbarkeit deine Kehle benetzt.

13.

Was nicht ausgedrückt wird

Was nicht ausgedrückt wird, wird bedrückt.

Es scheint, je mehr wir ausdrücken, also das in uns Steckende nach außen bringen, desto lebendiger sind wir. Je mehr wir unserem Schmerz im Leben eine Stimme geben, desto weniger steht zwischen unserer Seele und unserem Weg im Leben. Je bedrückter wir jedoch sind, je mehr wir wegdrücken und in uns behalten, desto kleiner werden wir. Je mehr wir zwischen unser Herz und unsere tägliche Erfahrung packen, desto mehr haben wir abzuarbeiten, um das Leben direkt zu spüren. Unser nicht ausgedrücktes Leben kann zu einer Hornhaut werden, die wir mit uns umhertragen und pflegen, aber nie entfernen. Erfahrung kann ihre ursprüngliche Zartheit und ihren Biss verlieren, wenn wir dann irrtümlich zu dem Schluss kommen, das Leben habe keinen Sinn. Ein Mensch, der nicht weiß, dass der graue Star seinen Blick trübt, mag meinen, die Welt werde trüber. Wie oft glauben

Februar

wir, die Welt sei wenig reizvoll, ohne zu bemerken, dass unser Herz sich zurückgezogen hat, weil es in all dem eingeschlossen ist, was nicht zum Ausdruck kommt?

Ich will dir ein persönliches Beispiel geben. Aus vielen Gründen, von denen ich einige selbst mitverursacht habe, habe ich mich in Familien- oder Gruppensituationen immer unsichtbar gefühlt. Das war wohl darauf zurückzuführen, dass ich angstvoll versuchte, es einer egozentrischen Mutter um jeden Preis recht zu machen. Es hat zu Verletzungen und Zurückweisungen geführt, die jahrelang nicht zum Ausdruck gebracht wurden und die eine Hornhaut bildeten, welche das Herz in meinem Herzen schützte. Ich bin immer ein sehr offener und emotional zugänglicher Mensch gewesen, aber an meinen Kern kam niemand heran. Es begann zwar in der Beziehung zu meiner Mutter, doch es wirkte sich auf alle meine Beziehungen zu anderen Menschen aus.

Und irgendwann merkte ich, dass mir das nicht genügte. Ich erkannte, dass nicht die Welt an Farbigkeit verlor, sondern dass ich die tiefsten emotionalen Farben ausfilterte. Dieser ruhige, klare Satz spiegelt in keiner Weise wider, wie mühsam, langsam und schmerzvoll diese Erkenntnis in mein Bewusstsein drang. Es zeigte sich mir allmählich, als ich begann, die Gefühle der Unsichtbarkeit anzuerkennen und zum Ausdruck zu bringen, die ich mein ganzes Leben lang schon in mir trug.

Wie auch immer dein eigenes Beispiel aussieht, es scheint, unsere Authentizität hängt damit zusammen, was weggedrückt oder was ausgedrückt wird.

So wie eine Blume ein gesundes Wurzelwerk braucht, um zu blühen, können Gefühle nur dann ihre Schönheit entfalten, wenn sie sauber in uns verwurzelt sind, dann den Boden durchbrechen und aus uns heraussprießen. Es sind diese paar Zentimeter Boden zwischen der Oberfläche und der Tiefe, zwischen Blume und Wurzel, zwischen dem, was hinausdarf, und dem, was hineindarf, die immer wieder bestimmen, ob wir unser Leben leben oder nicht.

◆ Erinnere dich an das letzte Mal, als du bedrückt warst.
◆ Setze dich still hin, schau nach innen und sieh, ob da irgendetwas feststeckt oder gegen dein Herz oder deinen Verstand drückt.

- Vielleicht handelt es sich um eine Enttäuschung oder eine Verletzung, die du für dich oder in Bezug auf andere nicht akzeptieren willst.
- Was immer du findest, behandle es wie einen Splitter. Werde weich durch die Langsamkeit deines Atems, damit du ihn entfernen kannst.
- Während du atmest, erinnere dich: Du bist größer als diese Verletzung, die dich bedrückt.

14.

Liebe auf den ersten Blick

Wo zwei bedenklich sind, bleibt dünn der Liebe Glück.
Wer hätte je geliebt, und nicht beim ersten Blick?
< Christopher Marlowe >

Die wahre Macht der Liebe auf den ersten Blick wird oft nicht erkannt, weil ihre Bedeutung beschränkt wird auf die Erfahrung des überraschenden Hineinfallens in einen anderen Menschen bei der ersten Begegnung. Um ihren tieferen Sinn schätzen zu lernen, müssen wir die Bedeutung des ersten Blicks als solchen wieder für uns entdecken; das hat mehr mit dem ersten Erkennen der Essenz der Dinge zu tun als mit der ersten körperlichen Begegnung.

Wenn wir betäubt von unseren Gewohnheiten umhergehen, nehmen wir die Wunder des täglichen Lebens oft als selbstverständlich hin. Im ersten Blick hingegen offenbart sich die Frische des jeweiligen Augenblicks, frei von allen Gewohnheiten und aller Routine. Der erste Blick ist der Moment des göttlichen Blicks, des Herzensblicks, des Seelenblicks. Es ist das Sehen der Offenbarung, das Fühlen der Einheit, das uns kurz überkommt, wenn nichts mehr im Weg steht.

Auf ihrer tiefsten und wahrhaftigsten Ebene ist die Vorstellung von der Liebe auf den ersten Blick in jeder spirituellen Tra-

Februar

dition als Lohn für das vollständige Erwachen zu finden. Dieses erneuernde Sehen erweckt wieder unser Gefühl von Lebendigkeit. Paradoxerweise ist der erste Blick etwas Wiederkehrendes. Auf dieselbe Weise, wie wir jeden Tag aufwachen, kehren wir im Rhythmus der Wachheit unseres Geistes auch regelmäßig zum ersten Blick zurück. Wann immer wir mit diesem ursprünglichen Blick schauen – mit nichts zwischen uns und dem Leben um uns herum –, können wir gar nicht anders als lieben, was wir sehen. So grundlegend zu sehen, öffnet uns für die Liebe. So grundlegend zu lieben bedeutet, die Welt, von der wir ein Teil sind, als die sich beständig fortsetzende, lebendige Schöpfung zu erkennen, die sie ist. Es ist also tatsächlich so: Auf den ersten Blick entdecken wir Liebe; in unserem ersten wahren Sehen werden wir von der Liebe, die bereits da ist, berührt.

In dieser Hinsicht ist der erste Blick eine ständig gegenwärtige Schwelle zur Herrlichkeit dessen, was ist. Gewiss geschieht das auch mit anderen Menschen auf wunderbare Weise, wenn wir einander zum ersten Mal wirklich sehen und uns in das Wunder ihrer Gegenwart fallen lassen. Aber es ist auch jeden Tag möglich, indem wir uns selbst, unsere Welt, unser Gespür von Gott zum ersten Mal wahrhaft sehen – immer und immer wieder.

Ich kann jahrelang einem Menschen bei der Arbeit gegenübersitzen; eines Tages – vielleicht weil mein eigenes Leiden mich weiter geöffnet hat, als ich mich je erinnern kann, und weil das Licht auf eine bestimmte Weise auf das Gesicht meines Gegenübers fällt – kann ich zum ersten Mal wirklich sehen, wer das ist, und Liebe für diesen Menschen empfinden. Ich kann zu jeder Jahreszeit an einem Weidenbaum vorübergehen, und eines Tages, vielleicht durch den Glanz der Blätter nach dem Regen und weil der Wind besonders sanft weht, kann ich die Weide sehen wie nie zuvor, und ich empfinde Liebe für die Weide in uns allen. Ich kann im Spiegel, spät am Abend, nachdem ich mich schon Hunderte von Malen im Spiegel gesehen habe, in meinem müden Gesicht die Weide und das Licht und meinen Kollegen sehen und diese Gleichheit als den Stoff Gottes erkennen.

In Wahrheit geht es nicht um die erste Begegnung, auch wenn dieser erste Blick in dieser Begegnung fallen kann, sondern um das erste In-den-Blick-Treten. Wie das Wasser nach einer Brise, die sich gelegt hat, wieder spiegelglatt wird, hören wir endlich auf, zu reden, etwas vorzuspielen, uns etwas vorzumachen, und werden, noch ganz erschöpft, wieder klar, und das Herz, das in allem ruht, pulsiert vor unseren Augen.

- Schließe die Augen und atme weg: den Verstandes-Blick, den Vergangenheits-Blick, den Zukunfts-Blick, den verwundeten Blick.
- Spüre mit jedem langsamen Atemzug die kühle Luft deines Geburts-Blicks, deines ersten Blicks.
- Atme langsam und stell dir vor, wie der Pulsschlag deines Herzens den Anfang-aller Zeiten-Blick zu dir trägt.
- Sobald du dich ursprünglich fühlst, und sei es nur für einen Augenblick, öffne die Augen und verneige dich mit Liebe vor dem Ersten, was du siehst.

15.

Ein spiritueller Krieger sein

Erst wenn das Herz zu einem Einlass wird,
kann es frei sein.

Es ist wahr, es gibt so viel Traurigkeit in der Welt. Aber es gibt einen Unterschied zwischen dem Schmerz, wenn Dinge zerbrechen, enden oder auseinandertreiben, und dem brennenderen Schmerz, der entsteht, wenn wir die unausweichlichen Ereignisse des Lebens an einem Idealzustand messen, von dem wir meinen, die Dinge sollten so sein. Wenn wir den Problemen in unserem Leben mit dieser Haltung begegnen, ist das Leben immer eine Enttäuschung. Das Leben ist schwer genug, auch ohne dass wir all unseren Schmerz als Beweis für irgendeine grundsätzliche Unzulänglichkeit betrachten, die wir ertragen müssen. Es gibt einen schönen tibetischen Mythos, der uns hilft, unsere Traurigkeit als eine Schwelle zu allem Lebensverändernden und Dauerhaften zu

Februar

akzeptieren. Dieser Mythos besagt: Alle spirituellen Krieger und Kriegerinnen haben ein gebrochenes Herz, ja müssen ein gebrochenes Herz haben, denn nur durch diesen Bruch können die Wunder und Geheimnisse des Lebens zu uns durchdringen.

Was bedeutet es also, ein spiritueller Krieger oder eine spirituelle Kriegerin zu sein? Es hat überhaupt nichts Soldatisches an sich, sondern handelt mehr von der Ernsthaftigkeit, mit der eine Seele sich im Alltag sich selbst stellt. Es handelt von dem Mut, authentisch zu sein, der uns stark genug sein lässt, das Brechen des Herzens zu ertragen, durch welches Erleuchtung möglich wird. Wir haben am meisten vom Leben, wenn wir ehren, wie das Leben durch uns lebt, nicht indem wir uns heraushalten. Das Ziel besteht darin, die Hände in die Erde zu stecken, nicht darin, sie auf keinen Fall schmutzig zu machen.

Ich erinnere mich an eine Situation, in der ich im Begriff stand, einen neuen Freund kennenzulernen. Wir erzählten uns gegenseitig unsere Geschichten und es wurde immer persönlicher. Als ich an der Reihe war, hörte ich mich von mir nahestehenden verstorbenen Menschen sprechen, von meinem Kampf gegen den Krebs, von meiner Ehe, die trotz allerbester Absichten keinen Bestand gehabt hatte, von meinen Jahren, in denen ich mit meiner Kunst nicht ankam, vom Verlust einer Dozentenstelle, die mir sehr wichtig gewesen war, und davon, wie ich unter der Entfremdung von meinen Eltern litt. Und gerade als ich mich stark fühlte, weil ich mich meinem Leben gestellt und es authentisch gelebt hatte, wischte sich mein Gegenüber den Mund ab und meinte: »Meine Güte, hast du ein trauriges Leben gehabt.«

Ich brauchte eine Weile, um seinem Urteil und seinem Mitleid standzuhalten, aber ich blickte ihn durch die Nacht hinweg an und atmete tief durch den Bruch in meinem Herzen.

Im Alltag werden wir beurteilt, abgewertet, manchmal sogar bemitleidet für Errungenschaften, um die nur wir selbst wissen. Letztendlich ist das Leben zu großartig und schwierig, als dass wir unseren elementaren Platz auf der Reise einfach aufgeben könnten.

- ◆ Stell dich still neben die Spüle und lass das Wasser laufen.
- ◆ Schließe die Augen und meditiere darüber, wie das Leben, genau wie das Wasser, das du hörst, durch unsere gebrochenen Herzen rinnt und unsere Wunden reinigt.

- Atme tief und spüre, wie das Geheimnis durch den Bruch in deinem Herzen strömt.
- Öffne die Augen und beginne den Tag.

16.

Elend

Wenn Frieden daraus entsteht, das Ganze zu sehen,
dann entsteht Leiden,
wenn wir den rechten Blickwinkel verlieren.

Am Anfang sind wir so wach und dankbar. Die Sonne steht irgendwie am Himmel. Die Vögel singen. Das Wunder des Lebens ereignet sich einfach. Dann stoßen wir uns den Zeh, und in diesem Augenblick des Schmerzes reduziert sich die ganze Welt auf unseren armen kleinen Zeh. Ein, zwei Tage haben wir Mühe mit dem Laufen. Bei jedem Schritt erinnern wir uns an unseren armen kleinen Zeh.

Was bestimmt jetzt unseren Tag: der Schmerz, den wir spüren, wenn wir mit dem angeschlagenen Zeh gehen, oder das Wunder, das sich nach wie vor ereignet?

Wenn wir uns zu sehr solchen Kleinigkeiten widmen, öffnen wir uns für das Leiden. Solange wir uns der Wahrheit öffnen, halten wir nichts für selbstverständlich, wir sind dankbar, genug zu essen zu haben und uns wohl genug zu fühlen, um essen zu wollen und zu können. Doch im Lauf unserer Tage verengt sich unser Fokus wie die Blende einer Kamera, schneidet den Horizont weg, und eines Tages finden wir uns schlecht gelaunt in einem Café wieder und schimpfen über den Kaffee, der nicht heiß genug ist, und den Kuchen, der nicht so schmeckt, wie wir es uns vorgestellt haben.

Wenn wir unseren Fokus verengen, scheint alles ein Problem zu sein. Dann vergessen wir, dass wir früher einsam waren und

Februar

von einem Partner geträumt haben. Wir vergessen, wie entzückt wir einst waren von der Schönheit unseres Gegenübers. Wir vergessen, wie tröstlich es am Anfang war, gesehen und gehalten und gehört zu werden. Wenn sich unser Blick verengt hat, wachen wir nachts auf und sind nur noch genervt, weil unser Partner an der Bettdecke zieht oder die Töpfe in die Spüle stellt, ohne sie einzuweichen.

Wir fühlen uns elend, wenn wir zulassen, dass ein Augenblick des Schmerzes alles bestimmt. In einem solchen Moment des Elends müssen wir also über das hinausschauen, was wehtut. Wenn wir uns einen Splitter eingezogen haben und ihn herausziehen, müssen wir uns daran erinnern, dass es einen Körper gibt, der kein Splitter ist, und einen Geist, der kein Splitter ist, und eine Welt, die kein Splitter ist.

◆ Atme gleichmäßig und konzentriere dich auf eine Sache, die dich nervt oder schmerzt. Es kann die Art sein, wie dein Wagen fährt, wie deine Beziehung läuft oder wie deine Nachtruhe durch den Lärm von Fremden gestört wurde.

◆ Atme tief, behalte das Störende im Blick und erweitere gleichzeitig deinen Fokus.

◆ Atme kräftig und nimm die Energie von allem an, was über das Störende hinaus existiert.

17.

Endspiel

Jetzt bleibt nichts mehr übrig, außer weiterzutanzen.

Ich weiß nicht, ob es der menschlichen Natur entspricht oder dem Leben auf der Erde, aber wir werden nur selten zu allem, was wir sind – bis wir dazu gezwungen werden. Manche sagen, wir wachsen an unseren Aufgaben und es gebe eine »Würde unter Druck«, wie Hemingway es nannte, die in den meisten von uns auftaucht, wenn es so weit ist. Andere meinen, dieses Reden von Würde sei nur ein Versuch, die harten Zeiten und schmerzhaften

Erfahrungen des Lebens zu rationalisieren, um gute Miene zum bösen Spiel zu machen.

Doch jenseits aller guten und bösen Spiele bin ich zu der Überzeugung gelangt, dass es uns bestimmt ist, durch das Leben unserer Tage offen zu werden; und ob wir wollen oder nicht, ob wir mitspielen oder nicht, im Lauf der Zeit wird jeder von uns den tieferen Teil dessen, was er ist, als neue Haut tragen.

Durch Abrieb von außen oder durch innere Häutungen – und häufig durch beides – werden wir gezwungen, authentischer zu leben. Doch wenn die Krise, die uns offen gemacht hat, verstrichen ist, kommt die eigentliche Entscheidung: Werden wir auch weiterhin so authentisch leben?

Es ist kein Geheimnis, dass der Krebs in seiner Unmittelbarkeit mich zu einem Leben in größerer Offenheit gedrängt hat. Seitdem arbeite ich daran, mir diese offene Art als etwas Heiliges zu bewahren, ohne dafür eine Krise zu brauchen. Ist das möglich, ohne direkt am Abgrund zu stehen? Das ist jetzt, Jahre später, die Frage: Wie kann ich das Verlangen nach echtem Leben lebendig erhalten ohne ständig drohende Krisen?

Der größte Augenblick des Häutens und Brechens war für mich, als ich in den Operationssaal gefahren wurde, um am Brustkorb operiert zu werden. Ich fürchtete mich so sehr, dass ich wie betäubt war; alles drehte sich wegen der Medikamente, die ich bekommen hatte, und während ich auf der Rollbahre liegend die Decke der Klinikgänge über mir dahinziehen sah, wiederholte ich mir immer und immer wieder die folgenden Worte: »Der Tod hat mich an den Abgrund getrieben. Ausweichen ist nicht mehr drin. Doch all meinen Ängsten zum Trotz habe ich ihm offen ins Gesicht getanzt. Ich habe noch nie so frei getanzt. Und der Tod wich zurück, wie die Dunkelheit zurückweicht, wenn eine Flamme hochsticht. Jetzt bleibt nichts mehr übrig, als weiterzutanzen. Genauso hätte ich es gewollt, wenn ich dreimal so tapfer geboren worden wäre.«

Häufig werden wir tiefer in eine Erfahrung hineingeführt, als wir es uns ausgesucht hätten, aber es ist diese zusätzliche Tiefe, die uns mitten hinein in leuchtende Lebendigkeit bringt.

Februar

- Setze dich mit einem lieben Menschen in Ruhe hin. Redet über eine schwere Zeit, die ihr durchgestanden habt, und was sich dabei in euch geöffnet hat.
- Wie hat sich jetzt, da diese schwere Zeit hinter euch liegt, eure innere Sicht des Lebens verändert?
- Sprecht miteinander darüber, wie es für euch ist, diese neue innere Haltung beizubehalten.

18.

Wenn du dich festgefahren fühlst

*Derselbe Strom des Lebens, der durch die Welt strömt,
strömt durch meine Adern.*
< Rabindranath Tagore >

Wir sind so leistungsorientiert, dass wir oft den Wert dessen übersehen, was direkt vor unserer Nase ist, und daran vorbeirauschen. Wir meinen, unsere Errungenschaften würden uns ganz machen, doch wir erlangen Ganzheit nur, indem wir das Leben erfahren.

Doch wenn wir dem Drang widerstehen können, alles, was uns begegnet, zu beurteilen, beginnt sich ein Wunder zu ereignen, in dem Malerei, Musik, Dichtung, fließendes Wasser, Blumen, Wind in den Bäumen, offene Aussichten – einfach alles – uns berührt und sein still in uns lebendes Gegenstück in uns zum Vorschein bringt.

Der Dichter Gerard Manley Hopkins aus dem neunzehnten Jahrhundert nannte dieses innere Reich die »Innerschaft«. Und so wie keine Landschaft ohne Sonne und Wasser gedeihen kann, muss auch unsere Innerschaft mit vielen Formen des Lebens bewässert werden, damit wir gedeihen.

Wenn du dich also festgefahren oder vom Wunder des Lebens abgeschnitten fühlst – wie es uns allen widerfährt –, versuche zu lauschen, zu schauen, zu fühlen und einfach aufzunehmen. Versuche zuzulassen, dass die Energien des Lebens ihre Gegenstücke in dir in Schwingung versetzen.

Um ganz zu sein, lass deine Kritik beiseite. Das Leben ist keine Frage des Geschmacks, sondern des Erwachens; es geht nicht darum, ob dir etwas angenehm oder unangenehm ist, sondern ob sich etwas ergänzt; es geht auch nicht um Mögen oder Nichtmögen, sondern um die Offenlegung unserer Seelengeografie.

◆ Dies ist eine Meditation mit Musik. Schließe die Augen und höre ein Musikstück, das dir neu ist.

◆ Atme gleichmäßig und fühle, ob du es magst oder nicht; versuche, dieses Gefühl loszulassen.

◆ Atme und komme in Kontakt mit der reinen Energie der Musik, mit der reinen Energie dessen, was neu ist in dir.

19.

Statt zu brechen

Der Glasbläser weiß:
In der Hitze des Anfangs ist jede Form möglich.
Einmal verhärtet, ist Veränderung nur möglich durch Bruch.

Mit den präzisen Instrumenten der modernen Medizin kann man heute ungeborene Kinder, die sich fehlentwickeln oder deren Entwicklung behindert wird, im Mutterleib operieren. Diese neuartigen Techniken offenbaren eine tiefe, zeitlose Wahrheit über Wachstum und Heilung. Denn mindestens genauso erstaunlich wie die Tatsache, dass solche Operationen überhaupt möglich sind, ist die Beobachtung, dass diese Kinder nach der Geburt keine Narben aufweisen.

Das zeigt uns: Wenn wir uns um die Dinge auf der tiefsten Ebene kümmern, wird ihre Korrektur so sehr ein Teil unseres Seins, dass keine Narben zurückbleiben. Es ist leichter, sich unter der Oberfläche, in den tiefen zeitlosen Wassern des Anfangs, zu biegen, als voll ausgewachsen zu brechen.

Februar

Vielleicht denkt du jetzt: Für mich ist es also zu spät, ich bin ja schon ausgewachsen. Mitnichten, denn innerlich wachsen wir immer weiter und tragen die segensreichen fließenden Anfänge weiterhin in uns. Sie sind nie außer Reichweite.

Wir können zurückkehren und neu beginnen, indem wir uns mit uns selbst konfrontieren. Auf diese Weise können wir unter unseren Verhärtungen zu den sanften Reizen gelangen, die dazu geführt haben. Statt die Knochen unserer Sturheit zu brechen, können wir das Mark unserer ungehörten Gefühle nähren. Statt die Knochen unserer Angst zu brechen, können wir unser Blut von dem Gefühl der Unsicherheit reinigen. Statt die Narben durch die Verletzungen der Welt zu zählen, können wir jenen Punkt in unserer Seele finden und küssen, wo wir einst anfingen, unser Vertrauen zurückzuhalten.

- Setze dich still hin und vergegenwärtige dir einen Aspekt deiner Persönlichkeit, der dazu neigt, im Weg zu stehen. Das kann deine Sturheit sein, dein Misstrauen oder dein Neid.
- Atme gleichmäßig und verfolge dabei diesen Charakterzug zurück bis zu seinem weichen Ursprung.
- Ohne zu versuchen, diesen weichen, inneren Punkt zu benennen oder zu verändern, umhülle ihn einfach mit deiner Liebe.

20.

Nikodemus und die Wahrheit

Wie kann man wiedergeboren werden?
< Nikodemus zu Jesus >

Ich denke oft an Nikodemus, den Pharisäer, der heimlich an Jesus glaubte und sich bei Nacht anonym mit ihm traf, um tiefe spirituelle Gespräche zu führen, aber nie im hellen Tageslicht zu seinen Fragen oder zu seiner Beziehung zu Jesus stand. Der Essenz von Jesus hat das natürlich nichts ausgemacht, aber es plagte und verfolgte Nikodemus den Rest seiner Tage.

Diese Geschichte zeigt uns den stillen Schmerz, der entsteht, wenn wir nicht ehren, was wir als wahr erkannt haben, selbst wenn diese Wahrheit nur in den Fragen besteht, die wir stellen. Noch nützlicher ist es, zu erkennen, dass jeder von uns Jesus und Nikodemus in sich hat; das heißt, wir alle haben eine göttliche innere Stimme in uns, die uns für die Wahrheit öffnet, und eine vermittelnde, soziale Stimme, die sich scheut, ihre Wahrheit anderen zu offenbaren.

Der berühmte britische Kinderpsychologe D.W. Winnicott nannte diese Aspekte der Persönlichkeit »unser wahres und unser falsches Selbst«. Das wahre Selbst lässt uns wissen, was authentisch ist und was künstlich, während das falsche Selbst ein misstrauischer Diplomat ist, der einen Lebensstil der Reserviertheit, Geheimhaltung und Anklagen fordert.

In alltäglichen Begriffen bedeutet das: Sooft wir eine Veränderung unserer vertrauten Realität erfahren, müssen wir uns entscheiden, ob wir unsere neue Wahrheit verkünden oder verbergen wollen. In solchen Augenblicken müssen wir entweder die Art, wie wir bisher lebten, in Übereinstimmung bringen mit der veränderten Wirklichkeit, oder wir müssen der Veränderung widerstehen. Ob wir unser wahres oder unser falsches Selbst leben, hängt also im Alltag sehr von unserer Bereitschaft ab, wahrhaftig zu bleiben. Dazu müssen wir unser Handeln in der Welt mit der Wahrheit unseres inneren Seins zusammenbringen und unserem wahren Selbst erlauben, ans Tageslicht zu treten.

Häufig verhalten wir uns aus Gewohnheit oder aus Angst weiterhin wie früher, obwohl wir wissen, dass sich die Dinge verändert haben. Wie oft habe ich mich an diesem Kreuzweg wiedergefunden und musste zugeben, dass das früher Wesentliche nicht mehr wesentlich ist! Ich musste den Mut finden, den Akt des Lebens wieder zu etwas Wesentlichem zu machen.

Ich weiß: Jedes Mal, wenn ich die Wahrheit höre oder sehe, aber auf die alte Weise bin, denke oder in Beziehung trete, überlasse ich mein Leben dem Nikodemus in mir, lasse mich auf ein geteiltes Leben ein, indem ich heimlich in der Nacht der göttlichen inneren Stimme lausche, aber sie Tag um Tag verleugne.

Februar

Aber dieser Augenblick der inneren Beschämung, wenn wir uns bei diesem aufgespaltenen Leben ertappen, ist auch die immer wiederkehrende Chance, doch wieder das zu ehren, was wir als wahr erkannt haben. Denn jeder, egal wie verwundet oder geplagt er auch sein mag, kann in einem Augenblick von Wahrheit das Göttliche in sich zum Vorschein kommen lassen und es der Welt zeigen. Wie klein oder flüchtig auch immer, kann dieser *eine* wiederholbare Akt doch das uns allen gemeinsame Gefühl für Lebendigkeit immer wieder beleben.

◆ Setze dich still hin und erinnere dich an das letzte Mal, als du innerlich beschämt warst – das heißt das letzte Mal, als du erkanntest, dass du dich nicht mehr authentisch verhalten hast und trotzdem weitergemacht hast.

◆ Wenn möglich, meditiere darüber, was dich dazu gebracht hat, mit dem weiterzumachen, was nicht deiner Wahrheit entsprach. Was hast du befürchtet, was geschehen könnte, wenn du die von dir empfundene Wahrheit respektiert hättest?

◆ Inwiefern würdest du dich vielleicht anders verhalten, wenn morgen eine ähnliche Situation entstünde?

◆ Wenn möglich, tadle dich nicht dafür, zu ringen wie Nikodemus. Tröste lieber den Nikodemus in dir und erkläre ihm, dass es sicher ist, auch am helllichten Tag zu seinem Wissen zu stehen.

21.

Vom Reinigen der Wunde

Hätte ich anderes erlebt, hätte ich anderes zu sagen.

So oft habe ich mich zerrissen und schuldig gefühlt: Einerseits war ich Zeuge meines Schmerzes, andererseits wollte ich nicht alles noch verschlimmern. Wenn ich aussprach, was meine Mutter in ihrem grausamen Bedürfnis, ständig im Mittelpunkt zu stehen, getan hatte oder was mein Vater nicht getan hatte, aus Furcht vor meiner Mutter; wenn ich diese Wahrheit benannte, so wie ich sie erkannt hatte, fühlte ich mich irgendwie als schlechter Mensch – als hätte ich meinen Schmerz erfunden, als würde ich andere verletzen, indem ich schlecht über sie rede.

Aber die unerschütterliche Grundlage von alldem ist, dass ich diese Dinge nicht erfinde. Wenn ich etwas Unfreundliches zu sagen habe, dann deswegen, weil ich unfreundliche Dinge erlebt habe. Als Zeuge halte ich mich an Aufrichtigkeit und Genauigkeit. Ich bin kein Opfer, aber ich habe um bestimmte prägende Erfahrungen auch nicht gebeten. Ich habe nicht darum gebeten, als Junge geschlagen oder lächerlich gemacht oder später im Leben von lebenslangen Freunden hintergangen zu werden. Die Wahrheit ist: Wenn ich anderes erlebt hätte, hätte ich auch anderes zu sagen.

Das Heilsamste daran, die Dinge genau so zu bezeugen, wie sie sind, inklusive des Schmerzes, ist die Erfahrung, dass kein Platz mehr bleibt für Verzerrungen oder Illusionen, wenn die Stimme des Schmerzes dem Schmerz entspricht. Auf diese Weise wird die Wahrheit zu einem reinen Verband, der Heilung ermöglicht, weil er die Wunde sauber hält. Die Dinge zu benennen, wie sie sind, ist die naheliegende Medizin.

- Zentriere dich und verleihe in der Sicherheit deines Herzens, die dich bis hierher getragen hat, einer Wunde in dir deine Stimme.
- Atme tief und versuche, präzise zu sein und alle, die für die Wunde verantwortlich sind, zu benennen, auch dich selbst, wenn das der Fall sein sollte.
- Lindere die Wunde, indem du ganz tief atmest.
- Verschaffe auch dir selbst Linderung durch die Reinheit der Wahrheit.

Februar

22.

Widersprüchliche Stimmen

Lass die widersprüchlichen Stimmen in deinem Kopf sprechen.
Sie suchen nur nach ihrer Stimmlage
in einem umfassenderen, noch ungehörten Lied.

Lebendig zu sein ist ein Paradox, ein ständiges Vermischen von Dingen, die oberflächlich betrachtet oft keinen Sinn zu ergeben scheinen. Aber es hilft, dem scheinbar Sinnlosen eine Stimme zu geben. Es ist wie ein Orchester, das sich einstimmt, um zusammen zu spielen. Wir haben keine Chance, die ganze Fülle unserer inneren Musik zu entdecken, wenn wir den Musikern nicht die Möglichkeit geben, sich auf unser Herz, unseren Verstand und unsere Seele einzustimmen.

Häufig entsteht Verwirrung aus der Spannung, zu früh den Sinn erkennen zu wollen, bevor genug der inneren Musiker ihre Stimme gelernt haben. Häufig üben Herz, Verstand und Seele ihre Stimmen durch Erfahrung.

Sind nicht all unsere Beziehungen die Zeit, die das Herz braucht, um seinen Teil jener Bewegung zu üben, die wir Liebe nennen? Sind nicht all unsere ernsthaften Fragen die Zeit, die der Verstand braucht, um seinen Teil jener Bewegung zu üben, die wir Weisheit nennen? Sind nicht all unsere sich verändernden Überzeugungen die Zeit, die unsere Seele braucht, um ihren Teil jener Bewegung zu üben, die wir Gott nennen?

Und ist nicht die Reihe unserer Einheit, jener kurzen Momente, in denen alles zusammenfindet, die Zeit, die Liebe und Weisheit und Gott brauchen, um das Gemeinsame in uns lebendig werden zu lassen?

◆ Dies ist eine geführte Gedanken-Meditation. Zentriere dich und vergegenwärtige dir ein Thema, das für dich zurzeit Unentschiedenheit oder Verwirrung birgt.

◆ Auch wenn es sich zunächst chaotisch anfühlen mag, atme langsam und lass die widersprüchlichen Ansichten zu diesem Thema unzensiert auftauchen.

- Nimm dir Zeit, atme tief und lass die widersprüchlichen Energien sich ausagieren.
- Statt verstehen zu wollen, wie diese Dinge zusammenpassen, atme gleichmäßig und fühle diese Energien als Instrumente in einem Duett, das dir vorgespielt wird.
- Summe diese Melodie, wenn du deinen Tag beginnst.

23.

Nichts zurückhalten

Nichts zurückzuhalten in jedem Atemzug
ist eine spirituelle Übung.

Neunundvierzig Jahre lang hat mich vor allem anderen Zögerlichkeit wie eine unsichtbare Barriere von der Freude abgehalten. Bis ich hin und her überlegt hatte, ob ich mich auf etwas einlassen sollte oder nicht, war der Augenblick bereits vorbei. Ich will damit nicht sagen, dass wir immer impulsiv sein sollen. Vielmehr habe ich wiederholt festgestellt, dass ich gewöhnlich weiß, was ich tun sollte, aber es leugne; dieses kleine Zögern, dieser kleine Widerstand, in die Wirklichkeit einzutauchen, trägt dazu bei, dass ich das Leben als neutral oder unerreichbar empfinde.

Nichts zurückzuhalten in jedem Atemzug bedeutet, sich verbindlich einzulassen auf alles, was wir erfahren, die Erfahrung in uns hineinzulassen und was immer in uns ist herauszulassen. Nichts zurückzuhalten bedeutet, ein offenes Gefäß bleiben zu wollen, Tag für Tag.

Ganz einfach und doch tiefgründig erinnert uns unser Atem daran, dass das Leben nur möglich ist, wenn der Austausch zwischen Innen und Außen unbehindert stattfinden kann. Die Dinge in uns hineinzulassen, ihre Wirkung zu spüren und im Gegenzug Dinge herauszulassen, sauber auszudrücken, was wir fühlen, ist eine spirituelle Übung, die Herz und Verstand klärt.

Februar

- Meditiere über ein Glas Wasser.
- Wenn du dich zentriert fühlst, trinke das Wasser langsam, ohne zu zögern.
- Atme tief aus und sage dir sanft: »Ich werde nichts zurückhalten in meinem Leben. Ich werde nicht zögern, zu sein.«

24.

Hinter der Dringlichkeit

Wenn du in Eile bist, musst du langsamer werden.

Ich habe es in den vielen Krisen während meiner Krebserkrankung so oft erfahren: Solange nicht gerade jemand blutet oder zu ersticken droht, solange es keine echte physische Notwendigkeit gibt, schnell zu handeln, ist das Gefühl der Dringlichkeit und Eile eine schreckliche Illusion, ein Trick, der immer wieder funktioniert, weil das Leben innerhalb unserer Haut und das Leben außerhalb unserer Haut immer verschieden sind.

Das ist schwer, macht aber auch demütig. Wenn ich das Gefühl habe, unmöglich still sitzen zu können, ist es nötiger denn je, still zu sitzen. Wenn ich mich sterbenselend fühle, falls ich nicht deine Zustimmung erhalte, dann ist es nötiger denn je, dass mein Bedürfnis nach deiner Zustimmung stirbt. Was jeweils nötig ist, haben wir immer direkt vor der Nase, versteckt in dem, was uns gerade am meisten drängt. Wir wollen es nur nicht akzeptieren, weil es so schwer annehmbar scheint.

Die Tür zu unserem nächsten Wachstumsschritt liegt immer hinter dem momentan dringlich Erscheinenden. Und wenn alles dringlich erscheint, gilt es mehr denn je, alle Fäden zu kappen. Falls die Lasten, die du trägst, an deine Hände gekettet scheinen, gilt es mehr denn je, nicht wegzulaufen oder wild um dich zu schlagen. Fühlt sich jede Entscheidung an wie das Ende, gilt es mehr denn je, daran zu glauben, dass jede Frage ein Anfang ist. Fürchtest du, für diejenigen, die du liebst, schmerzhaft wie ein Messerstich zu sein, gilt es mehr denn je, innerlich, wo niemand dich sieht, stark zu sein, denn wenn du von dort aus liebst, können jene, die du liebst, wachsen. Wenn du das Gefühl hast, die Quelle und der Empfänger aller Schmerzen zu sein, gilt es mehr denn je, das Haupt zu beugen, bis sich der alte Kanal vom Himmel zum Herzen wieder öffnet, bis du dich daran erinnerst, dass du ein gesegnetes Staubkörnchen des Geistes im Wind des Geistes bist. Dann gilt es mehr denn je, zu atmen, bis dein bisschen Atem zum Himmel wird, immer und immer wieder.

Bete auf diese Weise, deinen Platz in der Familie der Menschheit zu erkennen, wie du ihn noch nie erkannt hast. Bete auf diese Weise, dass dein wahres Selbst zu dir durchdringen möge. Liebe auf diese Weise dich selbst, so wie du die Leere der Zeit liebst. Liebe dich so, wie du deine Kinder oder deinen Hund oder deinen besten Freund liebst, ohne jede Zurückhaltung. Auf diese Weise wird das Heute mit all seinen Schwierigkeiten in das Morgen übergehen, und Entscheidungen werden so klar werden wie tauende Bäche im Frühling.

- Zentriere dich. Spüre die an dir ziehenden Dringlichkeiten.
- Spüre die Anspannung, die jeweils darin liegt, wie eine straff gespannte Schnur.
- Löse dich mit jedem Atemzug von einer Dringlichkeit nach der anderen.
- Atme frei, und sei es nur für einen Augenblick, frei von allen Dringlichkeiten.

25.

Sich einen Weg schlagen

Wie tief wir auch graben und wie hoch wir auch steigen,
wir kommen zu dem Feuer, das wir ungehütet zurückließen.

Carl Gustav Jung träumte, sich durch den Wald einen Weg zu schlagen, ohne zu wissen, wohin er ihn führte, aber er gab sich

Februar

trotzdem große Mühe. Erschöpft und verschwitzt kam er auf eine Lichtung mit einer Hütte, ließ seine Werkzeuge fallen und näherte sich ihr. Durchs Fenster sah er eine betende Gestalt vor einem einfachen Altar. Die Tür war offen, und Jung ging hinein. Als er näher kam, erkannte er: Die betende Gestalt war er selbst, und sein Leben, in dem er sich einen Weg durch die Wälder schlug, war der Traum dieser Gestalt.

Jung verweist damit auf die nie endende Aufgabe, uns zu entscheiden, wem wir unser Leben anvertrauen: unserem wahren oder unserem falschen Selbst. Denn all die Ernsthaftigkeit, mit der wir durch die Welt laufen – mit unseren Fixierungen, Verleugnungen, Projektionen und Opfern –, all die Programme, Strategien und Allianzen und das Streben nach Belohnung, all das ist für unser zentrales Sein ein unwirklicher Traum. Es wartet auf uns ganz tief drinnen, während wir uns durch die Büsche schlagen.

Ohne es zu wissen, arbeiten wir – wie Jung – schwer daran, uns zu unserem tieferen Selbst durchzuschlagen, welches geduldig darauf wartet, dass wir ankommen, erschöpft, gerädert und atemlos. Wenn der Weg einmal freigeschlagen ist, wenn wir dieses zentrale Sein entdeckt haben, kehren wir in Beziehung zu unserer Seele in die Welt zurück und können ein tieferes, friedvolleres Gefühl von Heimat finden.

- ◆ Sei ganz still und schließe die Augen. Meditiere und reise nach innen zu der Hütte, in der dich deine Seele erwartet.
- ◆ Lege alles, was du trägst, an der Tür ab. Lege alles ab, was darauf wartet, erledigt oder geändert zu werden.
- ◆ Atme weiter, geh in die Hütte und warte mit offenen Armen darauf, dass dein zentrales Sein erkennt, du bist da.
- ◆ Atme weiter und spüre, wie dich deine Seele umarmt. Entgegne die Umarmung. Genieße den Augenblick.

26.

Im Takt mit der Wirklichkeit

Hör auf zu reden, hör auf zu denken,
und es gibt nichts, was du nicht verstehst.
< Seng-Ts'an >

Wie die meisten Menschen, die ich kenne, bürde ich mir immer wieder zu viel auf, mache ich zu viel, bewege ich mich zu schnell, mache zu viele Zusagen, verplane mich. Ich habe gelernt, dass ich mich ganz einfach im Takt mit der Wirklichkeit bewegen muss. Dieser Takt kann unterschiedlich sein, doch das Leben erscheint mir zuweilen leer und klein, wenn ich zu stark beschleunige, sodass ich nicht mehr fühlen kann, was gerade vor mir ist.

Es scheint, als rollten wir durch unser Leben wie Züge, immer entlang den Schienen, die andere gelegt haben, und so schnell, dass die Landschaft, an der wir vorüberrauschen, im Dunst verschwimmt. Und dann sagen wir, ja, kenn ich schon, hab ich schon gesehen. Doch es ist ein Unterschied zwischen Vorüberrauschen und echter Erfahrung.

Egal wie viele wundervolle Gelegenheiten sich mir anbieten mögen, egal wie bedeutend andere diese Dinge finden mögen, auch wenn sie nur mein Bestes im Sinn haben – ich muss irgendwie einen Weg finden, diesen Zug, der ich bin, zu entschleunigen, bis ich die Dinge, an denen ich vorüberkomme, wieder sehen, berühren, fühlen kann. Sonst passiere ich zwar alles im Vorübergehen – und kann damit meinen Lebenslauf schmücken –, aber ich werde nichts erfahren und nichts wirklich erlebt haben.

- ◆ Vergegenwärtige dir drei Dinge, die du heute tun musst.
- ◆ Lege zwei davon sorgfältig beiseite.
- ◆ Lass dich ganz auf die *eine* Sache ein, die übrig geblieben ist.

Februar

27.

Die Seile und Rollen, die uns tragen

Schönheit ist Wahrheit, Wahrheit Schönheit – das ist alles,
was wir auf Erden wissen, und alles, was wir wissen müssen.
< John Keats >

Dies sind die berühmten letzten Zeilen der »Ode an eine griechische Urne« des jungen englischen Poeten, der mit vierundzwanzig Jahren an Tuberkulose starb. Das Gedicht ist eine begreifliche Klage eines zarten Wesens über die Härte des Lebens. Indem er seinem Lebensschmerz Ausdruck verleiht, offenbart sich dem jungen Dichter eine tiefe Erkenntnis. Wenn Keats sagt: »Schönheit ist Wahrheit, Wahrheit Schönheit«, sind wir gezwungen, uns zu fragen: Sind sie dasselbe? In ihrer Tiefe, glaube ich, nicht. Sie sind eher wie das X- und das Y-Chromosom grundlegende, unentbehrliche Elemente des Lebens. Sie sind das Yin und Yang der Existenz – das eine reinigt die Wunde, das andere heilt sie.

Dies ist »alles, was wir wissen müssen«. Schönheit, wo immer wir sie finden, ist der Balsam, der uns frisch und lebendig hält. Doch Wahrheit, die nackte, unerbittliche Geschichte, hat eine ganz eigene, reinigende Schönheit.

Deswegen müssen wir uns an den Holocaust und andere Entsetzlichkeiten genau so erinnern, wie sie waren. Deshalb ist es essenziell wichtig, ehrliche Zeugen zu sein für unsere eigenen nackten Geschichten.

Doch so weise diese Botschaft auch ist, die der junge Keats entdeckte, so steckt darin doch eine weitere, ebenso wichtige Lehre. Nur indem wir unsere schmerzende Empfindsamkeit zum Ausdruck bringen, können wir unseren Weg zu den tieferen Schönheiten und Wahrheiten finden, die uns tragen können wie Seile und Rollen.

- Setze dich still hin und fühle deine empfindsamen Stellen, die mit deiner Lebendigkeit einhergehen.
- Atme langsam und erlaube beim Einatmen der nackten Wahrheit einer empfindsamen Stelle, dich zu reinigen.

● Atme vollständig und erlaube beim nächsten Atemzug der Schönheit um dich herum, diese wunde Stelle in dir wieder zu beleben.

28.

Die Steine von Chimayo

Ich lerne lieber von einem Vogel singen,
als zehntausend Sterne zu lehren, nicht zu tanzen.
< E. E. Cummings >

Auf dem Weg nach Chimayo sah eine Frau zwei spanischstämmige Bauern die Steine in einem Flussbett beiseiteräumen, und sie hatte den Impuls, zu helfen. Sie empfand, dass dies schon seit Jahrhunderten so getan wurde: Die Mütter und Väter, die Großmütter und Großväter dieser Leute hatten alle zu ihrer Zeit und auf ihre Art die gleichen von Sturm oder Hochwasser in den Weg gespülten Steine aufgenommen und beseitigt, damit das Wasser weiterfließen kann.

Es scheint, als sei dies das nie endende Werk der Beziehungen: Jeder von uns, jeder in seiner eigenen Zeit und auf seine eigene Art, räumt die Steine zwischen uns aus dem Weg, die schweren Dinge, die den freien Fluss der Gefühle behindern.

Die Unwetter des Lebens bringen die Dinge durcheinander, und wie jede Generation vor uns müssen wir dann die Hosenbeine hochrollen, die Ärmel aufkrempeln, in den Fluss waten und die Strömung wieder befreien.

Natürlich gilt es auch, zu fragen: Was sind das für Steine, die zwischen uns gerollt sind? Was sind das für schwere Dinge, die immer wieder zwischen uns geraten?

Zweifellos sind sie unendlich unterschiedlich, doch häufig bestehen sie aus Gewohnheiten des »Nicht«: nicht sehen, nicht hören, nicht fühlen, nicht gegenwärtig sein, nicht für die Wahr-

Februar

heit einstehen, nicht dem Bedürfnis des Herzens folgen, das sich offen zeigen will.

Dass wir uns verschließen, Gefühle aufstauen, überreagieren und austrocknen, gehört zu den Aspekten des menschlichen Seins in der Schwerkraft der Zeit. Dass wir dann den Drang in uns verspüren, anzuhalten und Fremden zu helfen, die schweren Brocken aus dem Weg zu räumen, ist ein Impuls, den wir Liebe nennen.

◆ Identifiziere etwas Schweres in dir, das im Weg zu sein scheint.
◆ Hat es mit einer Gewohnheit des »Nicht« zu tun? Wenn dem so ist, versuche zu benennen, was du in dir nicht frei fließen lassen magst.
◆ Wenn du nicht siehst, atme langsam und gelobe zu sehen. Wenn du nicht hörst, atme langsam und gelobe zu hören.
◆ Gestehe dir aufrichtig ein, wie schwer dieser Brocken für dich ist.
◆ Falls du Hilfe brauchst, um ihn zu bewegen: Wen kannst du bitten und wann?

29.

Wer kann wissen

Wer kann wissen,
ob die Anstrengung, wirklich zu sein,
nicht der Anfang von Flügeln ist?

Wer kann wissen, ob der Anfang des Knospens der Flügel aus den Rippen junger Küken nicht in dem Impuls liegt, zu leben? Wer kann wissen, ob das Schlüpfen des Schmetterlings aus dem Kokon nicht damit anfängt, dass er nicht mehr in der Enge seiner selbst gewebten Behausung leben mag? Wer kann wissen, ob die Wanderung der Flamingos von Südamerika nach Afrika nicht aus der Sehnsucht entsteht, das gelbe Band zu fressen, das am Horizont schwebt?

Und wer kann wissen, ob der Ausdruck der Begeisterung auf unserem Gesicht nicht entsteht, wenn wir es leid sind, in unserem engen, selbst erschaffenen Kokon zu hausen? Wer kann wissen, ob die Reise zur Liebe nicht in dem Augenblick beginnt, wenn unsere Stimme von der Einsamkeit spricht, von der keiner wissen will? Wer kann wissen, ob die Reise zum Frieden nicht wie kleine Flügelchen knospt, sobald wir unsere in der Welt zulassen?

Die Wahrheit ist: Jede Bemühung, die sich innerlich ganz entfalten darf, wird als irgendeine Art von Geburt in der Welt ihre Kreise ziehen.

- Zentriere dich und atme tief.
- Sieh auf dem Höhepunkt des Einatmens deine ruhige Mitte als die innere Sonne des Geistes.
- Lass dich bei jedem Ausatmen überfluten mit deinem Licht.
- Geh in deinen Tag und lade dabei ein tiefes Gefühl ein, in dir zu knospen.

Notizen

Februar

Geburtstage, Festtage

1
2
3
4
5
6
7
8
9
10
11
12
13
14
15
16
17
18
19
20
21
22
23
24
25
26
27
28
29
30
31

1.

Die eine Richtung

*Lebe tief genug
und es gibt nur eine Richtung.*

Mit wem die Schülerin auch sprach: Wenn sie aufmerksam und lange genug hinhörte, schienen die Worte alle aus derselben Quelle zu kommen, als gäbe es nur ein Großes, das spricht. In wie viele Augen sie auch tief hineinsah, sie alle offenbarten letztendlich denselben Glanz, als gäbe es nur ein Großes, das schaut. Wie viel Leiden sie auch linderte, es schien alles aus derselben menschlichen Verwundbarkeit zu rühren, als gäbe es nur ein Großes, das fühlt.

Als sie all das ihrer Meisterin vorbrachte, ging diese mit ihr in Stille durch den Wald zu einer Lichtung, wo sie sich auf einen umgestürzten Baum setzten. Das Sonnenlicht umflutete sie. Die Meisterin legte einen Stein in die eine Hand der Schülerin und eine kleine Blume in die andere und sagte: »Fühle die Wärme von beiden, vom Stein und von der Blume. Sieh, wie beide von demselben Licht beschienen werden. Und jetzt verfolge das Licht von jedem zurück zur Sonne.«

Die Schülerin hörte in der Stimme der Meisterin das eine Große sprechen, sah das eine Große in ihren Augen strahlen und fühlte dieselbe menschliche Verwundbarkeit in dem sanften Schweigen der Meisterin. Das Licht wurde noch stärker und die Meisterin sagte: »Wir sind alle nur kleine Steine und kleine Blumen auf der Suche nach unserer Sonne. Was du hinter den Worten, hinter den Augen und hinter dem Leiden geschaut hast, ist die eine Richtung.«

- Meditiere über einen Augenblick der Leichtherzigkeit, den du kürzlich gespürt hast. Atme tief und lächle.
- Meditiere jetzt über einen Augenblick der Leichtherzigkeit, den du kürzlich bei einem dir nahestehenden Menschen erlebt hast. Atme tief und lächle.

März

◆ Atme weiterhin tief und lass diese beiden Augenblicke ihre Ähnlichkeit finden.

◆ Richte deinen Fokus auf diese Leichtigkeit des Herzens wie auf eine Sonne, die du gerade nicht siehst, und spüre die eine Richtung.

2.

Mehr »Power« für dich

Ursprünglich bedeutete das Wort »Power«
die Fähigkeit, zu sein. Im Lauf der Zeit reduzierte sich
diese Bedeutung auf »fähig sein«.
Wir leiden unter dem Unterschied.

Ich wartete auf meinen Anschlussflug und hörte dabei das Gespräch zwischen zwei Geschäftsleuten mit. Der eine erzählte erfreut, er sei befördert worden, und der andere beglückwünschte ihn mit den Worten: »Mehr Power für dich.«

Ich habe diesen Spruch schon öfters gehört, aber aus irgendeinem Grund fiel er mir diesmal als merkwürdig auf. Der gute Wunsch offenbart, dass Power, also Macht, das Ziel ist. Natürlich ist es ein großer Unterschied, ob wir jemandem weltliche Macht oder innere Macht wünschen. Mit weltlicher Macht meine ich Macht über Dinge, Menschen, Situationen: kontrollierende Macht. Mit innerer Macht meine ich die Kraft, die entsteht, wenn ich mich als Teil von etwas Größerem empfinde: verbindende Macht.

Ich kann es nicht mit Sicherheit sagen, aber ich bin mir ziemlich sicher, dass es hier um den Wunsch nach weltlicher Macht ging, nach mehr Kontrolle. Dieser Wunsch ist verbreitet und doch verstörend, denn der Wunsch nach *mehr* zeugt immer von einem Gefühl des Mangels. Der Wunsch nach mehr Macht entstammt also einem Gefühl der Machtlosigkeit.

Es ist schmerzhaft ironisch, dass wir ausgerechnet hier in Amerika, im Land der Freiheit, so oft unter einem unausgesprochenen, belastenden Mangel an persönlicher Freiheit leiden.

Doch mehr kontrollierende Macht wird uns nicht frei machen, genauso wenig wie ein weiterer Drink nicht die Leere eines unter seiner Sucht leidenden Alkoholikers ausfüllt.

Das erinnert mich an das Spiel »Der Herr des Hügels«, das wir als Kinder spielten. Wenn wir irgendwo einen Erdhaufen fanden – je höher, desto besser –, kämpften in diesem Spiel sieben oder acht von uns darum, wer es schaffte, alleine oben zu stehen. Sobald du es geschafft hattest, versuchten alle anderen, dich wieder runterzukriegen und selbst Herr des Hügels zu werden. Das Spiel erscheint mir heute als perfektes Übungsfeld für weltliche Macht.

Die schlechteste Position ist natürlich, Herr des Hügels zu sein. Man ist völlig allein und in Panik, kann niemandem vertrauen und dreht sich ständig um die eigene Achse, um sich in jede Richtung zu schützen. Der Hügel kann eine berufliche Position sein, eine Frau oder ein Grundstück, auf das sich viele Begehrlichkeiten richten. Wer oben steht, ist oft so mit der Verteidigung seiner Position beschäftigt, dass er kaum dazukommt, die Aussicht zu genießen.

Ich habe dieses Spiel immer gehasst; ich fühlte mich schrecklich angespannt, wenn ich Herr des Hügels war, traurig, wenn ich es nicht war, und ausgeschlossen, wenn ich nicht mitspielen wollte. Dieses Muster hat mich mein Leben lang verfolgt. Doch heute, als müder Erwachsener, wenn ich mich auf irgendeinem der kleinen Hügel, die ich erklimme, einsam und hilflos fühle, wünsche ich mir insgeheim, jemand wäre bei mir. Heute bin ich bereit zu glauben, dass wir gemeinsam mächtiger sind.

- ◆ Setze dich still hin und erinnere dich an eine Situation, in der du kürzlich Kontrolle ausgeübt hast.
- ◆ Was hat dir dieses Gefühl der Kontrolle gegeben?
- ◆ Was war erforderlich, damit du dieses Gefühl der Kontrolle haben konntest?
- ◆ Wie viel von deinem Kontrollbedürfnis war notwendig?
- ◆ Was wäre geschehen, wenn du zugelassen hättest, dass auf deinem Hügel der Kontrolle andere dazukommen?

März

3.

Im Leben

Die Lebensbedingungen eines jeden Menschen
sind die hieroglyphische Antwort auf die Fragen,
die er stellen würde. Wir agieren sie als Leben aus,
bevor wir sie als Wahrheit annehmen.
< Ralph Waldo Emerson >

Das Leben ist eine Sprache, die niemand beherrscht. Mit jedem Herzschmerz, mit jeder Entdeckung, mit jeder unerwarteten Freude, mit jeder Wendung einer Musik, die uns auf eine nicht für möglich gehaltene Weise berührt, mit jeder solchen Erfahrung wird ein weiterer Buchstabe unseres Alphabets dekodiert. Mach einen Schritt, lerne ein Wort. Fühle ein Gefühl, entschlüssele ein Zeichen. Akzeptiere eine Wahrheit, übersetze ein Stück des in dein Herz eingeschriebenen Mysteriums.

Bevor wir leben, was als Nächstes kommt, scheint es uns immer, als gäbe es eine Antwort, die es zu finden gilt. Aber wenn wir uns hineinwagen, entdecken wir demütig immer wieder, dass allein der Akt des Lebens sowohl die Antwort als auch die Frage offenbart. Schauen wir zu, dann bleiben wir Rätsel, die zu lösen sind. Lassen wir uns ein, werden wir Lieder, die zu singen sind.

Wenn sich das Leben dir zu entziehen scheint, erinnere dich, dass eine Flöte nur ein hartes Ding mit Löchern ist, bis jemand darauf spielt. Mit dem Herzen ist es ebenso. So wie Streichhölzer nur Stöckchen sind, bis sie angezündet werden, so löscht Eis erst den Durst, wenn es taut, so bleiben Fragen und Probleme Hindernisse, bis sie gelebt werden. In diesem Sinne liegt das Leben jeder Seele bereit wie eine Partitur, die darauf wartet, gespielt zu werden. Zu was wären wir gut, wenn wir nie gespielt würden?

- Schließe einfach die Augen und atme. Fühle dabei deinen Mund als ein Loch.
- Atme einfach und gleichmäßig, in dem Wissen, dass aus Löchern nur Öffnungen werden, wenn das Leben hindurchkann.

- Öffne die Augen und atme mit deinem Herzen.
- Fühle die Musik des Lebens sich als Stille durch dich hindurchbewegen.

4.

Worauf sparen wir?

Wenn die Liebe, die ich habe, nicht wirkt,
was nützt dann Geld?

Wir setzen so oft das Äußere an die erste Stelle. Aus Sorge, aus Angst, aus Verpflichtung meinen wir, gute Puritaner zu sein, wenn wir verleugnen, was uns bewegt.

In den 1960er-Jahren entwarf der bekannte Psychologe Abraham Maslow eine Hierarchie der Bedürfnisse; sie besagt, dass Menschen erst ihre grundlegenden körperlichen Bedürfnisse wie Nahrung und Behausung befriedigt wissen müssen, bevor sie sich um innere Bedürfnisse wie Selbstbewusstsein und passende Beziehungen kümmern können.

Ich halte das nur teilweise für richtig. Ich glaube, es gibt eine Dimension des inneren Lebens, die genauso dringlich ist wie Nahrung und Behausung. Ohne die Erfüllung dieser grundlegenden inneren Bedürfnisse sind wir nur genährte und behauste Körper ohne Leben. Ohne Liebe, Wahrheit und Mitgefühl sind alle Bequemlichkeiten des modernen Lebens unwesentlich, weil wir dann rein biologische Maschinen wären, noch nicht einmal auf der Ebene von Tieren.

Ohne dieses Verständnis stellen wir oft das Risiko, zu lieben, hintenan: Ich muss mich erst beruflich absichern, bevor ich mich einlassen kann. Ich brauche erst gute Kleidung. Ich muss erst körperlich attraktiv sein. Ich muss erst alle meine Probleme gelöst haben. Wir stellen auch die in unserem Leben vorhandene Liebe zurück, unter dem Vorwand, uns um unsere Zukunft kümmern

März

zu müssen: Ich führe jetzt nicht dieses teure Auslandsgespräch, denn ich brauche das Geld für meine Altersversorgung. Ich treffe mich nicht mit ihnen bei diesem Konzert, weil ich sparen muss, um mir in sechs Jahren ein neues Auto leisten zu können. Wir haben kein Geld für eine Eheberatung, weil unser Haus ein neues Dach braucht. Natürlich müssen wir unsere Entscheidungen abwägen, doch ohne Liebe im Haus braucht es auch kein neues Dach.

Als ich krank war, stand ich vor der sehr realen Möglichkeit, zu sterben. Ich hatte ein wenig Geld gespart, doch plötzlich machte es keinen Sinn mehr, vorsichtig damit umzugehen. Es war wertlos geworden. Sehr schnell wurde mir klar, dass die wahre Bedeutung des Geldes darin liegt, zu helfen, damit Liebe fließen kann. Als ich krank war, führte ich all die teuren Telefongespräche, die ich sonst immer aufgeschoben hatte. Ich ging mit Freunden in Konzerte, kaufte CDs und schickte Blumen, ohne auf den perfekten Anlass zu warten. Ich kaufte Flugtickets in die Karibik für meine Frau und meine besten Freunde – und wir hatten eine herrliche Zeit!

Als es mir wieder gut ging, konnte ich nicht einfach wieder anfangen, mein Leben unter dem Vorwand, sparen zu müssen, auf die lange Bank zu schieben. Ich spare immer noch ein wenig, aber heute spüre ich den Drang, möglichst viel Geld dafür einzusetzen, der Liebe beim Fließen zu helfen, die Wahrheit ins Sein zu bringen, Großzügigkeit und Mitgefühl zur Entfaltung zu bringen. Es geht mir dabei um mehr als Altruismus; es ist mir ein inneres Bedürfnis, damit ich mich ganz lebendig fühlen kann. Es ist ein Teil des Holzes, das mein inneres Feuer in Gang hält.

Heute muss ich mich fragen: Wenn Miete und Krankenversicherung bezahlt sind, weshalb muss ich dann noch sparen? Wenn die Liebe, die wir haben, nicht in die Welt gebracht wird, sparen wir vielleicht für eine Zukunft, die nie eintrifft oder in der wir nur Geister sind, lebensunfähig, weil wir unsere Chancen, zu lieben, nicht genutzt haben.

◆ Setze dich still hin und meditiere über die Liebe, die du für jemanden empfindest, der dir nahesteht.

◆ Atme tief und spüre diese Liebe, so wie sie sich jetzt zum Ausdruck bringen will.

- Handle entsprechend der Liebe, die du jetzt fühlst, aber ohne dir zu schaden – also ohne deine Miete zu gefährden oder Geld auszugeben, das du nicht hast.
- Verschiebe ihren Ausdruck nicht auf später. Ruf an! Schicke Blumen! Tanke den Wagen auf und fahr hin!
- Wenn du das Geld wirklich nicht hast, lass deine Liebe trotzdem dorthin wandern. Vertraue sie dem Universum an.
- Sei die Liebe, die du jetzt fühlst.

5.

Abschweifen

Es ist so schwer, bei dem Stein zu bleiben
und nicht der Welle nachzueilen.

Wenn wir abschweifen von dem Punkt, an dem wir sind, erzeugen wir eine Spannung zwischen unserem aktuellen Aufenthaltsort und dem Platz, an den wir uns hindenken. Diese Spannung hindert uns daran, uns ganz lebendig zu fühlen, weil diese Aufspaltung unserer Aufmerksamkeit uns davon abhält, authentisch zu sein – auch wenn es als intelligent gilt, viele Aufgaben gleichzeitig zu erledigen.

Abschweifen und wieder zurückkehren ist für alle von uns eine nie endende Aufgabe, ähnlich wie Blinzeln oder Atmen. Wenn wir unserem Alltag unsere volle Aufmerksamkeit widmen, merken wir es kaum. Aber wenn wir den Strom unseres Seins unterbrechen, stolpern wir, ähnlich als würden wir aufhören, zu sehen oder zu atmen.

Dass wir aus dem Augenblick wegwandern, ist nicht überraschend. Entscheidend ist, dass wir zurückkehren.

- Zentriere dich und lass dich auf den gegenwärtigen Augenblick ein.

März

- Atme gleichmäßig und fühle, wie du abschweifst: an einen anderen Ort, in die Zukunft oder in die Vergangenheit.
- Atme durch dein Abschweifen hindurch, ohne es zu verurteilen, und kehre zurück in den gegenwärtigen Augenblick.

6.

Zurückkehren

Wir alle haben eine Mitte,
die immer zurückkehrt.

Jeder von uns verlässt den jeweiligen Augenblick auf seine Art. Wenn wir jemandem begegnen und eine Beziehung sich anbahnt, geschieht es schnell, dass wir Hand in Hand mit der Person gehen und dabei überlegen, ob wir wohl Sex miteinander haben werden; und wenn wir das dann tun, denken wir nach, ob wir zusammenleben werden; und wenn wir das tun, denken wir nach, ob wir Kinder haben werden – und so weiter.

So geht es auch mit Angst und Schmerzen. Während der Diagnose fürchtete ich mich vor der Operation. Als ich operiert wurde, fürchtete ich mich vor den Behandlungen. Während der Behandlungen fürchtete ich mich vor den stärkeren Behandlungen. Während der Genesung fürchtete ich mich vor Rückfällen.

Niemand kann diese Art des Abschweifens vermeiden, aber unsere Gesundheit hängt von dem Atemzug ab, der uns davon abhält, immer weiter abzuwandern. Egal wie weit wir abgekommen sind, es ist die Praxis des Zurückkehrens zu dem Augenblick, in dem wir gerade leben, durch die wir wieder genesen, denn nur wenn wir ganz im jeweiligen Augenblick sind, können wir aus der Einheit aller Dinge Kraft ziehen.

- Zentriere dich und spüre den gegenwärtigen Augenblick.
- Bemerke die Vitalität der Energie, die entsteht, wenn du aufhörst, auf dich selbst fokussiert zu sein.
- Atme gleichmäßig und fühle, wie du abschweifst. Bemerke, wie diese Vitalität abnimmt.

- Atme durch dein Abschweifen hindurch und kehre zurück in den gegenwärtigen Augenblick.
- Bemerke, wie die Vitalität zurückkehrt.

7.

Den Reis loslassen

In einer Welt, die lebt wie eine Faust,
ist es schon eine Gnade, mit offenen Händen aufzuwachen.

So viel mehr kann geschehen, wenn wir die Hände offen halten. Das sture Geschlossenhalten unseres Griffs ist oft genau das, was uns nicht vorwärtskommen lässt, auch wenn wir gerne allem und jedem anderen die Schuld dafür geben möchten – vor allem dem, was wir festhalten.

Es gibt eine alte Geschichte aus China, die das wundervoll verdeutlicht. Sie erzählt davon, wie Affenfallen funktionieren: Man macht in eine Kokosnuss ein Loch, das gerade so groß ist, dass die Hand eines Affen hindurchpasst. Dann gibt man Reis in die ausgehöhlte Schale und legt sie den Affen auf den Weg. Früher oder später kommt ein hungriger Affe vorbei, riecht den Reis und steckt seine Hand hinein. Doch wenn er die Hand um den Reis ballt, kann er sie nicht mehr herausziehen. Die Affen, die den Reis nicht mehr loslassen wollen, werden gefangen.

Solange der Affe den Reis festhält, ist er in selbst erzeugter Gefangenschaft. Die Falle funktioniert, weil der Affe sich vom Hunger beherrschen lässt. Daraus können wir etwas sehr Tiefgründiges lernen. Wir sollten uns immer fragen: Was ist mein Reis und was hält mich davon ab, meinen Zugriff zu lockern und loszulassen?

Als ich diese Geschichte hörte, begriff ich endlich das festgefahrene Ritual der Zurückweisung zwischen meiner Mutter und mir. Wie jedes Kind wollte ich immer ihre Liebe und Anerken-

März

nung, aber plötzlich begriff ich, dass genau das mein Reis war – je weniger ich davon bekam, desto fester wurde mein Griff. Mein Hunger nach ihrer Liebe beherrschte mich auch in anderen Beziehungen. Ich war ein gefangener Affe, nicht bereit loszulassen.

Ich habe seitdem den Griff in meinem Herzen gelockert und kann jetzt demütig erkennen, dass die eigentliche Herausforderung der Hingabe nicht einfach nur im Loslassen besteht, sondern darin, auch das loszulassen, wonach wir uns sehnen.

Die Wahrheit ist: Nahrung gibt es überall. Der dickköpfige Affe denkt in seinem Hunger, es gebe nichts anderes zu fressen. Doch er müsste nur loslassen, und schon ginge sein Leben weiter. Auf unserer Reise zur Liebe ergeht es uns nicht anders. Auch wenn wir stur festhalten und in unserem Hunger glauben, es gebe keine andere Möglichkeit, zu lieben, brauchen wir nur das loszulassen, was wir so dringend wollen, und unser Leben wird sich entfalten. Denn Liebe ist überall.

◆ Setze dich still hin und meditiere darüber, was dein Reis in deiner Faust ist.
◆ Atme tief und versuche zu sehen, was dich davon abhält, ihn loszulassen.
◆ Übe, die Faust in deinem Herzen zu öffnen, indem du beim Einatmen körperlich eine Faust machst und sie beim Ausatmen öffnest.

8.

Verantwortung

Ich war zornig auf den Freund.
Ich sagt es ihm. Mein Zorn verblich.
Ich war zornig auf den Feind.
Ich schwieg. Mein Zorn vermehrte sich.
< William Blake >

Echte innere Verantwortung beruht auf unserer Bereitschaft, auch inmitten einer Beziehung dem Ausdruck zu verleihen, was in uns vor sich geht. Das ist sowohl für dich als auch für die andere Person in der Beziehung wichtig. Wenn du nicht präsent bist, ist da niemand, dem geantwortet werden könnte. Nur durch unsere Fähigkeit, zu antworten, wird unsere Liebe in der Welt real. Wenn du dich – dein wahres Selbst – in eine Beziehung einbringst, gibst du anderen die Chance, ihre Beschränkungen zu überwinden, indem sie ihrer Liebe Ausdruck verleihen. Es gibt dem anderen die Chance, da zu sein.

Wenn du stimmlos bleibst, kann ich unbewusst weiter das Ungleichgewicht ausleben, in dem ich vielleicht mit dir stecke. Doch wenn du mir deine Verletztheit, deine Frustration, deine Verwirrung oder deine Fragen zeigst, habe ich die Chance, mit meiner unbewussten Beteiligung am Muster unserer Beziehung aufzuhören. Ob ich auf dich eingehen werde oder nicht, hat häufig mit Liebe zu tun, der einzigen Kraft, die sich der Trägheit eingefahrener Gewohnheiten widersetzen kann.

Du kannst endlos durch eine herrliche Sommerlandschaft fahren und dabei in ein Muster verstrickt sein, das dich erstickt. Doch bis du durch einen plötzlichen Windstoß in den Weiden bewegt wirst zu sagen: »Ich kann so nicht weitermachen«, habe ich nicht die Chance, zu sagen: »Ich will das auch nicht mehr.« Wenn du dein Schweigen nicht brichst, habe ich keine Chance, zu sagen: »Was können wir tun, um das zu ändern?«

Häufig verbringen wir viel Zeit damit, zu warten, dass der andere unseren Schmerz sieht und anspricht, und werden immer frustrierter und verwundeter, je länger er es nicht tut. Aber eine Scheuklappe erlaubt uns definitionsgemäß nicht, das Offensichtliche zu erkennen.

Solange wir uns fürchten, unsere Ängste und Verletzungen einem anderen gegenüber zur Sprache zu bringen, kann die Liebe nicht gelebt werden, weil ihr das Wahrhaftige fehlt, auf das sie eingehen könnte.

◆ Zentriere dich und vergegenwärtige dir eine Angst oder eine Verletzung, die du hinsichtlich einer dir wichtigen Beziehung stillschweigend in dir trägst.

März

- Atme vollständig und nutze die Sicherheit deiner Privatsphäre, um deinen Gefühlen ohne Worte eine Stimme zu verleihen. Lass sie frei in deinem Geist und deinem Herzen erscheinen.
- Atme weiter tief und gewöhne dich an die Wahrheit dieses Gefühls.
- Genug für heute. Vertraue darauf, dass du wissen wirst, ob – und wenn ja, wann und wo – du dieser Wahrheit Ausdruck verleihen möchtest gegenüber jener Person in deinem Leben, welche die Chance haben sollte, diese Stimme zu hören.

9.

Die tiefsten Augen öffnen

Das Innenleben von etwas Großem
wird mir unbegreiflich bleiben,
bis ich mein eigenes inneres Leben entwickelt
und vertieft habe.
< Parker J. Palmer >

Jeder hat ein inneres Leben, man muss sich ihm nur öffnen. Palmer will uns hier sagen: Wir können etwas nur in dem Ausmaß fühlen, wie wir bereit sind, uns auf seine Tiefen einzulassen. So wie wir unsere Augen öffnen – unsere Lider heben – müssen, um zu sehen, so müssen wir unsere Schranken aufheben und unsere Herzen und unseren Geist öffnen, wenn wir die Essenz des Lebens um uns herum sehen und fühlen wollen.

Unser eigenes inneres Leben zu entwickeln ist unabdingbar, um unsere tiefsten Augen zu öffnen. Es hat damit zu tun, unsere Mauern aufzuheben, aus unserer eigenen Tiefe heraus zu leben, um die Tiefe um uns herum erfahren zu können.

Häufig sind wir von unserer eigenen Innerlichkeit abgeschnitten und beklagen uns dann, das Leben um uns herum sei oberflächlich und langweilig, unserer Aufmerksamkeit nicht wert, obwohl wir es doch meistens selbst sind, die den Kontakt verloren haben.

Um tief zu sehen, müssen wir uns tief öffnen.

- Erinnere dich an jemanden (oder an etwas), den (das) du abgetan hast, und bringe ihn (es) vor das geöffnete Auge deines Herzens.
- Umhülle das Bild mit deinem tiefsten Atem.
- Frage dich nach einer Weile: Erscheint mir diese Person oder diese Sache jetzt anders?

10.

Der Zyklus des Schöpfers

Wir überleben ... und dann sterben wir.
< Ältester der Ojibway >

Nichts entgeht dem Zyklus des Schöpfers. Weder Pflanzen noch Pferde, noch Vögel, noch Menschen. Nicht das Leben des Verstands. Nicht das Leben des Herzens. Nicht das Leben des Geistes. Alles Lebendige erscheint, sammelt sich, bringt neues Leben hervor, zerfällt, stirbt und erscheint auf neue Weise. Jede Seele ist ein Hauch von Gottes Atem, der sich in der großen Energie entfaltet, die uns umgibt wie ein sich ewig bewegender Strom. Das Ziel liegt nicht darin, dem Tod zu entwischen, sondern im Strom zu leben mit einer Demut und Lebendigkeit, die nur aus der Akzeptanz des Todes entsteht.

Wenn wir den Tod zu leugnen versuchen, können wir krank werden, weil wir panisch jeder Herausforderung hinterherjagen, die unseren Verstand beschäftigt hält. Oder wir leben das andere Extrem und werden krank, indem wir ständig an den Tod denken und überall nur Tod sehen.

Jenseits aller Gestaltung und Wünsche überleben wir, und wie Steine, die von unsichtbaren oder unaufhaltsamen Kräften abgerieben werden, ist unser Lohn der Schmerz und das Staunen, mit dem wir unsere innere Schönheit dem Himmel offenbaren. Wenn wir aufrichtig leben, werden wir das, was wir tief in uns haben,

März

irgendwann nach außen tragen. Dies ganz zu leben, hat nichts damit zu tun, sich dem Zyklus des Schöpfers entziehen zu wollen. Nur allzu oft kämpfen wir stur darum, uns vor der Reibung des Lebens zu schützen, doch es ist genau diese Reibung, die aus unserem Geist ein sichtbares Juwel macht. Wir sind formbarer, als wir meinen, dauerhafter und veränderlicher, als wir je hoffen können.

Zarte, duftende Blütenblätter verbergen sich nicht vor dem Wind. Sie überleben, um zu sterben und wieder zu Erde zu werden. Selbst innerhalb eines Lebens zerfallen wir und verwurzeln uns aufs Neue. Wir zerbrechen, bluten und setzen uns neu zusammen zu etwas Schönem, das lernt, über sich hinauszureichen. Uns diesem Prozess zu widersetzen, verdoppelt unseren Schmerz. Uns hindurchzusingen ist die Quelle von Weisheit und Schönheit.

- Was ist deine größte Angst im Hinblick auf das Sterben?
- Was ist deine größte Angst im Hinblick auf das Leben?
- Haben diese Ängste etwas gemeinsam?
- Wie würdest du dein Leben gestalten, wenn du diese Ängste nicht hättest?
- Was wäre, wenn du dein Leben ohnehin so gestaltest?

11.

Vom Lohn der Haltung

Solange du nicht ganz im Körper lebst,
lebst du nicht ganz im Selbst.
< B.K.S. Iyengar >

Alle guten Yogalehrer empfehlen ihren Schülern, nach bestimmten Haltungen eine Weile innezuhalten und still zu sein, um die Wirkung zu spüren. Das ist eine sehr gute Übung für das gesamte Leben. Wir mühen uns auf zahllose Weisen so sehr ab, etwas zu erreichen, und verpassen dann den tiefen Lohn, der darin liegt, den Ort, an dem wir angelangt sind, auch wirklich einzunehmen. Dies gilt besonders dafür, wie wir einander berühren. Wir sind oft so mit dem nächsten Schritt beschäftigt – oder damit, ob es einen nächsten Schritt geben wird –, dass wir nur selten erkennen, wie lohnend es ist, einander einfach zu halten. Indem wir jeden Augenblick der Berührung als in sich selbst vollendet betrachten, üben wir, die Ewigkeit zu spüren.

Mit deinem Partner:
◆ Setzt euch still hin und atmet tief, während ihr einander an den Armen berührt.
◆ Fühlt das Wesen des anderen in seinem Körper.
◆ Nach ein paar Minuten küsst einander langsam mit offenen Augen.
◆ Jetzt berührt euch wieder sanft an den Armen, während ihr einander in die Augen blickt.

Mit dir selbst:
◆ Setze dich still vor einen Spiegel und schaue auf den Körper, in dem du bist.
◆ Atme tief und begib dich in das Feld deiner Augen.
◆ Atme langsam und fühle deine Seele wie einen Teich klaren Wassers direkt hinter deinen Augen.
◆ Atme vollständig und fühle, wie das Wasser deines Geistes gegen die Küste deines Körpers spült.

12.

Die Ähnlichkeit von allem

Alles im Universum ist miteinander verbunden.
In allem spiegelt es sich wider.
< Lourdes Pita >

Ich glaube, diese Erkenntnis erklärt, warum wir uns zu bestimmten Dingen so hingezogen fühlen: warum ich von allen heruntergefallenen Ästen ausgerechnet zu dem hingehe, der am meisten

März

widerspiegelt, wie ich mich in meinem Leben gekrümmt habe; warum du ausgerechnet zu jener von Wind und Wetter abgeschliffenen Klippe gehst, welche dich die abgeschliffenen Klippen in deinem Herzen spüren lässt, die du niemandem zeigst.

Wir Menschen scheinen uns gerne im Leben um uns herum wiederzufinden. Doch nur allzu häufig zerteilen wir die Dinge dabei so lange, bis uns alles ähnelt. Auch wenn es selten unsere Absicht ist, nehmen wir das Leben nur allzu oft so auf, wie wir Nahrung aufnehmen: Wir schneiden es bis zur Unkenntlichkeit klein und schlucken es dann herunter. Doch die Nahrung, die das Leben bietet, muss im Ganzen aufgenommen werden, sonst verliert sie ihre Weisheit, ihre Kraft und ihre Anmut.

So lautet unsere ständige Herausforderung: nicht alles zu uns zu machen. In Wahrheit ist es die tiefste Aufgabe der Demut, uns zu helfen, Erfahrungen zu deren eigenen Bedingungen anzunehmen, uns nicht gegen ihre eigentliche Natur zu vergehen in unserem Bemühen, uns vom Leben nähren zu lassen, das anders ist als wir selbst. In diesem Bemühen finden wir die diesem Leben entsprechenden Samen auch in uns selbst. Es sind die allgemeinen Samen der Gnade, die uns erhalten können.

In Wahrheit tragen wir alle in unserem Innersten, ähnlich wie Chromosomen, winzige Aspekte von allem, was es im Universum gibt. So wird die Kunst der Freiheit zu einem für uns notwendigen Abenteuer: Wir müssen die Geheimnisse, die offen um uns herum zutage treten, in uns so zum Schwingen bringen, dass wir lebendig werden: Vom Fisch müssen wir lernen, wie man auf- und wieder abtaucht; von der Blume, wie man sich öffnet und annimmt; vom Stein, wie man aufbricht und das Licht hereinlässt; und von den Vögeln, dass Flügel manchmal nützlicher sind als Gehirne.

Statt in allem uns selbst zu finden, sind wir täglich aufgefordert, alles in uns selbst zu finden, bis sich das Menschsein innerlich in Ähnlichkeit zu allem entwickelt und wir uns den Wundern entsprechend formen, die uns begegnen, bis auch wir wie die Vögel, die das schon immer wussten, schon beim ersten Lichtstrahl in Jubel ausbrechen.

◆ Setze dich still hin und erinnere dich an einen dir lieben Platz in der Natur, wo du gerne hingehst. Vielleicht ist es eine offene Wiese oder ein Wasserfall, ein Bach oder ein Pfad durch den Wald.

- Geh dort innerlich hin und fühle, welcher Aspekt dieses Ortes dich immer wieder hierher zurückholt. Vielleicht ist es der Wind im Gras, vielleicht der Klang des Wassers oder das Licht, das durchs Blätterdach fällt.
- Verstärke innerlich diesen *einen,* dir wichtigen Aspekt und lass dich ganz darauf ein. Werde zu dem Gras oder dem Wasser oder dem Blatt.
- Atme langsam und lass jenes, was du an diesem Ort liebst, dich lehren, auf welche Weise du wie Gras, wie Wasser oder wie ein Blatt bist.

13.

Offen für den Glauben

*Ein Mann wollte einst übers Meer reisen. Ein Weiser band ihm
ein Blatt an seinen Mantel und sagte zu ihm:
»Fürchte dich nicht. Glaube und gehe über das Wasser.
Aber schau – sobald du den Glauben verlierst,
wirst du sinken.«
< Sri Ramakrishna >*

Oft wollen wir vom Schmerz weggehen; das ist aber nur sinnvoll, bevor wir uns verletzt haben. Sobald Schmerzen auftreten, müssen wir durch sie hindurch. Wie jemand, der aus einem Boot gefallen ist, macht wildes Strampeln die Sache nur schwieriger. Wir müssen akzeptieren, dass wir da sind, wo wir gerade sind, und uns so weit darauf einlassen, dass uns die Tiefe tragen kann. Die Bereitschaft dazu ist der Ursprung des Glaubens, die Hingabe an die Ströme, die größer sind als wir. Selbst gefallene Blätter treiben auf dem Wasser und zeigen, wie Hingabe uns oben halten kann.

März

Wir können von den Blättern auf dem Ententeich lernen. Im Leben wie im Wasser gilt: Wenn wir uns zusammenrollen oder um uns schlagen, sinken wir. Wenn wir uns ausbreiten und still werden, trägt uns das größte Meer von allen, das Meer der Gnade, das immer gleichmäßig strömt, jenseits aller Turbulenzen. So wie die Fische nicht das Meer sehen können, in dem sie leben, können wir nicht ganz den Geist sehen, der uns erhält.

Immer und immer wieder ziehen wir uns zusammen, wenn Schmerz kommt, und sinken. Aber das Leben hat mich gelehrt: Entscheidend für unsere Heilung ist, wie wir uns zunächst nach dem Zusammenkrümmen wieder öffnen.

- Wenn du kannst, geh zu einem Teich oder See und beobachte, wie die Blätter auf der Oberfläche treiben.
- Atme wie ein fallendes Blatt und denke an nichts.
- Atme einfach und lass dein Herz und deinen Verstand von dem für dich nicht wirklich sichtbaren Geist getragen werden, und sei es nur für einen Augenblick.

14.

Alte Freunde

Man erklimmt, man sieht. Man steigt ab,
man sieht nicht mehr, aber man hat gesehen.
Es ist eine Kunst, sich in den niederen Gefilden an die Erinnerung an das, was man weiter oben gesehen hat, zu halten.
Wenn man nicht mehr sehen kann,
kann man zumindest noch wissen.
< Rene Daumal >

Im achten Jahrhundert vor unserer Zeit, während der Tang-Dynastie in China, schrieb der Dichter Li Po das inzwischen berühmte Gedicht »Brief aus der Ferne«. Es ist seinem »alten Freund« So-Kin aus Rakuyo gewidmet. Darin erfahren wir, dass die beiden eine tiefe, lebenslange Freundschaft verband, obwohl sie sich nur ein paarmal gesehen hatten. Am Ende ist Li Po hingerissen von der Präsenz seines alten Freundes: »Was nützt Reden, und es gibt kein Ende des Redens. Es gibt kein Ende der Dinge im Herzen.«

Wie ist das möglich? Die beiden haben mehr Zeit getrennt voneinander verbracht als zusammen. Doch die Gegenwart eines solchen Freundes kann ein ganzes Leben prägen. Wenn wir gesegnet sind, haben wir *einen* – oder wenn wir reich an Segnungen sind, vielleicht sogar zwei – solcher Freunde während unserer Erdenzeit. Es ist, als wären Li Po und So-Kin Sterne im Sternbild des jeweils anderen, kleine, aber nachhaltige Lichtpunkte. Die Schwierigkeit liegt schon immer darin, wie man durch die Dunkelheit von einem Lichtpunkt zum anderen kommt. Das ist das Reich des Glaubens, die Erhaltung der Präsenz, wenn wir nicht im Licht stehen.

Diese Freundschaft ist auch eine Metapher für eine andere Art von Freundschaft, unsere lebenslange Beziehung zu Wahrheit, Liebe, Einheit, Gott. Wie Li Po ohne So-Kin verbringen wir einen großen Teil unseres Lebens unbewusst und unerleuchtet, doch die Präsenz von Wahrheit und Gott kann wie eine tiefe, dauerhafte Freundschaft unser ganzes Leben prägen. Die innere Aufgabe lautet dann: Wie bauen wir eine dauerhafte Freundschaft auf mit den Kräften, die größer sind als wir? Wie halten wir das Licht in unserem Herzen aufrecht, wenn keine Sterne sichtbar sind?

- Atme tief und erinnere dich an einen besonderen Augenblick der Wahrheit in deinem Leben, der dich jahrelang begleitet hat.
- Atme liebevoll und führe dir diese Wahrheit vor Augen.
- Lächle und verneige dich vor dieser Wahrheit wie vor einem alten Freund, den du jahrelang nicht gesehen hast.
- Bete zu ihr in Dankbarkeit.

März

15.

Die Kraft der Symbole

Wenn du einen Stein wirklich hältst,
kannst du den Berg fühlen, von dem er stammt.

Ein Steinzeitmensch wurde beim Beerenpflücken von einem wilden, heute ausgestorbenen Raubtier in die Ecke getrieben, und nur ein plötzlich herabfallender Ast, der die Bestie verschreckte, bewahrte ihn vor dem Aufgefressenwerden. Er nahm sich ein Stück des Astes mit, damit es ihm weiterhin Glück bringe. So oder so ähnlich begann die Geschichte der Symbole.

Die Menschen haben immer kleine Andenken an ihre Erfahrungen aufbewahrt, um sich an die nicht immer sichtbaren Kräfte des Lebens zu erinnern. Erfüllt vom ewigen Rhythmus der Wellen, stecken wir eine Muschel in die Tasche und tragen sie Hunderte von Kilometern weit mit uns herum, um uns an die Gegenwart des Meeres zu erinnern, auch wenn wir weit davon entfernt sind. Deswegen bewegen uns bestimmte Lieder so sehr, bewahren wir alte Fahrkarten und getrocknete Blumen auf.

Symbole sind lebendige Spiegel eines tiefen, wortlosen Verstehens. Ich weiß von zwei Freunden, die miteinander in Vietnam waren. Gemeinsam durchliefen sie in Italien ein Wiedereingliederungsprogramm, und bevor sie nach Hause fuhren, teilten sie eine kupferne Lire-Münze in zwei Hälften, sodass sie den Freund in Erinnerung behielten, als wäre die zerbrochene Münze das gebrochene Herz, das sie für immer in diesem gottverlassenen Dschungel zurückgelassen hatten.

In den kleinsten, alltäglichsten Dingen stecken fast unerträgliche Erinnerungen, und die kostbarsten davon funktionieren wie Aladins Wunderlampe. Wir brauchen sie nur langsam zwischen den Fingern zu reiben, und Gefühle aus längst vergangenen Zeiten tauchen auf, und mit ihnen grundlegende Erkenntnisse, die wir nur schwer im Blick behalten.

Ich erinnere mich, wie ich als Kind meinen Großvater besuchte. Er hatte eine milchweiße Schale mit M&Ms auf dem Regal stehen. Für mich enthielt sie einen magischen Schatz. Egal wie oft ich auf Zehenspitzen oben hineingriff, sie wurde nie leer. Seit seinem Tod sind dreißig Jahre vergangen, und wenn ich mich elend fühle, nehme ich die milchweiße Schale auf den Schoß und esse ein paar M&Ms. Dann geht es mir besser. Das ist keine Illusion oder Fantasievorstellung. Vielmehr verwende ich die milchweiße Schale voller M&Ms als lebendiges Symbol, um mich in meiner Traurigkeit mit einem tieferen Gefühl von Fülle und Großzügigkeit zu verbinden, das immer da ist, zu dem ich aber nicht immer Zugang habe.

Symbole sollen keine kalten Vorstellungen repräsentieren, sondern alles Lebendige in uns und um uns wieder zum Vorschein bringen. Sie helfen uns, Zeugen des schmerzhaften Mysteriums des Lebens zu sein, und sie helfen uns, das Los unserer Tage zu tragen, sei es in Form eines Kruzifix, als weinenden Buddha oder als ein Stück Muschel von einem längst vergessenen Strand.

- ◆ Erinnere dich an einen besonderen Moment in deiner Jugend.
- ◆ Meditiere über das Gefühl dieses Augenblicks, bis dir die Szene wieder klar vor Augen steht.
- ◆ Fühle dich langsam in diesen Augenblick ein und richte deinen Fokus auf ein Detail: auf einen bestimmten Stuhl, den Duft des Flieders oder die Regentropfen auf der Fensterscheibe.
- ◆ Nimm dieses Detail mit als lebendiges Symbol all dessen, was dieser Augenblick dir bedeutet.
- ◆ Wenn du dich das nächste Mal minderwertig fühlst, geh in Kontakt mit diesem sehr persönlichen Symbol.
- ◆ Lass dich von ihm für Geschenke öffnen, an die du dich nicht immer erinnerst.

März

16.

Nachschwingen

Wenn der Wind sich gelegt hat,
schwingen die Bäume noch nach,
so wie mein Herz noch knirscht,
lange nachdem es sich beugte.

Ich bin immer wieder überrascht, wie stark eine tiefe Bewegung nachwirkt. Ich kann verletzt oder enttäuscht sein, die Wärme gegenseitiger Zuneigung spüren oder die sanfte innere Bewegung, wenn ich für eine Weile allein gelassen bin – und schon bin ich bereit, mich etwas anderem zuzuwenden, ohne mir Zeit zu lassen, diese Gefühle ganz zu verdauen. Ich habe erkannt, dass ein großer Teil meiner Verwirrung im Leben daher stammt, dass ich meine Aufmerksamkeit zu schnell der nächsten Sache zuwende und dann neue Erfahrungen um die Reste von Gefühlen winde, die noch nicht ganz erledigt sind.

Zum Beispiel war ich vor einigen Tagen traurig, weil ein Freund schwer erkrankt ist. Ich habe meine Traurigkeit angeschaut und dachte, ich hätte diesem Gefühl genug Aufmerksamkeit gewidmet. Am nächsten Tag durchlief ich den ganz normalen Frust im Verkehrsstau und beim Einkaufen; die Gleichgültigkeit der Verkäuferinnen und Kassiererinnen machte mich plötzlich traurig. Jedenfalls dachte ich das. Wenn ich es so erzähle, erscheint der Zusammenhang offensichtlich, aber das sah ich zu dem Zeitpunkt nicht; ich verschwendete viel Energie, zu überlegen, was ich in meinem Leben ändern müsste. Doch eigentlich durchliefen mich nur Wellen der Traurigkeit wegen meines kranken Freundes.

Die tiefere Lektion hat etwas mit den Wellen der Natur zu tun: wie sie in Bewegung kommen und wirken und ganz besonders wie sie nachschwingen. Alles Lebendige macht diese Erfahrung, vor allem wir Menschen mit den unsichtbaren Wellen unserer Gedanken und Gefühle. Lebendig zu sein braucht Zeit.

◆ Setze dich still hin und richte deinen Fokus auf ein Gefühl, das dich kürzlich stark überkam.

- Atme und widme dich den Spuren dieser Erfahrung, die noch in dir nachwirken.
- Atme langsam und lass die Spuren dieses Gefühls wie Wellen durch dich hindurchlaufen.

17.

Eine große Schlacht tobt

*Es tobt eine große Schlacht: darum, dass mein Mund sich
nicht verhärtet und mein Kiefer sich nicht schließt
wie die schweren Türen eines Safes,
auf dass mein Leben nicht Vor-Tod genannt werde.
< Yehuda Amichai, israelischer Dichter >*

Ein alter griechischer Mythos trägt wie eine Flaschenpost einen der entscheidenden Kämpfe in sich, denen wir uns als Menschen stellen müssen: Es ist die Geschichte des begabten Musikers Orpheus, dessen geliebte Eurydike von Hades, dem Gott der Unterwelt, geraubt wurde. Orpheus leidet so tiefen Kummer, dass er in das Land der Toten reist, um Hades zu bitten, Eurydike wieder zurück zu lassen. In kalter Berechnung sagt ihm Hades: »Du kannst sie haben. Es wird dich drei Tage kosten, sie in das Land der Lebenden zurückzubringen. Aber es gibt eine Bedingung: Du musst sie tragen und du darfst ihr nicht ins Gesicht schauen, bis ihr das Licht erreicht. Wenn du es doch tust, wird sie für immer zu mir zurückkehren.«

Leider weiß Orpheus nicht, dass Hades Eurydike genau das Gegenteil sagt: »Er wird dich ins Land der Lebenden tragen, und du muss ihn anschauen, bevor ihr das Licht erreicht. Wenn nicht, wirst du für immer zu mir zurückkehren.« Ihr großes Ringen endet tragisch, und Eurydike ist für immer verloren.

Für uns geht der Kampf jedoch weiter. Denn in jedem von uns gibt es einen Orpheus, der glaubt, wenn ich hinschaue, werde

März

ich sterben. Und es gibt auch eine Eurydike in uns, die glaubt, wenn ich nicht hinschaue, werde ich sterben. Nach »Sein oder Nichtsein?« lautet also die große spirituelle Frage: »Hinschauen oder nicht hinschauen?« Die persönliche Balance, die wir dabei erreichen, bestimmt, ob wir der Hölle entkommen oder nicht.

Zwar mögen sich im Lauf des Lebens Verschiebungen ergeben, doch ich glaube, dass wir alle von Geburt an eine bestimmte Tendenz haben: Entweder wir neigen dazu, hinzuschauen, oder wir schauen lieber nicht hin. Es wird niemanden überraschen, dass ich eher zu den femininen Sehern gehöre: Ich glaube, wenn ich nicht hinschaue, werde ich sterben. Das hat wahrscheinlich mit meiner Berufung als Dichter zu tun. Ich gebe also meine Voreingenommenheit zu. Aber auch wenn uns das Hinschauen in manchen Fällen schadet, so wie wir nicht zu lange in die Sonne blicken sollten, ist es doch weitaus häufiger notwendig, genau wahrzunehmen, um zu überleben.

Wie jeder von uns fechte ich einen Kampf mit beidem aus: Geheimnisse zu hüten und Wahrheiten aufzudecken. Keiner weiß, wie es geht, und doch müssen wir uns immer wieder diesem Kampf stellen: die Unterwelt zu verlassen – uns nicht zu verhärten – und unseren Weg zurück zu den Lebenden zu finden.

◆ Zentriere dich und atme gleichmäßig. Vergegenwärtige dir den Strom von Lebensentscheidungen, der dich bis hierher gebracht hat.

◆ Während du deinen Atem verlangsamst, versuche zu verstehen, was deine Zeit auf Erden bestimmt hat: das Bedürfnis, hinzuschauen, oder das Bedürfnis, nicht hinzuschauen.

◆ Während du gleichmäßig atmest, versuche zu fühlen, was du jetzt brauchst: hinschauen oder nicht hinschauen. Was bringt dich vollständiger ins Land der Lebenden?

18.

Vom Leben als Helfer

Nimm dieses Geschenk,
damit ich mich als Gebender fühle.

Ich habe gelernt, dass das Leben als Helfer genauso ein Sucht-phänomen sein kann wie das Leben als Alkoholiker. Der Rausch besteht in diesem Fall in der emotionalen Erleichterung, die vor-übergehend einsetzt, wenn man dem Bedürfnis eines lieben Men-schen entsprochen hat. Es ist zwar nie von Dauer, doch in dem Moment, da wir jemandem ein Bedürfnis erfüllen, fühlen wir uns geliebt. Sicher kann daraus viel Gutes entstehen, vor allem für jene, denen geholfen wird, doch die Fürsorge kann dabei wie ein Cocktail wirken, der mit seinem Alkohol vorübergehend das Gefühl der Wertlosigkeit betäubt, das nicht weichen will, wenn es nicht ständig durch einen neuen Schuss Selbstaufopferung unterdrückt wird.

So spannt sich die Situation immer mehr an, bis die Bedürf-nisse der anderen schon im Voraus erahnt werden und sich, ohne dass jemand ein echtes Bedürfnis geäußert hätte, eine Ängstlich-keit aufbaut, die sich nur beruhigt, wenn etwas für den ande-ren getan oder ihm angeboten wird. Im Kern steckt dahinter die ständige Sorge, es sei unmöglich, geliebt zu werden, wenn wir nichts für jemand anderen tun. Die Bedürfnisse der anderen ste-hen in Reichweite wie die Flaschen hinter dem Tresen, und der Helfer kann der Sucht nicht widerstehen.

Ich habe dies selbst mit so etwas Simplem erlebt wie der Ent-scheidung, ob ich zu Hause anrufen soll, wenn ich länger unter-wegs bin. Selbst wenn niemand damit rechnet, von mir zu hören, überlege ich ständig, ob ich nun anrufen sollte oder nicht. Und häufig ist es mir so unangenehm, keinen Beweis für meine Liebe zu erbringen, dass ich oft große Anstrengungen unternehme, um doch noch irgendwie anrufen zu können.

März

Diese Art der Fürsorge und des Helfens wirkt zwar oft sehr großzügig, doch es dient einem vor allem selbst, und die dahintersteckende egozentrische Dringlichkeit verhindert ein Leben in echtem Mitgefühl. Ich meine ganz ehrlich, dass die Heilung dieser Sucht ein ähnlich rigoroses Programm erfordert wie die Heilung von Alkoholismus, inklusive Unterstützern, die uns zeigen, dass sie uns lieben, so wie wir sind.

Das geistige Heilmittel in uns, das echtes Geben ermöglicht, liegt irgendwo in dem Glauben, dass jeder von uns liebenswert ist – gerade so, wie er ist.

◆ Zentriere dich und erinnere dich an einen lieben Menschen, dem du sehr weit entgegenkommst.
◆ Meditiere darüber, was dich dazu bringt, diese zusätzlichen Schritte zu unternehmen.
◆ Stell dir vor, diese Person liebt dich, obwohl du nichts tust.
◆ Stell dir vor, du liebst dich selbst, wenn du nichts tust.
◆ Atme und tu nichts, bis du spürst, wie ein Gefühl der Liebe zu dir in dir aufsteigt.

19.

Schwäche

Unsere Kraft wird weiterbestehen,
wenn wir uns den Mut zugestehen,
uns ängstlich, schwach und verletzlich zu fühlen.
< Melody Beattie >

Dies ist ein zeitloses Gebet. Es hilft, Schwäche spirituell zu definieren als jede Gewohnheit des Verstandes oder des Herzens, die uns davon abhält, die Dinge so zu sehen, wie sie sind, oder sie in ihrer Gänze zu sehen oder voll und ganz zu fühlen. Das sind die Blindheiten, die uns immer wieder abhalten von Wahrheit, Einheit und Mitgefühl.

Wir sind alle zerbrechlich. Wir machen alle Fehler. Wir fallen alle Tausenden von Emotionen und Übertreibungen zum Opfer.

Aber diese Dinge machen uns reich und nicht schwach – wenn wir bereit sind, uns ihnen zu stellen. In Wahrheit ist es nicht unsere Menschlichkeit, die uns in die Knie gehen lässt, sondern unsere Weigerung, zu akzeptieren, wer wir sind, und entsprechend zu leben, mitsamt den Beschränkungen.

Diese Blindheit in ihren vielen wiederkehrenden Formen ist hintergründig auch die Ursache der meisten Grausamkeiten. Denn gerade in jenen Augenblicken, da wir meinen, so klar zu denken, zerbrechen wir Dinge, die unersetzlich sind, und bemerken nicht einmal, wie kostbar sie sind.

Nachdem ich vieles in meinem Leben zerbrochen habe – Herzen, Erbstücke, Rotkehlcheneier –, muss ich demütig zugeben: Der einzige Unterschied, den ich zwischen Stärke und Schwäche auf Erden erkennen kann, liegt in der Aufrichtigkeit, mit der wir uns mit uns selbst konfrontieren, uns akzeptieren und uns mit unseren Makeln und allem Drum und Dran den anderen zeigen.

- ◆ Nimm für diese Meditation ein Bild von jemandem, der dir wichtig ist. Es kann auch ein Bild von dir selbst sein.
- ◆ Schließe die Augen und zentriere dich. Wenn du die Augen wieder öffnest, richte deinen Fokus auf das Bild und sieh deine Beziehung zu dieser Person genau so, wie sie ist.
- ◆ Schließe wieder die Augen. Wenn du diesmal die Augen öffnest, richte deinen Fokus auf das Bild und akzeptiere dieses Wesen vollkommen, mit seinen Makeln und allem Drum und Dran.

März

20.

Wasser aufrühren

Zuzulassen, dass Wissen Schwierigkeiten erzeugt,
und dann sich mit Wissen dagegen zu wappnen –
das ist, als rühre man Wasser auf, um es zu klären.
< Laotse >

Der Kreislauf aus Problemen, die erzeugt werden, gefolgt von Versuchen, sich gegen sie zu wappnen, ist ähnlich wie das Ziehen eines Fadens, den man besser in Ruhe gelassen hätte. Je mehr wir daran ziehen, desto mehr ribbelt sich das Gewebe auf, und dann müssen wir es ganz neu vernähen. Oder wie wenn wir zu viel auf einmal planen, uns zu vielen Menschen gegenüber verpflichten, ohne die Zeit dafür zu haben, und dann in dem Versuch, das alles zu schaffen, uns selbst und alle um uns herum erschöpfen.

Jeder von uns hat das schon getan. Eine subtilere Form davon findet in unserem Ringen um Selbstakzeptanz statt. Wenn wir uns minderwertig oder unsicher fühlen, setzen wir uns ein Ziel, in der Hoffnung, uns gut zu fühlen, wenn wir es erreichen. Dann planen wir unseren Erfolg, wappnen uns gegen Fehlschläge und rühren so das Wasser auf, in der Hoffnung, es zu klären.

Dabei kommen die tiefen Ressourcen unseres Herzens und unseres Geistes verfehlt zum Einsatz. Stürzen wir uns nicht genau so auch in Berufe, zu denen wir eigentlich nicht berufen sind? Stürzen wir uns nicht so in Beziehungen, die uns nicht wirklich guttun? Bringen wir nicht so manchmal Kinder in die Welt, in der Hoffnung, sie würden uns helfen, klarer zu werden?

Der Verstand ist wie eine Spinne, die alles zu einem Netz verheddert und dann die Dinge, die sie sich damit eingefangen hat, beschuldigt, ihr die Freiheit zu rauben. Ich habe das mit Träumen von Ruhm und Hoffnungen von Liebe getan, wollte mich so schrecklich gerne klar im Wasser spiegeln und rührte doch und rührte. Eine der schwierigsten Lektionen, mit der ich immer noch zu kämpfen habe, lautet: Ich muss nicht fertig sein, um ganz zu sein.

- Setze dich still hin und vergegenwärtige dir einen Faden in deinem Herzen, den du kürzlich aufgeribbelt hast.
- Atme tief und überlege, wie mühsam es war, alles wieder neu zu vernähen.
- Atme gleichmäßig und versuche, damit aufzuhören; versuche, alles so zu lassen, wie es ist, und den losen Faden einfach hängen zu lassen.

21.

Festhalten oder loslassen

Wie kannst du dem Fluss deines Lebens folgen,
wenn du ihn nicht fließen lässt?
< Laotse >

Der Pollen sammelt sich, bis der Regen fortwäscht, was nicht der Befruchtung dient. Das Moos bildet sich auf Totholz und Steinen, bis es vom Gang der Tiere abgerieben wird. Das Herbstlaub bedeckt den Pfad, bis es sich zersetzt und die Verirrten den Weg erkennen lässt.

So ist es auch mit uns. Unsere Träume sammeln sich wie Pollen, bis der Schweiß und die Tränen unseres Lebens alles wegwaschen, was nicht möglich war. Die weichen kleinen Polster unserer Anhaftungen wachsen aus unserem Stein – ob Freude oder Trauer –, bis das Nahrhafte davon aufgenommen und der Rest abgerieben wird. Wie gefallenes Laub bedecken Erinnerungen unseren Weg, bis sie aus der Erinnerung gefegt werden und uns freigeben.

Der Schmerz des Widerstands lässt uns oft rosten wie Eisen, und um wieder in den Fluss des Lebens einzusteigen, müssen wir uns bis auf unsere ursprüngliche Oberfläche entrosten. Wie vom Wetter beschlagene Fensterscheiben warten wir auf liebevolle Hände, die uns klarreiben. Es ist unvermeidlich. Die Erfahrung

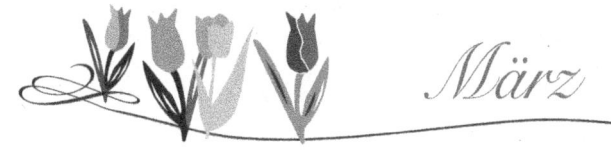

März

bedeckt uns in Schichten und indem wir uns auf die Reise begeben, die diese Erfahrungen nach außen bringen, kehren wir frei davon an den Tisch des Lichts zurück. Wieder einmal.

Alles, was existiert, nimmt an diesem unfreiwilligen Kreislauf teil. Uns menschliche Wesen bedeckt der Prozess des Lebens immer wieder mit dem Staub des Daseins, mit Herzschmerz und Enttäuschung und der Eingleisigkeit des Menschseins. Wenn wir all das horten, werden wir krank davon, wenn wir es loslassen, werden wir heil und ganz. Immer und immer wieder verfügen gerade wir Menschen über diese großartige Macht, die aber auch eine Last ist: den Eindruck unserer Erfahrungen in uns festzuhalten oder freizusetzen.

Wir sind aufgefordert, den Fluss zwischen dem, was aufgenommen wird, und dem, was freigesetzt wird, in Demut lebendig zu halten. Wir brauchen nur zu atmen, um uns darauf zu besinnen, dass wir ein lebendiger Einlass sind: Erfahrungen rein, Gefühle raus. Staunen und Herausforderungen rein, Herzschmerz und Freude raus. Wie die Gezeiten rauscht das Leben in einer ständigen Flut in uns hinein, und in einem ständigen Freisetzen müssen wir alles wieder ablaufen lassen. Denn so entstand die herrliche Erde aus dem Meer, und so wird die Menschheit immer und immer wieder aufgerichtet vom Ozean des Geistes, der uns befreit.

◆ Wenn du heute aus deinem Haus in die Welt trittst, atme tief und frage dich: Wofür bist du deinem Menschsein am meisten dankbar?

◆ Verweile bei dieser Frage während des Tages.

◆ Wenn du heute Abend in dein Nest zurückkehrst, atme wieder tief und frage dich, was dich am Menschsein immer wieder überrascht.

◆ Verweile bei dieser Frage, während du in der Nacht schläfst und zur Ruhe kommst.

22.

Sabbatzeit

Arbeite, wenn es etwas zu tun gibt.
Ruhe, wenn du müde bist.
Eine Sache, in Frieden getan,
wird höchstwahrscheinlich besser sein als zehn in Panik ...
Es macht mich nicht zur Heldin, wenn ich mich
der Ruhe verweigere; es macht mich nur müde.
< Susan McHenry >

Wenn ich Erholung brauche, kehre ich zu Türen des Herzens zurück, die sich mir schon früher geöffnet haben. Ich stelle mich neben den großen Weidenbaum und warte darauf, dass sein vertrautes Schwingen zu mir spricht. Ich lege jene besondere Klaviermusik auf, die ihren Weg in die wunden Abgründe meines Herzens gefunden hat, und lasse die Dinge sich entfalten. Ich mache mir einen Tee, setze mich in meinen Lieblingssessel, nehme meine alte, zerfledderte Ausgabe von E.E. Cummings' Buch hervor und lese: »Ich danke dir, Gott, für den größten Teil dieses erstaunlichen Tages ...«

Ich versuche, mich den Stunden mit Sanftheit und Ruhe zu nähern – den beiden Fäden, die zu Dankbarkeit führen –, und warte darauf, dass das Wunder wiederkehrt. Dies ist für mich das erneuernde Atom des Sabbats. Ich versuche, jeden Tag mit so einem kleinen liebevollen Augenblick zu beginnen, bevor der Lärm des Alltags einsetzt, bevor die Verwirrungen und Konflikte mein Gespür für die Dinge einengen.

Mir scheint, das Herz verengt und weitet sich wie das Auge. Ist es eng, gibt es keine Ruhe; die Welt erscheint kleiner, gemeiner und voller Gefahren. Die Sabbatzeit wird daher zur wichtigen Übung, damit sich alles Verengte weiten kann. Diese persönlichen Momente der Ruhe schenken Erholung und lösen die Knoten der Welt, indem sie das Herz langsamer werden lassen.

März

In der Ruhe erinnere ich mich immer wieder daran, dass das, was mich an die Erde bindet, nicht sichtbar ist. Gerade neulich war ich angespannt. Mein Herz schlug wie ein im Röhricht erwachter Schwan: kein Platz, sich zu bewegen. Vom Lärm meiner Gedanken verwirrt und überrascht, flatterte ich ungelenk zur Mitte des Sees, den die Menschen »Stille« nennen. Also, wenn du mich fragst, ist Frieden nichts anderes als die Unterseite müder Flügel, die auf dem See ruhen, während das Herz unter den Federn allmählich leiser schlägt.

◆ Übe, den Knoten in deinem Herzen zu lösen, indem du deine Hände mit den Handflächen nach oben in den Schoß legst.
◆ Spanne mit jedem Einatmen die Hände kurz an.
◆ Entspanne die Hände mit jedem Ausatmen, bis sie ruhen wie die müden Flügel, die sie sind.

23.

Ohne zu wissen, wohin wir fliegen

Vögel lernen zu fliegen, ohne zu wissen,
wohin ihr Flug sie tragen wird.

Von den Vögeln können wir etwas Wichtiges lernen. Ihre Flügel strecken sich und überspannen die Luft. Zuerst vorsichtig, dann immer zuversichtlicher erheben sie sich, flattern, gleiten, landen. Es scheint, als sei für Vögel das Fliegen selbst das Ziel. Sicher, sie wandern und suchen nach Nahrung, aber wenn sie fliegen, wirkt es so, als lebten sie dort oben ihre wahre Bestimmung aus.

Anders als die Vögel sorgen wir in unserer Zeit auf Erden immer wieder durch unsere Fixierungen auf das, wohin wir gehen, für Verwirrung – häufig so sehr, dass unsere menschliche Flugfähigkeit verkümmert. Oft halten wir unseren Drang, zu lieben, zu lernen, die Wahrheit des Geistes zu erkennen, zurück und wollen erst sicher sein, dass unsere Bemühungen Erfolg zeigen werden. All diese Bedingungen und Verzögerungen, das Ja-aber und Was-wäre-wenn stellen die menschliche Reise auf den Kopf und verhindern, dass das Herz sich wirklich zu dem Flügel entfalten kann, das es ja ist.

Vögel dagegen beginnen ohne Bedenken oder Zurückhaltung, einfach zu singen und sich emporzuschwingen, wenn der erste Lichtstrahl sich zeigt. Sie kennen kein Abwarten, sie investieren nicht nur, wenn ihnen ein Gewinn sicher erscheint. Nur die Menschen wollen Garantien und ersticken damit den Funken der Entdeckung.

Wie oft behindern wir uns selbst, wenn wir nicht zulassen, dass die Liebe mit all ihren Hindernissen uns das Fliegen lehrt? Wie oft verkümmern unsere Herzen, weil wir die Flügel unserer Leidenschaft nicht ganz so weit öffnen, dass wir all unsere Geschenke empfangen können? Wie oft suchen wir nach einem Lied, das uns führen soll, obwohl dieses Lied doch nur aus uns selbst herauskommen kann?

Im Lauf der Jahre hat mein Verstand in seiner Angst und Erwartungshaltung alles Mögliche angehäuft: Plätze, zu den ich gehen sollte; Dinge, die ich angeblich brauchte; alle möglichen »Ichs«, die ich hätte sein sollen. Doch hier bin ich, und das meiste davon ist verschwunden – all die Ziele und Wünsche sind in mein Lernen geflossen: Ich habe gelernt zu lieben.

Sosehr ich auch versuchen mag, mir vorzustellen und zu konstruieren, wo es hingeht, und sosehr ich auch versuchen mag, zu erkennen, was dieses Leben des Fühlens bedeutet – nur wenn wirklich Gefühle in mir pulsieren, kann ich mich hochschwingen zum Geist. Tatsächlich wachsen Flügel immer gleich, egal ob es nach Süden, Osten oder Westen geht, und unser Leben ist wesentlicher als alles zielgerichtete weltliche Streben. Wie die Vögel sind wir dazu geschaffen, zu fliegen und zu singen – das ist alles –, und all unsere Pläne und Konzepte sind Zweige eines Nestes, welches wir verlassen, wenn wir ihm entwachsen sind.

◆ Meditiere über etwas, das du ersehnst, aber bislang noch nicht zum Leben erweckt hast. Vielleicht hast du Lust, zu tanzen oder Klavier zu spielen? Oder du hast den Impuls, an einen Ort zu reisen, der dich ruft? Oder du verspürst den

März

Drang, jemanden besser kennenlernen zu wollen, vielleicht sogar dich selbst?

- ◆ Atme und lass das Gefühl ungehindert aufsteigen.
- ◆ Atme und konzentriere dich auf dein Zögern. Dahinter steckt vielleicht die Angst vor Versagen oder Ablehnung oder einfach vor dem Unbekannten.
- ◆ Atme durch dein Zögern hindurch und mach dir bewusst: So wie Flügel nur fliegen können, wenn sie flattern, kann auch deine Fähigkeit, tief zu leben und in Beziehung zum Leben zu treten, nur wachsen, wenn du es versuchst.

24.

Auch wenn es dunkel ist

Geknickt zu sein ist kein Grund,
alles als gebrochen anzusehen.

Die nur selten zu sehende, auf dem Meeresboden wachsende, weiß gefederte Seeanemone ist eine wässrige Blüte. Wie weiße Spitze öffnet sie sich unter Tonnen von Schwärze, öffnet sich, als recke sie sich dem Sonnenlicht entgegen, obwohl das Sonnenlicht so weit von ihr entfernt ist.

Dies ist der Trick zum Wohlbefinden, stimmt's? Die Sonne zu spüren, auch in der Dunkelheit. Die Wahrheit der Dinge nicht zu vergessen, selbst wenn sie aus dem Blick geraten. Trotzdem weiterzuwachsen. Zu wissen, dass es noch Wasser gibt, auch wenn wir durstig sind. Zu wissen, dass es noch Liebe gibt, auch wenn wir uns einsam fühlen. Zu wissen, dass es noch Frieden gibt, auch wenn wir leiden. Dadurch geht der Schmerz nicht weg, aber unser Weg zurück ins Licht wird stärker.

- ◆ Schließe die Augen und fühle, dass es die Sonne wirklich gibt. Sie ist da, wenn du die Augen wieder aufmachst.
- ◆ Atme tief ein durch jenen Teil deines Herzens, der verschlossen ist, und fühle, dass auch die Liebe etwas Wirkliches ist. Sie ist da, wenn du wieder fühlen kannst.

◆ Atme langsam durch jenen Teil von dir, der zweifelt, und fühle die Wirklichkeit des Lebens. Es ist da, wenn du deinen Geist öffnen kannst wie damals bei deiner Geburt.

25.

Das Ohr als Blütenblatt

Das Ohr ist nur ein Blütenblatt,
das aus dem Herzen wächst.
Wenn wir einander zuhören,
wird alles zu einem Garten.

Was genau bedeutet es, zuzuhören? Wir alle kennen diese bemerkenswerte mentale Abspaltung: Situationen, in denen wir nicht aufmerksam sein wollten und doch das Gesagte Wort für Wort wiederholen konnten.

Zuhören kommt aus der Tiefe. Es scheint, wir können die Lebendigen nur in dem Maß hören, wie wir selbst wirklich gelebt haben, können Freude und Schmerz nur so weit verstehen, wie wir uns selbst haben vom Leben berühren lassen. Wenn das Ohr vom Herzen her wächst wie ein Blütenblatt, dann wie eine Pflanze Regen und Sonne aufnimmt, bis sich eine Blüte öffnet, muss auch das Herz Tränen und Freude aufnehmen, bis ein Ohr sprießt, das wirklich hören kann.

Jahre bevor ich mir auf meiner Suche nach einem Weg die Fußsohlen aufschnitt, saß ich am Krankenhausbett meiner eingewanderten Großmutter und sah sie wimmern, während ihre vom langen Liegen wunden Füße verbunden wurden. Jahre bevor ich meinen Golden Retriever vor dem Ertrinken rettete, saß ich neben einem Kollegen, der um seinen toten Hund weinte, und wunderte mich, wie er ein Tier so hatte lieben können. Jahre bevor ich mein Leben ganz von vorne beginnen musste, rannte ich mitten in der Nacht einen Feldweg entlang und sah, wie sich

März

die stolzen Augen meines Schwiegervaters im Schmerz weiteten, als die Scheune abbrannte, die er dreißig Jahre zuvor selbst gebaut hatte.

Erst später konnte ich ihren Schmerz fühlen und auch die tiefe Freude, die damit einhergeht, wenn uns etwas so am Herzen liegt. Sicherlich müssen wir nicht dieselben Dinge erfahren, um einander annehmen zu können, aber wir müssen unsere Erfahrungen im Leben machen, bevor wir zu den Wurzeln des Lebens durchdringen.

Was braucht es, um wahrhaft zuzuhören? Alles was zwischen unseren Herzen steht, muss zusammenbrechen. Wenn ich es wage, dir zuzuhören, werde ich dich fühlen wie die Sonne, ich werde in deine Richtung wachsen und du in meine. Denn wenn wir einander zuhören, wird alles zu einem Garten. Alles wird genießbar.

- Setze dich mit einem vertrauten Menschen zusammen: Meditiert über eine Geschichte der Freude oder des Schmerzes, der ihr im Lauf der Zeit immer besser zuhören konntet.
- Teilt einander mit, warum euch eure Geschichte naheging.
- Wie hat sich euer jeweiliges Verständnis dieser Geschichte im Lauf der Zeit vertieft?
- Atme langsam und öffne dein Herz mehr für einen Augenblick in der vergangenen Woche, an dem du dich entschieden hast, nicht aufmerksam zu sein.

26.

Gefühle fühlen

Der schnellste Weg zur Freiheit besteht darin,
deine Gefühle zu fühlen.
< Gita Bellin >

Das klingt leicht, aber obwohl es einfach ist, zu wissen, dass du Gefühle hast, mit all ihrem Gewicht, ihrer Aufregung und ihren plötzlichen Stimmungen, ist es doch eine ganz andere, viel subtilere Sache, sie zu fühlen – das heißt, dich von ihnen durchdringen zu lassen, so wie der Wind durch eine Fahne fährt.

Wenn wir unsere Gefühle nicht ganz durchfühlen, verlassen sie uns nicht. Dann tun wir allen möglichen Unsinn, um ihnen zu entkommen. Das ist die Ursache vieler Süchte.

Ich habe mich viele Male vom Weg abgebracht, indem ich mich auf die Begleitumstände meines Schmerzes oder meiner Traurigkeit einließ, anstatt das Gefühl an sich zu fühlen. Wenn mich dann jemand fragt, wie ich mich fühle, erzähle ich von diesen Umständen, aber nicht davon, wie ich den Schmerz fühle. Oder ich überlege, was als Nächstes zu tun ist, ohne wirklich zu fühlen. Oder ich erwarte bestimmte Reaktionen, aber fühle nicht, was ich fühlen sollte. Oder ich bade im Ärger über die Ungerechtigkeit, aber tauche nicht in die Wunde ein.

Wir fürchten uns davor, doch letztlich ist das Fühlen unserer Gefühle der einzige klare und direkte Weg, unsere Herzen von ihrem Schmerz zu befreien.

- Meditiere darüber, wie du deine Gefühle vermeidest.
- Geh in die Stille und höre auf, sie dir mit Worten oder Gründen oder Geschäftigkeit vom Leib zu halten.
- Sei einfach eine Küste und lass deine Gefühle an diese Küste branden wie Wellen.

27.

Wir werden singend geboren

Singen ist kein Luxus,
sondern eine Notwendigkeit des Seins in der Welt.

Irgendwie hat man uns die irrige Idee vermittelt, Singen diene der Unterhaltung und sei etwas, das wir weglassen können wie den Nachtisch.

Doch alles wird möglich, wenn wir dem, was in uns lebt, eine Stimme verleihen. Tatsächlich kommen wir singend in diese Welt, auch wenn wir das irrtümlich oft für Weinen halten. Ohne diesen tiefen Reflex würden die Lungen nicht arbeiten und der lebenslange Austausch zwischen Innen und Außen könnte nicht beginnen.

Ich erinnere mich an den ersten Tag, den ich nach meiner Rippenoperation alleine zu Hause war. Zum ersten Mal seit Monaten war alles still, und das Morgenlicht füllte den Raum, den einst meine Rippe eingenommen hatte. Plötzlich fing ich an zu weinen, laut zu heulen, während sich eingekapselte Ängste, Schmerzen und Erschöpfung Luft machten. Dieser Ausbruch war ein Lied, und mir war nicht klar gewesen, dass das Leben mit seinen tausend Energien und seiner ganzen Sanftheit in mich hineinkonnte, sobald ich alles, was sich auf meiner Reise aufgestaut hatte, hinausließ.

Es ist ein so einfaches Geheimnis: Wenn wir etwas hinauslassen, lassen wir auch etwas herein. Wenn du also Schmerzen leidest, dich abgeschnitten, entfremdet oder taub fühlst: Singe! Verleihe »ihm« Stimme, was auch immer es ist. Es braucht nicht hübsch zu klingen. Öffne dich einfach tapfer, trotz aller Schwierigkeiten; lass heraus, was drin ist, und lass hinein, was draußen ist. Singe, und dein Leben wird weitergehen.

- Zentriere dich und lokalisiere einen Schmerz, eine Angst oder Erschöpfung, die sich in dir entwickelt.
- Atme in das hinein, was sich da angestaut hat. Atme aus und lass dabei das, was da drinnen ist, seinen Weg in die Welt finden.
- Erkenne, dass dein Atem der Verbindungsweg ist zwischen dem, was sich in dir anstaut, und der Luft der Welt.
- Erkenne, dass der Klang deines Atems das stillste aller Lieder ist.

28.

Die Gabe der Häutung

Seit Anbeginn liegt der Schlüssel zur Erneuerung
im Abstreifen alter Häute.

Es ist interessant, dass die ältesten Völker etwas glaubten, was wir modernen Menschen mit unserem geschäftigen Treiben vergessen haben: dass Unsterblichkeit durch Häutung gewonnen werden kann. Gemäß dem jahrhundertealten Glauben der Dusun aus Nord-Borneo erklärte Gott, nachdem er die Welt erschaffen hatte: Wer fähig ist, seine Haut abzustreifen, wird nicht sterben.

Aber was bedeutet das? Nicht dass wir ewig leben werden, aber dass wir bereit sein müssen, uns zu verändern, wenn wir dem Pulsschlag des Lebens nahe bleiben wollen, wenn wir in der Gegenwart der göttlichen Wirklichkeit bleiben wollen, die alles in*form*iert. Aber *was* verändern? Verändern, was immer in uns nicht mehr funktioniert. Abstreifen, was wir mit uns tragen und was nicht mehr lebendig ist. Unsere tote Haut abwerfen, weil tote Haut nicht fühlen kann. Tote Augen können nicht sehen. Tote Ohren können nicht hören. Und ohne Fühlen gibt es keine Möglichkeit des Ganzwerdens, die unsere beste Chance ist, den Schmerz des Brechens zu überleben.

Für uns Menschen kann diese tote Haut viele verschiedene Formen haben; die wichtigsten bleiben unsichtbar, und doch können sie uns die Luft zum Atmen nehmen: eine tote Art des Denkens, eine tote Art des Sehens, eine tote Art von Beziehungen, eine tote Art des Glaubens oder eine tote Art des Erfahrens.

Letztlich öffnet uns das Häuten für die Selbsttransformation. Paradoxerweise werden auch jene von uns, die sich solcher Erneuerung widersetzen, früher oder später gezwungen, diese Transformation durchzumachen, weil die Welt sie gebrochen oder abgenutzt hat. Sehr oft passiert beides gleichzeitig: Wir häuten uns innerlich, während wir äußerlich abgenutzt werden.

März

- Zentriere dich und meditiere darüber, was du als tote Haut mit dir herumträgst.
- Atme sauber und tief und frage dich: Was musst du abstreifen, begraben, um mehr Zugang zu erhalten zu der verborgenen Ganzheit des Lebens?

29.

Was uns vom Häuten abhält

Oft verzichten wir auf unser Recht der Erneuerung
aus Rücksicht auf die Ängste der Menschen um uns herum.

Mit Sicherheit ist das Leben nicht einfach, und offen zu leben ist so wunderbar wie gefährlich. Tatsache ist, dass Häuten, so nützlich und unausweichlich es auch sein mag, immer mit einem gewissen Schmerz einhergeht. Leider lässt sich diese Nebenwirkung des Wachstums nicht vermeiden. Deshalb ist es nicht erstaunlich, dass uns Menschen viele Empfindungen zu eigen sind, die uns davon abhalten, das abzustreifen, was nicht mehr funktioniert. Dazu gehören Angst, Stolz, nostalgische Gefühle, die Bequemlichkeit des Vertrauten und der Wunsch, es jenen recht zu machen, die wir lieben. Oft geben wir unser Recht auf Erneuerung auf, aus Rücksicht auf die Ängste der Menschen um uns herum.

Die Melanesier der Neuen Hebriden meinen, so hätten wir unsere Unsterblichkeit verloren. Sir James Frazer hat ihre Geschichte aufgeschrieben. Sie besagt, die Menschen seien zunächst nie gestorben, sondern hätten wie Schlangen und Krebse ihre Haut abgestreift und seien verjüngt daraus hervorgestiegen. Irgendwann ging eine alte Frau an den Fluss, um ihre Haut abzustreifen. Manche sagen, sie war Ul-ta-marama, die Häuterin der Welt. Sie warf ihre alte Haut ins Wasser und beobachtete, dass sie ein Stück flussabwärts an einem Stock hängen blieb. Sie ging nach Hause zu ihrem Kind, doch das Kind erkannte sie nicht mehr und weinte, seine Mutter sei eine alte Frau gewesen, nicht diese junge Fremde. Um das Kind zu beruhigen, ging sie ihre alte

Haut holen und zog sie sich über. Seit jener Zeit häuten sich die Menschen nicht mehr und sterben.

Wenn wir also um der Ängste anderer willen aufhören, das abzustreifen, was in uns tot ist, bleiben wir unvollständig. Wenn wir aufhören, unsere empfindsamste Haut zu zeigen, um Konflikte mit anderen zu vermeiden, entfernen wir uns von allem, was wahr ist. Wenn wir Dinge aufrechterhalten, die sich eigentlich für uns überlebt haben, um unsere Lieben nicht zu beunruhigen, verlieren wir unseren Anschluss an das, was ewig ist.

- Setze dich still hin und frage dich: Welche Stimmen in dir wollen, dass du deine alte Haut behältst und dich nicht änderst?
- Zentriere dich und frage: Welchen Preis zahlst du, wenn du deine Verbindung mit allem, was ewig ist, nicht erneuerst?

30.

Die Energie des Echtseins

Suche nicht nach Regeln oder Methoden der Anbetung.
Sage einfach, was dein wehes Herz dir eingibt.
< Rumi >

»Mana« ist ein Begriff aus der polynesischen und melanesischen Kultur; er beschreibt eine außergewöhnliche Kraft, die einer Person oder einem Objekt innewohnt, eine Art spirituelle Elektrizität, die jeden auflädt, der mit ihr in Kontakt kommt. C.G. Jung übersetzte ihn später mit »der unbewusste Einfluss eines Wesens auf ein anderes«. Jung spricht dabei von der Tatsache, dass die Energie des Echtseins mehr Macht hat als alle Überredungskunst oder Willenskraft. Sind wir wirklich wir selbst, wird eine außergewöhnliche Kraft freigesetzt, die – frei von jeder Absicht – auf jeden, der mit ihr in Kontakt kommt, eine Wirkung hat.

März

Wenn wir uns die Sonne anschauen, können wir die wunderbare, einfache Wahrheit erkennen, die darin liegt. Frei von Absicht, Plan oder Prinzipientreue scheint die Sonne einfach, zuverlässig und beständig. Indem sie sie selbst ist, wärmt sie mit ihrem Licht, ohne etwas davon auszuschließen. Sie strahlt in alle Richtungen, zu jeder Zeit und lässt alles gedeihen. Wenn wir auf dieselbe Art authentisch sind, unsere Wärme und unser Licht in alle Richtungen zum Ausdruck bringen, lassen wir ebenso die Dinge um uns wachsen und gedeihen. Wenn unsere Seelen wie kleine Sonnen das Licht nach außen tragen, das wir sind, strahlen wir aus, was Jesus »Liebe« nannte und Buddha »Mitgefühl«, und die Wurzeln der Gemeinschaft werden stärker.

Wir müssen also einfach nur authentisch sein, ohne jede Absicht, andere ändern zu wollen, und Mana – spirituelles Licht und Wärme – wird aus unserer Seele strahlen und andere zum Wachsen bringen; sie wachsen nicht uns entgegen, sondern auf das Licht zu, das durch uns wirkt. Indem wir sind, wer wir sind, erfahren wir nicht nur das Leben in all seiner Vitalität, sondern helfen in aller Unschuld und ohne Ziel auch anderen, mehr sie selbst zu sein. Wenn wir echt sind, ganz dieser Energie unseres wahren Seins hingegeben, helfen wir einander, auf das *eine* lebensspendende Licht zuzuwachsen.

- Zentriere dich und lass den Strom deiner Gefühle durch dich hindurchfließen.
- Verleihe nach einer Weile den einzelnen Gefühlen, die auftauchen, eine Stimme. Sag einfach bei jedem Ausatmen, was sich gerade durch dich hindurchbewegt: Traurigkeit, Angst, Verwirrung, Frieden, Langeweile, Freude.
- Lass nach einer Weile den Strom deiner Gefühle weiterfließen, während du wieder in Stille atmest.
- Spüre die Dinge um dich herum: den Teppich, den Stuhl, das Fenster. Fühle, wie sie sich in deine Richtung neigen.

31.

Die Praxis des Echtseins

So wie die Sonne nicht ihr Licht zurückhalten kann,
können wir nicht zurückhalten, was sich echt anfühlt.

So wie die Erde sich immer weiter Tag für Tag dem Licht zudreht, haben auch wir keine Wahl: Trotz aller Etikette und Erziehung müssen wir uns immer wieder dem zuwenden, was sich für uns echt anfühlt. Sonst werden wir zu kleinen, kalten Planeten, die durch die Schwärze des Alls trudeln.

Wenn ich über längere Zeit verwirrt oder deprimiert bin, dann häufig, weil ich aufgehört habe, mich dem Licht dessen, was sich echt anfühlt, zuzuwenden. Dann muss ich die Dunkelheit meines Trudelns mit einem sehr kleinen und einfachen Schritt durchbrechen, der jedoch oft groß und schwierig erscheint, weil ich mich nur noch um mich selbst drehe. Ich muss üben, echt zu sein, indem ich sage, was ich fühle, und zwar nicht nur einmal, sondern ständig.

Ich ringe schon mein ganzes Leben lang damit. Wie die meisten von uns habe ich gelernt zu überleben, indem ich zurückhalte, was sich echt anfühlt. Ich habe gelernt, Schläge einzustecken – wenn jemand etwas tut oder sagt, das mir wehtut – und so zu tun, als wäre nichts geschehen, als wäre alles beim Alten. Aber wenn ich das tue, verschwende ich meine Energie damit, die Fassade aufrechtzuerhalten und so zu tun, als wäre nichts geschehen; dann fange ich an, frierend durch die Dunkelheit zu trudeln.

Es ist so einfach und erfordert doch sehr viel Mut: zu sagen, dass uns etwas wehtut, wenn es uns wehtut; dass wir traurig sind, wenn wir traurig sind; dass wir Angst haben, wenn wir Angst haben. Auf sehr direkte Weise verändert diese Energie der Echtheit – dieses Mana – Situationen im Alltag, denn wenn wir das, was für uns wahr ist, unmittelbar zum Ausdruck bringen, werden Licht und Wärme freigesetzt, und das wirkt sich auf das Leben

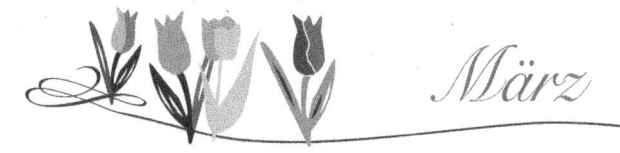

März

aus, von dem wir ein Teil sind. Auf diese Weise erstrahlt unser Geist.

- ◈ Zentriere dich und lass noch einmal den Strom deiner Gefühle durch dich hindurchfließen.
- ◈ Verleihe nach einer Weile den Gefühlen, die auftauchen, eine Stimme. Achte diesmal darauf, die Gefühle als deine zu benennen: »Ich fühle mich traurig, ich fühle mich kalt, ich fühle mich leicht, ich fühle mich erschöpft.«
- ◈ Achte während deines Tages darauf, wann sich der Pulsschlag dessen, was sich echt anfühlt, verändert.
- ◈ Versuche, dich dem immer wieder zuzuwenden.

Notizen

März

Geburtstage, Festtage

1
2
3
4
5
6
7
8
9
10
11
12
13
14
15
16
17
18
19
20
21
22
23
24
25
26
27
28
29
30

1.

Das Werk der Raupe

Was der Wurm frisst, nährt die Wurzel.

Der Stamm der Ojibway erzählt die folgende Geschichte: Als der Schöpfer Schwierigkeiten hatte, die Welt zusammenzuhalten, meldete sich eine kleine Raupe und meinte, sie könne helfen. Der Schöpfer hielt inne und die kleine Raupe spann einen durchsichtigen Seidenfaden und verband die gesamte Schöpfung mit einem unsichtbaren Netz. Als Geschenk ließ der Schöpfer die Raupe ewig leben. Wenn die kleine Raupe sich in ihr unsichtbares Netz einspinnt, kommt sie nach einer Weile mit hauchdünnen Flügeln in schillernden Farben wieder zum Vorschein – als Schmetterling.

Die Geschichte erzählt uns, dass die gesamte Schöpfung miteinander verbunden ist und dass jenes, das alles zusammenhält, aus dem bescheidenen Werk des Lebens auf der Erde hervorgeht. Sie erzählt, dass eine Erfahrung von Ewigkeit möglich ist, wenn wir uns unmittelbar auf das unsichtbare Netzwerk des Lebens einlassen. Sie erzählt, dass wir mit der Zeit die Leichtigkeit der Transformation erfahren werden, wenn wir lange genug innerhalb dieses Gewebes von allem, was ist, in Stille verharren.

Es liegt an uns, bescheiden wie eine kleine Raupe unsere Erfahrungen – unseren Schmerz, unsere Frustration, unsere Verwirrung und unser Staunen – zu Seidenfäden zu verarbeiten. Und es liegt in unserer Entscheidung, zuerst alles mit unserer Erfahrung zu verbinden und dann aus diesen Verbindungen einen Kokon zu spinnen. Dann können wir in diesen Kokon der verbundenen Erfahrungen hineingehen – so wie die nordamerikanischen Ureinwohner in die Schwitzhütte gehen, wie die Yogis in ihrem Dritten Auge ruhen, wie ein Mönch sein Schweigegelübde hält – bis wir, für jeden sichtbar unsere tiefsten Farben tragend, wieder auftauchen.

April

Erstaunlicherweise wird das Universum von unsichtbaren Fäden unserer eigenen Erfahrungen zusammengehalten, und unser Lohn für das Lebendighalten dieses Netzwerks von Verbundenheit besteht darin, dass sich unser Geist durch das Persönliche hindurch in das Zentrum des gesamten Seins entfaltet. Indem wir sind, wer wir sind, werden wir plötzlich – und sei es noch so kurz – durch das Gewebe der gesamten Schöpfung mit Leben erfüllt.

Egal für wie wichtig wir andere halten mögen, so trägt doch jeder Einzelne von uns auf seine bescheidene Weise dazu bei, die Dinge zusammenzuhalten, indem wir unseren Alltag leben – mit allem, was wir haben. Verbindungen zu spinnen aus unserer Menschlichkeit heraus – das ist das stille Wunder. Diese bescheidene Praxis, die niemand verhindern kann, ist das Werk der Raupe.

- Sofern sich dir die Gelegenheit bietet, schau einem lieben Menschen zu, wie er im Schlaf atmet.
- Betrachte ihn wie eine Blume: mit Dankbarkeit und Staunen, weil es ihn überhaupt gibt.
- Betrachte ihn still, und wenn du kannst, atme im Gleichtakt mit seinem unbewussten Atem.
- Fühle, wie sich die Luft zwischen euch bewegt, während ihr atmet, und erkenne diesen Augenblick des Menschseins als einen der Seidenfäden, die alles verbinden.

2.

Wir teilen denselben Fluss

Der Fluss ist jetzt in mir.

Ich reiste durch Südafrika, als ich mich eines Morgens sehr berührt fühlte. Als meine Freundin Kim sah, dass ich weinte, erkundigte sie sich, ob alles in Ordnung sei. Ich sagte ihr, dass es nur die Wasser des Lebens seien, die an mein Ufer spülten. Später an jenem Tag fand ich sie den Tränen nahe und fragte nach. Sie sagte: »Der Fluss ist jetzt in mir.«

Wir schauten einander tief an und erkannten, dass wir alle denselben Fluss miteinander teilen. Er strömt unter uns und durch uns, von einem trockenen Herzen zum nächsten. Wir teilen denselben Fluss. Das macht die Erde zu einem Lebewesen.

Die Ganzheit des Lebens hat die Macht, uns sogar gegen unseren Willen zu erweichen und zu öffnen, den Durst unseres Geistes zu löschen. In solchen Augenblicken entdecken wir, dass unsere Tränen, die Wasser aus unserem Inneren, ein gemeinsamer Lebenssaft sind, geheimnisvoll und klar. Wir mögen unterschiedliche Sprachen sprechen und sehr unterschiedliche Leben führen, aber wenn diese Wasser an die Oberfläche spülen, fühlen wir uns zueinander hingezogen.

Wir teilen denselben Fluss, und wo er strömt, verliert sich unser Starrsinn, so wie eine Faust sich allmählich öffnet, wenn sie in den Strom der Liebe gehalten wird.

- Wenn möglich, setze dich an einen Fluss oder Bach und meditiere über das Leben des Fühlens, das uns alle verbindet.
- Wenn du nicht an ein Gewässer gehen kannst, meditiere in gleicher Weise, während du zuschaust, wie der Regen die Straße entlangfließt.
- Bemerke, wie derselbe Fluss alles berührt und weiterfließt.
- Fühle, wie die Lebendigkeit von allem durch dich hindurchströmt, während du atmest.

3.

Schnell reden

Lebe laut genug in deinem Herzen,
und es gibt keine Notwendigkeit zu reden.

Es gab eine Zeit in meinem Leben, während meiner Jahre im College, da redete ich so viel, dass der Wasserfall meiner Worte

April

alle auf sicherer Distanz hielt; im Lauf der Zeit trieb er die Menschen natürlich von mir fort. Ich erkannte jedoch erst viel später, dass ich immer schneller und lauter zur Welt um mich herum redete, weil ich sie in mir nicht hören konnte. Je mehr Lärm ich machte, desto geringer wurde natürlich meine Chance, das Echte in mir zum Vorschein kommen zu lassen. Es wurde zu einem Teufelskreis. So oft verwechseln wir das Bedürfnis, zu hören, mit dem Bedürfnis, gehört zu werden. All mein Gerede war nur ein Versuch, mit anderen in Kontakt zu kommen. Letztlich beruhte es auf der Angst, ich würde allein gelassen, wenn ich mein Herz nicht durch endlose Worte, Gesten und Fragen in die Welt würfe. Ich brauchte viele Jahre, um zu lernen, dass die Welt hereingeflutet kommt, wenn ich mich nur offenhalten kann.

Es ist nach wie vor wichtig, in Kontakt zu treten und sich zum Ausdruck zu bringen, aber dahinter steht das Bedürfnis, durchlässig und echt zu sein. Durch das geöffnete Herz strömt die Welt herein, so wie das Meer auch das kleinste Loch am Ufer füllt. Das ist eines der stillsten Wunder: Wir müssen nur wir selbst sein, dann kommt die Welt zu uns, erfüllt uns, reinigt uns, tauft uns – immer und immer wieder.

- Zentriere dich, indem du gleichmäßig atmest.
- Vergegenwärtige dir eine Sache, nach der du verlangst. Während du ausatmest, greife danach, ohne dich zu bewegen, und lass es deinen Körper öffnen.
- Stell dir etwas vor, das in dir nach Ausdruck verlangt. Während du einatmest, fühle dies, ohne zu sprechen, und lass dadurch dein Herz offen werden.

4.

Abbitte leisten

Es gibt Verletzung und es gibt Liebe. Sie rollen uns durch die Tage, wie eine Schildkröte den Hügel hinabrollt. Wenn wir dann auf dem Rücken liegen, können wir einfach weiterrollen, immer weiter in Richtung Meer.

Vom Wolkenbruch gelöste Felsen versperren Wege, vom Sturm umgestürzte Bäume zerstören neu gebaute Nester, und unsere Krisen werfen uns aufeinander zurück. Das ist unausweichlich. Bleibe am Leben, und du wirst verletzt werden und andere verletzen.

Unbeabsichtigtes Verletzen ist so verbreitet wie vom Wind heruntergeschlagene Äste. Doch wenn wir nicht zugeben, dass wir jemanden verletzt haben, wird daraus eine Wunde: So wie uns nach einem Sturz nichts anderes übrig bleibt, als wieder aufzustehen, müssen wir zugeben, was wir dem anderen angetan haben, und die Scherben aufsammeln. Abbitte zu leisten ist ein einfacher, aber großer Akt der Integrität, der Vertrauen bildet; letztlich ist Vertrauen der Boden, in dem die Wurzeln der Menschheit Halt finden. Ohne Vertrauen gräbt sich das Leben auf der Erde selbst das Wasser ab.

Was bringt uns dazu, einander zu verletzen? Das ist schwer zu sagen. Aber offenbar sind wir als Menschen mit vielen alten, mächtigen Gegensätzen konfrontiert, die ständig auf uns einwirken: Licht und Dunkelheit, Ja und Nein und vor allem Angst und Frieden. Denn infolge von Angst spüren wir das Bedürfnis, uns zu isolieren oder andere zu kontrollieren, und oft verletzen wir andere und auch uns selbst, weil wir uns über sie erheben. Wenn wir uns nicht fürchten, wenn wir einen Augenblick des Friedens erleben, verspüren wir ein ganz anderes Bedürfnis. Dann fühlen wir plötzlich das Verlangen, uns zu verbinden und zu anderen lebendigen Wesen zu gehören, und dann, in einem Akt echter Umarmung und Annahme, lieben wir einander.

Doch genauso wie niemand im täglichen Leben ausgenommen ist von Schlafen und Wachen, kann niemand vermeiden, sowohl Angst als auch Frieden zu fühlen, und niemand kann vermeiden, sowohl zu verletzen als auch zu lieben. Aber die Welt wird zusammengehalten von jenen, die ihre Angst überwinden, und sei es noch so kurz. Das Blut des Lebens selbst wird von jenen mit Leben aufgeladen, die schlicht und tapfer diese Trennungen wieder und wieder überwinden und heilen.

Selbst wenn wir uns unserer Verletztheit erst Jahre später bewusst werden, kann ein kleines Wort oder eine winzige Geste der Verantwortung für unser Tun das Herz wieder öffnen.

◆ Setze dich still hin und vergegenwärtige dir in Herz und Sinn einen Akt der Isolation oder Kontrolle deinerseits, der jemand anderen verletzte.

◆ Atme tief und versuche zu sehen, welche Angst dein Bedürfnis nach Isolation oder Kontrolle ausgelöst hat.

◆ Atme langsam und leiste in deinem Herzen Abbitte; das heißt, nimm die dahinterstehende Angst genauso als die deine an wie den daraus entstehenden Akt der Isolation oder Kontrolle sowie die Verletzung, die er bewirkte.

◆ Bringe nur für dich selbst deine Abbitte in einem Brief oder auf einer Karte an die betroffene Person zum Ausdruck.

◆ Geh in deinen Tag und lass dein Herz dir sagen, ob du diese Abbitte abschicken willst oder nicht.

5.

Der Mut des Samenkorns

Alle in der Erde liegenden Samen
brechen in der Dunkelheit auf
in dem Augenblick, wo sie sich einem Prozess hingeben,
den sie nicht überblicken können.

Der Frühlingsbeginn lehrt uns etwas sehr Wichtiges. Überall um uns herum gibt sich alles Kleine und Vergrabene einem Prozess hin, der für keines dieser Teile erkennbar ist. Diese innige Hingabe bewirkt, dass alles Essbare und Duftende den Boden durchbricht zu einem Leben im Licht. Das nennen wir dann Frühling.

In der Natur finden wir zahllose Modelle dafür, wie wir uns dem hingeben können, was dunkel und hoffnungslos erscheint und was doch letztlich ein Erwachen jenseits unserer Vorstellungen ist. Diese Bewegung durch die Dunkelheit zum Erblühen ist die Schwelle zu Gott.

So wie der in der Erde vergrabene Samen sich nicht vorstellen kann, eine Hyazinthe oder eine Orchidee zu sein, kann auch ein unter der Last seiner Wunden ächzendes Herz sich nicht vorstellen, geliebt zu werden oder im Frieden zu sein. Der Mut des Samenkorns besteht darin, ganz aufzubrechen, wenn es sich erst einmal geöffnet hat.

- ◆ Dies ist eine Gehmeditation. Geh und betrachte die jungen Triebe, die gerade aus dem Boden sprießen.
- ◆ Meditiere über ihre unsichtbaren Anfänge unter der Erde.
- ◆ Atme langsam und lass deinen Atem das in dir Keimende an die Oberfläche deines Lebens treiben.

6.

Fragen an die Kranken (1.)

Wann hast du das letzte Mal gesungen?
< Frage eines indianischen Medizinmanns an einen Kranken >

Nach einer meiner Operationen lag ich flach auf einer Bahre in einem großen Zimmer. Man hatte mich gerade zu vier anderen in einen offenen Raum hineingeschoben. Es herrschte tiefe Stille, als wir einander anschauten; nur das leise Atmen der Maschinen, das klare Tropfen der Flüssigkeiten und das Brummen der alten Heizkörper war zu hören. Plötzlich fing ein älterer Mann zu

April

lachen an, und ohne ein Wort flogen unsere Blicke hin und her, und einer nach dem anderen stimmte in diese Kaskade von hustendem Lachen ein, immer wieder unterbrochen von einem Aufstöhnen, denn bei jedem Lachanfall schmerzten unsere Wunden heftig. Aber wir lachten und es schmerzte und wir lachten und es schmerzte; wir waren wie ein Schwarm verletzter Vögel, die von ihrem nächsten Flug träumen.

Dieses Lachen war eine Art raues und urtümliches Lied, eine elementare Art, unserem Leiden eine Stimme zu verleihen. Es war äußerst heilend. Ich lernte von diesem unerwarteten Chor eine große Wahrheit. Ich lernte, dass wir selbst dann, wenn wir uns ohnmächtig fühlen, unserem Schmerz und unserer Hoffnung, der mageren Tatsache, immer noch am Leben zu sein, eine Stimme geben können.

Wir unterschätzen oft die Macht, die darin liegt, etwas eine Stimme zu verleihen, aber sie ist echte und nahrhafte Kraft. Sie ist die Grundlage aller Lieder. Sie ist der Grund, warum Gefangene in Gesang ausbrechen. Sie ist der Grund, warum der Blues gesungen wird, auch wenn keiner zuhört. Sie ist das Herz aller Hymnen und Mantras.

Und sie wirkt heilend, nicht so sehr indem sie gehört wird, sondern weil wir dem, was in uns lebt, eine Stimme geben, und sei es nur ein leises Flüstern, und so die Welt des Geistes unseren Schmerz lindern kann. Auf diese Weise ist selbst das kleinste Stöhnen ein Wiegenlied. Wenn wir unserem Fühlen eine Stimme verleihen, kann selbst der dunkelste Schrei zum heiligsten Lied werden, wenn er aus ehrlichem Herzen kommt.

- Setze dich still hin und atme langsam, bis du einen Bruch in deinem Atemfluss bemerkst.
- Richte deinen Fokus auf diesen Bruch, denn an dieser Stelle bedrückt etwas dein Herz.
- Lege deine Hand auf dein Herz und atme tief ein.
- Beim Ausatmen verleihe dem, was dich bedrückt, eine Stimme, selbst wenn du nicht weißt, was es ist.
- Selbst wenn du nur einen kleinen Seufzer hervorbringst – er ist der Anfang eines Liedes.

7.

Von anderen geformt

Die ganze Welt hätte Sung Jung-Tzu preisen können,
er hätte sich trotzdem nicht angestrengt.
Die ganze Welt konnte ihn verdammen,
und er blies deswegen keine Trübsal.
Er zog eine klare Linie
zwischen dem Inneren und dem Äußeren.
< Chuang Tzu >

Diese Worte wurden im vierten Jahrhundert verfasst. Ich habe sie vor fünfzehn Jahren gelesen und an meinen Schrank gepinnt, um mich daran zu erinnern, mich nicht von der Meinung anderer formen zu lassen.

Seitdem hat sich vieles bei mir verändert: was ich tue, wo ich lebe, wer ich bin. Vieles ist gekommen und gegangen. Der Schrank, an dem Chuang Tzus Worte hingen, enthält jetzt anderer Leute Kleider. Aber die Worte sind in meinem Herzen, auch wenn ich immer noch Mühe habe, mich nicht von der Meinung anderer formen zu lassen.

Dies ist eine der klarsten spirituellen Absichten und doch ist es äußerst schwer, ihr treu zu bleiben: offen zu sein für das, was andere fühlen, und nicht für das, was andere denken. Wir können nicht leben, ohne von anderen beeinflusst zu werden, aber wir sind nur echt, wenn wir uns von der Wahrheit und Liebe in uns selbst formen lassen. Unser Wunsch, gemocht zu werden, unser Wunsch, Konflikte zu vermeiden, unser Wunsch, verstanden zu werden – all dies bringt uns dazu, die Stimme in uns nicht ernst zu nehmen.

Obwohl die Erde von allem berührt wird, was lebt, hört sie nie auf, sich um das Feuer in ihrer Mitte zu drehen. Obwohl wir von den Geschichten Fremder und den fernen Liedern im Wind verlorener Vögel berührt werden, finden wir unseren Weg, indem

April

wir der Stimme in unserer Mitte folgen. Zu viel geht verloren, wenn wir darauf warten, dass uns ein anderer sagt, jenes, was uns bewegt, sei echt.

- Fühle beim Atmen die Erde unter dir, wie sie dich trägt, während sie sich langsam um ihre Mitte dreht.
- Atme tief und fühle, dass du wie die Erde bist.
- Atme tief ein und fühle die vielen Dinge, die dich tragen.
- Atme ganz aus und drehe dich weiter um deine eigene Mitte.

8.

Im Zentrum des Auges

Wenn die Mitte des Ichs leer gehalten wird,
kann das Wunder des Lebens eintreten und heilen.

Es ist kein Zufall, dass die dunkle Mitte im menschlichen Auge (engl. *eye*), die Pupille, eigentlich ein leeres Loch ist, durch das wir die Welt kennenlernen. Ganz ähnlich ist im spirituellen Sinne das Ich (engl. *I;* dieselbe Aussprache) die leere Mitte, durch die wir alles sehen. Es ist auch interessant, dass diese Schwelle »Pupille« (engl. *pupil* – dt. *Pupille,* aber auch *Schüler*) genannt wird, denn nur wenn wir leer sind von all dem Getöse und den Träumen des Ego, werden wir wirklich belehrbar.

Ähnlich der Mitte des Auges wird in der buddhistischen und in der Zen-Tradition von einer Leere im Herzen des Allsehenden gesprochen, aus der alles Lebendige hervorgeht. Die »Upanishaden« der Hindus sagen uns, dass in der Mitte des Samens des großen Nyagrodha-Baums Nichts ist, und aus dem Nichts wächst der große Baum. Wir werden daran erinnert, dass wir in unserer Zeit auf Erden wachsen wie dieser Baum – aus diesem Nichts heraus. So wie die Essenz des Baumes die leere Mitte seines Samens ist, so ist die Essenz unseres Lebens die unfassbare Präsenz im Zentrum unserer Seele.

Unsere Hauptaufgabe als menschliche Wesen liegt daher in dem aufrichtigen Bemühen, dieser zentralen Präsenz zu erlauben, uns zu in*form*ieren, uns Form zu verleihen. Alle Formen von Gebeten und Meditationen zielen deshalb darauf ab, die Mitte des Ichs leer zu halten, damit das Wunder des Lebens in all seiner Anmut, Gnade und Unermesslichkeit eintreten und uns heilen kann.

◆ Schließe die Augen und lösche die vielen auftauchenden Gedanken und Bilder, eines nach dem anderen, als wäre dein Verstand eine Tafel und dein Atem der Schwamm, der sie immer wieder blank wischt.

◆ Tue dies, bis die Botschaften langsamer eintreffen. Dann öffne deine Augen, als wachtest du zum ersten Mal auf.

◆ Atme langsam und nimm das Erste auf, was du siehst. Fühle, was vor dir ist. Sieh und fühle das Holz, aus dem der Stuhl neben dir besteht, und widerstehe dem Impuls, seine Präsenz vorwegzunehmen, indem du es »Stuhl« nennst.

9.

Leben und zuschauen

Auf wie viele Weisen kann eine Statue davon träumen, lebendig zu sein? Jedes Mal, wenn ich die Hand nach dir ausstrecke, ist das ein Anfang. Es ist ein Anfang.

Die Grenze zwischen Leben und Zuschauen ist sehr schmal. Eine kleine Erholungs- oder Denkpause kann sich zu einem Dickicht der Verzögerung auswachsen, und noch bevor wir es recht bemerken, wird es enorm schwer, etwas zu sagen, das Telefon in die Hand zu nehmen oder jemanden zu besuchen, als wäre plötzlich eine Riesenwand zu überwinden, nur um gehört zu werden.

So isolieren wir uns, so werden aus Momenten gesunden Rückzugs tiefe Gräben im Garten, und der Dreck, den wir beim Graben ausgehoben haben, wird zu einem kleinen Berg, der uns

April

von allen trennt, die wir lieben. Wir alle kennen das: Wenn wir eine Freundin nicht anrufen, weil wir zu viel zu tun haben, kann im Lauf der Zeit ein schier unüberwindbar erscheinender Abgrund entstehen. Doch das Telefon ist nach wie vor nur zwanzig Zentimeter von unserer Hand entfernt. Der Trick ist, sich genau daran zu erinnern, wenn alles so weit weg zu sein scheint.

Sich isoliert zu fühlen ist Teil der menschlichen Reise. Aber wenn wir den Impulsen des Zögerns und der Trennung mehr Gehör schenken als jenen der Liebe, werden wir allmählich gefühlstaub und niedergeschlagen. Dann fangen wir an, wie Statuen zu leben, und glauben, wir könnten nur zuschauen.

Es mag schwierig erscheinen, aber in genau diesem Augenblick müssen wir nach irgendetwas die Hand ausstrecken, egal wie klein oder nah es ist, um wieder zum Leben durchzubrechen. Im Herbst kannst du mit einem bunten Blatt über das Gesicht streichen. Im Winter nimm ein Stück Eis. Im Frühling berühre eine kleine Blume.

- Umgib dich mit kleinen Kostbarkeiten: einem Stein, einer Feder, einer Muschel.
- Zentriere dich und meditiere über den Raum, der zwischen dir und diesen kleinen Kostbarkeiten existiert.
- Übe beim Einatmen, eine Statue zu sein, die mit jedem Atemzug lebendiger wird.
- Strecke beim Ausatmen deine Hand aus nach den kleinen Kostbarkeiten vor dir.

10.

Zu Hause in unserer Haut

Im spirituellen Leben geht es darum,
mehr in unserer eigenen Haut zu Hause zu sein.
< Parker J. Palmer >

Alles ist spirituell, was jenes entfernt, das sich zwischen unsere Herzen und den Tag drängt. Das mag der Anblick unserer Liebsten sein, wie sie in ihrem Kaffee rührt, während das Morgenlicht ihre verschlafenen Augen überrascht. Das mag die Erkenntnis sein, die dir kommt, während du einem Vogel beim Nestbau zusiehst: dass wir in dieser Welt nur vorübergehend zu Gast sind. Es mag ein Ausrutscher auf dem Eis sein, der dich daran erinnert, demütig deine Grenzen anzuerkennen.

Wie Parker Palmer sagt, ist das Ziel aller spirituellen Wege – ungeachtet ihres Ursprungs und ihrer jeweiligen Praxis –, uns vollständiger das Leben leben zu helfen, das uns gegeben wurde. So wird alles spirituell, was uns aus der Gnade des Augenblicks heraus mit unserem Leben und miteinander verbindet.

Zum Beispiel saß ich neulich in einem Café, als ich im Lärm um mich herum ein Wort der Wahrheit vernahm, aus dem Mund einer Fremden, deren Gesicht ich noch nicht einmal sehen konnte. Ich weiß nicht, in welchem Zusammenhang oder zu wem sie sprach. Ich wandte mich nicht einmal um, um ihr Gesicht zu sehen, denn in jenem Moment lag Schönheit in unserer Anonymität. Ich fühlte nur ganz einfach und tief, dass sie mir, ohne dass sie davon wusste, mit ihrer in diesem Augenblick auf den Punkt gebrachten Wahrheit half, mehr in meiner Haut zu Hause zu sein.

Das geistige Leben ist überall: im Staub, der auf das Licht wartet, in der Musik, die auf Gehör wartet, in den Empfindungen des Tages, die darauf warten, gefühlt zu werden. Spirituell zu sein ist sehr viel nützlicher und unmittelbarer, als unzählige Bücher uns weismachen wollen.

- ◆ Zentriere dich und erkenne beim Atmen, dass dein Geist dein Leben erfüllt, so wie deine Knochen und dein Blut deine Hand ausfüllen.
- ◆ Atme weiter und erkenne, dass dein Leben in die Welt passt, so wie deine warme und lebendige Hand in einen Handschuh passt.
- ◆ Fühle beim Atmen, wie dein Geist deine Haut erfüllt, und fühle, wie deine Haut in die Welt passt.

April

11.

Licht in Nahrung verwandeln

Vielleicht nähren wir noch das Dunkle in uns,
das vom Licht wegwächst,
bis wir ganz unerwartet und auf rätselhafte Weise
in die andere Richtung hin erblühen.

In jedem Frühling beginnt die Pflanzenwelt, still und langsam dem Licht entgegenzuwachsen, während die Wurzeln ihren Weg durch die Erde suchen. Sobald sie aus dem Boden kommen, ereignet sich geräuschlos immer wieder das gleiche Wunder: Was da wächst, wendet sich zum Licht und macht aus Licht Nahrung. Wir haben es alle gelernt. In der sogenannten »Photosynthese« verwandeln die Blätter Sonnenlicht in Zucker, der die Wurzeln nährt; und die so genährten Wurzeln bilden Stängel, und die Blätter können wachsen.

Selbst die kleinsten Pflänzchen lehren uns im Frühling sowohl etwas über die Herausforderung, ein geistiges Wesen in menschlicher Form zu sein, als auch über den stillen Mut, der nötig ist, um innerlich zu wachsen. Denn das ist unsere tiefste Berufung: Licht in Nahrung zu verwandeln.

Wie oft wird uns gesagt: »Man kann nicht von Luft leben.« Doch wenn wir es wagen, uns auf den Weg in die Offenheit zu machen, ziehen uns Licht und Luft magisch an, und der Rest geschieht einfach. Genauso wie die kleinen Triebe, die durch den Boden brechen, können wir gar nicht anders. Etwas tief in uns weiß, wo das Licht ist, selbst wenn wir es nicht sehen können.

Ich empfand das am stärksten, als mich die Diagnose, ein Tumor drücke auf mein Gehirn, in tiefste Verzweiflung gestürzt hatte. Trotz der Angst, dem Schock und der Trauer, trotz der Ärzte, die mir das Schlimmste erzählten, was mich ihrer Ansicht nach erwartete – obwohl sie es eigentlich gar nicht wussten –, und obwohl ich mich in der Dunkelheit vergrub wie eine sture Wurzel, trotz alledem gab es erstaunlicherweise einen wesentlichen Teil in mir, der auf das Licht zuwuchs. Und so bin ich hier und sage dir: Du kannst von Luft leben. Das Licht ist unser Zuhause.

- Suche dir jetzt, da der Frühling Einzug gehalten hat, einen Zweig oder einen Trieb aus und beobachte, wie er wächst. Verfolge seinen Fortschritt Tag um Tag.
- Während du seine Veränderung verfolgst, bemerke seine komplexen Beziehungen zum Licht über ihm und der Dunkelheit unter ihm.
- Während du zuschaust, wie dieses Stück Leben wächst, sieh es als einen Spiegel von etwas in dir, das keimt und den Boden durchbricht.
- Was lehrt dich dieses kleine bisschen Grün über dich selbst?

12.

Das Bedürfnis zu sprechen

Einfach durch Sprechen kann ich
aus meinem selbst gemachten Gefängnis ausbrechen.
< June Singer >

So oft verzichten wir auf etwas im Leben aufgrund von Vermutungen; wir stellen uns vor, wir würden abgelehnt, wenn wir sagen, was wir im Herzen empfinden.

Ich beobachtete einmal, wie ein Mann zum Telefon griff, um einem Freund aufgeregt von einer tiefen Erkenntnis zu berichten, zu der er gelangt war. Doch während er auf die Verbindung wartete, sah ich, wie ihn die Vermutung überkam, nicht auf offene Ohren zu stoßen; ich sah, wie er sich die schmerzliche Erfahrung vorstellte, kein Gehör zu finden, und mit einem schweren Seufzer legte er wieder auf, bevor es vier Mal geklingelt hatte.

Doch das Nach-außen-Bringen ist wichtig, ob es nun angenommen, missverstanden oder zurückgewiesen wird. Denn wenn wir nicht anrufen, bezahlen wir dafür, indem ein Teil von uns stirbt. Denke daran, wie Fische schwimmen und Vögel fliegen. Sie tun es, weil es ihrem Wesen entspricht. Genau das Schwim-

April

men und Fliegen macht sie zu Fischen und Vögeln. Und genau das Aussprechen dessen, was wir auf dem Herzen haben, macht uns als Menschen menschlich. Denn selbst wenn keiner uns hört, ist es der Akt des Sprechens, der uns befreit, indem er den Geist durch die Welt schwimmen und fliegen lässt.

- Setze dich ruhig hin und sei so still wie ein See bei Windstille.
- Atme langsam und schau in dich hinein, bis auf den Grund.
- Atme tief ein und fühle, wie etwas von deinem Grund aufsteigt.
- Atme ganz aus und sprich laut aus, was du fühlst, auch wenn du allein bist.

13.

Eine tiefe Verneigung

Alle Ströme fließen zum Meer, weil es tiefer liegt als sie.
Die Niedrigkeit verleiht ihm Macht.
< Laotse >

Es gibt ein Yoga-Mudra, bei dem man im Knien den Kopf der Brust nähert und die Arme dabei nach hinten und gleichzeitig hochstreckt. So kann man üben, den Kopf unter das Herz zu bringen. Diese demütige Haltung ermüdet, und so lässt man nach einer Weile die Arme sinken. Wenn der Kopf sich unterhalb des Herzens befindet, müssen wir aufhören zu tun.

Kurz nachdem ich diese Übung erlernt hatte, begegnete ich einer Frau, die Nonne gewesen war. Sie erzählte mir, dass sie tagelang ähnliche Übungen praktiziert hatte: zu gregorianischen Gesängen hatte sie sich geneigt, tiefer verneigt und dann ganz tief verneigt – und mit jedem Neigen brachte sie den Kopf näher zur Erde.

Darin steckt eine kraftvolle Lehre: Immer und immer wieder muss der Kopf dem Herzen untergeordnet werden, sonst schwillt das Ego. Wer sich nicht neigt, den wird das Leben beugen.

Demut bedeutet: zu akzeptieren, dass der Kopf dem Herzen, das Denken dem Fühlen untergeordnet ist, genauso wie dein Wille einer höheren Ordnung untersteht. Dies zu akzeptieren ist der Schlüssel zur Gnade.

Lege deinen Kopf ab, und die Welt des Seins wird ihre Freuden offenbaren.

- Knie dich still hin und während du atmest, beuge dich nach vorne.
- Mache nach einer Weile tiefe Atemzüge. Beim Ausatmen neigst du dich so weit nach vorne, dass dein Kopf tiefer sinkt als dein Herz. Strecke dabei die Arme nach hinten.
- Neige nach einer Weile deinen Kopf bis auf die Erde und danke für die Demut.

14.

Selbstvertrauen

*Wenn ein Freund oder ein lieber Mensch traurig
oder ärgerlich ist, frage ich mich im Stillen,
auch wenn es nichts mit mir zu tun hat:
Was habe ich getan? Was kann ich tun?
Warum habe ich es nicht gleich besser gemacht?*

Ich bin oft überrascht, wie schnell ich mich in meiner Unsicherheit für alles Unrecht und für alles Leiden um mich herum verantwortlich fühle. Wenn ich aus meiner Mitte geraten oder in alte Muster zurückgefallen bin, wenn ich mich erschöpft oder niedergeschlagen fühle, mache ich mich so schnell zur Ursache von allem, was in der Welt nicht richtig ist.

Ich weiß, dass ich damit nicht alleine bin. Vielleicht gehört das zu den emotionalen Wetterregeln: Plötzliche Tiefs führen zu vereinzelten Unwettern. Im Lauf der Jahre habe ich die Macht

April

negativer Egozentrik erkannt. Normalerweise denken wir bei Selbstsucht an arrogante und egoistische Menschen. Aber mein wiederholtes Ringen mit meinem übertriebenen Verantwortungsgefühl hat mir gezeigt, dass wir am meisten dann zur Egozentrik neigen, wenn wir uns niedergeschlagen fühlen, wenn wir den Kontakt mit unserem Gefühl des Einseins mit den Dingen verloren haben. In dieser Getrenntheit werden wir auf dunkle Weise egozentrisch und beschuldigen uns, alles Mögliche nicht richtig gemacht oder schlimme Dinge zugelassen zu haben. Hinter diesen Selbstanklagen steht die grandiose Annahme, wir hätten die Macht gehabt, Ereignisse zu steuern, die kein Mensch beeinflussen kann.

Natürlich haben wir Einfluss aufeinander, aber anzunehmen, dass die Gemütslage anderer Menschen von mir abhinge, ist eine egozentrische Art, mich in der Opfer- und Schuldrolle zu halten. Anzunehmen, dass die Art, wie ein anderer Mensch in der Welt ist, von mir abhinge, ist darüber hinaus der Anfang von Selbstunterdrückung und Co-Abhängigkeit. In extremen Augenblicken der negativen Egozentrik laden wir uns manchmal sogar Lasten von magischem Ausmaß auf, indem wir uns zum Beispiel für die Krankheit oder das Unglück eines nahestehenden Menschen verantwortlich machen, weil wir nicht gut genug, nicht präsent genug oder nicht vollkommen genug waren.

Der Psychologe Michael Mahoney führt den Begriff »Selbstvertrauen« (engl. *self-confidence*) auf die lateinische Wurzel *fides* (dt. *Treue*) zurück und versteht Selbstvertrauen daher als Treue zu sich selbst. In der Tat ist es nur die Hingabe an den heiligen Urgrund jenseits all unserer Unsicherheiten: Die Hingabe bringt uns wieder mit jener Mitte des Herzens in Einklang, die mit der lebendigen Mitte aller Wesen verbunden ist. Die Hindus sprechen von »Atman«, dem gemeinsamen unsterblichen Selbst.

Wenn ich nun in Augenblicken des Minderwertigkeitsgefühls wieder in die Fantasie verfalle, ich sei die Ursache all dieses schlechten Wetters, versuche ich, die Gangart zu spüren, mit der sich die Erde unter meinen Füßen dreht, und die Gangart, mit der die Wolken über meinen Kopf ziehen, und die Gangart, mit der sich mein Herz nach einem Leben voller Schmerzen öffnet. Wenn diese in Einklang kommen, wird mein gewöhnlicher Wille schwach und ich erwache in eine Kraft hinein, die größer ist als ein einzelnes Herz und größer als das Wetter eines einzelnen Tages und größer als die Stimmung eines einzelnen Lebens.

- Setze dich still hin und zentriere dich. Jetzt vergegenwärtige dir die letzte Situation, in der du spürtest, dass ein lieber Menschen in deiner Gegenwart in eine schlechtere Stimmung versank. Versuche, dein Unbehagen nicht abzuwehren.
- Versuche, all dein Infragestellen deiner selbst loszulassen. Versuche, zu der Stille hin durchzuatmen, die du gefühlt hast, bevor du dir dies vergegenwärtigt hast.
- Atme tief und vergegenwärtige dir die Tiefe des Herzens dieser Person, weshalb du sie liebst. Versuche, die Liebe zu spüren, die jenseits aller Stimmungen lebendig ist.

15.

Der nächste Schritt zur Gesundheit

Je tiefer der Schrei,
desto klarer die Entscheidung.

Ein Freund von mir fragte sich, welche Frau er lieben solle. Das eröffnete ein Feld der Komplexitäten, und binnen Kurzem musste er endlose Möglichkeiten und Loyalitäten gegeneinander abwägen. Doch jenseits dieser endlosen Bestandsaufnahmen rief seine Seele von tief innen zu ihm, und durch seinen Schmerz hörte mein Freund dieses ferne Rufen in den merkwürdigsten Augenblicken. Schon bald erkannte er, dass dieses Rufen sehr viel tiefer ging als die Frage »Wen?«. Seine Seele flehte ihn an, zu fühlen, und darin lag mehr Ernst, Dringlichkeit und Schrecken als in der Entscheidung zwischen der einer Frau und einer anderen.

Als er sich mit sich selbst konfrontierte, erkannte mein Freund, dass all die Entscheidungen – Wer, wo und wann? – eigentlich Ablenkungen waren. Hinter dieser schmerzhaften Unentschie-

April

denheit war seine Seele am Ertrinken. Nachdem er diesen tiefen Notschrei in sich selbst wahrgenommen hatte, wurde sein Anliegen ganz grundlegend und geradlinig: Wie kann ich wieder Freude im Leben finden? Was muss ich tun, um mein Herz vor dem Versinken zu bewahren?

Immer wieder sehen wir in dem stillen Mut anderer, dass wir den tieferen Schrei herauslassen müssen, damit der nächste Schritt sich klar offenbart.

- Zentriere dich und vergegenwärtige dir eine komplexe Entscheidung, die du treffen musst.
- Atme langsam und versuche, deinen Geist zu entspannen.
- Atme sauber und lass den tieferen Schrei durch.
- Fühle tief in dir deine grundlegende Lebenshaltung und gestehe dir zu, was du brauchst, um gesund zu sein.

16.

Einen Tropfen Wahrheit nach dem anderen

Die volle Aufmerksamkeit auf das, was uns nahe ist,
lässt die Vögel aus Gottes Mund fliegen.

Die Monate entspannen sich und das Eis schmilzt von dem unter der Last des Winters hängenden Zweig, der Schnee tropft und der Zweig erhebt sich wieder nach seinem todesähnlichen Schlaf. Der im Frühjahr erwachende Baum lehrt uns das Loslassen in die Erneuerung. Denn genau so taut ein gebrochenes Herz wieder auf. In einem anderen Teil der Welt nehmen kleine, glitzernde Fische Kieselsteine vom Meeresboden auf, saugen ein bisschen Nahrung davon ab und spucken den Rest wieder aus. So wandern sie über den Meeresboden. Diese winzigen, gliederlosen Wesen lehren uns, wie wir leiden und weitergehen können, indem wir herausfiltern, was uns nährt, und den Rest zurückgeben. Und hoch in den Bergen, fern von fremden Blicken, tropft klares Wasser in eine kleine Höhle und sammelt sich – der Herzschlag des Berges. So zeigt uns die Mitte der Erde einen Weg des

Seins: einen Tropfen Klarheit nach dem anderen, gesammelt in der feuchten Mitte, die die Seele am Leben erhält.

Dies sind nur einige Beispiele der essenziellen Verbundenheit zwischen allen Dingen. Betrachten wir mit unserem ganzen Wesen etwas wie Pflanzen, Bäume, das menschliche Herz, Leere, Fische, selbst die abgenutzten Federn einer alten Uhr, taucht vor uns, in einer Sprache jenseits aller Worte, dieselbe tiefe Lehre auf. Sowohl die natürliche als auch die künstliche Welt, so scheint es, besteht aus einem unendlichen Netzwerk von Lehren, alles gewebt aus demselben verlockenden Faden, der im Offenen verborgen liegt und einfach auf unsere vollständige Aufmerksamkeit wartet, um sich zu offenbaren. Immer und immer wieder habe ich entdeckt, dass ich nur diesen Faden aufzunehmen brauche, um die tiefe Gemeinsamkeit aller Dinge zu entdecken.

Wenn Verwirrung oder Schmerz die Möglichkeiten einzuengen scheinen, wenn Traurigkeit oder Frustration dein Wohlbefinden einschränken, wenn Sorge oder Angst deinen inneren Frieden verscheuchen, versuche deine Aufmerksamkeit auf das zu lenken, was dir am nächsten ist. Versuche zu beobachten, wie sich der Staub bewegt, wenn du auf ihn bläst, und wie er sich wieder setzt. Sieh, wie die Spuren des Nachbarhundes sich in seltsame Symbole verwandeln, wenn du sie lange genug betrachtest. Sieh, wie die Muschel, die du vor drei Jahren von einem Strandurlaub mitgebracht hast, plötzlich ein Gesicht zu zeigen scheint, das dir sagt, wie du weitermachen kannst. Richte deine volle Aufmerksamkeit auf das nächste Stückchen Leben – so wie die Schale sich von einem Apfel löst und der Saft tropft –, und nach einer Weile wird dir jenes, worauf du deine Aufmerksamkeit gerichtet hast, wieder einen weiteren Weg zurück zur Mitte weisen.

◆ Dies ist eine Gehmeditation. Zentriere dich und atme tief, während du langsam die Welt um dich herum betrittst.

◆ Wenn du zentriert bist, schau dich um und richte deinen Fokus auf eine Sache, die den Rhythmus deines Fühlens zu haben scheint. Vielleicht ist es das sachte Schaukeln eines Zweiges oder das Flattern einer Zeitung, die über die Straße fliegt.

April

- Atme langsam und schenke deine ganze Aufmerksamkeit dem kleinen äußeren Rhythmus, der deiner Stimmung entspricht.
- Atme und schau zu, bis der Rhythmus, den du siehst, und der Rhythmus, den du fühlst, ihre gemeinsame Wahrheit offenbaren.

17.

Ein weiser Augenblick des Vertrauens

Wenn du lebendig nicht hinüberkommen kannst,
wie kannst du dann hinüberkommen, wenn du tot bist?
< Kabir >

Die Notwendigkeit, dem, was wir fürchten, entgegenzutreten und uns damit aus seinem Klammergriff zu befreien, wird in einer Szene aus »Indiana Jones und der letzte Kreuzzug« besonders anschaulich dargestellt: Nachdem er überall nach dem heiligen Gral gesucht hat, steht Jones am Rand einer gigantischen Schlucht vor dem Abgrund, und auf der anderen Seite wartet der Gral. Sein verwundeter Vater, der den Gral braucht, um sich zu heilen, ruft ihm Interpretationen der Hinweise zu, die die Bergung des Grals möglich machen sollen.

Nach einer kleinen Ewigkeit innerer Auseinandersetzungen und sich steigernder Ängste wagt es Jones entgegen all seinen Erfahrung, in die Leere über dem Abgrund hineinzutreten, und in dem Moment, da er es tut, wird unter seinen Füßen eine riesige steinerne Brücke sichtbar, die bereits die ganze Zeit da war.

Dies ist ein Augenblick des Risikos, des Vertrauens und der Weisheit. Solche Momente wiederholen sich in unserem Leben im Kleinen und im Großen. Immer und immer wieder wartet der Kelch, aus dem wir trinken müssen – der alte, alles heilende Kelch der Ganzheit –, auf der anderen Seite eines Abgrunds, den zu überqueren wir uns fürchten.

Oft werden wir von den Älteren und unseren Lieben mit Rufen und Ratschlägen an den Rand geführt und müssen dort feststellen, dass es keinen Sinn ergibt, dass es nirgendwo hinzuführen scheint. Das ist der Punkt, an dem sich das Atom des Risikos ins Spiel zu bringen beginnt.

Wenn alle bekannten Wege des Sehens zu versagen scheinen, wagen wir es manchmal, in die Leere zu treten. Ob diese Leere nun ein Abgrund des Sinns oder des Selbstwertgefühls ist, ein tiefer Bruch in einer Beziehung oder eine Schlucht der Sucht: Dieser verrückte, weise Schritt, der mit einem Risiko beginnt und im Vertrauen landet, offenbart eine Grundlage, die immer da war, die sich jedoch nur zu erkennen gibt, wenn wir es riskieren, auf neue Art zu denken und zu sehen, und das Vertrauen aufbringen, dem entgegenzutreten, was wir fürchten.

- Atme tief und wisse, dass selbst kleinste Momente des Risikos und des Vertrauens schwierig sein können.
- Zentriere dich und meditiere über einen von dir selbst erschaffenen Abgrund. Vielleicht hast du aus Stolz oder Sturheit einen Schützengraben ausgehoben, den keiner mehr überqueren kann; oder dich isoliert das Echo deines eigenen Schmerzes; oder es ist die Leere, die sich aufbaut, wenn du dich nicht traust, jemandem die Wahrheit deines Herzens zu sagen; oder es ist das Fehlen der Überzeugung, dass du verdienst, was dich auf der anderen Seite erwartet.
- Lehne dich sanft über den Abgrund, bis die Furcht schwindet.
- Lehne dich über den Abgrund und lass dir und allen anderen durch deinen Atem ein wortloses Mitgefühl zukommen für unser sehr menschliches Ringen, risikobereit den nächsten Schritt zu wagen und im Vertrauen anzukommen.

April

18.

Der Sinn und Zweck vollständiger Aufmerksamkeit

*Dies ist der beständige Sinn und Zweck
vollständiger Aufmerksamkeit:
Tausende von Wegen zu finden, die uns zwingen,
ganz zu werden.*

Als ich nach der Operation, in der mir eine Rippe entfernt wurde, mit den Schmerzen kämpfte, wurde mir eine tiefe und hilfreiche Lehre zuteil. Wochenlang schnürte mich mit jedem Atemzug ein Korsett des Schmerzes ein. Aber während ich beobachtete, wie auf dem Bach das Eis des Winters zu tauen begann und alles überfloss, erkannte ich endlich, dass ich mehr wie Wasser sein müsste und weniger wie Eis, um die Schmerzen durchzustehen.

Wenn Bäume ins Eis stürzen, zerbricht es. Doch wenn schwere Körper in fließendes Wasser fallen, nimmt der Fluss das Gewicht auf und fließt darum herum. Die Bäume und das Winterwasser lehrten mich, dass der Schmerz spitzer und härter war, wenn ich angespannt und fest wie Eis war. Dann war jeder Atemzug niederschmetternd. Aber wenn ich die Angst und die Anspannung auftauen konnte, wurde der Schmerz mehr absorbiert und ich konnte wie der schmelzende Fluss weiterziehen – nicht schmerzfrei, aber auch nicht mehr gebrochen.

So ist es oft in der Natur. Wenn wir uns ganz unserer eigenen Erfahrung öffnen, können wir die Widerstandskraft und Ausdauer des Lebens um uns herum fühlen und sehen. Unsere Wundheit spürend, können wir von dem ausgehöhlten Baum lernen, kleinere Schösslinge hervorzubringen. Unsere Traurigkeit spürend, können wir von den Blättern im Wind lernen, uns immer wieder hinzugeben. Unsere Zartheit spürend, können wir von der Raupe lernen, das Zittern zu ertragen, das der Bildung von Flügeln vorausgeht. Aber nur indem wir ganz da sind, indem wir nichts verleugnen, können uns andere Lebewesen anvertrauen, wie sie ihr Leben meistern. In tiefem Gegensatz zu dem alten Spruch »Auge um Auge« führt uns ein noch grundlegenderes Gesetz zur Ganzheit: Wahrheit des Seins um Wahrheit des Seins. In der vollständigen Aufmerksamkeit geht es daher darum, durch persönliche Hingabe das besonderes Beispiel an Lebenskraft in unserem Umfeld einzuladen, sich uns zu zeigen: Wahrheit des Seins um Wahrheit des Seins.

Ja, sei im Schmerz wie fließendes Wasser! Wenn du dich in deinem Leiden dem Tiefpunkt nahe fühlst, nähre dich von dem, was geht, wie die glitzernden Fische, und spucke den Rest wieder aus. Wenn dich schwere Lasten drücken, schaue kleinen Vögeln beim Fliegenlernen zu. Wenn du dich am Ende fühlst, sieh neugeborenen Tieren zu, wie sie ihre Äuglein öffnen, und ahme ihre Unbefangenheit nach. Mit vollständiger Aufmerksamkeit wirst du zurückkehren in den Strom des Lebens – Tropfen für Tropfen.

- Dies ist eine Gehmeditation. Meditiere über einen bestimmten Schmerz, der dich plagt.
- Während du gehst, atme gleichmäßig und schau durch die Linse dieses Schmerzes, nicht um alles als Schmerz zu sehen, sondern um etwas zu finden, das dich etwas über den Schmerz lehrt.
- Halte nach etwas Ausschau, das deinem Schmerz ähnelt. Es kann eine zerbrochene Flasche sein, ein gesplitterter Ast oder ein krummer Zaun. Vielleicht auch ein Busch, der sich mit ganzer Kraft darum bemüht, zu erblühen.
- Atme gleichmäßig, schau hin, fühle deinen Schmerz und lade dieses Stück Leben ein, dir sein Geheimnis zu enthüllen.

19.

Wolken vorüberziehen lassen

Die halb geöffnete Knospe lässt die Wolke vorüberziehen.

An manchen Tagen gehe ich mit einer Wolke um mein Herz umher, und sie dämpft alles, außer der Last, die ich in mir trage.

April

Doch nur, weil ich es heute nicht ins Licht schaffe, heißt das nicht, dass das Licht verschwunden ist. Tatsächlich ist das Herz, wie die Erde, ständig mit wechselhaften Atmosphären bedeckt, die hin und her ziehen zwischen »Wer sind wir?« und »Wie verbringen wir unsere Tage?«.

Es scheint also, als ließe sich Glauben definieren als die Bemühung, an das Licht zu glauben, wenn wir umwölkt sind. Auch wenn es sich anfühlt, als käme die Sonne nie wieder durch, hat sie doch in Wahrheit nie aufgehört zu scheinen. Ihre Hitze und Wärme sind beständig, auch jetzt, jenseits aller Wolken, die dich vielleicht gerade umschatten.

Könnten wir doch nur, solange unser Herz umwölkt ist, das Urteilen lassen! Denn viele Zweifel entstehen in solchen Zeiten aus Schlussfolgerungen, als würde irgendein Verstehen verhindern, dass die Wolken immer wieder kommen.

Aber keine Wolke währt ewig. Die Erde und alles, was aus ihr hervorgeht, wissen das wohl, also auch das Herz und alles, was aus ihm hervorgeht, trotz unserer sehr verständlichen Schmerzen.

- ◆ Setze dich, wenn möglich, ins Freie und schaue den Wolken zu, wie sie kommen und gehen.
- ◆ Atme langsam und gleichmäßig und fühle, wie sich der Himmel über dir öffnet und schließt.
- ◆ Beachte, dass die Bäume und Kräuter nicht zusammenbrechen, wenn die Wolken über sie hinwegziehen.
- ◆ Ziehe daraus Kraft.

20.

Vögel und Ornithologen

Vögel brauchen keine Ornithologen, um zu fliegen.

Wir verbringen so viel Zeit, darauf zu warten, gesehen und benannt zu werden: als intelligent oder gut oder hübsch oder erfolgreich oder beliebt oder schlau. Doch der Geist ist sich seiner Spiritualität nicht *mehr* bewusst, als fließendes Wasser sich als

Fluss erkennt, und das Herz weiß über sein umfassendes Mitfühlen nicht mehr als ein Habicht, der seine Flügel spreizt, über das Habichtsein weiß. Genauso erkennt sich jemand, der liebevoll handelt, selbst oft nicht als gütig.

Von früher Kindheit an wird uns beigebracht, vollständig leben setze voraus, dass wir angenommen sind, und Angenommensein setzt voraus, dass wir gesehen werden. So bemessen wir Erfolg und sogar Liebe daran, wie sehr wir gesehen werden, wie sehr wir herausragen.

Doch im Lauf der Zeit entdecken wir oft auf leidvolle Weise: Für das innere Überleben, das uns verbunden hält mit allem, was je gelebt hat und was lebt, müssen wir vor allem wissen, wie wir selbst annehmen können.

Damit meine ich nicht Passivität. Ich meine damit, unsere Fähigkeit einzusetzen, den gemeinsamen Pulsschlag des Lebens zu sehen und zu bekräftigen, den wir in anderen sehen, egal wie sehr sie sich von uns zu unterscheiden scheinen.

Dann brauchen wir nicht mehr anders zu sein, um wertgeschätzt zu werden, und wir brauchen nicht mehr angenommen zu werden, um uns geliebt zu fühlen. Das heißt, wir brauchen kein Publikum mehr, um zu fliegen. Wir brauchen nur jedem Tag mit Aufrichtigkeit entgegenzugehen, und wir werden im Einklang sein mit allem, was wertvoll ist.

Wie Blumen auf den Regen, so warten unsere Herzen auf Liebe. Sosehr wir auch gesehen und erkannt werden wollen, ist es doch das Schenken von Aufmerksamkeit, das uns wachhält. Denn Aufmerksamkeit schenken öffnet uns für die Liebe. Und anzunehmen, dass zwischen uns tiefe Dinge wie Samen liegen, bedeutet, an die Welt zu glauben. Wecke mich also, indem du mich annimmst, und die Welt wird uns emporsprießen lassen wie Gras.

- Sei still, schließe die Augen und lass deinen Verstand ruhig werden, bis du die Luft spürst, die du atmest.
- Öffne dich beim Einatmen dafür, wie es sich anfühlt, Aufmerksamkeit zu erhalten.

April

- Öffne dich beim Ausatmen dafür, wie es sich anfühlt, Aufmerksamkeit zu schenken.
- Während du weiteratmest, fühle, wie beides miteinander verschmilzt: ein und aus, erhalten und schenken.
- Während sie verschmelzen, sinne darüber nach, was es für dich bedeutet, wach zu sein.

21.

Die Gabe der Überraschung

Überraschung ist ein anderer Name für Gott.
< Bruder David Steindl-Rast >

Während du eilig deine geheimsten Pläne verfolgst, stößt du mit jemandem zusammen: Der ganze Einkauf landet auf dem Boden, und als ihr ihn wieder einsammelt, verliebt ihr euch. Oder du diskutierst in deinem zweiten Collegejahr eifrig mit Mama und Papa, was du werden willst, öffnest zufällig ein Buch über Albert Schweitzer und entdeckst, dass dich ein innerer Ruf nach Afrika zieht. Oder du studierst Geometrie und beschließt, Gärtnerin zu werden, und genießt es unendlich, Freianlagen zu gestalten. Oder der Tod deiner Großmutter erweckt in dir ein tiefes Interesse an Geschichte. In meinem Fall hat mich der Verlust einer Rippe durch Krebs dazu gebracht, Adam in mir zu entdecken.

Es scheint, dass jeder Augenblick des Interesses, des Schmerzes oder der Widrigkeiten uns überraschend für einen größeren Zusammenhang des Lebens öffnen kann; er überschreitet unsere gegenwärtigen Grenzen und gibt uns die Chance, uns in Bezug auf das Größere neu zu definieren. Durch dieses Öffnen – oft so plötzlich – entfaltet sich die Seele auf der Erde.

Wir können nie auf alles vorbereitet sein. Kein einzelner Mensch kann alles im Leben vorhersehen. Übermäßige Vorbereitung ist eher ein weiterer Weg, uns vor dem Leben zu verbarrikadieren. Wir können uns nur darauf vorbereiten, wie wir die Überraschungen aufnehmen wollen, die uns oft schneller überrollen, als wir reflexhaft ausweichen können.

Das Leben ist überraschend – Gott sei Dank! –, und Gott, die Gelegenheit, Einheit zu erfahren, lebt in der Überraschung. Denn Gott ist nur selten in unseren Plänen zu finden, aber immer im Unerwarteten.

- Zentriere dich und bete um die Kraft des Geistes, für Überraschendes offen zu sein.
- Versuche beim Ausatmen, deinen Widerstand gegen das Unerwartete aufzugeben.
- Versuche beim Einatmen, einen Durchgang entstehen zu lassen für alles, was größer ist als du.
- Geh in deinen Tag.

22.

Es ist genug

Wenn du nicht sehen kannst, wonach du suchst,
sieh, was da ist.

Zu den schwer für uns zu akzeptierenden Dingen gehört, dass wir jenseits all unserer Träume und Enttäuschungen in übergroßer Fülle atmen und leben. Wenn man Schmerzen hat, ist es schwer, zu glauben, dass alles, was wir brauchen, um uns und in uns ist. Und doch ist es wahr.

Etwas so Großes und Beständiges wie die Erde hält uns aufrecht wie blattlose Bäume, die auf den Frühling warten, und dreht uns unendlich langsam dem Licht zu. Unsere Aufgabe ist es, verwurzelt zu bleiben und geduldig zu sein.

Nie erfuhr ich diese Wahrheit schmerzhafter und tiefer als nach meiner ersten Chemotherapie. Es war fünf Uhr morgens, ich war im Holiday Inn und hatte mich die letzten vierundzwanzig Stunden alle zwanzig Minuten übergeben müssen. Ich sackte auf dem Boden zusammen und hielt die Stelle, wo mir

April

drei Wochen zuvor die Rippe entfernt worden war. Meine Frau rief in ihrer Wut, Panik und Verzweiflung: »Wo ist Gott?« Und von irgendwo tief in mir stammelte ich, blass und zusammengekrümmt: »Hier ..., genau hier.«

Die Gegenwart Gottes hat nie Schmerz verschwinden lassen, sie macht ihn nur erträglicher. Wenn heute die Dinge nicht so laufen, wie ich es mir wünsche, versuche ich, das zu küssen, was jenseits allen Wollens liegt. Wenn das Auto liegen bleibt, werde ich zwar wütend, doch ich versuche auch, die Unkräuter am Wegesrand zu hören, wie sie zum Himmel weisen. Wenn mir eine Vase aus der Hand fällt und in Scherben geht, jammere ich vielleicht, doch ich versuche, in der Pfütze mein Spiegelbild zu sehen. Wenn ich Schmerzen habe, versuche ich, mich durch das Gestrüpp meiner sehr normalen Reaktionen hindurchzufühlen zu der Ruhe, die hinter allen Erfahrungen zu spüren ist.

Es ist ein Mysterium, doch unabhängig davon, um welchen Schmerz, welche Aufregung, welches Drama oder welche Umstände es sich auch handelt – alles, worauf wir hoffen können, ist hier. Uns fehlt nichts.

Die Herausforderung unseres Menschseins liegt nicht darin, diese Wahrheit anzuerkennen oder zu bestreiten. Das ist so unergiebig, als wollte man gegen die Schwerkraft argumentieren. Uns bleibt nur, uns möglichst demütig und ungeachtet der tausend Träume und Entschuldigungen, die uns vom Boden trennen, auf dem wir gehen, zu verwurzeln. Immer und immer wieder sind wir aufgefordert, unsere Wünsche und Hoffnungen zu überleben, um zu erkennen, was da ist. Es ist genug.

- Wähle dir einen Lieblingsbaum oder eine Pflanze, und auch wenn du nichts siehst, schau ihr beim Wachsen zu.
- Wisse, während du ihr beim Wachsen zusiehst, trägt die Erde sie in Richtung Sonne.
- Stell dir vor, du selbst bist so ein Baum oder so eine Pflanze.
- Schließe die Augen und wisse, du wächst, auch wenn du nichts siehst, und etwas Größeres als du trägt dich in Richtung Licht.
- Auch wenn nichts davon sichtbar ist, spüre dieses Mysterium und flüstere hörbar: »Ich wachse ..., ich werde zum Licht hingetragen ..., es fehlt mir nichts ...«

23.

Sich kleinmachen

Es wird nie ein »wir« geben,
wenn ich mich kleinmache.
< Sharon Preiss >

In Dantes »Göttlicher Komödie« liegt der einzige Unterschied zwischen Liebenden, die durch die Hölle gehen, und Liebenden, die durchs Paradies wandeln, darin, dass Erstere keine individuelle Mitte haben und sich so in endlosen Identifikationen mit dem anderen verfangen.

So schwer es auch sein mag, wir können uns aus unseren Beziehungen nicht zurückziehen, sonst werden wir zu Zuschauern oder Handlangern des dominanten Partners oder Freundes.

Wie viele Menschen habe ich mein Leben lang damit gerungen: Ich fürchtete mich vor dem, was geschehen könnte, wenn ich meine Bedenken oder Bedürfnisse anmeldete. Auch wenn es nicht leicht oder angenehm war, wenn ich es dann doch tat, so war ich nichtsdestotrotz immer wieder überrascht, wie ich dadurch vollständiger ich selbst sein konnte.

Und es ist kein Zufall, dass ich dann auch die Welt um mich herum besser fühlen und sehen kann. Ich bringe mich mehr ein und werde durch meine täglichen Erfahrungen mehr belebt.

Der große Philosoph Martin Buber, der glaubte, Gott werde am tiefsten in Beziehung erfahren, brachte dieses Paradoxon auf den Punkt: Bevor es eine echte Beziehung geben könne, müsse es zwei getrennte Wesen geben, die sich aufeinander beziehen können.

Der größte Teil unserer Lebenserfahrung bestätigt das. Wenn wir nicht daran arbeiten, wir selbst zu sein, können wir weder die anderen noch die numinose Welt, in der wir leben, wirklich erkennen.

April

- Atme, ohne dabei zu verschwinden.
- Setze dich still hin und mach dir beim Einatmen bewusst, dass es die Ausdehnung deines Geistes ist, welche die Welt erkennt.
- Wenn du dich im Lauf deines Tages klein fühlst, atme langsam ein und zeige dich wieder allem, was dich umgibt.

24.

Liebe wie Wasser

*Nur Liebe, frei von Gedanken an Erwiderung,
kann den Punkt des Leidens aufweichen.*

Das Wasser in seiner klaren Weichheit füllt jedes Loch, das es findet. Es ist weder skeptisch noch misstrauisch. Es überlegt nicht, ob dieser Abfluss zu tief oder jene Wiese zu offen sein könnte. Das Wunder der Liebe ist dem ähnlich: Es erfüllt, was es berührt, lässt das Berührte wachsen, ohne eine Spur zu hinterlassen. Sicher, die Küsten und Ufer sind oft zerklüftet und abgerieben. Aber das ist nicht die Schuld des Wassers, es ist die Spur des Lebens, von dem das Wasser nur ein Element ist.

Die meisten Dinge zerbrechen, statt sich zu transformieren, weil sie Widerstand leisten. Wenn wir die Liebe nicht stören, besteht ihr stilles Wunder darin, wie Wasser alles vollständig zu umfangen, was in sie hineingegeben wird.

Natürlich sind wir menschlich und leicht verletzt, wenn unsere Liebe nur ein bisschen oder gar nicht erwidert wird. Aber wir vergeuden so viel Lebensenergie, indem wir abwägen, wer und was unserer Liebe wert wäre; dabei liegen diese Entscheidungen gar nicht in unserer Macht, genauso wenig wie Regen sich entscheiden kann, worauf er fallen soll.

Natürlich müssen wir Entscheidungen fällen: Mit wem will ich Zeit verbringen? Von wem will ich lernen? Mit wem will ich leben? Wen will ich heiraten? Aber jenseits all dessen ist die Liebe einfach etwas Elementares. Sie lässt sich nicht davon abhalten, alles zu erfüllen, was ihr in den Weg kommt. Und im Lauf eines Lebens ist der Schmerz, der durch das Zurückhalten dieser großen, stillen Kraft entsteht, schädlicher als der Schmerz von Zurückweisungen oder geringer Gegenliebe. Denn wie Wasser lässt sich die Liebe zwar eindämmen, aber zu welchem Zweck?

Die Wahrheit ist: Je mehr Liebe wir durchfließen lassen, desto mehr können wir lieben. Dies ist das innere Leuchten, das den Weisen und Heiligen aller Zeitalter gemeinsam zu sein scheint: die Bugwelle der Liebe, die sie vor sich hertragen und die alles erfasst – nicht nur Menschen, sondern auch Vögel und Steine und Blumen und die Luft.

Jenseits all der Entscheidungen, die wir treffen müssen, fließt die Liebe wie Wasser durch uns zurück in die Welt. Dies ist ein großes, allen zugängliches Geheimnis. Doch irgendwo hat sich das Missverständnis eingeschlichen, Verletzung lasse sich vermeiden, wenn man die Liebe zurückhält. Tatsächlich ist es genau anders herum. So wie Wasser Risse aufweicht, so lindert Liebe unsere Wunden. Wenn wir uns für sie öffnen, kann die Liebe den wütend geworfenen Stein akzeptieren, können unsere kleinen Risse im großen Ozean der Tränen etwas von ihrem Brennen verlieren, und von dem in den Fluss geworfenen Pfeil löst sich die Spitze.

- Wähle einen ruhigen Platz und öffne dich in einem meditativen Augenblick für die Wasser des Geistes, die hinter allem strömen.
- Lass die Energie der Liebe von dir ausgehen zu den einfachen Dingen vor dir.
- Fühle die Energie der Liebe in der Luft, die den Stuhl, den Becher, den Stift oder das gebrochene Fensterglas umspielt.
- Stell dir vor, du bist das gebrochene Fenster oder der Stift. Fühle die Luft auf deiner Haut aus Glas oder Holz. Betrachte dieses eine Objekt wie einen Geliebten.
- Ohne es zu benennen, spüre einfach die Intensität der Aufmerksamkeit, die von dir ausgeht, ohne ein bestimmtes Ziel zu haben.

April

25.

Der Mut zur Verbindung

Die wirkliche Geschichte stammt aus einer Liebesquelle,
die nicht intellektuell zu verstehen ist, sondern nur erkannt
werden kann, wie ein Mensch erkannt wird.
< Coleman Barks >

Das Leben in modernen Zeiten hat uns zu Beobachtern gemacht, hat eine gewisse Distanz geschaffen zwischen uns und allem, was uns begegnet. Eben dieses Beobachten entmutigt unsere Tage, nimmt der Erde die Farbe und lässt die Lieder der Zeit leblos klingen.

Die Haltung der amerikanischen Ureinwohner kann in diesem Zusammenhang heilend wirken. Voller Hochachtung für alle Aspekte der Schöpfung fordert sie uns auf, alles, was wir sehen – den Stein, den Regen, den Zaun, den Fremden – als ein Mitglied unserer Familie zu ehren.

Indem wir alle Dinge als Teil des Lebens würdigen, wird der Mut, sich mit dem Universum zu verbinden, zu einem Seinszustand, der selbst im stillen Sitzen erfahren werden kann. In der so erkannten Welt gibt es keine Metaphern mehr. Der Wind ist nicht *wie* Gottes Stimme, der Wind *ist* Gottes Stimme. Erinnerungen sind nicht Bilder von lieben Menschen, die uns einfallen, sondern die Geister dieser Menschen besuchen uns in ihnen.

Es erfordert Mut, diese Distanz aufzugeben, die wir zwischen uns und die Welt gestellt haben, aber der Lohn ist eine Welt, die lebendig ist und nicht tot. Solcher Mut bringt die Säfte der Welt in Wallung.

- Setze dich still hin und zentriere dich.
- Stell dir nach einer Weile vor, die Dinge um dich herum – das Fenster, der Baum, der Teppich, das Bett, die Tür – sind so lebendig wie Pflanzen.
- Fühle beim Atmen, wie auch ihre Energien atmen.
- Nimm die Gelegenheit wahr, sie durch deinen Herzschlag willkommen zu heißen.

26.

Der Weg ist beschwerlich, aber frei

*Auch wenn das Vorwärtskommen höchst beschwerlich ist –
der Weg ist frei.*

Der Umweltschützer und Naturforscher Kevin Scribner berichtet, dass die Lachse auf ihrem Weg flussaufwärts immer wieder gegen Hindernisse stoßen, bis sie die Stelle finden, wo der Strom am stärksten ist. Sie wissen, der ungehinderte Wasserstrom bedeutet, dass dort flussaufwärts der Weg frei ist, und so stoßen sie mit aller Kraft in diese Richtung vor, denn obwohl das Vorwärtskommen hier am beschwerlichsten ist, ist hier der Weg frei.

Die Lehre daraus ist nicht angenehm, aber hilfreich. Indem wir uns sowohl den inneren als auch den äußeren Widrigkeiten stellen, strömt uns der Durchgang zur Wahrheit mit Macht entgegen, klar und unverstellt, und wo wir diesen Strom der Wahrheit spüren, gilt es unseren ganzen Einsatz.

Für uns Menschen nehmen die Hindernisse auf dem Weg alle möglichen Formen an – sei es die Vermeidung von Konflikten, Scheu vor dem Risiko der Liebe oder die Unwilligkeit, den Ruf des Geistes zu hören, der uns zu einer stärkeren Teilnahme am Leben aufruft. Es ist oft leichter, ständig gegen all diese Hindernisse zu stoßen, als mit aller Kraft in die eine Richtung vorzustoßen, die sich so mächtig und klar zeigt.

In diesem Sinne dienen uns die Lachse als Vorbild für gesunde Beharrlichkeit. Sie zeigen uns, wie man den unverstellten Weg beharrlich sucht und – wenn man ihn gefunden hat – mit noch größerer Beharrlichkeit vorstößt, um durchzukommen.

Manche meinen, es sei leichter für die Lachse, weil ihr Trieb sie wieder dahin zurückdrängt, wo sie einst herkamen, und sie frei sind vom endlosen Abwägen, das uns so oft von der Wahrheit abbringt. Doch die Fähigkeit des Herzens, sich immer wieder zu erheben, wenn es darniederlag, egal wie geschunden es sich

April

fühlen mag, bestätigt, dass auch uns solch ein Trieb innewohnt. Wie bei den Lachsen kommt es auch für uns nicht nur darauf an, sich den Dingen zu stellen, sondern mit unserem ganzen Wesen hindurchzugehen.

◆ Zentriere dich und vergegenwärtige dir etwas, das du meidest. Vielleicht geht es darum, eine Lebensentscheidung zu fällen oder in einer Beziehung deine Bedürfnisse zum Ausdruck zu bringen.

◆ Atme gleichmäßig und umkreise die Energie der Vermeidung. Wogegen stößt du? Identifiziere den Widerstand. Was davon stammt von dir und was von anderen?

◆ Atme gleichmäßig und suche nach der Strömung der Wahrheit in alldem. Wo kommt dir der Weg klar und kraftvoll entgegen?

◆ Für heute spüre einfach die Macht dieses unverstellten Weges und halte ihn dir vor Augen.

27.

Es werde Licht

Sobald du dir vertraust, sobald weißt du zu leben.
< Goethe >

Als Edison die Glühbirne erfand, stellte er sich zunächst vor, wie ein unsichtbarer Energiestrom gebändigt und in Licht umgesetzt werden könnte. Wie so oft kam zuerst die Vision. Nachdem er verstanden hatte, was er sah, brauchte er noch eine ganze Weile, um das richtige Material für den Glühfaden zu finden. Als er später gefragt wurde, ob er je den Mut verloren oder an seinen Versuchen gezweifelt habe, meinte Edison: Nein, er habe bei jedem fehlgeschlagenen Versuch etwas Wertvolles gelernt, nämlich dass auch dieses Material nicht das richtige sei.

Die Lehren daraus sind vielsagend und übertragbar, vor allem was das Suchen nach Liebe und nach unserer Berufung in der Welt betrifft. Bereit zu sein, sich vorzustellen, was man braucht, ist genauso kraftvoll und entscheidend wie das Vertrauen darauf, dass es funktionieren wird, auch wenn wir noch nicht herausgefunden haben, wohin wir gehören oder wen wir lieben können. Und ebenso essenziell ist es, mit Beharrlichkeit herauszufinden, was funktionieren kann. Aber das vielleicht Inspirierendste an Edisons Geschichte bildet der Umstand, dass er sich seine vielen Versuche nicht als Versagen anrechnete, sondern als unausweichlichen Teil des Entdeckungsprozesses.

Und zu guter Letzt sind wir sowohl als Wissenschaftler als auch als Liebende gefordert, das Licht zu nutzen, das wir entdecken, und darin zu leben.

◆ Zentriere dich, und während du atmest, sieh, was du brauchst, um vollständiger zu leben.
◆ Nimm dir beim Einatmen vor, es heute zu finden, ohne darüber zu urteilen, was dabei passiert.
◆ Während du ausatmest, nimm dir vor, zu nutzen, was immer du dabei entdeckst.

28.

Wu Feng

Am Ende reicht es nicht, zu denken, was wir wissen.
Wir müssen es leben. Denn nur indem wir es leben,
kann sich die Liebe als größtes aller Prinzipien offenbaren.

So wie Hitze das Eis tauen und es die Erde bewässern lässt, so kann sich die Liebe dank unserer Fähigkeit, unsere Erkenntnisse zu leben – unser stilles Bedürfnis, das in uns Lebende mit unserem Alltag in Einklang zu bringen –, als die tiefste Art von Schwerkraft zu erkennen geben.

Es lebte einst ein ruhiger Mann, der in einem Augenblick, der sein Dasein verändert hat, genau solchen Mut besaß. Der

April

mandschurische Diplomat Wu Feng bekleidete im achtzehnten Jahrhundert einen Posten bei einem Eingeborenenstamm im Dschungel von Taiwan; Wu Feng freundete sich mit dem Häuptling an. Einmal im Jahr brachte dieser Stamm ein Menschenopfer; einem Stammesmitglied wurde dazu der Kopf abgeschlagen. Wu Feng mit seinem Mitgefühl und seiner Achtung vor dem Leben bat den Häuptling jedes Jahr inständig, dieser Sitte ein Ende zu setzen. Der Häuptling hörte ihm jedes Mal respektvoll zu, und nachdem er sich verbeugt und bedankt hatte, befahl er die auserwählte Person zu sich und köpfte sie.

Nachdem Wu Feng fünfundzwanzig Jahre lang bei dem Stamm gelebt hatte und der Häuptling den nächsten Delinquenten ungerührt zu sich beorderte, obwohl Wu Feng ihn erneut angefleht hatte, das sinnlose Töten zu unterlassen, stellte sich Wu Feng an die Stelle des Opfers und verkündete: »Wenn du wieder töten willst, dann töte diesmal mich.«

Der Häuptling schaute seinem Freund lange in die Augen, und da er Wu Feng inzwischen liebte, tötete er ihn nicht. Von diesem Tag an gab es keine Menschenopfer mehr bei diesem Stamm.

Natürlich hätte es passieren können, dass Wu Feng getötet worden wäre, aber sein Mut zeigt uns, es gibt einen Punkt, an dem das, was in uns lebendig ist, Priorität bekommt. An einem gewissen Punkt endet alles Reden, können Worte die Liebe nicht mehr hervorlocken. Dann kann nur die Präsenz unserer Seele bewirken, dass auch die Seele des anderen präsent ist.

- Während du atmest, sei aufrichtig mit dir selbst, das heißt, sieh die Dinge in deinem Leben, wie sie sind.
- Gibt es eine Situation in deinem Leben, in der ein Teil von dir geopfert wird wie bei dem Stammesritual?
- Wirst du in manchen Beziehungen immer wieder aufgefordert, zu verleugnen, wer du bist?
- Wenn dem so ist, kann der Wu Feng in dir aufhören, zu reden, und Präsenz zeigen?
- Wenn die Antwort »Ja« lautet, würdige einfach, dass solch ein Geist der Verkörperung in dir lebendig ist.
- Stell dir heute diese Frage. Vertraue darauf, dass du wissen wirst, wann und wie du so handeln musst.

29.

In jungen Blättern

Eingehüllt in jungen Blättern:
der Klang von Wasser.
< Soseki >

Diese feinfühlige Beobachtung eines japanischen Dichters ist von der stillen Hoffnung erfüllt, dass unsere Gaben in unserem Wesen von Anfang an angelegt sind. Im Samen eingebettet ruht bereits die Blüte. Im Mutterleib eingebettet liegt bereits das vollständige Kind. In den Impuls der Zuwendung eingebettet wartet der Frieden verwirklichter Liebe. In den Kontakt mit Risiko und Angst eingebettet ist die Authentizität, die das Leben lebenswert macht.

Eingehüllt in jungen Blättern ist der Klang des Wassers, das sie nähren wird, wenn sie sich entfalten. Es ist bereits da und drängt sie zu Wachstum und Entfaltung. Der Glaube daran, dass das möglich ist, erfordert ein Vertrauen in Strömungen, die größer sind als alles, was sich ein Verstand ausdenken kann. Doch das ist nicht so schwer zu akzeptieren, denn so wie der Staub vom Wind getragen wird, sind wir Menschen aufgefordert, anzuerkennen, dass uns etwas Größeres umgibt und uns zur Entfaltung drängt.

Es gibt eine geistige Schwerkraft, die unser innerstes Wesen zur Verwirklichung drängt. Wie für alle uns verwandten Kreaturen ist auch unsere Aufgabe dabei nur, aus der Fülle von Luft, Wasser und Licht zu schöpfen und das zu entfalten, was bereits in uns steckt.

- Setze dich still hin und stell dir vor, dass dein Herz ein noch eingerolltes junges Blatt ist, grün und zart.
- Spüre beim Atmen, wie das Wasser des Lebens bereits in deinen Adern strömt.
- Atme weiter, stehe auf und strecke deine Arme aus; fühle, wie das, was du bist, sich entfaltet.

April

30.

Eine ständige Ankunft

Ob du nun in einem Boot durchs Leben treibst
oder ein Pferd führend dem Alter entgegensteigst:
Jeder Tag ist eine Reise,
und die Reise selbst ist das Zuhause.
< Basho >

Vor zwölf Jahren, als meine Reise durch den Krebs begann, lag meine Großmutter im Sterben. Ich wusste noch nicht, dass ich Krebs hatte, aber ich glaube, sie wusste, dass sie dem Tode nahe war. Ich merkte das daran, dass sie bei meinem Besuch im Kingsbrook Medical Center in Brooklyn auf ihrer Bettkante saß und in eine Ferne schaute, die nur für sie sichtbar war. Sie war vierundneunzig, und ich hatte den Eindruck, innerlich sah sie das andere Ufer vor sich – so wie damals, als sie mit zehn Jahren auf einem überfüllten Dampfer den Atlantik überquert hatte.

Das Leben war für sie eine endlose Einwanderung gewesen, eine ständige Ankunft in einem neuen Land. Vielleicht bin ich Dichter geworden, weil mir die Immigration im Blut liegt. Vielleicht empfinde ich deswegen die Welt der Erfahrung als einen riesigen Ozean, den wir immerzu überqueren, auch im Tod.

Du kannst dir das Leben deines Geistes hier auf Erden als solch eine Immigration vorstellen, als eine ständige Ankunft in einem neuen Land. Welches Ufer auch immer vor uns liegen mag, immerzu sind wir dem Seegang und den Wogen ausgesetzt. Wenn wir oben auf dem Wellenkamm sind, können wir ewig weit schauen und die Seele sieht ihre Perspektive. Aber im Wellental fühlen wir uns verloren.

Das Leben der Seele auf Erden bedeutet, auf einem Floß aus Fleisch und Blut hin und her zu schaukeln und dabei den Blick auf die Ewigkeit immer wieder zu erhaschen und zu verlieren. Die Aufgabe des inneren Pilgers besteht darin, auch in den Wellentälern unserer Tage die Ewigkeit im Herzen und im Blick zu bewahren.

- Setze dich still hin und stell dir vor, du schaukelst sicher auf dem Ozean der Erfahrung, den wir unentwegt überqueren.
- Atme tief und stell dir vor, jeder Tag ist eine Welle.
- Lass dich auf deine eigenen Rhythmen ein und fühle, welche Art von Welle heute an der Reihe ist.
- Wenn du heute eher auf dem Wellenkamm bist, schau dich um und nimm alles auf, was du vom Leben wahrnehmen kannst.
- Wenn heute eher ein Wellental-Tag ist, erkenne die Schwierigkeiten an, mit denen du konfrontiert bist.
- Atme langsam und denke daran: Der nächste Wellenkamm wird kommen. Erinnere dich an das letzte Mal, als du emporgetragen wurdest, und was du dadurch sehen konntest.

Notizen

April

Geburtstage, Festtage

1
2
3
4
5
6
7
8
9
10
11
12
13
14
15
16
17
18
19
20
21
22
23
24
25
26
27
28
29
30
31

1.

Begraben und pflanzen

Ein Höhepunkt einer Liebe, eines Traums, eines Selbst
ist der anonyme Same des nächsten.

Der Unterschied zwischen Begraben und Pflanzen ist nur gering. Häufig müssen wir Totes zur letzten Ruhe tragen, damit neues Leben wachsen kann. Und was wir so ruhen lassen – sei es ein lieber Mensch, ein Traum oder eine falsche Sicht der Dinge –, wird zum Dünger für das sich bildende neue Leben. Wenn sich die abgenutzten Dinge mit der Erde verbinden, düngt die alte Liebe die neue; der zerbrochene Traum düngt den noch zu empfangenden Traum; die schmerzhafte Art der Gefangenschaft in der Welt düngt die freiere Haltung, die sich entfalten will.

Das ist sehr hilfreich im Hinblick auf die vielen Formen des Selbst, die wir im Lauf eines Lebens verkörpern. Ein Selbst trägt uns, soweit es uns nützlich ist, und stirbt. Dann sind wir gezwungen, diese geliebte Haut ruhen zu lassen, sie im Boden des Geistes zu begraben, aus dem sie hervorgegangen ist, auf dass sie die nächste Haut des Selbst düngen möge, die wir morgen tragen werden.

Es gibt immer Kummer über das, was verloren wird, und immer Überraschung über das, was geboren wird. Doch ein großer Teil unserer Schmerzen im Leben hat damit zu tun, dass wir alte und nutzlose Häute tragen, sie nicht ablegen wollen, sie lieber verstecken, als uns von ihnen zu trennen.

Für jede neue Art des Seins gibt es einen verfehlten Anlauf, der unter der Zunge modert. Für jeden Spross, der den Boden durchbricht, gibt es einen alten Stock in der Erde. Für jeden Augenblick der aufkeimenden Freude gibt es einen neuen Augenblick des Ringens, der Wurzeln schlägt.

Wir erleben, erfahren und begraben unsere liebsten Dinge, auch unsere Selbstbilder, damit wir unser Leben neu auferstehen lassen können.

Mai

- Versuche einen Aspekt deines Seins in der Welt zu identifizieren, der dir nicht mehr nützlich ist – eine Art des Denkens, Fühlens, Sprechens oder des In-Beziehung-Tretens.
- Versuche zu verstehen, warum du diese Haut noch trägst.
- Beschreibe diesen überlebten Aspekt und deine Gründe auf einem Blatt Papier.
- Nimm das Papier und begrabe es symbolisch an einem besonderen Ort. Danke dafür, wie diese überlebte Art dir bis zu diesem Punkt auf deinem Weg geholfen hat.
- Schau freundlich auf den neuen Raum, der sich durch das Begraben in dir geöffnet hat.
- Gieße ihn und lass Licht und Luft daran.

2.

Lebe in deinen Händen

Lebe in deinen Händen,
und dein Verstand wird lernen,
sich zu neigen wie eine Wurzel.

Vor einigen Jahren erlebte ich bei einer Lyrik-Lesung in New York einen wütenden jungen Mann, der gerade Zeuge eines Raubüberfalls auf eine Frau geworden war. Er war so aufgebracht, dass er auf der Stelle ein Gedicht dazu verfasste. Eine ernste Stimme rief daraufhin durch den Raum: »Ja klar, das ist natürlich viel besser, als etwas gegen die Raubüberfälle zu unternehmen!« Ich fand, dem gab es nichts hinzuzufügen.

Die Geschichte zeigt deutlich, wie uns das Denken von der wahren Reise des Lebens entfernt. Das ständige Analysieren und Problemelösen, Beobachten und Kritisieren von allem, was uns begegnet, lässt unsere Gehirne ins Uferlose wuchern. Statt uns tiefer für das Mysterium des Lebens zu öffnen, wird so aus unserem Intellekt ein Puffer gegen die Erfahrungen.

Ich habe eine gute Freundin, die so ziemlich alles studiert hat, was man über das Herz und den Verstand und den Tanz der Psychologie lernen kann. Dieser Weg hat sie zu einem alten Weisen geführt, dessen letzte Worte lauteten: »Lebe in deinen Händen.« Als sie sich dafür öffnete, fing meine Freundin an, ohne die geringste handwerkliche Vorbildung eine steinerne Kapelle an einem Hang zu errichten. Indem sie das tat, heiligte sie die Kapelle ihres Herzens.

Eine andere Freundin von mir muss alle Blumen, die sie sieht, zart berühren. Ich habe sie unzählige Male bunte Blütenblätter befingern sehen. Sie hat das Bedürfnis, die Schönheit zu berühren, und ich sehe, wie die Schönheit dabei sie berührt. Dabei öffnet sich etwas in ihr ein wenig mehr.

In unseren Händen zu leben, hilft unserem Verstand, demütig zu werden und etwas anderes als sich selbst gelten zu lassen. So heilen wir einander und uns selbst. Durch eine Blindenschrift des Herzens werden wir alle lebendig.

◆ Suche dir etwas Kleines, Zartes aus, das dich fasziniert, und lege es in der Meditation vor dich.
◆ Nimm es nach einer Weile langsam in die Hände und erspüre es sorgfältig mit deinen Fingern.
◆ Atme gleichmäßig und nimm die Essenz dieses zarten Objekts durch deine Hände in dich auf.

3.

Unsere männlichen und weiblichen Energien

So wie es nichts nützt, zu ernten,
wenn wir nicht essen können,
nützt es nichts, zu handeln,
wenn wir nicht fühlen können.

Es wird dieser Tage so viel über männliche und weibliche Energien und unser anerzogenes einseitiges Verhalten in der Welt gesprochen. Das meiste davon stimmt meiner Meinung nach.

Mai

Wenn wir von unserer männlichen Seite (extrem vernunftorientiert, stoisch, nie Gefühle zeigend) beherrscht werden, wird unsere weibliche Seite (unsere tieferen, kreativen, empfänglichen Energien) zickig und unterdrückt und explodiert, sobald sie sich dann einmal zeigen darf.

Es überrascht nicht, dass jene, die beherrscht und verschlossen sind – ob Männer oder Frauen –, sich ein wenig vor den intuitiven, ausdrucksstarken Menschen fürchten; genauso wie Menschen, die sehr von ihren Gefühlen gesteuert werden, die eher Gefühlsarmen als bedrückend finden. Und natürlich finden wir zueinander, und die Stoiker werden nervös, während die Leidenschaftlichen zunehmend ins Schwitzen kommen. Zum Leben gehört, dass wir einander finden und aneinander ziehen. Die Unruhigen wollen die Stillen in Bewegung versetzen. Die Ruhigen versuchen, die Trommler zum Flüstern zu bringen. Die Verrückten können nicht aufhören, die Statuen zum Tanz zu verführen.

Wir kämpfen auch in uns selbst mit diesen Energien. Als Mann war ich immer ziemlich aktiv und entschieden, auch wenn ich mich als Dichter vom Weiblichen in mir führen lasse und meiner Intuition nach innen folge. In der äußeren Welt habe ich gelernt, praktisch zu sein und nicht lange bei meinen Gefühlen zu verweilen.

Erst nach meiner Krebserkrankung und nach einem extrem leistungsorientierten Leben fange ich an, in die Freude hinein- und aus ihr herauszustolpern. Indem ich mehr zu einer integrierten Welle von Männlichem und Weiblichem werde, lerne ich, meine männlichen Energien anders einzusetzen.

Wo ich dazu erzogen worden war, die Dinge zu verstehen und zu benennen, erfahre und fühle ich sie jetzt. Wo ich mir die Dinge auf Abstand hielt, um sie besser artikulieren und zuordnen zu können, nehme ich jetzt auf, was mir begegnet. Dieses Zuordnen und Auf-Abstand-Halten ist ein männlicher Weg, den wir alle in unserer Kindheit gelernt haben und der – wenn er nicht im Gleichgewicht ist – das Leben trocken und leidenschaftslos werden lässt.

Es ist der Unterschied zwischen dem Malen eines Vogels und dem Fliegen, zwischen der Kenntnis geheimer Liebesspiele und aufgeregtem Herzklopfen. Unter dem Vorwand, uns vorzubereiten und erwachsen zu werden, wird uns nur allzu oft beigebracht, zu beobachten statt zu leben, zu benennen statt zu fühlen, zu verstehen statt zu erfahren. Doch wie zwei Hände Wasser zum Mund führen, brauchen wir sowohl männliche als auch weibliche Energien, um dieses Leben in vollen Zügen zu trinken.

- Zentriere dich und atme langsam.
- Halte eine Hand vor dich, mit der Handfläche nach oben, und meditiere über alles, was in dieser Hand ist: Nerven, Blut, Erinnerungen, die Kraft, etwas aufzuheben und zu berühren. Meditiere darüber, wie vollkommen diese Hand ist.
- Halte deine andere Hand vor dich, mit der Handfläche nach oben, und meditiere über alles, was in ihr ist und wie vollkommen sie ist.
- Atme tief und bringe beide Hände zusammen. Meditiere darüber, wie viel mehr möglich ist, wenn beide Vollkommenheiten zusammenwirken.

4.

Vom Füllen des Tages

»Oh seht, oh seht! Ich komme viel zu spät.
Grüß Gott, bis bald, auf Wiederseh'n,
muss geh'n, muss geh'n, muss geh'n.«
< *Das weiße Kaninchen aus »Alice im Wunderland«* >

Ich erwache, klar und ausgeruht, das Licht strömt in mein Zimmer. Der Tag erscheint endlos und frei. Aber beim Kaffeemachen sehe ich drei Rechnungen, die ich noch nicht bezahlt habe, und nach dem Duschen bemerke ich, dass ich mal wieder zum Friseur muss, und wenn ich schon unterwegs bin, könnte ich auch gleich meine Hemden aus der Reinigung holen. Aber ich möchte so gerne ein bisschen in der Sonne sein. Also, denke ich, kann ich

Mai

nach den Besorgungen ja in den Park gehen – welcher Park wäre wohl schön? Ich entscheide mich für einen, der vierzig Minuten entfernt liegt. Und um heute auf jeden Fall Spaß zu haben, verabrede ich mich um sechs mit einer Freundin, um ins Kino zu gehen.

Jetzt muss ich mich beeilen, um alles rechtzeitig erledigen zu können. Aber zum Glück höre ich beim Tanken einen kleinen Vogel zwitschern, und als ich den Kopf hebe, lassen die Wolken gerade die Sonne durch. Das Licht durchflutet mein Gemüt und ich lasse alle meine Pläne fallen wie Trinkgeld auf den Tisch.

Ich lache über mich. Ich mache mich so leicht zum Sklaven meines selbst erzeugten Programms. Nichts von all diesen Dingen ist heute nötig. Ich lasse alles los und folge dem Vogel.

- Vergegenwärtige dir alles, was du heute vorhast. Fühle, wie es dich umdrängt.
- Zentriere dich und atme jede Aufgabe langsam ein und jede Dringlichkeit aus.
- Erhebe dich und gehe in diesen Tag, als wäre es dein erster und dein letzter.
- Lass alles los, was nicht notwendig ist.

5.

Unsere essenzielle Klarheit

Wie Wolken sich im Wasser spiegeln,
vergesse ich über Problemen, dass ich klar bin.

Wasser spiegelt alles, was ihm begegnet. Das ist für uns so normal, dass wir meinen, das Wasser sei blau, obwohl es eigentlich keine Farbe hat. Ob als Ozean, als See oder als kleine Pfütze – das weiche, fließende Wasser nimmt auf erstaunliche Weise das Bild der ganzen Welt in sich auf, ohne die ihm eigene Klarheit zu verlieren.

Für uns ist das nicht ganz so einfach. Als emotionale Wesen verlieren wir uns ständig in den Bildern dessen, was wir erfahren.

Nichtsdestotrotz kann uns das Wasser helfen, unser nur allzu menschliches Ringen zu verstehen.

Wie so viele von uns lebte ich als Kind in einem Haushalt, in dem es irgendwie meine Aufgabe geworden war, allen aufgestauten Emotionen der Familie als Blitzableiter zu dienen. So lernte ich, ein Problemlöser zu sein, ein Retter und Helfer. In zwei Ehen und zahllosen Freundschaften brachte ich meine Liebe zum Ausdruck, indem ich meinen Lieben ihre unklaren Gefühle abnahm.

Die angespannten, unverarbeiteten Gefühle der anderen hielten mich davon ab, meine eigene Tiefe und Klarheit zu spüren. Mein Leben ging drunter und drüber und ich kämpfte immer darum, meinen Kopf aus dem Nebel zu kriegen.

Aber das wundervolle Wasser überall lehrte mich, dass wir mehr sind als das, was wir spiegeln oder lieben. Das Werk des Mitgefühls besteht darin, alles klar anzunehmen, ohne uns aufzudrängen und ohne uns zu verlieren.

Sicher, das ist eine endlose und unmögliche Aufgabe. Aber auch wenn wir nie so klar sein können wie Wasser, hilft es doch, uns zu erinnern, dass die lebendigen Dinge, mit denen wir umgehen müssen, zwar echte Probleme darstellen können, doch dass sie nicht alles sind. Jenseits des Nebels will Wasser nur fließen, und jenseits unserer Spannungen und Probleme will unsere Seele einfach annehmen und weich werden.

- ◆ Wenn ein lieber Mensch das nächste Mal in deiner Gegenwart Frustration, Enttäuschung oder Schmerz äußert, achte auf deine Reaktion.
- ◆ Willst du das Problem lösen, oder kannst du schlichtweg annehmen, was der andere sagt?
- ◆ Versuchst du, ihn aufzuheitern, oder bist du einfach da, als Zeuge seiner Erfahrung?
- ◆ Bleibst du mit dem Schmerz des anderen zurück, oder fühlst du durch das gemeinsame Erleben tiefer?
- ◆ Wenn du kannst, nimm den Schmerz des anderen an wie einen Kieselstein, der in die klare, bewegte Tiefe deines Seins fällt.

Mai

6.

Zweig und Nest

Ich glaube, ich könnte umkehren und mit Tieren leben.
Sie jammern und klagen nicht über ihre Situation.
Keines ist unzufrieden.
< Walt Whitman >

Es war nur eine kleine Begebenheit: Ich sah, wie das Rotkehlchen einen Zweig für sein Nest aufnahm, der zu groß war. Es versuchte es noch einmal, doch dann begriff es wohl mit seinem klitzekleinen Vogelhirn, dass es keinen Zweck hatte. Es flatterte weiter und nahm einen anderen.

Ich ging hin und nahm den Zweig auf. Es war keine Spur daran. Ich rollte ihn in meiner Hand und dachte an all die Male, da ich versucht hatte, etwas passend zu machen, das eigentlich zu groß war. So oft soll uns etwas nutzen, was zu groß ist, und wir halten unglücklich an etwas fest, das nicht zu unserem Nest passt.

Es war eindrücklich, den kleinen Vogel bei der Arbeit zu beobachten, wie er zwitschernd weiterzog und das, was er nicht nutzen konnte, so zurückließ, wie er es gefunden hatte. Wenn wir nur einander mit so einfacher Güte behandeln könnten.

◆ Meditiere über dein Leben, als wäre es ein Nest, das gebaut werden muss.

◆ Überlege einmal, was du alles trägst oder zu bekommen versuchst, obwohl es zu groß ist, als dass es dir nützlich sein könnte.

◆ Kannst du dein Leben stabiler aufbauen, wenn du dich mit »einer Nummer kleiner« begnügst, also mit etwas besser Passendem?

7.

Alltägliche Kunst

*Bevor du an dem herumverbesserst, was du anschaust,
prüfe, wodurch du es betrachtest.*

Es war ein herrlicher, sonniger Tag. Ich fuhr dreihundert Meilen, um sie zu besuchen. Sie war vierundneunzig Jahre alt und hatte das Zimmer seit acht Monaten nicht mehr verlassen. Ich war ihr ältester Enkel, und sie freute sich sehr, mich zu sehen. Nach einem kurzen Austausch saßen wir schweigend auf ihrer Bettkante. Nach einer Weile klagte sie darüber, was für ein grauer Tag es sei.

Da bemerkte ich, dass ihr Fenster seit einem Jahr nicht mehr geputzt worden war. Als ich es laut aussprach, kicherte sie ein wenig, so wie nur eine Vierundneunzigjährige kichern kann, und murmelte mit ihrem russischen Akzent: »Ein trübes Auge sieht eine trübe Welt.«

Unseren Herzen und unserem Geist ergeht es genauso. Unser Selbst ist das *eine* Fenster, das wir haben, um auf dieses Leben zu schauen. Wenn wir in der Stimmung für ein trübes Fenster sind, halten wir die herrliche Welt für grau.

Vielleicht besteht die Aufgabe echter Beziehungen darin, uns gegenseitig zu helfen, unsere Herzen und unseren Geist klarzuhalten. Vielleicht besteht die innere Arbeit in der alltäglichen Kunst des Fensterputzens, damit wir den Tag sehen können, wie er ist.

- Setze dich still hin, bis du dich zentriert fühlst.
- Jetzt verwende deinen Atem, um die vorgefassten Ideen aus deinem Gehirn zu putzen.
- Atme gleichmäßig und putze den Belag von deinem Herzen.
- Atme tief und putze die voreiligen Schlussfolgerungen von deinen Augen.

Mai

8.

Über Fairness

Solange wir das, was geschehen ist, als unfair betrachten,
sind wir Gefangene dessen, was hätte sein können.

Dies ist für viele von uns ein schmerzhaftes Thema, denn unsere Sicht der Welt beruht sehr stark auf einem Gefühl für Fairness und Gerechtigkeit, jenen edlen menschlichen Konzepten für unseren Umgang miteinander. Aber die Gesetze der Erfahrung in der natürlichen Welt lehren uns etwas anderes. Das große Universum, von dem wir Menschen nur ein kleiner Teil sind, ist eine Welt unendlicher Möglichkeiten und Zyklen, in denen Lebensformen kommen und gehen, eine Welt, die sich schon unzählige Male verworfen und neu gebildet hat.

Deshalb gibt es in der Hindu-Tradition den Gott Vishnu, der Leben zerstört und Leben schenkt, häufig in dieser Reihenfolge. Fairness und Gerechtigkeit sind zwar schöne Kräfte, nach denen wir Menschen streben, aber die Termiten, die das Fundament deines Hauses aushöhlen, der Stein, der in deine Windschutzscheibe fliegt, die Welle, die dein kleines Boot zum Kentern bringt – all diese Moleküle der Erfahrung haben keinen Begriff von Fairness. Sie bombardieren uns im endlosen kosmischen Tanz des Lebens, der einfach immer weitergeht.

Als ich mit dem Krebs kämpfte, wurde ich immer wieder aufgefordert, meinen Ärger über diese Ungerechtigkeit herauszulassen. Ehrlich gesagt habe ich damals vieles empfunden – Angst, Schmerz, Frustration, Verunsicherung, Erschöpfung –, aber ich empfand es nicht als ungerecht, Krebs zu haben. War mir oder irgendjemandem sonst eine perfekte Gesundheit versprochen worden? Eine Ameise kann sich meterweit mit einer Krume Nahrung abmühen, dann fällt plötzlich ein toter Ast herunter und erschlägt sie. Warum sollte es Menschen nicht genauso ergehen?

Inzwischen weiß ich, dass meine Klagen über die Ungerechtigkeit des Lebens Ausdruck des unausweichlichen Schmerzes des Lebens waren. So nachvollziehbar diese Klagen waren, haben sie mich doch immer davon abgelenkt, ganz durch den Schmerz hindurchzugehen, sodass sich mein Leben neu entfalten konnte. »Unfaires« hielt mich immer fest in dem, was wehtat.

Was mich in meinem Schmerz überraschte: dass das Leben nicht fair ist, aber unendliche Chancen bietet, uns zu verändern; dass Mitgefühl fair ist und Gefühl gerecht; dass wir nicht für alles verantwortlich sind, was uns widerfährt, aber dafür, wie wir es aufnehmen und wie wir einander auf der Reise unterstützen.

- Setze dich möglichst ins Freie und sieh zu, wie der Pollen vom Wind getragen wird. Meditiere darüber, wie aus einem Teil davon Blumen entstehen und wie diese Blumen welken und Samen für weitere Blumen hervorbringen werden.
- Meditiere, wie das menschliche Drama mit all seinen unerwarteten Wendungen sich auf ganz ähnliche Weise entfaltet.
- Atme tief und betrachte die vielen Träume und Fehler, Freuden und Leiden deines Lebens wie Pollen. Aus manchen wird etwas wachsen, aus anderen nicht.
- Leugne nicht den Schmerz, der mit der Erfahrung des Lebens einhergeht, aber widerstehe der Versuchung, den Schmerz zu glorifizieren, indem du ihn tragisch oder unfair nennst.
- Versuche, deinen Schmerz eher an Kriterien des Mitgefühls zu messen als an Kriterien der Gerechtigkeit.

9.

Die Angst vor dem Andersartigen

Den Geist auf die grundlegende Einheit aller Dinge zu richten und vom Beharren auf Unterschieden abzuhalten – darin liegt Seligkeit.
< Tejo-Bindu Upanishad >

Das Auge kann sehen, was uns gemeinsam ist, oder sich auf das konzentrieren, was uns trennt. Das Herz kann fühlen, was uns

Mai

mit allem verbindet, oder sich immer wieder an seine vielen Verwundungen erinnern. Die Zunge kann den Wind besingen oder vor dem Sturm warnen, kann die Schönheit des Meeres preisen oder die Gefahr der Fluten beschwören.

Nicht dass es keine Unterschiede gäbe – die Welt ist unendlich mannigfaltig –, aber das Beharren auf Unterschieden, die Angst vor der Verschiedenheit versperrt uns den Zugang zur Gnade.

Paradoxerweise berührt alles Lebendige gerade durch seine Einzigartigkeit dieselbe Mitte, so wie keine zwei Seelen genau gleich sind und doch jede Seele dieselbe Luft atmet.

Wenn wir der Illusion verfallen, *eine* Schöpfung sei besser als eine *andere,* entziehen wir uns dem Wunder des Seins und leiden an dem, was der Weise Seng-Ts'an aus dem sechsten Jahrhundert die schlimmste Krankheit des Geistes nannte: am endlosen Wählen zwischen Wollen und Nichtwollen, am endlosen Kampf zwischen Für und Wider.

- ◈ Entzünde eine Kerze und setze dich still an ein Fenster.
- ◈ Entspanne dein Herz und atme tief.
- ◈ Bemerke die vielen verschiedenen Dinge in deinem Blickfeld: Bäume, Wind, Wolken, das klappernde Fenster, Passanten.
- ◈ Sieh die Kerze und die stille Flamme, die von ihr aufsteigt.
- ◈ Atme ruhig und stell dir eben solch eine stille Flamme vor im Herzen von allem, was du siehst.

10.

Der Rand des Zentrums

Wie einen Nabel hat jeder Sturm ein Loch in der Mitte,
durch welches eine Möwe fliegen kann in Stille.
< Japan, 14. Jh., anonym >

Von jenseits der Jahrhunderte erzählt uns diese namenlose Stimme davon, dass es im Herzen alles Ringens ein zuverlässiges, ruhiges Zentrum gibt, das es zu erreichen gilt. Alle Weisheitstraditionen bestätigen das.

Doch es geht hier um ein noch tieferes Paradox des Lebens. Denn die Möwe fliegt durch das friedvolle Zentrum hindurch, sie bleibt dort nicht. Die Aufgabe scheint darin zu bestehen, uns von diesem zentralen, ewigen Ort stärken zu lassen, ohne der Erfahrung des Sturms auszuweichen.

Immer wieder werden wir in den Sturm geworfen und kommen zurück in die Mitte. Im Sturm verschärft sich unsere Erfahrung von Menschlichkeit. Im Zentrum tröstet und heilt uns die Erfahrung unseres spirituellen Platzes in der Einheit der Dinge. Die Mitte zu finden und unsere zerschundenen Flügel auszuruhen heißt, Gott in uns zu spüren.

Wir ringen ständig darum, beide Seiten dieses Paradoxons zu leben. Denn wir kommen nicht in die Mitte, ohne durch den Sturm zu gehen. Doch der Sturm der menschlichen Erfahrung lässt sich nur ertragen, wenn wir wissen, was die Möwe weiß. Der Sturm lässt sich nur von der Mitte her überleben. Wie wir aneinander vorüberziehen auf unserem Weg vom Sturm ins Zentrum und wieder zurück – darin liegen die Prüfungen und die Geschenke der Liebe.

◆ Schließe die Augen und rufe mit dem Einatmen die Möwe deines Geistes in dein Zentrum.
◆ Atme tief ein und lass deinen Atem die Möwe nach Hause rufen, durch dein Zentrum ins Zentrum von allem.
◆ Atme tief aus und fühle den Rand des Sturms und den Rand des Zentrums.
◆ Wisse, dass dein Atem der Rand ist.

Mai

11.

Reden und umarmen

Der Traum ist erwacht, wenn ich denke, ich liebe dich,
und Leben beginnt, wenn ich sage, ich liebe dich,
und die Freude strömt wie Blut,
wenn ich dich umarme in Liebe.

Auch wenn so manches im Kopf beginnt, kann die volle Freude doch dort nicht erlebt werden. Wir alle kennen den Unterschied. Erinnere dich einfach daran, wie du als junger Menschen das erste Mal verliebt warst. Erinnere dich an dieses merkwürdig verschwommene Empfinden im Kopf, das es dir unmöglich machte, das Gesicht dieser Person aus dem Sinn zu bekommen. Und erinnere dich, wie dieser Flamme dann tatsächlich Leben eingehaucht wurde mit all den damit verbundenen Schwierigkeiten, sobald das erste Wort gesprochen war, ähnlich einem glimmenden Feuer, dem Sauerstoff zugeführt wird.

Ganz ähnlich ist es mit unseren Träumen, unserer Liebe oder unserem Ringen um unseren Glauben an Gott. Solange es verschwommen im Kopf bleibt, glimmt das Leben nur und lässt uns nie entflammen. Ich habe ein Leben lang gebraucht, um das zu lernen. So wie das Feuer der Musik die Seele eines Komponisten erweckt, erklingt die Liebe in uns, ohne dass sie jemand anderes hören kann. Und so wie Komponisten um die Sprache ringen, in der ihre Lieder spielbar werden, ringen auch wir darum, unserer Liebe Ausdruck zu verleihen. Alles nur, um unsere Arme emporzuschwingen, wie sich Flammen von einem Blatt Papier erheben.

Es ist nicht einfach, in einer Welt, die so sehr auf den Verstand getrimmt ist, zu reden und zu umarmen. Doch die Probleme nehmen zu, wenn sie keine Luft bekommen. In unserem Alltag scheint der kaum wahrnehmbare Atem zwischen Denken und Reden, zwischen Reden und Umarmen oft wie ein unüberwindbarer Abgrund. Deshalb haben wir den Mythos des Cupido erfunden; er soll uns an diese flatterhafte Präsenz erinnern, die es immer wieder schafft, unsere Schale des Denkens zu durchbrechen und uns zu zwingen, zu reden und zu umarmen.

Wir alle tragen einen Bogen in uns. Und mag der Pfeil auch schmerzen – die Schale unseres Denkens ist aufgebrochen und wir werden gezwungen zu erzittern. Ja, es ist wahr. Ich gebe zu, ich habe großartige Gedanken gedacht und wunderbare Lieder gesungen – und doch war alles nur eine Probe für die herrliche Erfahrung des Gehaltenwerdens.

- Meditiere und halte dabei einen Stein. Heiße die Präsenz von allem, was größer ist als du, willkommen.
- Atme langsam. Lass diese Präsenz deine Gedanken formen.
- Atme tief und lass diese jetzt in deinen Gedanken vorhandene Präsenz in deiner Kehle schwingen.
- Benenne diese Präsenz mit einem Wort. Sprich es laut aus.
- Übe das Aufnehmen in den Körper, indem du die Präsenz des Universums sowohl in dir als auch in dem Stein spürst, während du denkst, tönst und berührst – alles gleichzeitig.

12.

Direkt sein

Unter seinen Haaren ist jeder kahl.
< Susan McHenry >

Wir verschwenden so viel Zeit damit, zu verbergen, wer wir sind, wo doch hinter jeder Attitüde der Wunsch steht, geliebt zu werden, und in jedem Ärger eine Wunde sich nach Heilung sehnt und unter jeder Traurigkeit die Angst liegt, dass nicht genug Zeit da sein wird.

Wenn wir zögern, direkt zu sein, stülpen wir uns unwissentlich eine zusätzliche Schutzschicht über, die uns davor bewahrt, die Welt zu fühlen, und diese dünne Hülle ist der Anfang einer Einsamkeit, die – wenn sie nicht wieder fallen gelassen wird – unsere Chancen mindert, Freude zu erfahren.

Mai

Es ist, als würden wir vor jeder Berührung Handschuhe anziehen und uns dann darüber beklagen, dass sich alles so unecht
anfühlt. Unsere tägliche Aufgabe ist daher nicht, uns anzuzie-
hen, um der Welt zu begegnen, sondern die schützenden Hüllen
abzustreifen, sodass sich die Türklinke kalt anfühlt und der Griff
der Autotür nass und der Abschiedskuss nach den Lippen eines
anderen Wesens schmeckt, weich und unwiederholbar.

◆ Atme und lege mit jedem Atemzug die Hüllen um dein Wesen
  ab: Hüllen aus Attitüden, aus Stimmungen, aus Geschichten.
◆ Atme und fühle die Haut direkt unter deiner Kleidung.
◆ Atme und fühle dein Wesen direkt unter deiner Haut.

13.

Ganz durchfühlen

Darunter gibt es nur ein einziges Gefühl.

Ich habe mich abgemüht, die Traurigkeit zu bekämpfen und
nicht ängstlich zu sein, aber wie die meisten von uns erfahren:
Der Tropfen der Melancholie oder der Rastlosigkeit lässt sich
nicht mehr verleugnen, wenn er einmal ins Herz gelangt ist.
Wenn unser Gemüt wie eine lange Gitarrensaite von der geringsten Erregung einmal in Schwingungen versetzt wurde, bleibt
einem nichts übrig, als sie ausschwingen zu lassen.

Wir alle kennen Tränen, die in Lachen umschlagen, oder
Lachen, das uns plötzlich in Tränen ausbrechen lässt. Oder Ärger,
der in einer empfindsamen Einsamkeit versinkt. Oder das kühle,
gleichgültige Gesicht, das plötzlich Risse zeigt, sodass die Angst
dahinter zum Vorschein kommt. So wie die unendlich verschiedenen Formen der Blumen alle aus derselben Erde wachsen, so
geht auch der ganze Garten der Emotionen mit all seinen feinen
Schattierungen und Nuancen aus demselben Grund des Herzens
hervor.

Das weist uns auf die oft schwer zu akzeptierende Tatsache
hin, dass es darunter nur eine einzige, unbenennbare Emotion

gibt, in der alle Gefühle zu Hause sind. Trotz unserer Bemühungen, glücklich zu sein und nicht traurig, ruhig zu sein und nicht ängstlich, klar zu sein und nicht verwirrt, verständnisvoll zu sein und nicht verärgert; trotz all der Anstrengungen, unsere Reaktionen auf das Leben zu formen und dann nacheinander abzuspielen; trotz unserer Angst vor bestimmten Gefühlen, ist es doch das Durchfühlen von alldem, was uns in jenes lebendige Wehgefühl versetzt, das zum Leben gehört. Diesen lebendigen Zustand zu erreichen ist oft sehr heilsam.

Es ist jedoch nicht leicht, Traurigkeit zuzulassen, wenn wir sie nicht wollen, und dem Zittern der Ängstlichkeit zu erlauben, uns ganz zu durchwandern. Mein persönlicher Widerstand gegenüber unangenehmen Gefühlen beruhte vor allem auf der Angst, die Traurigkeit oder die Angst oder die Verwirrung oder der Schmerz könnten mich übermannen, wenn ich mich ganz darauf einließe, und ich würde darin ertrinken. Ich fürchtete, sie würden dann mein Leben beherrschen und es bliebe nichts mehr von mir übrig als Traurigkeit, Angst oder Verwirrung.

Doch ich entdeckte immer und immer wieder, dass das tiefe, durchdringende und vollständige Fühlen eines Gefühls mich irgendwie öffnet für die *eine* Quelle allen Fühlens. Und an dieser Quelle hat kein Gefühl für sich allein Bestand. Das heißt, durch unsere Gefühle – und nicht um sie herum – finden wir zu der unbenennbaren Quelle allen Fühlens, die jeglichen Schmerz heilen kann.

- ◆ Atme gleichmäßig und wisse, dass du in diesem besinnlichen Zustand sicher bist.
- ◆ Wenn du dich wohlfühlst, erlaube dir, einen Augenblick der Traurigkeit oder der Ängstlichkeit zu fühlen, die du in dir hast. Versuche bei dem Gefühl zu bleiben, bis es sich allmählich auflöst. Bemerke, wie deine Traurigkeit oder Ängstlichkeit abnimmt – wenn auch vielleicht nur minimal –, und nenne dies den Beginn des Friedens.

Mai

14.

Auf der Schaukel

Zu sein, wer du bist, ist die beste Verteidigung.

Wie oft geraten wir in Opposition zueinander. Natürlich gibt es Zeiten, in denen Konflikte unvermeidbar sind. Manchmal ist da nur noch ein Parkplatz, nur noch ein Stück Kuchen, nur noch eine offene Arbeitsstelle.

Doch meistens ist im Innern eine Menge Spielraum, und es geht mehr ums Schaukeln: Um mich oben zu halten – oder genauer gesagt: um mein Bild meiner selbst oben zu halten –, habe ich irgendwie das Bedürfnis, dich nach unten zu drücken.

Das lenkt mich jedoch nur von meinem Weg ab und zieht alle meine Energie für einen Kampf ab, der häufig völlig bedeutungslos ist. In Wahrheit wird alles Umorganisieren nichts an meinem Selbstwertgefühl ändern. Die einzig sinnvolle Weise, mit Widrigkeiten oder Missverständnissen umzugehen, besteht darin, noch vollständiger zu sein, wer wir sind, und uns mehr mitzuteilen. Sonst bleiben wir immer im Reagieren und Entgegnen verhaftet und kommen nie ins Sein.

Schau nur auf die Blumen und Bäume. Sie unterdrücken einander nicht. Selbst wenn es eng wird, zeigen sie sich und wachsen in alle Richtungen, um zum Licht zu gelangen.

◆ Setze dich still hin und besinne dich auf jemanden, der einen gegensätzlichen Standpunkt zu dir vertritt.

◆ Atme gleichmäßig und spüre deine Neigung, diese Person und ihre Haltung abzuwerten oder gering zu schätzen.

◆ Atme langsam und sieh das Band, das dich denken lässt, dass eure beiden gegensätzlichen Standpunkte miteinander verknüpft sind.

◆ Atme, so tief du kannst, und durchtrenne das Band.

15.

Das Risiko zu blühen

Und der Tag kam, da das Risiko, in der Knospe zu verharren,
schmerzlicher wurde als das Risiko, zu blühen.
< Anaïs Nin >

Wir alle gelangen immer wieder an diesen Punkt, an dem es sich plötzlich schmerzhafter anfühlt, dem Fluss der inneren Ereignisse zu widerstehen, als den Sprung ins Unbekannte zu wagen. Doch niemand kann uns sagen, wann es Zeit ist, zu springen. Es gibt keine andere Autorität, die unser Bedürfnis, ins Leben zu gehen, absegnet, außer dem Gott in uns.

Wie oft sabotieren wir uns selbst, indem wir an Vertrautem festhalten. Es ist schon fast unheimlich: Rosenknospen, die sich nicht mehr öffnen können, werden von englischsprachigen Floristen »Bullets«, also Gewehrkugeln, genannt; sie werden entsorgt, weil sie nicht aufblühen; sie haben sich nach innen gewandt und sind so fest verschlossen, dass sie ihren Duft nicht mehr freisetzen können.

Als Geistwesen in körperlicher Gestalt haben wir die Chance, uns mehr als einmal einzurollen und zu erblühen. Doch manche von uns haben sich so sehr nach innen gewandt, dass sie sich daran gewöhnt haben, verschlossen zu sein. Doch selbst wenn wir jahrelang verschlossen waren, können wir im Gegensatz zu Rosen durch einen einzigen Atemzug aus unserer wahren Mitte heraus wieder erblühen.

Es hat mich immer wieder erstaunt und demütig gemacht, wie das Risiko, zu erblühen, das vorher so unüberwindbar schien, unweigerlich etwas Befreiendes brachte, nachdem die Schwelle des Leidens durchschritten war.

Ein Freund von mir befindet sich im Entzug, und als ich ihn fragte, wieso er mit dem Trinken aufgehört habe, antwortete er: »Der Schmerz des Trinkens war größer geworden als der

Mai

Schmerz, nicht zu trinken.« Das gilt wohl für uns alle. Sobald der Schmerz, der mit dem Nichtblühen und Nichtlieben einhergeht, größer wird als unsere Angst, können wir innerhalb eines Augenblicks zur Blüte gelangen.

◆ Versuche zu identifizieren, was dich am meisten ängstigt, wenn du in der Welt so bist, wie du wirklich bist.
◆ Meditiere und stelle dir dabei vor, wie Gott in dir deine Ängste mit Wärme erfüllt, sodass du dich öffnen kannst.
◆ Achte darauf, wie es sich anfühlt, wenn sich deine Mitte sicher zeigen kann, und sei es nur für einen Augenblick.
◆ Stell dir diesen Augenblick der Offenheit irgendwann in deinem Alltag vor, an deinem Arbeitsplatz, im Bus, beim Einkaufen.
◆ Achte darauf, wie es sich anfühlt, wenn sich deine Mitte sicher vor anderen zeigen kann, und sei es nur für einen Augenblick.
◆ Wiederhole diese Meditation, sobald du merkst, dass du dich wieder verschließt.

16.

Kein Bedarf an Bestätigung

Es gibt tausend Arten,
niederzuknien und den Boden zu küssen.
< Rumi >

Ich habe einen jungen Freund, der die Zeit, in der er seiner Tochter Geschichten vorliest, besonders schätzt, weil sie keiner Zustimmung bedarf. Das hat mich berührt: eine Zeit, die keiner Zustimmung bedarf. Wir alle müssen hin und wieder mit der Quelle des Lebens in Kontakt treten, um uns für den weiteren Weg zu stärken. Egal ob wir das nun tun, indem wir Musik machen oder hören, meditieren, malen, lieben oder Geschichten vorlesen – unseren eigenen Kindern, anderer Leute Kinder, uns selbst: Wenn wir unseren Geist sinken lassen wie müde Augenlider und unser Herz hingeben wie einen dürstenden Mund, dann erfahren wir einen Ursprung, wo keine Zustimmung nötig ist, wo wir keiner Ablehnung oder Kritik entgegentreten müssen. Die Erfahrung selbst ist die einzige Berechtigung, die wir brauchen.

Interessanterweise ergeben sich diese erneuernden Augenblicke genau dann, wenn wir uns vergessen. Wie Pferde, die ihre Scheuklappen nicht loswerden, erschnüffeln wir uns unseren Weg, um uns an diesen Quellen zu laben, und sind für den Augenblick gerettet.

Tatsächlich trinken wir jedoch täglich aus den Quellen dieses großen Paradoxons: Auch wenn jeder lebende Mensch an diesem Augenblick teilhat, erfährt ihn doch niemand direkter als du. Niemand außer dir selbst kann sagen, wie es sich für dich anfühlt, lebendig zu sein. Niemand braucht die Erlaubnis, am Leben zu sein, am Leben zu bleiben, die Freude zu erfahren, mit seiner einzigartigen Hand die Erde zu berühren.

◆ Geh zu einem Baum; zentriere dich und schau hinauf.
◆ Atme und fühle die große Kraft, mit der der Baum aus der Erde hervorbricht, bis in die Blätter hinein.
◆ Der Baum wächst, ohne dass jemand dazu seine Einwilligung gegeben hätte oder Beifall spendet.
◆ Berühre den Baum, atme langsam und lerne von ihm.

17.

Den Schmetterling jagen

Am Anfang steht das Loslassen.

Als ich sechs Jahre alt war, jagte ich einen Schmetterling quer durch die Teichanlagen, bevor ich ihn in meinen hohlen Jungenhänden bergen konnte. Ich hatte das bunte Ding, aber ich konnte ihn nicht sehen. Um ihn zu sehen, musste ich ihn freilas-

sen. Ich hielt meine Hände zusammen, solange ich konnte, trotz Nasenjucken und rutschenden Strümpfen, doch dann ließ mich das dumpfe Flattern gegen meine Handflächen die Hände öffnen und herrliche Farbenspiegel erhoben sich gegen meinen Willen in die Lüfte.

Es war eine zu zarte Geschichte, um sie beim Abendbrot zu erzählen, und schon bald hatten Bücher und Aufgaben und Modellautos und Streitigkeiten die Erinnerung an den Schmetterling verdrängt. Erst heute, über vierzig Jahre später, erwacht sie in mir wie eine Offenbarung, die einem Pilger in die Hände gelegt wurde, lange bevor er genug wusste, um zu glauben. Heute erscheint mir die Sache mit dem Schmetterling wie unsere Art, zu leben: Aus Furcht, zu verlieren oder außen vor zu bleiben, jagen wir und halten fest, aber im Festhalten verlieren wir. Es erscheint so klar, wenn wir es leben.

Während meiner Krankheit war genau das der Unterschied zwischen Angst und Vertrauen, zwischen Schrecken und der Gegenwart Gottes. Nachdem ich in meinem Krankenhausbett gelandet war, jagte ich dem Herzschlag von allem hinterher, um ihn in meinem Herzen einzufangen, und versuchte, ihn mit gesenktem Kopf in meinen jungenhaften hohlen Händen zu halten. Aber wie bei dem Schmetterling war er jetzt in mir gefangen. Solange ich all die Schönheit und pure Lebenskraft in mir behielt – in meiner Brust, in meinem Gesicht, in meinen Händen –, konnte ich sie nicht sehen. Um sie zu sehen, musste ich sie loslassen.

Genau wie damals als Junge hielt ich sie fest, solange ich konnte, bis das Pochen mich drängte aufzumachen. Und dieses grandiose Lebensgefühl erhob sich aus mir gewissermaßen gegen meinen Willen. Ich weiß jetzt, dass das, was ich so fest in mir halten wollte, die Gegenwart Gottes war, die sich in meiner Umklammerung anfühlte wie Schmerz, Angst und Schrecken.

Über vierzig Jahre habe ich gebraucht, um diese lebenswichtige Lektion zu lernen: dass das tiefste innere Pochen, das dunkel und furchterregend wirkt, solange es festgehalten wird, uns aufrichtet und Mut gibt, sobald wir es loslassen.

- Setze dich still hin und meditiere über einen bestimmten Schmerz oder deine Angst, die in dir pocht.
- Lege deine hohlen Hände auf deine Brust über dein Herz.

- Fühle diesen Schmerz oder diese Angst in deiner Brust flattern wie einen Schmetterling, wie etwas Kleines, Schönes, das darauf wartet, freigelassen zu werden.
- Während du atmest, öffne deine Hände und lass ihn frei.
- Lass ihn aus dir aufsteigen ins Freie.
- Achte darauf, wie es sich anfühlt, nicht mehr daran festzuhalten.

18.

Freundschaft

Nichts hat unter den menschlichen Dingen so viel Kraft,
unseren Blick intensiv auf Gott gerichtet zu halten,
wie die Freundschaft.
< Simone Weil >

Ich bin in meiner Zeit auf Erden mit tiefen Freundschaften gesegnet worden. Sie waren mir Oasen, als mein Leben zur Wüste wurde. Sie waren ein kühler Fluss, in den ich tauchen konnte, als mein Herz brannte. Als ich krank war und nicht mehr stehen konnte, ohne zu bluten, hielt ein Freund meinen Kopf. Ein anderer Freund verneigte sich an meiner Tür und sagte: »Ich werde für dich sein, was immer du brauchst, solange du es brauchst.«

Wieder andere haben mich freigelassen und mich vermisst, während ich nach kleinen Stückchen Wahrheit suchte, die mich doch nur wieder zu ihnen zurückführten. Ich habe in hoch gelegenen Gefilden geschlafen und auf Gottes Wort gewartet. Und so wahr es auch ist, dass niemand anderer dein Leben leben kann, ist doch das einsame Singen auf den Gipfeln nicht dasselbe wie das Flüstern inmitten eines Kreises, der dich ans Ufer getragen hat.

Ehrliche Freunde sind Tore zu unserer Seele, und liebevolle Freunde sind das Gras, das die Welt weicher macht. Diese Sicher-

Mai

heit öffnet uns für Gott. Wie Cicero sagte: »Ein Freund ist ein zweites Selbst.« Und der heilige Martin meinte: »Meine Freunde sind die Wesen, durch die Gott mich liebt.«

Es kann kein höheres oder einfacheres Bestreben geben, als ein Freund zu sein.

- Zentriere dich und öffne dein Herz für den unbenennbaren Ort höchster Sicherheit.
- Schau dich nach einer Weile in deinem Herzen um und sieh, wer da ist.
- Atme sanft und danke für die echten Freunde, die du hast.

19.

Die Biene kommt

Die Blume träumt nicht von der Biene.
Sie blüht, und die Biene kommt.

Zu manchen Zeiten in meinem Leben wollte ich so dringend lieben, dass ich mich selbst neu erfunden habe, in dem Versuch, begehrens- oder liebenswerter zu werden. Doch immer wieder entdeckte ich, dass der natürliche Prozess der Liebe viel eher in Bewegung kommt, wenn ich mich um meine eigene Seele kümmere.

Ich erinnere mich an meinen ersten Liebestaumel. Ich war so begeistert, dass ich mich wie Narziss darin verlor, wie alles außer meinem Schmerz sich in *ihrer* Schönheit widerspiegelte. Ich verzichtete auf meinen eigenen Wert und machte *sie* zum Schlüssel all meiner Freude.

Wenn ich in den vergangenen Jahren irgendetwas gelernt habe, dann dies: Zwar können wir zusammen mit anderen Freude erfahren, doch unsere Kapazität für Freude sitzt wie eine Nektarblase in unserer eigenen Brust. Ich glaube heute, unsere tiefste Berufung besteht darin, uns so stark in diesem Leben zu verwurzeln, dass wir unsere Herzen dem Licht der Erfahrung öffnen und erblühen können. Denn im Erblühen ziehen wir andere an; indem wir so ganz und gar wir selbst sind, wird ein innerer Duft freigesetzt, der andere zu unserem Nektar lockt und sie uns lieben lässt, ob als Freunde oder als Partner.

Es scheint, als liege der Zweck unseres Seins darin, uns auf diese Liebe vorzubereiten. Indem wir für unser inneres Wachstum sorgen, werden wir auf geheimnisvolle Weise genau das, was wir sind; und wie die Blüte die Biene anlockt, so lockt unsere Selbstverwirklichung jede Menge anderer Liebender an, die echter sind als alle unsere Fantasien. So geht das Universum durch das unerwartete Zusammenkommen erblühter Seelen immer weiter.

Wenn du kannst, gib daher das Sehnen nach dem anderen auf und sei, wer du bist; ganz oft kommt die Liebe genau in dem Augenblick, in dem du einfach dich selbst liebst.

- Suche dir etwas Charakteristisches an dir aus, das du magst: dein Lachen, dein Lächeln, deine Fähigkeit, zuzuhören, oder der Klang deiner Stimme.
- Das nächste Mal, wenn sich diese Qualität an dir zeigt, achte darauf, wie du auf andere wirkst.
- Diese kleinen Augenblicke sind Anfänge der Liebe, noch ohne genauer definiert zu sein.
- Nimm dir einen Augenblick Zeit und danke für diese Qualität und für die potenzielle Liebe anderer Menschen.

20.

Muster durchbrechen

Ich widerspreche mir selbst?
Na gut, dann widerspreche ich mir selbst.
Ich enthalte Vielheiten.
< Walt Whitman >

Wir erschaffen Muster, auf die sich andere verlassen, und dann passiert, was wir nie vermutet hätten: Wir wachsen und verän-

Mai

dern uns, und um lebendig zu bleiben, haben wir keine andere Wahl, als diese Muster zu durchbrechen.

Das ist niemandes Fehler, es gehört zur Natur der Dinge. Schau nur auf den Ozean und die Küste, auf ihren Tanz des Anlandens und Brechens – er ereignet sich jeden Tag.

Wir wissen, dass wir dieser Schwelle nahe sind, wenn jemand zu uns sagt: »Du bist ja nicht du selbst«, oder: »Das sieht dir aber gar nicht ähnlich.« Das Schwierige an dieser Stelle ist, der Versuchung zu widerstehen, es dem anderen recht zu machen und zurückzuhalten, wer wir wirklich sind.

Die Herausforderung ist – und ich bin selbst nicht gut darin, nehme sie aber immer wieder an –, zu unseren Lieben zu sagen: »Ich bin mehr, als ich bis jetzt gezeigt habe, und vielleicht mehr, als du gerade sehen magst. Lass uns unsere Liebe leben und einander vollständiger kennenlernen.«

◆ Dies ist eine Aufmerksamkeitsmeditation. Während du heute durch deinen Tag gehst, achte darauf, wo du den Erwartungen anderer entsprichst und dein eigenes Wesen zurückhältst.

◆ Atme nach jeder Begegnung einfach langsam ein paarmal durch und kehre zurück zur Fülle dessen, was du bist.

21.

Entzweigeschnitten

Der entzweigeschnittene Regenwurm vergibt dem Pflug.
< William Blake >

Der Regenwurm ist das einzige Geschöpf, das weiterlebt, nachdem es geteilt wurde. Auf geheimnisvolle Weise leben beide Hälften weiter und werden zu zwei eigenständigen Würmern.

Was in dem Wurm ermöglicht es ihm, aus seinem Schmerz herauszuwachsen, und wie lässt sich das auf unser menschliches Dasein übertragen? Nun, der Wurm ist vollkommen in Kontakt mit der Erde. Er frisst sogar Erde. Er lebt im Humus, im Boden, innerlich und äußerlich.

Vielleicht liegt das Geheimnis, an unseren Verletzungen zu wachsen, darin, dicht an der Erde zu leben und mit Herz, Geist und Bauch immer mit dem in Kontakt zu sein, was größer ist als wir.

Wenn wir uns zerrissen und entzweigeschnitten fühlen, geht es vielleicht darum, uns mit dem Boden unserer Erfahrung zu vereinen, der uns befähigt, bei unserer Heilung zu etwas ganz Neuem zu werden.

- Zentriere dich und meditiere sanft über eine Stelle, an der du dich entzweigeschnitten fühlst.
- Atme tief ein und lass die Luft des Universums über diese wunde Stelle streichen.
- Atme tief ein und lass die Elemente deine Wunde mit Atomen eines neuen Anfangs versorgen.

22.

Fühlen über die Verletzung hinaus

Die Spannung zwischen Gegensätzen auszuhalten,
bis wir wissen, es reicht,
befreit uns vom Schwanken zwischen den Extremen.
< Helen Luke >

Manchmal, wenn ich an meine Eltern denke, die mich verletzt haben, verleitet mich der winterliche Himmel, mit ihnen zu fühlen, mich in ihre Sicht der Dinge einzufühlen; aber dann setzt ein altes Muster ein und ich verliere den Bezug zu meiner wahren Verletzung, als ob nur Raum für *eine* Art von Gefühlen wäre, nämlich die ihren.

Ich weiß, dass es nicht nur mir so ergeht. Wir fühlen so oft mit anderen mit und verlieren dabei uns selbst. Oder wir schneiden uns von anderen ab, um uns selbst zu retten. Wie ein Radio, das sich nur auf einen Sender einstellen kann, scheinen wir nur

Mai

eine Seite empfangen zu können, obwohl alle Seiten ausgestrahlt werden.

Aber Mitgefühl geht tiefer als die Entscheidung zwischen zwei Seiten. Um mitfühlend zu sein, müssen wir nicht unsere wahren Gefühle oder unsere Wahrnehmung der Wirklichkeit aufgeben. Mitgefühl lässt auch nicht zu, dass wir denen, die uns verletzt haben, ihre Menschlichkeit absprechen. Vielmehr sind wir aufgefordert, uns selbst so gut zu kennen, dass wir offen bleiben können für die Wahrheit der anderen, selbst wenn ihre Wahrheit und ihre Unfähigkeit, ihre Wahrheit zu leben, uns verletzt.

Natürlich hat unser Leben emotionale Facetten, und es geht nicht darum, in verletzenden Situationen auszuharren. Mitgefühl verlangt von uns jedoch, dass wir uns öffnen wie Berge, die zum Himmel ragen und jeder Art von Wetter standhalten.

- Setze dich still hin und vergegenwärtige dir jemanden, mit dem du uneins bist.
- Atme tief und lass zu, dass sich deine wahren Gefühle zeigen, nicht nur die Wahrheit deines Standpunkts.
- Atme gleichmäßig und lass zu, dass sich die Gefühle der anderen Person zeigen und nicht nur ihr Standpunkt.
- Lass deinen Atem alle Spannungen in dir lösen, die an dir oder dem anderen zehren.

23.

Wach sein

Alles Sein hat einen Zweck,
aber nicht in jedem Zweck steckt Sein.

Wir geraten leicht in die Falle, uns über unsere Beziehung zu anderen Menschen zu definieren. Ich erinnere mich daran, als ich einmal in der vierten Klasse von der Schule nach Hause ging und auf der anderen Straßenseite Roy bemerkte, einen Klassenkameraden, den ich gar nicht mochte und der genauso schnell ging wie ich. Bis ich ihn bemerkt hatte, war ich fröhlich vor mich hin gegangen, die Schule war aus und ich steckte noch nicht in dem Ärger, der mich zu Hause erwartete. Doch sobald ich Roy gesehen hatte, begann ich wortlos, schneller zu gehen, um ihn abzuhängen. Natürlich spürte er das sofort und schritt ebenfalls rascher aus. Als er mich überholte, fühlte ich mich unterlegen und legte an Tempo zu. Und schon rannten wir beide, so schnell wir konnten, bis zur nächsten Ecke, und ich hatte das Gefühl, wenn ich nicht als Erster ankäme, wäre ich ein schrecklicher Versager.

Ich habe lange genug in der Welt gelebt, um zu wissen, dass sich unsere Bestrebungen oft genauso entwickeln. Zuerst freuen wir uns einfach an dem, was wir tun. Aber dann kommen irgendwie andere ins Spiel und wir verfangen uns in dem atemlosen Wettlauf des Vergleichens und rennen möglichst schnell, damit wir nicht als Versager gelten.

Oft greifen wir uns dann einfach das nächstgelegene Ziel als Lebenszweck; und falls es keines gibt, fühlen wir uns haltlos. Doch letztlich liegt unser Sinn in unserem Atmen, unserem Sein. Wie die Menschenfreundin Carol Hegedus sagt: »Unser Sinn liegt in dem, was wir leidenschaftlich sind, wenn wir auf unser tiefstes Selbst achten.«

Jenseits all unserer Sorgen um Karriere, Beruf und Rente liegt unser Lebenssinn darin, ganz zu leben, das zu sein, was wir unter all den Namen und Titeln, die wir haben oder anstreben, sind.

Stell dir Buddha im Augenblick seiner Erleuchtung vor, als er von innen zu leuchten begann. Ich bezweifle, dass er von seinem Leuchten wusste.

Es wird erzählt, als Buddha sich von seinem Platz unter dem Bodhi-Baum erhob, bewunderte ein vorbeikommender Mönch sein Strahlen: »Oh Heiliger, wer seid ihr? Ihr müsst ein Gott sein.«

Und Buddha, der sich für nichts anderes als präsent hielt, antwortete nur: »Nein ..., kein Gott«, und wanderte weiter.

Der verwunderte Mönch blieb jedoch beharrlich. »Dann musst du ein Deva sein.«

Buddha hielt inne: »Nein ..., kein Deva.« Und ging weiter.

»Dann musst du Brahma selbst sein«, folgerte der Mönch hartnäckig.

Mai

Doch Buddha murmelte nur: »Nein.«

Jetzt war der Mönch verwirrt. »So bitte ich dich inständig, sage mir: Wer oder was bist du?«

Und Buddha konnte seine Freude nicht verhehlen und antwortete: »Ich bin wach.«

Könnte es sein, unser Sinn und Zweck liegt darin, einfach wach zu sein, egal wem wir begegnen, egal was uns gesagt wird?

- Setze dich still hin und meditiere über die Dinge, die dich definieren wollen.
- Fühle, was du mit deinen Tagen anfängst, und sage: »Ich bin mehr als meine Arbeit.«
- Fühle, wo du nachts schläfst, und sage: »Ich bin mehr als der Platz, an dem ich lebe.«
- Fühle, wen du liebst, und sage: »Ich bin mehr als meine Beziehungen.«
- Fühle alles, was du erlitten hast, und sage: »Ich bin mehr als meine Geschichte.«
- Fühle deinen Namen und sage: »Ich bin mehr als mein Name.«
- Fühle deinen Atem in dein Herz ein- und ausströmen und sage, ohne Geschichte oder Namen: »Ich bin die Flamme des Lebens, die in diesem Körper lebt.«

24.

Es steckt uns im Blut

Wenn du nicht weißt, was für ein Mensch ich bin,
und ich nicht weiß, was für ein Mensch du bist,
kann ein von anderen erzeugtes Muster
in der Welt verweilen, und, dem falschen Gotte folgend,
verpassen wir vielleicht unseren Stern.
< William Stafford >

Wie in dem alten Spruch »Die Natur scheut das Vakuum« füllen andere den Raum, in dem wir leben, wenn wir ihn nicht mit unserer authentischen Präsenz füllen. Lange Zeit glaubte ich, es sei dasselbe, ob ich mein Wesen für mich behielt oder im Stillen ich selbst bin. Das war ein Irrtum.

Wir brauchen nicht alles zu verbalisieren oder laut zu verkünden, aber wir müssen ganz da sein, so wie eine Klippe die Wellen annimmt, wie ein Kleeblatt in den *einen* Lichtfleck hineinwächst, der am Waldboden flirrt, wie Mais seine Süße ausschwitzt, ohne dass jemand zusieht.

In Wahrheit steckt es uns zweifach im Blut, dass wir sind, wer wir sind: So finden wir Liebe, und so bewahren wir uns davor, durch die Art der anderen hinweggefegt zu werden.

- Dies ist eine Gehmeditation. Mach im Lauf des Tages einen langsamen, fünfminütigen Spaziergang.
- Bemerke beim Gehen, wie sich die Luft um dich herum bewegt, und begegne dem Wind mit deinem Gesicht.
- Wenn du in deinen Alltag zurückkehrst, bedenke, wie du dem Wind von anderen mit deinem Herzen begegnen kannst.

25.

Durch die Flammenwand

So wie ein verängstigter Mann in einem brennenden Boot nur einen Weg hat in den Rest seines Lebens, müssen auch wir mutig die Flammenwand durchqueren, um ins freie Meer zu gelangen.

Wenn wir lange genug leben, befinden wir uns irgendwann in einer Situation, in der die alte Art, zu denken, zu sein oder zu lieben, in Flammen aufgeht. In diesem unerwarteten Augenblick sind wir meistens voller Angst, fühlen uns gefangen von der alten Lebensweise. Aber dies ist der Kanal der Wiedergeburt, durch den wir hindurchmüssen, wenn unser Leben weitergehen soll. Es

Mai

ist der vorübergehende, schmerzhafte Übergang vom Alten zum Neuen.

Es ist verständlich, dass wir vor der Flammenwand zurückweichen, nicht sehen wollen, wie alles um uns herum abbrennt. Doch alte Wege können ewig brennen, und es funktioniert nur selten, einfach so lange zu warten, bis die Flammen von alleine ausgehen. Mit dem Warten können Jahre vergehen.

Wie der verängstigte Mann im brennenden Boot müssen wir darauf vertrauen, dass das große Meer, in das wir springen, alles löscht, was vielleicht beim Durchspringen Feuer fängt. Das ist es, was Vertrauen ausmacht.

Ohne besondere Tapferkeit und mit großer Angst bin ich durch viele Flammenwände gestolpert und gesprungen. Zum ersten Mal war es, glaube ich, als ich von zu Hause fortging – ich musste fort, brannte an den Rändern, fürchtete, nicht zu überleben ohne die Flammen des Ärgers, in denen ich aufgewachsen war. Kurze Zeit später musste ich durch die Flammen der ersten zurückgewiesenen Liebe. Der gebrochene Teil von mir war fast bereit, bei lebendigem Leib zu verbrennen. Ich war mir sicher, dass es nichts gab, was mich trösten konnte. Durch diese Wand bin ich eher gefallen als gesprungen, doch als ich einmal im Meer des Lebens jenseits meiner selbst gelandet war, ging das Leben natürlich weiter, und ich heilte.

Die wahrscheinlich größte Flammenwand, durch die ich springen musste, waren der Schmerz des Krebses und die Aussicht auf den Tod. Das ganze Meer schien zu brennen. Selbst als ich über Bord war und immer weiter von den Flammen wegtrieb, dachte ich noch, ich ertrinke. Wie konnte ich wissen, dass das weite Meer der Mutterleib eines tieferen Lebens war? Ich bin sicher, es geht jedem ähnlich, der darum ringt, sich aus Süchten, Krankheiten oder gewaltvollen Beziehungen zu lösen.

Aber der subtilste Ring des Feuers scheint mir die selbstzentrierte Art des Denkens zu sein, die uns mit ihrem Rauch zu ersticken droht. Denn wir tragen den Schwelbrand unserer Egozentrik überall mit hin. Er lebt von uns und verzehrt uns.

Wie also vom brennenden Boot springen, das wir selbst sind? Nun, dazu müssen wir irgendwie vom Boot des Ego ins Meer unseres Geistes springen. Wir müssen irgendwie den Mut aufbringen, unsere Sturheit und unsere Träume von Kontrolle aufzugeben. Es bedeutet, das Ego verbrennen zu lassen und hindurch-zuspringen. Wir werden mehr als überleben – wir werden an eine Küste getragen, die wir uns nicht einmal vorstellen konnten.

- Zentriere dich und meditiere über eine Art des Denkens, Seins oder Liebens, die zwischen dir und der Fülle des Lebens steht. Es mag etwas sein, das du verborgen hältst. Oder eine kritische oder anklagende Seite in dir, unter der du leidest. Oder die Angst vor deinen eigenen Gefühlen.
- Atme tief und stell dir vor, was es von dir fordern würde, durch diese alte Art hindurchzugehen. Es kann so einfach sein, wie dir die Erlaubnis zu geben, spontan zu sein oder deine Gewohnheiten zu durchbrechen.
- Atme langsam und stell dir vor, du gehst durch die Flammenwand hindurch, die um dich herum brennt.
- Atme gleichmäßig und übe den Sprung, indem du ihn dir immer und immer wieder vorstellst.

26.

Traurig sein

Wenn man traurig ist, antwortete Merlin,
ist es das Beste, etwas zu lernen.
< T.H. White >

Hier geht es nicht darum, die Traurigkeit zu zerstreuen, sondern ihr einen anderen Lebenskontext zu geben. So wie Ingwer seine Bitterkeit verliert, wenn er in Brot eingebacken wird, kann Traurigkeit durch ein anderes Leben erleichtert werden.

Wenn du die Schärfe der Traurigkeit oder Verletztheit spürst, hilft es, Neues aufzunehmen. Das gießt die Wasser des Lebens auf das Feuer des Herzens. Wenn du davon erschöpft bist, deinen Schmerz zum Ausdruck gebracht zu haben, höre Musik,

Mai

die du noch nie gehört hast, oder bitte jemanden, dir eine alte Geschichte aus der Zeit vor deiner Geburt zu erzählen; oder mach einen Ausflug zu einem Aussichtspunkt, den du längst einmal besuchen wolltest.

Schau mit deinen traurigen Augen auf Dinge, die dir neu sind, das wird dir etwas geben, was du mit deiner Traurigkeit tun kannst. Deine Traurigkeit ist die Farbe. Finde eine Leinwand.

◆ Setze dich still hin, atme gleichmäßig und lass deine Traurigkeit sanft aufsteigen.

◆ Atme vollständig und lass die Dinge um dich, die nicht traurig sind, dich etwas lehren.

◆ Atme einfach und lass dir vom Stuhl etwas über Holz, von der Wand etwas über Leere und vom Fenster etwas über das Hereinlassen von Licht erzählen.

27.

Runter vom Karussell

Nicht alles Denken der Welt kann das Denken beenden.

Zu viel Denken ist ein lästiger Reflex des Menschseins. Wenn ich ein Problem überanalysiere oder mir immer wieder vorsage, was ich sagen oder tun will, fühle ich mich manchmal wie eine Kuh, die eine Fliege wegscheucht, die sie doch nie loswird.

Wir tun das alle. Keiner entgeht dem. Wenn ich mich verunsichert fühle, kann ich endlos die Dinge wiederholen, durch die ich mich sicher fühlen sollte, während mein Selbstbewusstsein gleichzeitig weiter den Bach runtergeht.

Was tun? Ich erinnere mich an Einsteins Erkenntnis, es gehöre zur Natur des Denkens, dass ein Problem nie auf der Ebene gelöst werden kann, auf der es entstanden ist. Das heißt, so schwer es auch sein mag: Wenn sich alles dreht, besteht der einzige Ausweg darin, vom Karussell abzusteigen.

Im Reich des Vertrauens lassen wir uns auf das Risiko ein, mitten im Denken anzuhalten, in der Überzeugung, dass uns etwas Tieferes erfüllen wird. Tatsächlich wird dir alles Nachdenken über dich selbst kein Selbstvertrauen verleihen, genauso wenig wie alles Nachdenken über die Sonne dich nicht wärmt und wie alles Nachdenken über die Liebe dich nicht in den Arm nimmt. Vertrauen und Liebe und das Licht der Welt erwarten uns jenseits aller Bemühungen unseres Verstands.

- Setze dich still hin und zentriere dich.
- Erlaube deinem Verstand, zu tun, was er tut.
- Atme gleichmäßig und übe bei jedem Einatmen, dein Denken mittendrin anzuhalten.
- Bei jedem Ausatmen lass dich jenseits deines Denkens in dein Sein sinken.

28.

Das Risiko der Aufmerksamkeit

Für den Regentropfen
ist Freude der Eintritt in den Fluss.
< Der Sufi-Prophet Ghalib >

Es ist erstaunlich, wenn man bedenkt, dass wir als Kleinkinder eins sind mit allem. Im Lauf der Zeit lernen wir dann, zwischen uns und den anderen zu unterscheiden, zwischen der Welt, die wir in uns tragen, und der Welt, durch die wir uns hindurchbewegen. Und ironischerweise nennen wir all jene weise, die nach einem Leben voller Erfahrungen versuchen, zu diesem ursprünglichen Zustand zurückzukehren.

Wenn ich an die Augenblicke denke, in denen ich mich am lebendigsten gefühlt habe, finde ich in ihnen allen diese Qualität der Verbindung von »Allem was ich in mir habe« mit »Allem außerhalb von mir«, die mich selbstvergessen macht. Sie fühlen sich alle zeitlos an. Augenblicke tiefster Liebesumarmungen

Mai

ermöglichen es uns, in diese Einheit jenseits unserer selbst einzutauchen, genauso wie bestimmte Momente der Versunkenheit in wundervolle Musik oder großartige Landschaften. Ich habe es auch nach langem Schwimmen oder Laufen erlebt oder nach einer längeren Zeit gesunden Alleinseins. Ich fühle es, wenn ich entdecke, was ich schreiben will. Freude, scheint mir, ist das Gefühl dieser Einheit.

Es überrascht nicht, dass es das Risiko, zu lieben, ist – das Risiko, unsere ganze Aufmerksamkeit zuzuwenden –, was das Ewige im Innern mit dem Ewigen im Außen verschmelzen lässt. In jenen Augenblicken der Einheit treten wir als Tropfen des Geistes in den größeren Fluss des Geistes ein.

Das Risiko, ganz präsent zu sein, öffnet uns für die Einheit, die alle Dinge durchströmt, so wie ein Schmelzbach von deiner Wiese durch den Zaun auf mein Land fließt und weiter durch den Zaun auf das Land meines Nachbarn. Genauso wie dieser Wasserstrom alles ignoriert, was wir dazwischen aufgebaut haben, bewegt sich auch die Ganzheit des Lebens durch uns alle und unterwandert die Grenzen, die wir pflegen.

Es scheint, wir haben immer die Wahl: Zäunebauer zu bleiben oder Teil des Stroms zu werden, der alle Zäune ignoriert.

◆ Atme langsam und meditiere über die Einheit aller Dinge.
◆ Meditiere über deinen Atem als Teil der Einheit, die jetzt durch das Land deines Körpers fließt.
◆ Während du ausatmest, lass die Einheit – wie jenen Schmelzbach – aus dir heraus in das Leben deines Nächsten strömen.
◆ Atme und erkenne, dass im Fluss der Einheit die liebsten Dinge durch alles hindurchströmen, was wir ihnen in den Weg stellen.

29.

Aufgeben, was nicht mehr funktioniert

Deinen Weg zur Mitte zu brennen
ist das einsamste Feuer von allen.
Du weißt, dass du angekommen bist,
wenn sonst nichts mehr brennen will.

Das mag zunächst etwas finster klingen, doch von Moses über Buddha bis zu Jesus haben uns die Tiefsten unter uns allen gezeigt, dass Leben ein Aussonderungsprozess ist, bis wir nur noch das Wesentliche mit uns tragen.

In der Natur geht es genauso zu wie auf der menschlichen Reise. Wenn die Mitte stärker wird, wird das ehemals Schützende zu einer Hülle, wie Baumrinde oder Schlangenhaut, und steht jetzt im Weg. Früher oder später sind auch wir als Geistwesen, die in Körpern wachsen, aufgefordert, unsere alten Häute wie Lumpen auf Stöcken zu verbrennen, um uns den Weg zu erleuchten, während wir tiefer und tiefer in die inneren Welten vordringen, wo die Kräfte Gottes uns *eins* werden lassen.

Angesichts des Bedürfnisses, immer weiter nach innen zu gehen, stehen wir vor einer schwierigen Lebensentscheidung: als müssten wir den Tisch unserer Großmutter verheizen, um unsere Lieben zu wärmen, als müssten wir eine Arbeitsstelle aufgeben, die uns mit Sicherheit und Wohlstand versorgt hat, um uns wieder lebendig zu fühlen, oder als müssten wir ein wohlvertrautes Selbstbild verbrennen, das so starr geworden ist, dass wir den Regen nicht mehr spüren.

Immer unmittelbar zu bleiben, indem wir uns von dem lösen, was nicht mehr echt ist, scheint die innere Bedeutung des englischen Wortes *sacrifice* (dt. *Opfergabe*) zu sein: mit Ehrerbietung und Mitgefühl aufzugeben, was nicht mehr funktioniert, um näher an dem zu bleiben, was heilig (lat. *sacer*) ist.

Mai

- Setze dich still hin und meditiere über den Rand deiner selbst, welcher der Welt begegnet. Spüre seine Starrheit.
- Atme und fühle den inneren Rand deiner selbst, der deinem Geist begegnet. Spüre seine Weichheit.
- Atme und bete, dass der Rand, der du bist, so dünn wie möglich und so dick wie nötig sei.

30.

Eine Kette von »Heute«

Wann, wenn nicht jetzt?

Seit ich den Krebs überlebt habe, gibt es in mir ein brennendes Körnchen Wahrheit, mit dem ich jeden Tag lebe. Manchmal lässt es mich nicht schlafen, aber meistens schenkt es mir große Freude. Niemand hat es mir eingeflüstert, und ich habe es nicht entdeckt oder mir erarbeitet. Es hat sich einfach offenbart, so wie ein gebrochener Knochen uns plötzlich den enormen Druck der Luft spürbar macht. Dieses Körnchen Wahrheit lautet: Wann, wenn nicht jetzt?

Es läuft auf Folgendes hinaus: Es gibt kein »Morgen«, nur eine Kette von »Heute«. Doch wie die meisten von uns hat man mir beigebracht, nach vorne zu träumen, die Zukunft mit allem zu füllen, was wesentlich ist: Eines Tages werde ich glücklich sein. Wenn ich reich bin, werde ich frei sein. Wenn ich der richtigen Person begegne, werde ich lieben können. Ich werde liebevoll und glücklich und wahrhaftig und authentisch sein – dann.

Aber fast zu sterben, hat mir das Zukunftsgefühl weggebrannt, und obwohl ich heute davon ausgehe, dass ich lange lebe, obwohl ich Pläne für die Zukunft schmiede und mich auf die vielen geplanten Dinge freue, habe ich doch keine Wahl, außer jetzt zu träumen.

Ich fange wie immer damit an, dass ich das Beste von mir in eine imaginierte Zukunft hineinströmen lasse, aber dann höre ich: »Wann, wenn nicht jetzt?«, und das Beste von mir flutet zurück an den einzigen Ort, den es wirklich kennt: zum Jetzt.

All dies hilft mir, eine Geschichte über Jesus anders zu verstehen. Ich denke an den jungen, reichen Kaufmann, der nach der Bergpredigt auf Jesus zugeht. Er ist tief ergriffen von Jesu Rede und möchte ihm nachfolgen. Also fragt er mit großem Ernst, was er dafür zu tun habe.

Jesus öffnet seine Arme und sagt: »Komm, folge mir jetzt. Lass alles liegen und komm.«

Der junge Kaufmann ist verwirrt und stammelt seine vielen »Ja, aber«: »Ich kann mein Geschäft doch nicht so plötzlich verlassen. Ich muss Nachricht geben. Ich muss frische Kleidung mitnehmen. Wie viel Geld soll ich mitbringen?«

Mit offenen Armen sagt Jesus einfach noch einmal: »Komm!«

Wie oft proben wir innerlich diesen Moment, verschieben Liebe, Wahrheit, Freude, selbst Gott, mit unseren vielen »Ja, aber«, wo doch alles, was wir zu tun haben – so schwierig und doch so einfach – darin besteht, alles fallen zu lassen und jetzt zu kommen.

◆ Atme langsam und meditiere über etwas, das dir am Herzen liegt, worauf du hinarbeitest. Es mag sich darum drehen, glücklich zu sein, zu lieben, einen Partner zu finden oder musizieren zu lernen oder die Wahrheit deiner Erfahrung tiefer zu begreifen.

◆ Atme tief und träume jetzt einen Augenblick lang davon; das heißt, höre auf, dich darum zu bemühen, es morgen zu erschaffen.

◆ Stell dir für den Augenblick vor: Was auch immer du darüber wissen, du davon erreichen oder du darin erleben kannst – es ist nur heute möglich.

◆ Atme tief ein, nimm die Energie von allem, was du geplant und hinausgezögert hast, und hole sie zurück in dein Leben.

◆ Statt dich von alldem überwältigt zu fühlen, versuche dich von dieser Energie einfach erfüllen zu lassen, während du durch deinen Tag gehst.

Mai

31.

Sieh durch die Augen des anderen

Jetzt habe ich keine Wahl,
als mit deinen Augen zu sehen,
so bin ich nicht allein,
so bist du nicht allein.
< Yannis Ritsos >

Es gibt eine Geschichte von Gandhi, die zeigt, wie tief und mutig sein Mitgefühl war. Es geschah während einer seiner berühmten Hungerstreiks. Ein Mann, dessen Tochter bei den Unruhen getötet worden war, kam voller Seelenpein zu Gandhi und sagte, er würde mit dem Kämpfen aufhören, wenn Gandhi, die große Seele, nur wieder zu essen anfinge. Aber Gandhi wusste, dass die Heilung tiefer gehen musste, als nur die Gewalt zu beenden, und so sagte er dem Mann, er werde nur wieder essen, wenn der schmerzgepeinigte Vater dem Mann vergebe, der seine Tochter getötet hatte.

Es wird erzählt, der Mann sei unter Tränen zusammengebrochen, aber er tat, worum Gandhi gebeten hatte, und der größere Konflikt endete. Es ist eine gewaltige Sache, so etwas von jemandem zu verlangen, der so trauert, der so verletzt wurde. Doch jenseits des ungeheuren Mutes, den es braucht, um diese Art von Liebe in unser tägliches Leben zu holen, verweist Gandhis Bitte auf die unwiderlegbare Weisheit, dass wir als Gemeinschaft nur dann heilen können, wenn die Gebrochenen geheilt sind – was auch immer sie getan haben mögen.

Es ist schwer zu begreifen, wie das funktioniert, doch das Mysterium der wahren Vergebung liegt darin, unsere Buchhaltung der Ungerechtigkeiten und Wiedergutmachungen aufzugeben, um das Fühlen unseres Herzens wiederzugewinnen. Und so bin ich gezwungen, auf mein eigenes kleines Leben zu schauen, auf meine eigenen kleinen, verzehrenden Leiden, und mich zu fragen: »Wer bin ich? Warum kann ich nicht vergeben, was mir angetan wurde? Warum kann ich nicht noch mehr als vergeben, nämlich wieder anfangen zu vertrauen?«

- Setze dich still hin und beginne einfach, in deinem Fühlen Raum für anderes Leben zu schaffen.
- Jetzt atme langsam und vergegenwärtige dir jemanden, den du nicht verstehst.
- Mit jedem Einatmen lass ihn langsam in dein Herz kommen.
- Mit jedem Ausatmen versuche, mit seinen Augen zu schauen.

Notizen

Mai

Geburtstage, Festtage

1
2
3
4
5
6
7
8
9
10
11
12
13
14
15
16
17
18
19
20
21
22
23
24
25
26
27
28
29
30

1.

Nordwärts gehen

*Geh lange genug
und wir tauschen alle den Platz.*

Wir sind immer vom Ganzen umgeben und getragen, während wir abwechselnd halten und gehalten werden, fallen und wieder aufstehen, zuhören und zum Ausdruck zu bringen versuchen, was wesentlich ist. Das erinnert mich an Nur. Sie hatte auch Krebs, und sie war ein Vorbild an Stärke und ein prachtvoller Mensch. Ich erinnere mich, wie ungeheuer traurig ich war, als sie starb. Doch das Licht an jenem Tag war gnadenlos in seiner Schönheit und zwang mich, zu heilen anzufangen. In jenen schmerzhaft leuchtenden Stunden erkannte ich, dass ich mich abwenden kann, wie ich will – das herrliche Licht folgt nach, als Hintergrund meiner Trauer.

Doch es wirkt auch anders herum. Ich habe Augenblicke so vollkommener Einfachheit erlebt, dass all meine Probleme und Beschränkungen kurzfristig zu verschwinden schienen, aber sie waren da, wie Schimmel, der im Dunkeln lebt. Ich lernte, dass ich mein Herz erheben kann, wie ich will – mein Schatten liegt doch immer auf der Lauer, als Hintergrund meiner Freude.

Als ich der Tatsache zu entrinnen versuchte, dass ich Krebs hatte, wurde mir klar, ich kann rennen, so schnell ich will – ich ende doch immer wieder in der Stille jenseits allen Denkens. Selbst als ich nach der Operation mit voll bandagiertem Brustkorb regungslos in der Ruhe eines Februarnachmittags saß, musste ich akzeptieren, dass ich da sitzen konnte, solange ich wollte – der Fluss der Bewegung würde mich doch wieder erwarten.

So scheint es mit vielen unserer Wege im Leben zu gehen: Wo auch immer wir hingeführt werden, wartet schon das Gegenteil auf uns. Wenn ich am Boden liege, stehst du aufrecht; wenn du dich schwach fühlst, bin ich stark. Wie sonst ließe sich erklären,

Juni

dass mein Kopf, wenn ich ihn nicht mehr aufrechthalten kann, immer jemandem in den Schoß sinkt, der sich gerade dafür geöffnet hat? Wie sonst ließe sich verstehen, dass jemand anderes mit schwerem Haupt in meinen Armen landet, sobald ich mich von meiner Last befreit habe?

So wachsen wir und heilen, immer und immer wieder, indem wir halten und gehalten werden. In meinem Leben habe ich gehalten und wurde fallen gelassen, habe ich verletzt und andere getröstet, so oft, dass ich endlich akzeptieren kann, dass die Gründe des Herzens wie Blätter im Wind sind. Stell dich aufrecht hin, und alles wird sich in dir einnisten.

Doch das soll keine Klage sein. Es ist, wie es sein soll, sein muss, so wie alles natürlich wächst. Wir alle verlieren und wir alle gewinnen. Die Dunkelheit überwältigt das Licht. Das Licht erfüllt den Schmerz. Das Leben ist ein nie endendes Gespräch, ein Tanz ohne Schritte, ein Lied ohne Worte, ein Sinn, zu groß für irgendeinen Verstand.

Wohin wir uns auch wenden oder gewendet werden, die Herrlichkeit folgt nach …

- Dies ist eine Gehmeditation. Nimm dir während des Tages eine Viertelstunde Zeit und geh ruhig, wo auch immer du bist: in der Stadt, auf dem Land, über einen Parkplatz, den langen Flur entlang zu dem *einen* lichten Fenster.
- Atme gleichmäßig beim Gehen und fühle deinen Atem in deinen Füßen.
- Fühle die Luft, die andere, dir Unbekannte, bereits geatmet haben.
- Halte an bei einem Flecken Licht, wie klein er auch sei. Schließe die Augen, fühle das Licht auf deinem Gesicht und sage dir selbst: »Dies ist mein Zuhause.«

2.

Tragödie und Frieden

Zu viele Fußspuren am selben Ort,
denn das Herz ist ein schmaler Pfad,
und unsere Arme sind sein einziges Tor.

Manchmal trampeln so viele Erinnerungen durch mein Herz, dass ich überhaupt nicht mehr weiß, was ich fühle und warum: wie meine erste Liebe lacht, in jenem Park, dessen Namen ich schon lange nicht mehr weiß; wie meine Großmutter stirbt, neben ihren schmutzigen alten Backsteinen in Brooklyn; wie die luftige, schwindelerregende Höhe der Rocky Mountains mich auffordert, zurückzukehren unter die Lebenden; wie die Schultern meiner Exfrau müde hängend vom Regen nass werden; wie meine alte Hündin, mit der ich lebte, ihrem Schwanz nachjagt – und Tausende mehr …

Dass all die Arten, wie wir berührt wurden, zusammenfließen in den Grund dessen, wer wir sind, ist ein Segen, eine Gabe unseres Menschseins. Die Weisen aller Traditionen nennen dies »Frieden« – der flüchtige Augenblick, in dem alle Dinge eins werden. Dass wir unsere Gefühle und Erinnerungen nicht mehr aussondern können, wenn der Boden unserer Erfahrungen bestellt ist, gehört zur Natur des Lebendigseins. Dass wir darauf bestehen, unsere alten Wunden lebendig zu halten, ist unser Fluch.

Doch wie Thich Nhat Hanh uns erinnert: »Unser Geist der Liebe kann unter vielen Schichten der Vergesslichkeit und des Leidens begraben sein.« Ich lerne, dass der Unterschied darin besteht, worauf wir uns konzentrieren. Wenn ich meinen Fokus auf die Harke der Erfahrung richte und wie sich ihre Haken in mich hineingegraben haben und wie viele Füße über mich hinweggegangen sind, nimmt mein Leben des Leidens kein Ende. Und wenn ich meinen Fokus auf den Erdboden des Herzens richte und wie er bestellt wurde, nehmen die vielen Gefühle, die

Juni

ich nicht benennen kann, kein Ende. Die Tragödie lebt davon, dass wir fühlen, was uns angetan wurde, während Frieden davon lebt, dass wir mit dem Ergebnis leben.

- ◆ Zentriere dich. Fühle während des Atmens dein Herz mit seinen tausend Gefühlen in deiner Brust schlagen.
- ◆ Atme in einem langsamen Rhythmus und lass eine Erfahrung auftauchen, die dazu beigetragen hat, dich zu formen.
- ◆ Fokussiere dich einen Augenblick lang auf die »Harke« dieser Erfahrung, auf das, was dir widerfahren ist.
- ◆ Jetzt fokussiere dich auf den Erdboden dieser Erfahrung, auf das, was dabei herauskommt, wenn dich das Leben umgräbt.
- ◆ Bemerke und fühle den Unterschied.

3.

Mehr als unsere Fehler

Die Büffel nährten sich von dem Büffelgras,
das von ihrem eigenen Dung gedüngt wurde.
Dieses Gras hatte tiefe Wurzeln in der Erde
und widerstand der Dürre.
< David Peat >

Sosehr wir es auch versuchen, wir können es nicht vermeiden, Fehler zu machen. Aber zum Glück erwachsen uns starke Wurzeln, wenn wir essen, was auf unseren Ausscheidungen wächst, wenn wir unsere eigene Menschlichkeit verdauen und verarbeiten. Wie die Büffel nährt uns, was in unserer zertretenen Spur wächst. Was wir zertreten und zurücklassen, düngt das, was uns nähren wird. Dem entgeht niemand.

Ein Rohr fällt einer Tänzerin aufs Bein, und sie muss sich ein neues Leben erschaffen, während der Arbeiter, der es fallen ließ, dem Impuls nachgeht, mit behinderten Veteranen zu arbeiten. Ein lieber Freund entwickelt kleine, zwiebelartige Tumore, und seine Tulpen fangen an zu sprechen, und als er stirbt, fängt seine Pflegerin an, einen Garten anzulegen. Die Dinge zerfallen und setzen sich neu zusammen, manchmal schneller, als wir verarbeiten können. Aber wir entwickeln uns trotz unserer Beschränkungen; auch wenn wir etwas fallen lassen und Fehler machen, sind wir auf geheimnisvolle Weise immer mehr als das, was zerbrach. Wir wachsen wirklich irgendwie auf dem Humus unserer Fehler. Und was wir nicht loslassen wollen, wird uns oft im Lauf des Prozesses aus der Hand gewunden.

So oft war ich ein gebrochener Mensch und habe versagt, und mein Empfinden für meine Identität hat immer wieder ausgetrieben und ist immer wieder geschält worden, wie eine Zwiebel. Doch dadurch habe ich mehr als meinen Anteil an Leben erfahren und fühle mich gleichzeitig jung und alt, mit einem sprunghaften Herzen, das darum fleht, frische Luft zu bekommen. Und auf der anderen Seite all meines Leidens ist alles selten und ungewiss: vom raschen Trillern der Vögel bis zum Frieden eines hell gurgelnden Baches. Jetzt möchte ich nackt im Wind stehen, und obwohl ich fürchte zu zerbrechen, weiß ich, dass alles – auch die Furcht – irgendwie Teil des Rhythmus der Lebendigkeit ist.

Nie hat es mir jemand gesagt: So wie Schlangen die Haut abstreifen und Bäume ihre Rinde abschälen, häutet sich auch das menschliche Herz – weinend, wenn es aufgezwungen wird, singend, wenn es »aufgeliebt« wird. Ich verstehe natürlich: Alles, was uns davon abhält, uns an der Wahrheit zu laben, was dem Herzen vormacht, dass es sich im Offenen verstecken könne, was uns überall suchen lässt außer im Kern – alles dies ist der Rauch, der uns vom Lebendigen wegtreibt. Und was immer uns zurückkommen lässt, was uns ein Haus aus Stroh, aus Herzschmerz, aus Nichts bauen lässt, was immer uns inspiriert, wieder zu sehen, als wäre es das erste Mal, ist die bläuliche Flamme, welche die Erde auf ihrer Bahn um die Sonne hält.

◈ Entzünde eine Kerze. Setze dich still hin und fokussiere dich auf den blauen Teil der Flamme, während du über einen Verlust meditierst, den du in dir trägst. Vielleicht ist es ein Mensch, der gestorben ist oder dich verlassen hat, oder ein zerplatzter Traum.

Juni

- Lass die Gefühle, die mit diesem Verlust einhergehen, vorüberziehen, und finde ein Detail, das es wert erscheint, behalten zu werden. Vielleicht wird es durch einen Stift repräsentiert, den jemand einmal gebraucht hat, oder ein Buch, einen Lieblingsstuhl, ein Musikstück oder ein Gartenwerkzeug.
- Bewahre dieses Detail in deinem Herzen, schau in die bläuliche Flamme und meditiere über das Geschenk, das du aus diesem Verlust erhalten hast.
- Jetzt nutze dieses Detail, wenn möglich, um dir zu helfen, das vor dir Liegende aufzubauen.
- Versuche, aus dem Verlorenen das Bewahrenswerte herauszufiltern.
- Nutze das Alte, um das Neue aufzubauen.

4.

Ausharren

In all den zehn Regionen des Universums gibt es keinen Ort, an dem die Quelle nicht ist.
< Hakuin >

Eine alte Geschichte erzählt von einem jungen Mann, der frierend an einer Straße in Alaska steht. Er will nach Miami trampen. Ihm ist so kalt, dass er kaum sein handgemaltes Schild aufrecht halten kann. Endlich hält ein freundlicher Fahrer an und sagt: »Ich fahre nicht nach Miami, aber immerhin bis Kansas.«

Enttäuscht wendet sich der junge Mann ab.

Dies ist eine Volksweisheit unserer modernen Kultur, die uns vor unserem Wunsch nach Perfektion warnt. Wie oft verweigern wir uns unserem Schicksal unter dem Vorwand, auszuharren, bis sich das Richtige zeigt? Wie oft wenden wir uns von dem Weg ab, der sich wie ein Geschenk offenbart, weil er nicht genau das ist, wovon wir geträumt haben? Wie oft harren wir aus, warten auf den perfekten Partner, den perfekten Job, das perfekte Haus? Wie oft machen wir uns zu Märtyrern irgendeines Fantasie-Ideals? Wie oft verlieren wir das, worum es uns wirklich geht, aus dem Blick und beharren auf »Alles oder nichts« – obwohl es doch überall, wo wir sind, so viel Fülle gibt und so viele Gelegenheiten, die uns auf unserem Weg helfen könnten?

- Setze dich möglichst ins Freie und beobachte die Wolken. Suche nach einer Wolke, die aussieht wie ein Pferd. Egal ob du eine findest oder nicht, achte darauf, wie es sich anfühlt, nach einer bestimmten Form zu suchen.
- Schließe die Augen und atme gleichmäßig. Wenn du zentriert bist, öffne die Augen und schaue wieder in die Wolken. Finde eine, die dich anzieht, und sieh, welche Form darin liegt.
- Was immer du findest, bemerke, wie es sich anfühlt, das zu finden, was ist.

5.

Die Zwischenräume

Du brauchst nicht die Wahrheit zu suchen –
höre einfach auf, Meinungen zu haben!
< Seng-Ts'an >

So wie das Leben aus Tag und Nacht besteht und Lieder aus Musik und Stille, gibt es auch in Freundschaften, weil sie von dieser Welt sind, Zeiten des Kontakts und Zwischenräume. Als Menschen füllen wir diese Zwischenräume manchmal mit Sorgen oder wir stellen uns die Stille als eine Bestrafung vor oder interpretieren die Zeit der Funkstille als Zeichen für einen stillschweigenden Gesinnungswandel.

Unser Verstand arbeitet sehr hart daran, aus nichts etwas zu machen. Blitzschnell können wir Stille als Ablehnung empfinden und dann auf diesem winzigen, fantasierten Baustein eine komplette, kalte Wehrburg errichten.

Juni

Die Anspannungen, die wir aus dem Nichts spinnen, können wir nur lösen, wenn wir ein Herzenswesen bleiben. Wenn wir dem Fluss der Gefühle, die durch uns strömen, eine Stimme verleihen, können wir klar und offen bleiben.

Im Alltag nennen wir das Fürsorge, doch die meisten von uns reduzieren es auf eine Einkaufsliste: Wie geht es dir heute? Brauchst du noch Milch? Eier? Saft? Klopapier? Sicher, mit solchen äußeren Freundlichkeiten können wir einander überleben helfen, doch wir helfen einander wirklich, zu gedeihen, wenn wir eher eine innere Liste an »Freundschaftsdiensten« abfragen: Wie geht es dir heute? Brauchst du Bestätigung? Klarheit? Trost? Verständnis?

Wenn wir diese tieferen Fragen direkt stellen, befreien wir den Verstand von seinen Täuschungen. Genauso wie wir unsere Möbel ab und zu abstauben, müssen wir auch hin und wieder wegwischen, was zwischen uns steht.

◆ Meditiere darüber, was diese Aussagen für dich bedeuten, und sprich sie dann einem lieben Menschen gegenüber aus:
◆ »Ich schätze dich und dein Herz.«
◆ »Ich möchte, dass der Herzenskanal zwischen uns weit offen ist.«
◆ »Ich verspreche dir, sollten zwischen uns Missverständnisse oder Konflikte auftauchen, werde ich sie direkt ansprechen und nicht zulassen, dass sich etwas im Verborgenen aufstaut.«
◆ »Ich würde das entsprechende Versprechen von dir als einen Segen empfinden.«

6.

Zwei schlafende Affen

Berührbarkeit schließt nichts aus.
Sie bezieht sich auf alles gleichermaßen.
< Jane Hirshfield >

Wir schlenderten in eine Ecke des Zoos im Central Park, und trotz der vielen lärmenden Touristen fanden wir dort zwei Affen, die zusammen still auf einem Stein saßen. Zu unserer Überraschung schliefen sie beide tief und fest, ihre dunklen Köpfe aneinandergelehnt, die kleinen Körper schlaff.

Das Erstaunlichste war, dass ihre kleinen, zarten Hände einander berührten, ihre Affenfinger ineinander verschränkt lagen. Es war deutlich, dass es diese kleine, ständige Berührung war, die es ihnen ermöglichte, in dieser Situation zu schlafen. Solange sie einander berührten, konnten sie loslassen.

Ich beneidete sie um ihr Vertrauen und ihre Einfachheit. Da war nichts von der vorgetäuschten menschlichen Unabhängigkeit. Sie brauchten einander, um Frieden zu erfahren, das war klar. Einer bewegte sich, ohne aufzuwachen, und der andere ging schlafend mit der Bewegung mit, damit die Finger zusammenblieben. Das zutiefst nährende Leben der Berührung. So trieben beide dahin in ihrer inneren Welt und träumten, wovon auch immer Affen träumen.

Sie sahen aus wie alte Reisegefährten, die an einem Ruheplatz beten, den es nur gibt, weil sie es wagen, in Verbindung zu bleiben. Es war einer der berührendsten Anblicke, die ich je gesehen habe. Zwei alte Affen, die Händchen halten, als ob allein diese Berührung sie davor bewahrte, völlig in Bewusstlosigkeit zu versinken.

Ich bete um den Mut, ebenso schlicht zu sein in meiner Bitte um das, was ich brauche.

- Setze dich mit einem vertrauten lieben Menschen zusammen und öffnet euch für alles, was älter ist als ihr.
- Betet so, ohne euch zu berühren.
- Jetzt verschränkt leicht die Finger, mit der Schlichtheit alternder Affen, und öffnet euch tiefer für das Mysterium der Berührbarkeit.
- Beobachtet nicht und geht dem, was passiert, nicht weiter nach. Bleibt einfach verbunden und lasst euch in das Unaussprechliche treiben.

Juni

7.

Wir alle verschütten Suppe

Die Welt reformieren zu wollen, ohne sein wahres Selbst
zu entdecken, ist, als wollte man die ganze Welt mit Leder
bedecken, um sich nicht an Steinen und Dornen zu verletzen.
Es ist viel einfacher, Schuhe zu tragen.
< Der hinduistische Weise Ramana Maharshi >

Jeder nimmt Dinge persönlich und jeder projiziert. Persönlich nehmen heißt, dem Irrtum aufzusitzen, dass das Geschehen in der Welt immer mit dir zu tun hat. Ein extremes Beispiel: Ein Kind, das seine Hausaufgaben nicht macht, erfährt am nächsten Tag, dass irgendwo ein Flugzeug abgestürzt ist – und zieht daraus den Schluss, dafür verantwortlich zu sein. Eine gewöhnlichere erwachsene Version davon: Wenn dein Partner mürrisch und schlecht gelaunt nach Hause kommt, nimmst du sofort an, du seist schuld daran.

Projizieren ist das Gegenteil: Wir beziehen das, was in uns geschieht, auf die Welt um uns herum. Wir schreiben unsere Ängste und Frustrationen oft unbewusst anderen zu. Statt mir meinen Ärger bewusst zu machen, erlebe ich *dich* als verärgert. Oder ich schütze meine Kinder vor Hunden, weil *ich* mich vor ihnen fürchte, und halte sie deswegen von Hunden fern, ohne sie zu fragen, wie es ihnen damit geht. Ein subtileres Beispiel: Man sagt einem weinenden Menschen, es gebe doch keinen Grund zu weinen – nur weil man sich selbst mit diesem Gefühlsausbruch unwohl fühlt. Oder wir fragen unser Gegenüber, ob alles in Ordnung sei, wenn eigentlich in uns selbst Unordnung herrscht.

Tatsächlich kann niemand es vermeiden, Dinge persönlich zu nehmen oder zu projizieren. Nur sind sich manche von uns dessen bewusst und andere nicht; manche von uns übernehmen die Verantwortung dafür, wenn es ihnen passiert, und andere nicht. Das ist ein wesentlicher Unterschied. Über solchen Dingen können Beziehungen zerbrechen – oder sich vertiefen.

Die Menschen verschütten schon seit ewigen Zeiten Suppe. Generationen haben versucht, sich herauszureden. »Die Erde war's. Die Erde hat sich bewegt.« Und Generationen haben heimlich gedacht: »Das hat er jetzt absichtlich gemacht.«

Wenn du die Welt retten willst, sage einfach das nächste Mal, wenn du Suppe verschüttest: »Tut mir leid, dass ich Suppe verschüttet habe.«

- ◆ Zentriere dich und erinnere dich, wie du vor Kurzem einmal »Suppe verschüttet« hast.
- ◆ Atme klar und sieh genau, was du getan hast und welche Wirkung es auf andere hatte.
- ◆ Atme sanft und stehe zu deiner Menschlichkeit.
- ◆ Wenn nötig, mach es wieder gut.

8.

Ruhen wie ein Baum

Lob und Tadel, Gewinn und Verlust, Freud und Leid
kommen und gehen wie der Wind.
Um glücklich zu sein,
ruhe wie ein großer Baum in der Mitte von allem.
< »Buddhas kleines Weisungsbuch« >

Es ist hilfreich, sich an diese Lehre zu erinnern. Natürlich ist das schwer, wenn man gerade Vorwürfe macht, einen Verlust erleidet oder Kummer hat. Aber genau dann brauchen wir diese Weisheit am meisten.

Wie jeder andere auch möchte ich die Unterströmungen des Lebens lieber nicht erfahren, aber die Herausforderung liegt darin, sie nicht auszugrenzen, sondern zu akzeptieren, dass wir im Lauf unseres Lebens unseren Teil davon abkriegen.

Die schwierigen Aspekte des Lebens zu vermeiden bedeutet, unsere Fülle zu beeinträchtigen. Wenn wir das tun, sind wir wie ein Baum, der sich nie ganz dem Himmel öffnet. Mit unseren

Schwierigkeiten zu hadern, verhindert nur, dass sie vorüberziehen. Dann sind wir wie ein großer Baum, der den Sturm in seinen Blättern einfängt.

Der Sturm will seinem Wesen gemäß weiterziehen, und das Glück des Baumes ist, dass er keine Hände hat. Unser Segen und unser Fluch liegen darin, immer wieder zu lernen, wann es die Hände auszustrecken und festzuhalten gilt und wann es richtig ist, die Hände in den Taschen zu vergraben.

- Stelle dich neben einen ausgewachsenen Baum. Atme seine Weisheit ein.
- Während du den Baum beobachtest, bleibe offen für den Wind, fühle Vorwurf und Lob durch dich hindurchrauschen und versuche, zu stehen wie der Baum.
- Atme tief, fühle Gewinn und Verlust um dich herum und versuche, wie ein Ast dein Herz zu öffnen.
- Atme langsam, fühle Freude und Leid an deinem Laubwerk rütteln, und versuche, still zu stehen, an nichts festzuhalten.

9.

Das sind die Zeichen

Schmerz ist oft ein Zeichen,
dass sich etwas verändern muss.

Unser Herz und unser Körper vermitteln uns oft Botschaften, auf die wir nicht achten. Ironischerweise achten wir zwar alle sehr auf Schmerzen, aber wir hören nur selten, was sie uns zu sagen haben. Es ist wahr, manchmal müssen wir große Schmerzen, großes Herzeleid, große Enttäuschungen und Verluste aushalten, damit sich der Rest unseres Lebens entfalten kann. Aber unser Schmerz kann uns auch genau zeigen, wo Veränderungen anstehen.

Wenn wir unseren Körper als Brücke betrachten, die unser inneres Leben mit der äußeren Welt verbindet, dann zeigt uns der Schmerz, wo die Brücke am meisten unter Spannung steht.

Schmerz zeigt uns, wo unsere Bruchstelle sein könnte, wo unser Leben Verstärkung und Ruhe braucht, damit wir das innere und das äußere Leben weiter zusammenbringen können.

Während meines Ringens mit dem Krebs durchlitt ich eine Vielzahl tiefer und akuter Schmerzen. Ich lernte, festzuhalten und loszulassen, lernte auszuhalten, das heißt, den Schmerz durchziehen zu lassen, ohne ihn zu leugnen. Doch das Entscheidende war, dass ich lernte, auf den Schmerz zu hören.

Ich war zermürbt von den äußerst aggressiven Chemobehandlungen. Ich gab mein Bestes, um so viele Behandlungen wie möglich durchzustehen. Alle rieten mir, durchzuhalten. »Es ist bestimmt am besten«, sagten mir jene, die sich mehr fürchteten als ich, »so viel Gift wie möglich zu schlucken, damit der Krebs ganz aus deinem Körper verschwindet.« Ich blieb getreulich bei dieser Haltung.

Doch nach vier Monaten wurden meine Finger und Zehen taub. Die Chemotherapie zerstörte die Nerven, ich verlor meine Reflexe. Ich war unsicher, ob ich weitermachen sollte. Ich hatte das Gefühl, dass der Krebs weg war, aber die Chemo bedeutete zusätzliche Sicherheit. Ertrage mehr, wenn du kannst. Halte durch!

Weniger als vierundzwanzig Stunden später war ich nachts wach und litt unter den schlimmsten Magenschmerzen, die ich je erlebt hatte. Es war drei Uhr morgens, und ich wanderte im Wohnzimmer auf und ab, versuchte, den Schmerz zu ertragen, und bat Gott um ein Zeichen. Die Chemo hatte jetzt meine Speiseröhre angegriffen. Eine weitere Schmerzattacke überfiel mich. Ich brach zusammen: Gott, gib mir ein Zeichen. Was soll ich tun? Ich wollte leben!

Eine weitere Attacke. Dies geschah noch dreimal, bis ich plötzlich begriff: Der Schmerz war das Zeichen. Und seine Botschaft lautete: »Hör auf!« Es war vorbei. Da stand ich, vornübergebeugt, mit blutender Kehle und tauben Händen und Füßen, und Gott sagte: »Das sind die Zeichen. Willst du mehr? Ich kann dir noch mehr davon geben.«

Am nächsten Tag sagte ich meiner netten Ärztin, dass ich keine Nadel mehr im Arm wollte. Und es war vorbei.

Juni

- Atme langsam und meditiere über einen Schmerz, der dich gequält hat. Er kann körperlicher, emotionaler oder auch mentaler Art sein.
- Statt dich »tougher« zu machen und dem Einsetzen des Schmerzes zu widerstehen, versuche, ihn durch dich hindurchfließen zu lassen.
- Achte darauf, wo der Schmerz am akutesten ist. Achte darauf, wo du ihn zuerst und wo du ihn beim Abebben zuletzt fühlst.
- Was sagt dir der Schmerz über jenen Teil deines Körpers, Herzens oder Verstands, den er durchströmt?
- Was kannst du ändern in deiner Bewegung, deinem Fühlen oder Denken, was diesen schmerzenden Teil von dir stärken könnte?

10.

Das Ausüben von Freundlichkeit

Ich habe keine Wunderkräfte,
außer dem Zustand stiller Freude.
Ich habe keinen Anstand,
außer der Ausübung von Freundlichkeit.
< Orakel von Sumiyoshi >

Dieser Shinto-Weise aus dem Hügelland Japans bestätigt, was wir alle in unserem Herzen wissen, aber nur selten würdigen. Ich habe hart daran gearbeitet, nicht mehr einen Platz in der Welt anzustreben, den mir andere zuweisen, denn dies führt mich immer zu Lärm, Verwirrung und Derbheit. Oft sind es die Erschütterung durch einen Kummer oder ein Schmerz, die mich anhalten lassen und mich an die Ausübung von Freundlichkeit erinnern – Freundlichkeit, die mir wieder Zugang schenkt zur Welt der Stille.

Die Wahrheit ist, dass ich das nicht nur vergesse; ein ungeliebter Teil von mir will mir nämlich beharrlich einflüstern, ich könne beides haben. Ich Narr höre dann manchmal darauf, sei es aus Selbstmitleid oder aus Stolz, und muss immer wieder schmerzhaft feststellen, dass es einfach nicht funktioniert.

Auf wundervoll mysteriöse Weise ist das Außergewöhnliche in allem von einer Schicht aus Geschwindigkeit und Lärm bedeckt, so wie schöne Steine nicht sichtbar sind, wenn der Fluss über sie hinwegrauscht. Nur wenn wir den Fluss der Welt und den Fluss in unserem Gesicht beruhigen können, wird alles außergewöhnlich und klar.

- ◆ Dies ist eine Gehmeditation. Atme tief, während du gehst.
- ◆ Werde langsamer und merke, wie sich dabei dein Aufmerksamkeitsfeld weitet.
- ◆ Geh zum Ersten, was dir seine stille Freude zeigt.
- ◆ Atme davor langsam und sprich zu ihm in Freundlichkeit.

11.

Gemeinsames Bergsteigen

Die von dem einen Wasser trinken,
schauen dieselben Sterne.

Der Aufstieg war lang. Der Tag war heiß. Tom hatte vorausgedacht und seine Wasserflasche tiefgefroren, damit das Wasser kalt bliebe. Doch nachdem er ein paar Schlucke Schmelzwasser getrunken hatte, blieb ihm nur ein Stück Eis, das in seiner Flasche klapperte. Da fragte ihn Bill, ein Wandergefährte, der nicht vorausgedacht hatte, ob Tom nicht sein Eis mit ihm teilen würde. Er hatte noch viel Wasser, aber es war durch die Sonne warm geworden.

Tom war gerne bereit, sein Eis zu teilen, und versuchte, den Eisklumpen zu zerkleinern, um Bill ein paar Stücke abzugeben. Nach langem vergeblichem Bemühen hatte er die Idee, Bill könne ja sein warmes Wasser über das Eis in seiner Flasche gießen, dann könnten sie beide davon trinken.

Juni

Dieser kleine Moment veränderte Toms Leben. Er erkannte plötzlich, dass er leichter mit anderen teilen kann, wenn er die Dinge hineinlässt, als wenn er sie zerkleinert, um sie herauszubringen.

Als er wieder vom Berg herunterkam, zurück in die Welt, hatte er die drei Mysterien des Teilens begriffen: Wenn die Zeit dafür da ist, lass, was kalt ist, tauen. Aber wenn keine Zeit dafür da ist, lass, was warm ist, hinein, und nur wenn nötig, zerbrich, was noch hart ist, und bete, was das Zeug hält, dass du es an andere weitergeben kannst.

- Zentriere dich, öffne beim Atmen deine Hände und lass hinein, was warm ist um dich herum.
- Während du einatmest, lass die Energie des Lebens deine Vorbereitungen auftauen, auf dass du trinkbar wirst.

12.

Zählen durch Berühren

Wir müssen durch Berühren zählen,
nicht durch Addieren und Subtrahieren.

Wenn wir mit den Augen zählen, schalten wir unser Herz ab. Denn die Augen sehen, was zerbrochen ist, ohne den Bruch zu spüren, und der Verstand kann die Verluste berechnen, ohne die Wunde zu versorgen. Ohne das Leben zu berühren, das vor uns in die Brüche ging, können wir losrasen, um alles wiederaufzubauen, bevor der zerschmetterte Traum zu Boden fällt. Das macht uns zwar zäh und effizient wie Ameisen, aber es verhindert, dass wir je in dem leben, was wir errichten.

Und was uns präzise und effizient macht, kann auch zu einem neurotischen Leben führen: nicht berührend, was wir sehen, nicht fühlend, was wir wissen. So geht der Verstand über die Schritte des Herzens hinweg. So vergessen wir, dass das Blut in den Nachrichten echt ist und dass der Schrei auf der Straße von einem lebendigen Wesen stammt.

Als ich aus der Narkose meiner Rippenoperation aufwachte, entdeckte ich eine liebe Freundin am Fuße meines Bettes. Es war ein erhebendes Gefühl für mich, auf der anderen Seite gewesen zu sein, und ich sprach sie an, aber sie starrte ins Nichts. Ich wusste sofort, dass sie bereits um mich trauerte, und so verpasste sie den Augenblick, wo ich zurück ins Leben kam. Sie bereitete sich bereits auf ein Leben ohne mich vor, und so wurde die tiefere Nähe nicht gefühlt, die uns möglich gewesen wäre. Wir meinen, uns zu schützen, indem wir eine Bestandsaufnahme machen und weiterziehen, aber damit spinnen wir unser Netz nur noch dichter.

Vor Kurzem hatte eine andere Freundin einen Traum, in dem wir ein Zuhause bauten, mit festen Regalbrettern für die Dinge, die wir lieben. Sie versuchte, die Bretter zu zählen, aber sie konnte sich die Zahlen nicht merken. Sie musste hingehen und sie zählen, indem sie sie einzeln berührte. Auf geheimnisvolle Weise vermehrten sich die Regale dadurch. Ihre Berührung ließ mehr Regalbretter entstehen.

Eine simple und doch tiefe Lektion: Mit den Händen zu zählen, bringt uns tiefer als alles Berechnen. Dann werden Zahlen zu Tönen, und die Summe wird zum Lied.

- ◆ Setze dich still hin und meditiere über drei Dinge, die dir lieb sind. Eines kann die Liebe zu einer anderen Person sein; ein zweites deine Liebe zum Meer; und ein drittes ein besonderes Musikstück, bei dem du dich *ganz* fühlst.
- ◆ Mit jedem Atemzug lass das Bild und das Gefühl zu diesen Dingen nacheinander vor dir auftauchen.
- ◆ Atme weiter und zähle die lieben Dinge, so wie sie in dein Bewusstsein treten, wieder und wieder.
- ◆ Fühle sie, bis die Zahlen – eins, zwei, drei – wegfallen.
- ◆ Atme regelmäßig weiter und lass das Gefühl zu diesen lieben Dingen sich vermischen und einander berühren.
- ◆ Bewahre die Stimmung, diese geliebten Dinge innig zu halten, und gehe damit in deinen Tag.

Juni

13.

Gegen unseren Willen

*So wie ein Fjord sich nicht gegen das Meer
verschließen kann, das ihn formt, kann auch das Herz
sich dem Anfluten des Lebens nur öffnen.*

Zu den schwierigsten Segnungen des Herzens gehört, dass es als Ebenbild des Lebens nie aufhört, sich durch Erfahrungen zu verändern. Egal wie sehr wir versuchen, Geschehenes zu bewahren oder erneut zu durchleben – das Herz hört nicht auf, geformt zu werden.

Dies ist ein wundervoller Schlüssel zur Gesundheit: Trotz unseres Widerstands, zu akzeptieren, dass Verlorenes hinter uns liegt; trotz unseres wiederkehrenden Bedürfnisses, unsere Wunden zu schließen, indem wir sie erneut leben; trotz unserer heroischen Bemühungen, Wertvolles zu bewahren; trotz all unserer Versuche, den Fluss des Lebens aufzuhalten …, weiß es das Herz besser. Es weiß, dass der einzige Weg, wirklich zu erinnern oder heil zu bleiben, darin liegt, das Beste und das Schlimmste in sein Gewebe einzuarbeiten.

Trotz unserer entschiedenen Absicht, nicht wieder verletzt zu werden, treibt uns das Herz vorwärts in Richtung Gesundheit. Wir wandern umher und meinen, wir könnten es steuern, doch unser Herz wird unablässig geformt wie das Land, und oft gegen unseren Willen.

- Zentriere dich und vergegenwärtige dir einen kostbaren Augenblick, den du bewahren möchtest.
- Während du atmest, lass das Leben in dich hinein, das dich gerade umgibt: die Art des Lichts, die Temperatur, die Geräusche, die kommen und gehen.
- Atme gleichmäßig und versuche, sie nicht gegeneinander auszuspielen. Lass einfach zu, dass die wertvolle Erinnerung und der kostbare Augenblick eins werden.

14.

In Liebe schwimmen

*Manchmal verliere ich uns aus dem Blick,
so wie Fische das Meer nicht sehen können;
das ist der Preis der Liebenden, die in Liebe schwimmen.*

Wenn wir uns verlieben, ergreift uns die mächtige Kraft des Möglichen und zieht uns tiefer und tiefer in die Tage. Wenn wir anfangen, die Bindungen der Liebe zu erschaffen, betrachten wir einander mit unglaublicher Frische und sind begeistert von dem, der vor uns steht. Wir schauen unserer Geliebten in die Augen, wie wir ein überwältigendes Kunstwerk betrachten, in dem wir die Geheimnisse des Lebens zu erahnen glauben.

Wenn wir miteinander vertrauter werden, verlieren wir einander jedoch unausweichlich aus dem Blick, und es kommt der Tag, wo wir unsere Liebste nicht mehr so sehen wie andere. Jetzt schauen wir das Innere ihres Gesichts, in Nahaufnahme. Jetzt schwimmt einer im anderen wie ein geheimnisvoller Fluss, in dem wir manchmal uns selbst erblicken, uns manchmal trösten und manchmal voneinander trinken.

Schließlich klettern wir in das Bild hinein, das wir einst mit klopfendem Herzen betrachtet haben, und von dort drinnen vergessen wir manchmal, dass es das Bild gab. So nehmen wir einander für selbstverständlich. So können wir meinen, der Zauber sei verschwunden.

Doch wie wir als Belohnung mit den Wellen schwimmen, wenn wir uns ins Meer ziehen lassen, so können wir einander fühlen statt sehen als Belohnung dafür, dass wir uns tief ineinander versenken. Das ist das Paradox der Intimität. Auf dem Weg dorthin sehen wir, dass wir vom Fühlen träumen, aber dort angekommen fühlen wir von innen, was wir nicht mehr so leicht sehen können.

Juni

- Setze dich mit einem lieben Menschen still hin.
- Haltet einander an den Händen, schließt die Augen und erinnert euch an den Tag, an dem ihr einander zum ersten Mal tief gesehen habt. Lasst dieses Bild durch eure Hände fließen.
- Während ihr euch weiter an den Händen haltet, schaut einander frei in die Augen und fühlt, was jetzt zwischen euch lebt.
- Schließt wieder die Augen und lasst das Sehen und das Fühlen zwischen euch fließen.

15.

Durchlässig bleiben

Man muss Geduld haben
mit dem Ungelösten im Herzen
und versuchen, die Fragen selbst zu lieben.
< Rainer Maria Rilke >

Ich jogge an einem heißen Sommertag durch die Stadt und meine Beine laufen in ihrem Rhythmus, tragen mich fast von allein durch kleine Menschenansammlungen, vorbei an Rosen und Bushaltestellen. Ich beginne, darüber nachzudenken, wie ich darum ringe, mich nicht zu verlieren. In meiner Jugend musste ich mein Selbst an der Türe abgeben wie einen Mantel, um mit anderen in Beziehung zu treten. Häufig musste ich vorgeben, weniger zu sein, als ich war, um geliebt zu werden.

Jahrelang verbarg ich mein Licht, um für andere zu sorgen. Wie ein Feuerwehrmann ließ ich alles stehen und liegen, um anderen zu Hilfe zu eilen. Lange Zeit schien ich mich entscheiden zu müssen: Entweder ich blieb offen und verlor mich, oder ich verschloss mich und schnitt mich von anderen ab. Doch heute erkenne ich, während ich frei durch die Straßen laufe, nahe bei anderen, aber nicht verstrickt, dass ich nach vielen Anläufen langsam lerne, nah und durchlässig zu bleiben, fürsorglich und präsent, ohne mir die Angst anderer aufzuladen und ohne abtauchen zu müssen. Jedenfalls versuche ich es.

Ich schwitze und schnaufe wie ein kleines Pferd. Der Himmel zieht sich zu, es fängt an zu nieseln. Ich bewege mich durch diese wundervollen Menschen und bitte um einen Hotdog mit Senf und Sauerkraut. Während ich dieses schlichte Mahl verspeise, vermischt sich das Wasser des Himmels mit dem Wasser aus meinem Körper, und in dem Regen, schwitzend, den Geschmack von Sauerkraut auf den Lippen, empfinde ich Freude. Andere schieben sich an mir vorbei. Heute ist kein Platz für Minderwertigkeit.

- Setze dich still hin und vergegenwärtige dir eine Zeit, in der du dich selbst völlig im Problem eines anderen verloren hast.
- Zentriere dich und vergegenwärtige dir eine Zeit, in der du deinen Kontakt mit dir selbst gehalten hast, aber jemand anderen komplett abgeschnitten hast.
- Atme gründlich und versuche, die beiden Gefühle nebeneinander stehen zu lassen: Mitgefühl und Selbstwahrnehmung.
- Atme ein. Selbstwahrnehmung. Atme aus. Mitgefühl.
- Atme ein. Selbstwahrnehmung. Atme aus. Mitgefühl.

16.

Der Schritt auf andere zu

All die Versprechen, die wir machen,
von der Wiege bis zur Bahre,
wo du doch alles bist, wonach mich sehnt.
< Bruce Springsteen >

Wir stellen uns vor, so viele Bedingungen müssten erfüllt sein, um Liebe zu finden. Stattdessen müssen wir doch nur den kleinen Spalt überqueren, wie ein Mensch, der von einem Boot an Land geht. Oft gibt es nichts, was vorzubereiten wäre, nichts, was noch zu erledigen wäre – es gilt nur, das zu überqueren, was uns trennt, und in dem anzukommen, was vor uns liegt.

Juni

Doch wenn wir unseren Ängsten nachgeben, verbreitern wir den Spalt durch Bedingungen, die erfüllt sein müssen, bevor wir aufeinander zugehen können. So beschäftigen wir uns damit, Empfehlungen zu sammeln, unseren Lebensstil zu entwickeln, Bankkonten zu füllen, und lenken uns vom schlichten, wesentlichen Bedürfnis ab, gehalten zu werden. Auf diese Art bewegen wir uns auf und ab und herum, aber nur selten direkt auf das zu, was uns Liebe schenkt.

Um Liebe zu erfahren, ist mehr nötig als Verständnis. Wir müssen anlegen und an Land gehen. Bevor wir den Schritt machen, erscheint der Spalt zwischen uns wie eine große Kluft. Doch wenn wir es trotzdem wagen, wirkt die Trennung zwischen uns viel kleiner. Oft stellt sich nach dem Überschreiten heraus, dass das, was wir gefürchtet haben, unerwarteterweise eine Brücke war, von der aus wir erkennen können, wer wir waren und wer wir werden.

◆ Zentriere dich und vergegenwärtige dir den Spalt zwischen dir und anderen.
◆ Beim Einatmen bringe mehr der anderen in diesen Spalt.
◆ Beim Ausatmen bringe mehr von dir selbst in diesen Spalt.
◆ Atme und lass die Trennungslinien verschwimmen.

17.

Geist und Psyche

Selbst das klarste Wasser
wird bei großer Tiefe undurchsichtig.
< Joel Agee >

Jeder von uns ist ein großer, namenloser Ozean, beherrscht von den tieferen Strömungen, die nur selten sichtbar werden. Dies zu wissen, schenkt uns drei wichtige Erkenntnisse. Zum Ersten, dass auch die tiefste Stelle des Meeres genauso klar ist wie seine Oberfläche, auch wenn sie für das menschliche Auge unsichtbar ist. Zum Zweiten, dass es von der Ruhe oder Bewegtheit der Oberfläche abhängt, wie tief wir schauen können. Und zum Dritten, dass der Geist und die Psyche eines Menschen genauso untrennbar miteinander verbunden sind wie die Tiefe und die Oberfläche des Meeres.

Unsere tiefen, ungezähmten Unterströmungen bewirken, dass wir aufwallen, brechen und zusammenstürzen. Doch die Grundlage unseres Geistes lässt sich von den Stürmen auf der Oberfläche nicht beeindrucken. Sie gehorcht einer tieferen Ordnung. Doch wir als Lebewesen in dieser Welt gehorchen immer beidem: der Tiefe und der Oberfläche, unserem Geist und unserer Psyche. Auch wenn wir nie bis ganz zum Grund sehen können, spüren wir an klaren Tagen – wenn unsere Psyche ruhig ist – die Tiefe, die uns trägt. Frei von Turbulenzen und Ängstlichkeit können wir den Ozean des Göttlichen erfahren, der in uns wogt.

Auch in der Liebe, in Beziehungen, in der flüchtigen Klarheit, die Lebendigkeit mit sich bringt, sehe ich ganz durch dich hindurch, so weit mein Augen reicht, und bin für immer verändert. Dies geschieht auch, wenn wir uns selbst erkennen. Es ist unvermeidbar. Beobachte irgendein Stück Meer: Es ist nie vollkommen still. Selbst bei ruhiger See spiegelt es alles, während es sich ausbreitet und nie verschwindet. Genauso ist es mit unseren Gefühlen, die sich, je nach Lichtverhältnissen, ständig verändern.

Wie klar und durchsichtig wir sind, hängt davon ab, wie ruhig wir sind und wie ruhig der Tag ist. Doch wir sind nie abgeschnitten von unserem Geist, genauso wenig wie die Oberfläche der Welle abgeschnitten sein könnte vom Meeresboden. Lebensangst entsteht oft, wenn wir all unsere Energie auf die Welle konzentrieren, auf die turbulenten Bewegungen unserer Psyche.

Wenn Offenbarung die flüchtige Erfahrung ist, durch die Oberfläche in uns selbst oder in andere hineinzuschauen, dann ist Weisheit, sich an diesen Anblick zu erinnern, wenn die Wasser trüb sind.

◆ Fülle eine möglichst große, tiefe, durchsichtige Schale mit Wasser. Rühre es mit deiner Hand auf und schau in Ruhe zu, wie es sich wieder beruhigt.

Juni

- Wiederhole dies einige Male, während du über die Stürme deines Lebens nachdenkst, die deinen Verstand aufwühlen.
- Achte die beiden letzten Male auf das Wasser am Grund der Schale, wie es weniger berührt ist von dem, was die Oberfläche aufwühlt.

18.

Auftauchen und durchlassen

Diese Nacht wird vergehen ...
Dann haben wir zu tun ...
Alles dreht sich um Lieben und Nicht-Lieben ...
< Rumi >

Wenn wir uns verletzt, niedergeschlagen oder ängstlich fühlen, dann begegnen wir oft machtvollen Gefühlen, die sich wie körperlose Geister in uns festsetzen und unser Leben beherrschen wollen. Sie scheinen sich in der Höhlung unseres Schmerzes zu sammeln und schüren unsere Wunden wie ein Feuer, an dem sie sich wärmen.

Nach jahrelangem Ringen darum, meine schmerzhaften Gefühle herauszulassen, lerne ich die andere Seite kennen, die für mein Wohlbefinden genauso wesentlich ist: zu verhindern, dass Verletztheit, Depression oder Angst sich dauerhaft in mir einnisten. Ich muss zugeben, all diese Jahre gebraucht zu haben, um ganz zu begreifen, dass der Sinn, diese machtvollen Gefühle auftauchen zu lassen, darin besteht, Herz und Geist von ihren Ablagerungen zu befreien, damit neues Leben in mich gelangen kann.

Es kann gefährlich sein, solche Gefühle nicht herauszulassen. Aber wenn sie gefühlt wurden, kann es auch gefährlich sein, sie nicht ganz durchzulassen. Denn so wie unsere Lungen sich leeren müssen, um die nächste Ladung Luft hereinzulassen, muss unser Herz frei sein für das nächste Gefühl, das uns begegnet.

Es gibt keine Freiheit, bis wir die Geister aus den Kammern unserer Wunden heraustanzen, bis wir unsere Wunden wie Geröll an den Rand unseres Steinbruchs räumen.

- Zentriere dich und vergegenwärtige dir ein schmerzhaftes Gefühl, das du schon zu lange hegst.
- Geh in deiner Meditation in einen Dialog mit diesem Gefühl und frage, warum es nicht verschwinden mag und was es braucht, um dich zu verlassen.
- Atme gleichmäßig und lebe mit dem, was es sagt.

19.

Ein erweiterter Horizont

Die Augen strengen sich weniger an,
wenn sie auf einen weiteren Horizont blicken können.
< R. D. Chin >

Ob in Physik oder Architektur, östlichen Formen der Meditation oder westlichen Formen des Betens – jedes Forschungsfeld bestätigt, dass unsere Isolation abnimmt, je weiter unsere Perspektive ist. Je mehr wir mit allem, was größer ist als wir, in Verbindung bleiben, desto weniger turbulent ist unsere Zeit auf Erden.

Deswegen hilft es, über die eigene Reise mit anderen zu reden, denn dadurch werden wir zu einem Chor von Stimmen, und der Stress des Alleine-Gehens reduziert sich, wenn wir entdecken, dass wir nicht allein sind. So wie Licht, wenn es gebündelt wird, Hitze erzeugt, so können sich in der Einsamkeit aus dem Stoff unseres Lebens Waldbrände entzünden, wenn wir nicht aufmachen. Ich erfuhr diesen Unterschied sehr deutlich, als ich während meiner Krebs-Erfahrung in eine Gesundheitsgruppe ging. Allein hatte ich unter der Hitze des Sterbens gelitten. Doch als ich meine Stimme in einem Kreis von Menschen einbringen konnte, die auf dem gleichen Weg waren, entspannte sich mein Herz wieder in das Licht des Lebens.

Wenn du also jemanden siehst, der mit einem Stein auf dem Herzen vorwärtsstolpert, geh zu ihm und höre zu. Schneidet der

Juni

Schmerz des Lebens dir scharf ins Fleisch, öffne deine Aufmerk-samkeit, verschenke sie freimütig, und die Verbindungen werden die Schärfe mildern. Ächzt du unter der Last des Lebens, geh in Kontakt mit jemandem in der Nähe und tragt die Last gemeinsam.

◆ Vergegenwärtige dir eine Situation, die dir Stress macht.
◆ Während du auf diese Situation schaust, atme ein und öffne dich für etwas um dich herum, das nicht stressbeladen ist.
◆ Atme langsam, behalte sowohl das Stressige als auch das Stressfreie im Blick und erkenne, dass Engwerden und Weit-werden zum Menschsein gehören.

20.

Die Luft nach dem Schmerz

Lebe für die Luft nach dem Schmerz,
und es gibt keinen Grund wegzulaufen.

Hippokrates hat gesagt, Lust sei die Abwesenheit von Schmerz. Jeder, der je gelitten hat, weiß um diese tiefe Wahrheit. Als ich nach meiner Krebsdiagnose in den Spießrutenlauf von Untersu-chungen geriet, hatte ich panische Angst vor Schmerzen. Jedem Arzt und jeder Schwester stellte ich mich vor als »Mark – gebt mir eine Narkose – Nepo«. Aber bei jeder Prozedur gab es irgend-einen medizinischen Grund, warum ich wach bleiben musste. Ich erkannte, dass ich nicht weglaufen konnte.

Es dauerte eine Weile, doch nachdem ich es akzeptiert hatte, begriff ich: Das Schlimmste an meinen Schmerzen war, dass sie vielleicht nie aufhören würden; ich befürchtete, mein Leben würde irgendwie in diesem schrecklichen Empfinden verharren. Die Macht dieses Schreckens rührte daher, dass ich mir kein Leben jenseits des Schmerzes vorstellen konnte.

Der Durchbruch kam an einem Tag, an dem mir eine wei-tere Knochenmarkpunktion bevorstand. Aus irgendeinem Grund waren diese Untersuchungen für mich das Schlimmste. Doch mit Hilfe irgendeiner höheren Gnade konnte ich es an diesem Tag plötzlich anders sehen. Ich begriff, dass diese höchst unangenehme Prozedur höchstens vierzig bis fünfzig Sekunden dauern würde und ich mein ganzes Leben und Sein darauf ausrichtete, auf diese fünfzig Sekunden zu warten und sie vermeiden zu wollen.

Da erkannte ich, dass ich die Wahl hatte. Der Schmerz in jenen Sekunden würde derselbe sein, aber ich konnte mich mitsamt meiner Angst darin verankern, dass mein Leben nach diesen fünfzig Sekunden weitergehen würde. Die Luft würde lichterfüllt sein, auch nach dem Schmerz. Zum ersten Mal fühlte ich in meiner Seele: Ich war mehr als mein Schmerz. Das gab mir Kraft.

In unserer Verzweiflung sehen wir oft unseren Schmerz als etwas Unaufhörliches. Genau das ist oft ein Merkmal unserer Verzweiflung: Wir glauben, unser Schmerz enthielte uns ganz und gar. Im Gegensatz dazu gibt es einen Weg hin zu mehr Frieden: wenn wir glauben, dass unser Leben auch unseren Schmerz enthält.

- Zentriere dich und konzentriere dich auf einen körperlichen oder emotionalen Schmerz in dir.
- Bring einatmend alles ein, was größer ist als dein Schmerz.
- Lass beim Ausatmen den Schmerz aufgehen in der weiten Luft, die schmerzfrei ist.
- Wiederhole dies und konzentriere dich auf die schmerzfreien Augenblicke. Lade sie ein, länger zu werden.

21.

Die Gegenwart Gottes

Ich schaute hundert Male hin und sah nur Staub.
Dann brach die Sonne durch
und Goldfunken erfüllten die Luft.

Bedenke, wie die Sonne unsere Welt beständig erhellt, und doch können wir ihr Licht nur sehen, wenn es etwas berührt. Obwohl

Juni

die Sonne immer brennt und alles Lebendige erhält, obwohl sie ihre Kraft über Millionen von Meilen hinweg zu uns schickt, ist sie doch diesen ganzen langen Weg hin unsichtbar, bis sie auf einen einfachen Grashalm fällt oder aus einem Spinnennetz ein goldenes Spitzengewebe macht.

Auf dieselbe Weise bewegt sich die Gegenwart Gottes unsichtbar zwischen uns, nur erkennbar in jenen kurzen Momenten, wenn wir erhellt sind, in jenen lebendigen Augenblicken, die wir »Liebe« nennen. Denn so wie wir ein Spinnennetz sehen können und seine Schönheit doch erst erkennen, wenn das Sonnenlicht darauf fällt, können wir auch das Gesicht neben uns immer wieder sehen und nie die Schönheit darin erkennen, bis einer von uns – oder beide – sich plötzlich enthüllt. Geister zeigen sich auf eben solche Art – oder besser: Die Sanftmut unseres Herzens ermöglicht es uns, zu sehen und gesehen zu werden. Das erfüllt unsere Suche nach Liebe mit Demut. Denn was bleibt uns übrig, als offen zu wachsen und abzuwarten?

◆ Nimm einen dir vertrauten Gegenstand und lege ihn draußen ins Sonnenlicht.
◆ Lass ihn jetzt dort in Ruhe liegen und meditiere über die allgemeine Präsenz der Liebe und wie du sie erfährst.
◆ Schau nach einer Weile mit den Augen des Herzens auf den vertrauten Gegenstand, der dort in der Sonne liegt.
◆ Bemerke, wie er lebendig zu werden scheint.
◆ Erkenne, dass dein Herz jetzt in der Sonne ist.
◆ Fühle, wie es lebendig geworden ist.

22.

Spirituelles Fischen

Aufrichtigkeit ist das Netz,
mit dem wir in der Tiefe fischen.

Obwohl uns beigebracht wird, Pläne zu machen und ihnen treu zu bleiben, und obwohl wir auf vorgegebenen Wegen durch unsere Tage gehen, um Referenzen und Auszeichnungen zu erhalten, gelingt es uns auf diesem Weg doch nicht, ein echtes und wirkliches Leben zu leben.

Mir erscheint die Suche nach dem Platz, wo ich ins Leben passe, wie spirituelles Fischen. Der große, geheimnisvolle Ozean der Erfahrung ruft mich, und ich hole aus meinen Tagen Nahrung ein, ob mit Eimern voller Fragen oder in Netzen der Aufrichtigkeit. Ich hole Muscheln und Perlen und Algen ein aus einer allen gemeinsamen Tiefe, die niemand sehen kann, und dann verbringe ich Zeit damit, meine Funde zu säubern und zu hören, was sie mir zu sagen haben.

Auf diese Weise muss jeder fischen, der lebt, und das erfordert Stille und Geduld sowie die Bereitschaft, sich treiben zu lassen. Denn wir wissen nie, wo die tiefen Dinge zu finden sind. Selbst unsere Bemühungen, uns selbst zu erkennen, ähneln diesem Prozess, denn vieles von dem, wer wir sind, lebt deutlich unter der Oberfläche, und wir alle müssen uns nähren von dem, was da unten haust, wenn wir überleben wollen.

Paradoxerweise leben auch unsere wesentlichen Gefühle und persönlichen Wahrheiten dort unten wie Fische, die nicht gefangen werden wollen. Doch spirituelles Fischen bringt spirituelle Nahrung ein, und der geheime Nährwert dessen, was in uns lebt, liegt darin, dass wir diese Muschel öffnen müssen, um zu essen, was in unserer Muschel ist, und dass wir in die Tiefe schauen, indem wir essen, was unter der Oberfläche schwimmt.

Tatsächlich hat sich mir jeder Mensch, den ich je geliebt habe, und jeder Weg, der mich je gerufen hat, gezeigt, nachdem ich in den Wassern meines Geistes fischte, die in ihrer Tiefe der Ozean allen Geistes sind. Ich bin davon überzeugt, wir sind dort alle miteinander verbunden und nur durch diese Vereinigung – durch das Heraufholen und Aufnehmen dessen, was in uns lebt – können wir hoffen, unseren gemeinsamen Lebenssinn zu erkennen. In der Hingabe an diese aufrichtige Praxis wird die Weisheit des achtsamen Herzens zu jenem hervorragenden Netz, mit welchem wir selbst die kleinsten Muscheln einholen können, die in ihren Schalen sowohl Nahrung als auch Perlen bergen.

Juni

- Finde ein fließendes Gewässer und geh an ihm entlang, bis du dich von ihm gerufen fühlst.
- Dann stecke den Arm in seine bewegte Klarheit, als wäre es deine eigene Seele, und fische mit offener Hand nach dem, was es dir geben will.
- Egal ob es ein Stein ist, ein Zweig, eine Muschel oder ein Stück Abfall: Hol es heraus und halte es ganz in deiner Hand.
- Jetzt meditiere und arbeite mit diesem lebendigen Symbol. Höre, *was* es weiß und *wie* es weiß.
- Welche Nahrung bietet es dir an?

23.

Ruhm oder Frieden

Lieber der fliegende Vogel, der keine Spuren hinterlässt,
als das wandernde Vieh, das die Erde prägt.
< Fernando Pessoa >

Ein großer Teil unserer Ängste und inneren Unruhen stammt daher, dass wir in einer globalen Kultur leben, deren Werte uns von der Essenz des Wesentlichen fernhalten. Dahinter steht der Konflikt zwischen der äußeren Definition von Erfolg und dem inneren Wert von Frieden.

Leider werden wir ermutigt, ja sogar dazu erzogen, Aufmerksamkeit bekommen zu wollen, obwohl das Geheimnis sich erneuernden Lebens darin liegt, Aufmerksamkeit zu schenken. Vom guten Abschneiden bei Prüfungen bis zu guten beruflichen Positionen wird uns vermittelt, unser Erfolg hänge davon ab, gesehen und als etwas Besonderes anerkannt zu werden – obwohl sich die Schwelle zu allem Außergewöhnlichen im Leben nur zeigt, wenn wir uns ganz dem Schenken von Aufmerksamkeit widmen und nicht dem Bekommen. Die Dinge werden für uns nur lebendig, wenn wir uns trauen, sie zu sehen und alles als etwas Besonderes zu erkennen.

Je länger wir versuchen, Aufmerksamkeit zu bekommen, statt sie zu schenken, desto unglücklicher sind wir. Es führt uns in die Welt erträumten Ruhms, zu dem Bedürfnis nach ständiger Bestätigung, wo doch das Empfinden von Einheit uns nur zuteil wird, wenn wir das Leben um uns herum erkennen. Es lässt uns verzweifelt danach gieren, geliebt zu werden, obwohl wir dringend die Medizin des Liebens brauchen.

Ein Grund, weshalb so viele von uns sich in ihrem Traum vom Erfolg einsam fühlen, liegt darin, dass wir nicht nach dem Ausschau halten, was klar und wahr ist, sondern lernen, alles Große und Kraftvolle zu verbergen. Ein Grund, warum wir so wenig in Frieden leben, besteht darin, dass wir meinen, Ruhm würde uns trösten, statt uns in die namenlose Freude des Geistes hineinzulieben. Und während wir damit beschäftigt sind, davon zu träumen, eine gefeierte Berühmtheit zu sein, verdrängen wir unser Bedürfnis, zu sehen und zu geben und zu lieben, all das, was uns für wahrhaft gesundes Feiern öffnet.

Wir haben die Wahl: Ruhm oder Frieden; gefeiert zu sein oder das Sein zu feiern; ständig darauf hinzuarbeiten, gesehen zu werden, oder uns selbst dem Sehen hinzugeben; unsere Identität von der erhaschten Aufmerksamkeit abhängig zu machen oder unseren Platz in der Schönheit der Welt zu finden, indem wir Aufmerksamkeit schenken.

- Setze dich still hin und versuche, von der Mitte heraus – jenseits deines Bedürfnisses, gesehen zu werden – zu atmen.
- Öffne deine Augen und schenke deine wundervolle Aufmerksamkeit den Dingen um dich herum.
- Atme tief und betrachte den Teppich, bis er Faser wird. Betrachte deine Schlüssel, bis sie Metall werden. Betrachte einen Vogel, bis er zum Lied wird.
- Lass zu, dass das, was du siehst, in dich dringt, und nimm es mit dir, während du durch deinen Tag gehst.

Juni

24.

Fragen an die Kranken (2.)

Wann hast du zum letzten Mal getanzt?
< Frage eines indianischen Medizinmanns an einen Kranken >

Der Anfang des Tanzes besteht darin, unseren Gefühlen mit Gesten Ausdruck zu verleihen. Für Kinder ist das noch selbstverständlich, doch für uns, die wir gelernt haben, in unseren Köpfen zu leben, ist das schwierig.

Sich immer wieder darum zu bemühen, zu tanzen, Gesten zu finden für das, was wir fühlen und erfahren, ist letztlich heilend, weil lebendige Wesen – ähnlich wie ein Flussbett ständig vom Wasser geformt wird, das hindurchfließt – stets von den Gefühlen und Erfahrungen ihres Lebens geprägt werden. Wenn kein Wasser fließt, trocknet das Flussbett aus und bricht zusammen. Wenn keine Gefühle durch unseren Körper fließen, bricht das Wesen in der Mitte dieses Körpers auf ähnliche Weise zusammen.

Noch häufiger gibt es jedoch zu viel, was nach Ausdruck verlangt, und wir schaffen es nicht, diese Gefühle durch den Körper fließen zu lassen. Viele unserer Krankheiten entstehen durch den Anstau und den Druck von all dem, was wir nicht aus uns herauslassen. Das ständige Freisetzen dieses inneren Staus erfolgt in vielen spirituellen Traditionen durch Körperübungen.

Es gibt viele alte Praktiken, die uns helfen sollen, vollständiger in unserem Körper zu leben, zum Beispiel die chinesische Kunst meditativer Bewegung namens Tai-Chi oder die buddhistische Kunst des räumlichen Gewahrseins namens Maitri, um nur zwei zu nennen.

Unserer ungehinderten Innerlichkeit mit Gesten Ausdruck zu verleihen, befreit uns nicht nur von Druck; die Gesten lehren uns auch, wie wir weiter in unser Leben tanzen können.

Doch die meisten von uns lernen, ihre Gefühle in ihrem Herzen zu verschließen, und wenn sie nicht weichen, versuchen wir, sie mit dem Verstand ruhigzustellen. Wenn sie ganz hartnäckig sind, spüren wir sie als Pochen in unseren Schläfen oder als Rumoren in unserem Bauch.

Im Gegensatz zu der schmerzhaften Schichtung von Herz, Verstand und Körper, ist Verkörperung – das In-den-Körper-Aufnehmen – nicht mehr und nicht weniger, als die Wunde oder die Lippe, die du berührst, zugleich mit Hand, Verstand und Herz zu spüren. Verkörperung bedeutet, zuzulassen, dass Herz, Verstand und Körper eine einzige Haut bilden.

- Stehe ganz still und atme langsam. Fühle, wie dein Atem durch dein Herz geht.
- Lass mit jedem Atemzug das Gefühl der Lebendigkeit tiefer in deinen Körper.
- Fühle, wie es zuerst in dein Herz und aus ihm heraus fließt, dann in deine Lungen und aus ihnen heraus.
- Lass den Atem der Lebendigkeit jetzt in deine Schultern und Hüften fließen und aus ihnen heraus, und lass ihn deine Arme bewegen, welche Geste auch immer dabei entstehen mag.
- Wiederhole diesen Prozess, bis der Atem vom Herzen bis in die Fingerspitzen sich wie eine durchgängige Geste anfühlt.

25.

Stängel und Wurzeln

Die Liebe, die wir zeigen,
rettet die Liebe, die wir verbergen,
so wie ein Sprössling in der Sonne
seine unsichtbaren Wurzeln nährt.

Obwohl ich ein Leben in Offenheit für äußerst wichtig halte, verbergen sich Teile von mir. Ich kann mir nicht helfen. Aber ich kann dazu beitragen, welche Teile von mir – die offenen oder die verborgenen – mein Leben bestimmen. Ich kann mich auf das unerklärliche Wissen verlassen: Wenn ich offen bin, nährt das Leben auch jene schmerzhaft verborgenen Teile von mir.

Juni

So wie im Frühling grüne Stängel mit ihren dunkleren Wurzeln verbunden bleiben, so wie die Wurzeln wachsen, wenn es die Stängel tun, besänftigt mein Mitgefühl meine für mich unsichtbaren Ängste. Ohne dass ich darum weiß, nährt meine Liebe den Untergrund meiner Verwirrung. Das Licht, das ich aufnehme, hält die Wurzeln meiner Seele am Leben.

Wir sind so mit dem beschäftigt, womit wir nicht umgehen können, was wir nicht verbinden können, was wir nicht hinter uns lassen können, dass wir dies vergessen: Was immer wir bei Tageslicht sind, heilt langsam, aber sicher auch den Rest von uns.

- Vergegenwärtige dir etwas in deiner Persönlichkeit, das du deinem Gefühl nach nicht lösen kannst.
- Umgib es mit deinem Atem. Akzeptiere, dass dies eine Weile bei dir sein wird.
- Jetzt setze es ab und fühle den Teil von dir, der geschieht, ohne dass du etwas dafür tun musst.
- Atme mit diesem Teil von dir kräftig ein und wisse: Diese dir angeborene Kraft erweicht, was du nicht lösen kannst.

26.

Die Gabe des Betens

Beten heißt nicht bitten.
Es ist ein Sehnen der Seele.
Es ist das tägliche Eingeständnis der eigenen Schwächen ...
So ist es im Beten besser, ein Herz ohne Worte zu haben
als Worte ohne Herz.
< Gandhi >

Dieser große spirituelle Lehrer erinnert uns daran, dass die tiefsten Gebete eher ein Ausdruck der Dankbarkeit für das bereits Empfangene sind als ein Flehen um etwas, das noch nicht erfahren wurde. Solches Bemühen erfrischt die Seele.

Gandhis Weisung impliziert auch das Bedürfnis, uns dem Leben hier auf Erden hinzugeben. Indem wir unsere Schwächen eingestehen, legen wir alle Masken ab, die wir der Welt zeigen, und indem wir das tun, flutet das Heilige in uns hinein.

Ich sah einmal einen blinden Mann, der sich ohne Unterlass in der Sonne wiegte, mit einem unaufhörlichen Lächeln im Gesicht. Er sprach kein Wort. Für mich war er ein Priester, ein Schamane, sein ganzes Sein war Beten und stilles Rufen, dass der Tag, jenseits seiner Blindheit, ein glücklicher Tag sein möge.

Dies ist, worum das Herz jenseits aller Worte weiß, wenn wir einen Weg finden, zuzuhören: dass uns jenseits unserer begrenzten Wahrnehmung der Dinge ein herrliches Licht umstrahlt, mehr als irgendjemand erbitten könnte. Das ist es, wozu Gebete der Dankbarkeit uns öffnen können.

- Zentriere dich. Schließe beim Einatmen die Augen und lass alles Fragen.
- Atme einfach in Dankbarkeit für die Luft.
- Entspanne dich. Fühle deine Gebrechlichkeit sowie deine Unvollkommenheiten und lass die einfache Luft sie erfüllen.
- Atme tief, langsam und aus deinem zarten, unvollkommenen Inneren heraus; bitte um nichts und gib nichts; fühle einfach ohne Worte den Platz deiner Seele im großen Ganzen.

27.

Der Affe und der Fluss

Es heißt, ein großer Zen-Lehrer forderte einen Schüler auf, an einem Bach zu sitzen, bis er alles gehört habe, was ihn das Wasser lehren könne.

Nachdem er sich tagelang damit abgemüht hatte, kam ein kleiner Affe vorbei, und in einem scheinbaren Ausbruch von Freude planschte er spritzend durch den Bach.

Der Schüler weinte und kehrte zu seinem Lehrer zurück, der ihn liebevoll schalt: »Der Affe hat gehört, du hast nur gelauscht.«

Juni

In bester Absicht bauen wir oft falsche Karrieren auf: Wir untersuchen den Fluss, ohne selbst nass zu werden. So können wir große Philosophien studieren, ohne je die Wahrheit zu sagen, können unseren Schmerz analysieren, ohne ihn zu fühlen, und heilige Orte kartieren, ohne unseren eigenen Platz zu heiligen. So kann man am Ufer eine Kathedrale errichten und seine ganze Zeit darauf verwenden, sie rein zu halten. So können wir unser Geld zählen oder Gebete hersagen, ohne je etwas einzusetzen oder Gottes Gegenwart zu spüren. So können wir Musik spielen oder kunstvoll Liebe machen, ohne die Musik oder unsere Leidenschaft zu spüren.

Der Schüler weinte, weil der im Fluss planschende Affe seinen Augenblick der Freude gefunden hatte, und der Schüler wusste, dass all seine Ehrfurcht und Hingabe und Meditation ihm nicht solche Freude verschafft hatten.

Der Fluss ist natürlich der ständig weiterströmende Augenblick unseres Lebens. Er ist der Strom, der uns ruft, in unser Leben einzutauchen. Und wie nah wir ihm auch kommen mögen, wie viel es uns auch geben mag, mit empfindsamem Herzen neben ihm zu verharren – nichts öffnet uns für die Freude mehr, als wenn wir uns in ihn hineinbegeben.

Ich saß am Seeufer auf einer Veranda. Seit zwanzig Jahren fuhr ich jeden Sommer dorthin. Mein Freund und ich sahen dem Regen zu, wie wir es unzählige Male zuvor schon getan hatten. Wie der wundervolle Affe sprang mein Freund plötzlich auf, lief die Stufen hinunter, warf die Kleider ab und sprang in den See.

Ich sah zu wie der Schüler, fühlte den Schmerz des ewigen Trockenseins, und dann warf auch ich die Kleider ab und sprang hinterher. Da waren wir dann: mitten im See. Das Wasser floss von oben in unseren Mund und unsere Augen, hüllte uns ein, Wasser, das ins Wasser strömt, Leben, das ins Leben tritt. Jeder Regenguss auf uns, im See, stammelte: Freude, Freude, Freude!

◆ Während du durch deinen Tag gehst, achte auf deine Interaktionen mit anderen und mit dem Leben um dich herum.
◆ Achte darauf, ob du zusiehst oder ob du teilnimmst.
◆ Wenn du zusiehst, tauche dein Herz in den Strom dessen, was vor dir ist, so wie du deine Hand in fließendes Wasser tauchst.

◆ Tue dies, indem du dein Herz mit dem Ausatmen öffnest und das Leben beim Einatmen in dich hineinlässt ... Schau zu und sei ... Mach auf und lass ein ... Lausche und werde nass.

28.

Alles was wir nicht sind

Einsicht ist ein Prozess des Loslassens von dem, was wir nicht sind.
< Pater Thomas Keating >

Ich kann mich leicht zu sehr mit meinen Emotionen und Rollen identifizieren und zu dem werden, was ich fühle: Ich bin wütend. Ich bin geschieden. Ich bin deprimiert. Ich bin ein Versager. Ich bin nichts, außer meiner Verwirrung und Traurigkeit ...

Egal wie wir uns fühlen: Wir sind nicht nur unsere Gefühle, unsere Rollen, unsere Traumata, unsere Werte, unsere Verpflichtungen oder Bestrebungen. Es ist so leicht, sich über den Kampf zu definieren, den wir gerade führen. Es ist sehr menschlich, von dem eingenommen zu sein, was uns gerade durchströmt.

Im Gegensatz dazu denke ich oft daran, wie Michelangelo gearbeitet hat, wie er im unbehauenen Stein bereits die fertige Skulptur sah. Er sagte oft, seine Arbeit bestehe nur darin, den überflüssigen Stein zu entfernen, um das Schöne freizusetzen, das bereits darin wartete.

Spirituelles Unterscheidungsvermögen ähnlich zu betrachten ist für mich hilfreich. Auch wenn wir uns selbst betrachten und die Bedeutung unserer schweren Erfahrungen zu erkennen versuchen, scheint die ganze Bewusstseinsarbeit auch ein Prozess zu sein, in dem wir Überflüssiges abschneiden, um die Geste unserer Seele zu finden, die in ihrer ganzen Schönheit bereits in uns wartet.

Juni

Selbstverwirklichung entsteht durch die Anwendung dieses Prozesses auf unser Leben hier auf Erden. Die vielen Arten unseres Leidens, innerlich und äußerlich, sind Gottes Meißel, mit denen er das Schöne freisetzt, das wir seit unserer Geburt in uns tragen.

◆ Setze dich still hin und fühle beim Atmen alles, was dich beschwert, durch deinen Körper aufsteigen.

◆ Lass mit dem Atem all dies sich von dir fortbewegen.

◆ Atme tief und akzeptiere die Stille, die dann einsetzt. Sie ist die Haut deiner Seele, die in ihrer Vollkommenheit darauf wartet, dass du das Überflüssige deiner sehr menschlichen Stimmungen loslässt.

29.

Eine kleine Fisch-Geschichte

Sobald Fische akzeptieren,
dass sie nie Arme haben werden,
wachsen ihnen Flossen.

Ich gebe zu, ich war überrascht, als ich eines Tages mit dieser Erkenntnis über Fische aufwachte. Sie erscheint wie ein Koan, ein Rätsel, das es zu lösen gilt. Nachdem ich eine Weile damit gelebt habe, scheint mir, dass darin ein weiterer Schlüssel zum Vertrauen liegt: Bevor wir werden können, was uns bestimmt ist, müssen wir akzeptieren, was wir nicht sind.

Diese Form der Unterscheidung fordert von uns, jene grandiosen Fantasien loszulassen, die uns unserem Wesen entfremden und uns danach streben lassen, berühmt zu sein statt liebend oder vollkommen statt mitfühlend. Doch sobald wir akzeptieren, was nicht unserem Wesen entspricht, statt uns von all dem ablenken zu lassen, was wir meinen, sein zu können oder sollen, stehen all unsere inneren Ressourcen zur Verfügung, um uns zu jenem Selbst werden zu lassen, das zu sein wir so schmerzhaft ersehnen.

Dieser Akt der Akzeptanz ist ein Risiko, das uns befreit, weil sich uns das Wachstum, das uns erwartet, erst erschließt, wenn wir aufgeben, was unserem Wesen zuwiderläuft. Diese Hingabe an das Unbekannte bringt unser Leben wirklich zur Entfaltung.

- ◆ Setze dich still hin. Lass dein wahres Wesen in dir auftauchen.
- ◆ Schließe einfach die Augen und atme es in deine Hände, ohne zu versuchen, es zu benennen oder zu verstehen.
- ◆ Atme gleichmäßig und lass zu, das dein wahres Wesen durch die Gesten deiner Hände zum Ausdruck kommt.
- ◆ Spiele während des Tages mit diesen Gesten.

30.

Wegschauen

*Im Austausch für versprochene Sicherheit
errichten viele Menschen eine Barriere zwischen sich
und den Abenteuern des Bewusstseins, die ein ganz
neues Licht auf ihr Leben werfen könnten.*
< June Singer >

Der Drang hin zur Wahrheit der Dinge ist sehr stark. Häufig ist Widerstand nur möglich, wenn wir leugnen, was wir sehen, und so tun, als müsste sich unser Leben nicht entwickeln und nicht wachsen. Doch wenn wir das tun, geht unser Geist einfach weiter, weil ihm jede Täuschung fremd ist. Wie die Upanishaden sagen: »Der Geist ist flinker als der Verstand.« Dann sind wir wie ein Hund an einer Kette: Wir hängen fest, rennen auf der Stelle und tun so, als wüssten wir es nicht besser.

Wir meinen oft, Unwissenheit sei unschuldiges Nichtwissen, aber der buddhistische Lehrer Chögyam Trungpa weist darauf hin, dass dahinter oft ein willentliches Wegsehen steckt, ein Akt des Leugnens von etwas, das bereits bewusst ist. Laut Trungpa ist dieses absichtliche Wegsehen ein Verbrechen gegen die Essenz der Dinge, für das wir einen hohen Preis zahlen.

Juni

Wenn unser Geist sich weiterbewegt, während wir so tun, als wäre dem nicht so, kann uns diese Spannung zerreißen. So müssen wir alle lernen, zwischen einem unschuldigen Nichtwissen und einem willentlichen Wegsehen zu unterscheiden. Dieses innere Wissen kann entscheiden, ob wir wie ein Hund an der Kette leben oder ob wir frei durch die Wiesen des Lebens rennen.

- Setze dich still hin und zentriere dich.
- Atme langsam und versuche, beim Einatmen deinen Geist zu spüren. Fühle, wo er in dir lebt.
- Beim Ausatmen versuche, deinen Platz in der Welt zu fühlen, den Ort, an dem du durch deine Tage lebst.
- Atme und spüre deinen Geist, fühle deinen Platz.
- Bemerke einfach den Unterschied und schau im Lauf des Tages immer wieder dorthin.
- Dein aufrichtiges Schauen wird den Abstand verringern.

Notizen

Juni

Geburtstage, Festtage

1
2
3
4
5
6
7
8
9
10
11
12
13
14
15
16
17
18
19
20
21
22
23
24
25
26
27
28
29
30
31

1.

Die Blüte des Herzens

Mut ist die Blüte des Herzens.

Aller Mut ist grenzüberschreitend. Oft gibt es eine Entscheidungsmöglichkeit: in das brennende Gebäude hineinzugehen oder nicht, die Wahrheit auszusprechen oder nicht, sich selbst frei von Illusionen zu betrachten oder nicht. Ich meine die Art von Mut, wo die Betreffenden hinterher überrascht sind, wenn sie als besonders tapfer ausgezeichnet werden. Häufig sagen sie, sie hätten doch gar keine Wahl gehabt. »Ich musste in das Gebäude rennen, da war doch das Kind.« Oder: »Ich musste einfach kündigen, es hätte mich sonst das Leben gekostet.«

Ungeachtet aller Konsequenzen ist es unausweichlich, das zu ehren, was wahr ist. Auf der tiefen Ebene dieser inneren Stimme geht es nicht um Willenskraft, sondern darum, einem echten Wissen treu zu folgen.

Mein eigenes Leben besteht aus einer Reihe solchen Folgens. Immer wieder habe ich tief in mir diese Stimme rufen gehört, und es erschien mir unmöglich, ihr nicht zu folgen, ohne zu riskieren, dass etwas Wesentliches verloren geht. Es war dieses tiefe Ehren der Wahrheit, was mich durch meine Krebs-Erfahrung begleitet hat: Nein zu sagen zu einer Gehirnoperation und Ja zu einer Rippenoperation; Ja zu sagen zur Chemo und Nein zu sagen zur Chemo. Jede Entscheidung erschien meinen Ärzten mutig und unlogisch. Seitdem hat man mich einen Helden genannt, weil ich überlebt habe, doch das ist, als ob man einen Adler dafür lobt, dass er sein Nest gefunden hat; ich bin egoistisch genannt worden, weil ich die Wahrheit gesucht habe, und das ist, als ob man eine Meeresschildkröte dafür anklagt, dass sie in die Tiefe will.

Diese Art von Mut entsteht, wenn man authentisch ist. Sie ist jedem möglich, und ihr Lohn ist sehr viel mehr als Respekt: Es ist die Öffnung für Freude.

Juli

- Meditiere über eine Entscheidung, mit der du ringst.
- Statt dich auf deine Angst zu konzentrieren, was passieren oder nicht passieren könnte, versuche dich für das zu öffnen, was sich wahr und echt anfühlt.
- Lass die Wahrheit einfach so in dir aufsteigen, wie sie sich dir zeigt, ohne dich um die möglichen Konsequenzen zu sorgen.
- Lass dich von dem, was wahr ist, erfüllen, während du durch deinen Tag gehst, auch wenn du es nicht ganz verstehst.

2.

Falsche Sicht

*Der Verstand, der aus Unwissenheit oder irrigen Ansichten
besteht, ist spirituell krank. Er sieht falsch.
Falsches Sehen bewirkt falsches Denken, falsches Sprechen
und falsches Handeln. Ihr werdet sofort erkennen,
dass jeder, ohne Ausnahme, diese spirituelle Krankheit hat.
< Ajahn Buddhadasa >*

Auf Pali, der Sprache der alten buddhistischen und hinduistischen Quellen, bedeutet das Wort für Geisteskrankheit auch »falsche Sicht«. Wir müssen aufpassen, dass wir das nicht selbstgerecht verstehen, im Sinne von: Wenn du etwas anders siehst als ich, siehst du es falsch. Die Weisheit liegt in der Offenbarung, dass unser geistiges Wohlbefinden davon abhängt, wie klar und aufrichtig wir dem Pulsschlag des Lebens treu bleiben.

Der Kern unserer mentalen Gesundheit liegt in der heiligen Beziehung zwischen unserem tiefsten Selbst und der Quelle des Lebens. In dem Moment, wo wir die Dinge verzerren, begrenzen oder von ihrem wahren Wesen wegrationalisieren, fangen wir an, an der spirituellen Krankheit zu leiden, von der Ajahn Buddhadasa spricht.

Dieser buddhistische Lehrer aus Thailand erinnert uns mit seinen Worten daran, dass solche Zeiten des Ungleichgewichts und verschleierten Denkens unvermeidlich sind. Man kann sie nicht umgehen, so wie man ein Schlagloch umfährt. Nein, diese

Abweichungen lassen sich nur so gering wie möglich halten und ausgleichen. Wir müssen akzeptieren, dass es zum Menschsein dazugehört, das Geschenk des Lebens zu verzerren, und es bleibt uns nichts anderes übrig, als zu lernen, unsere Beziehung zum Heiligen immer wieder zu erneuern.

Häufig erschaffen wir uns einen »falschen Weg«, um unsere »falsche Sicht« der Dinge aufrechterhalten zu können. Als ich zum Beispiel noch jünger war und mich sehr nach Anerkennung und Liebe sehnte, dachte ich immer, das Leben spiele sich irgendwie »dort« ab, nicht da, wo ich war. Solange ich das glaubte, setzte ich meine ganze Energie dafür ein, »dorthin« zu kommen. Nach langem Ringen merkte ich, dass ich feststeckte. Die Leute »dort« wollten mich nicht hereinlassen. Ich musste also herausfinden, wer der Torhüter war und wie die Regeln lauteten, und tat alles Mögliche, um den Torhüter gewogen zu stimmen, auf dass er mich einließe. Ich brauchte Jahre, um zu erkennen, dass das Leben sich immer dort abspielt, wo wir sind, egal wie weh es tut. Uns wird nichts vorenthalten. All die fehlgeleiteten Bemühungen beruhten auf einer falschen Sicht. Wie Buddhadasa sagt, hat jeder, ohne Ausnahme, diese spirituelle Krankheit, während jenseits davon das unverstellte Leben geduldig auf uns wartet. Angesichts all dessen brauchen wir alle ein Ritual, weniger um richtig, sondern vielmehr um vollständig zu sehen.

◆ Setze dich still hin und vergegenwärtige dir, von wem du gerne Bestätigung haben möchtest.

◆ Wenn möglich, meditiere darüber, warum dir das so wichtig ist.

◆ Was brauchst du, was du durch die Bestätigung dieser Person zu bekommen meinst?

◆ Statt nach Wegen zu suchen, diese Bestätigung zu kriegen, versuche zu verstehen, woher das dahinterliegende Bedürfnis in dir kommt.

Juli

3.

Ich-en und Mein-en

Die Küste dürstet, aber der Ozean, der sie weich hält,
ist nicht ihr Eigentum. Genauso ist es auch mit dem Herzen
und allem, was es liebt.

In der alten indischen Sprache Pali bedeutet das Wort *Ahamkara:* »Ich-en« oder »Ich-Macher«, ein Gefühl von Ich zu haben oder zu erzeugen. Das Wort *Mamamkara* bedeutet: »Mein-en«, ein Gefühl von »Meins« zu haben oder zu erzeugen. Im Buddhismus gelten die Gefühle von »Ich-en« und »Mein-en« als so gefährlich und schädlich, dass sie als eine weitere Ursache spiritueller Krankheit betrachtet werden.

Dies sagt uns, dass unsere geistige Gesundheit Schaden nimmt, sobald wie anfangen zu trennen, was nicht getrennt werden kann. Es sagt uns, dass das Kostbarste im Leben nicht besessen werden kann, sondern nur geteilt. Tatsächlich teilen wir nämlich dieses Mysterium namens Leben miteinander, so wie die Meereswesen sich den Ozean teilen. Zwar hat jeder Fisch sein Nest und sein kleines Stück Boden, auf dem er sich tummelt, doch keiner kann ohne die Tiefe leben, die sie alle durchströmt.

Wir sind nicht anders. Ja, wir können eine Uhr besitzen oder ein Auto, aber niemand kann die Liebe oder den Frieden oder die Lebensenergie besitzen, die durch unsere Herzen strömt und ohne die wir nicht überleben können.

Wenn wir uns dem »Ich-en« und »Mein-en« hingeben, zieht es uns in ein Leben der Ablenkung vom Wesentlichen. Sobald wir uns darauf konzentrieren, Dinge zu »meinen« zu machen, setzen wir einen Prozess des Sammelns und Hortens in Gang. Dann entsteht die Notwendigkeit, abzusperren und zu bewahren. Es beginnt ein endloses Sortieren all der Dinge, die meine sein könnten; ich will sie bekommen; ich muss sie versichern. Dann gibt es Besitzergreifen, Neid und Schutzbedürfnis und das Recht auf Waffenbesitz. Dann gibt es das geheime Wollen dessen, was andere haben, und das Recht, jemanden zu verklagen. Dieses »Ich-en« und »Mein-en« kann selbst die stärkste Seele krank machen.

Oft vergiftet es unsere Art zu lieben. Wie oft haben wir unsere Liebsten gefragt: »Bist du wirklich mein?« Selbst jetzt, wo ich dies schreibe, ringe ich wie du darum, die Dinge nicht zu besitzen, sondern gut zu nutzen; nicht abzuschotten und meine Gunst nur vereinzelt zu gewähren, sondern die Liebe durchzulassen. *Ich bin* – das ist sicher. Doch was ist wirklich meins, jenseits dieses prickelnden Gefühls von Lebendigkeit, dem ich mich immer weiter öffne?

- Zentriere dich und vergegenwärtige dir etwas, das du als dein Eigentum empfindest.
- Es kann ein Kurs sein, den du unterrichtest, oder ein Garten, für den du sorgst, oder ein Kind, das du erzogen hast.
- Atme tief. Denke an die Energie, die du brauchst, um diese Sache zu schützen und zu bewahren, statt sie zu genießen.
- Atme gleichmäßig und versuche, deinen Zugriff auf diese Sache zu lockern; schau, ob sie dir auch so nahe bleibt.

4.

Hier und dort

Das Hier ist immer hinter dem Dort.

Ich saß einmal lange am Rand eines Sees, mit Blick auf das ferne Ufer. Ich sah, wie das Morgenlicht das Wasser in der Ferne überflutete, und das machte die Gegend dort irgendwie exotisch. Jeden Morgen saß ich an meinem Stückchen Seeufer und betrachtete die andere Seite und stellte mir vor, dort wartete ein Geheimnis auf mich. Mit jedem Tag schien es mich stärker dorthin zu rufen. Am siebten Tag musste ich einfach hin. Ich stand früher auf als sonst und ruderte über den See, zog mein kleines Boot an Land und saß genau an der Stelle, die ich immer betrachtet hatte.

Als ich mich umsah, war die Aura des Andersartigen, die ich jeden Tag dort erblickt hatte, verschwunden. Ich war etwas irri-

Juli

tiert, denn obwohl dieses ferne Ufer schön und friedvoll war, war der feuchte Uferboden, den ich durch meine Hände rinnen ließ, derselbe wie dort, wo ich aufgebrochen war.

Ich fing an, über mich zu lachen. Denn als ich zurückschaute auf den Fleck, wo ich jeden Tag gesessen hatte, sah ich das Morgenlicht über das Wasser fluten und der Ort wirkte exotisch auf mich. Jetzt schien mich ein gewisses Geheimnis dorthin zurückzurufen.

So oft stellen wir uns vor, das »Dort« sei irgendwie goldener als das »Hier«. Es ist dasselbe mit der Liebe und den Träumen und unserem Lebenswerk. Wir sehen das Licht überall – außer dort, wo wir sind, und wir rennen dem hinterher, was uns zu fehlen scheint, nur um demütig festzustellen, dass es schon immer unser war.

- Setze dich still hin mit jemandem, dem du vertraust und den du bewunderst.
- Redet miteinander über einen Lichtpunkt, den ihr am Ufer des anderen seht.
- Meditiere über die Qualität, die der andere in dir sieht, und versuche, sie selbst zu erkennen.
- Verneige dich vor dem Mysterium, das du bist.

5.

Jenseits falscher Hoffnungen

Wir müssen uns über uns auf dem Laufenden halten.
< Angeles Arrien >

Ich habe ein Leben lang gebraucht, um zu begreifen, wie schnell ich insgeheim wünschte, es möge sich etwas ändern, und wie meine Geheimniskrämerei verhindert, dass es das auch wirklich tut. Zum Beispiel liebte ich viele Jahre lang einen Freund, der unfähig war zur Geduld, zum Zuhören oder zur Freundlichkeit, und statt zu merken, wie sehr mich das schmerzte, blieb ich einfach dabei, insgeheim hoffend, dass er sich ändern und eines Tages zu dem Freund werden würde, der er, wie ich immer glaubte, sein könnte.

Nun, es geschah nicht. Ich behaupte nicht, dass keine Veränderung möglich wäre, aber echte Veränderung, jene Art, die selbst gewollt und von Dauer ist, geschieht eher in einer Beziehung, die ihre Schwächen nicht verbirgt.

Solange ich mir meinen Freund so erträumen konnte, wie ich es wollte, besänftigte es den wahren Schmerz unseres Zusammenseins. Doch ohne die Wahrheit konnte keiner von uns wachsen: weder er, ohne sich der Wirkung seiner Selbstbezogenheit zu stellen, noch ich, ohne das Risiko einzugehen, das Nötige zu sagen.

- Zentriere dich und meditiere über das Wahre an einer dir wichtigen Beziehung.
- Atme tief und versuche, deine Hoffnung loszulassen, dass sich diese Person je ändern wird.
- Atme gleichmäßig und fühle die ganze Menschlichkeit dieser Person, mit ihren Dornen und allem Drum und Dran.
- Akzeptiere, was auftaucht. Ehre, was du brauchst.

6.

Bezeugen und halten

So wie die Wärme des Sommers Grillen zum Zirpen bringt, belebt Gehaltenwerden das Herz.

Wir sind durch die modernen Zeiten zu zwanghaften Problemlösern geworden, doch das Leben reduziert uns auf das Wesentliche und macht uns klar, dass die tiefsten Leiden des Herzens und des Geistes nicht gelöst, sondern nur bezeugt und gehalten werden können.

Ich habe damit ständig gerungen. Erst vor Kurzem war ich zwei Wochen lang weg und kam zu einer zärtlichen Partnerin

Juli

zurück, die liebevoll flüsterte: »Ich habe dich wirklich vermisst.« Ich reagierte sofort, indem ich nach Wegen suchte, dieses Gefühl aufzulösen – meine Reisetätigkeit einzuschränken oder öfter anzurufen. Ich versuchte sofort, mein Muster der Abwesenheit zu verändern, statt einfach zu spüren, dass ich genug geliebt wurde, um vermisst zu werden.

Dieser Reflex, zu retten, zu lösen und zu reparieren, distanziert uns oft von der Zartheit, die gerade erfahrbar wäre. Häufig entsteht Intimität nicht aus dem Versuch, das Leiden aufzulösen, sondern indem man es gemeinsam durchsteht; nicht durch Ausdiskutieren, sondern durch Einlassen. Vertrauen und Nähe vertiefen sich im Halten und Gehaltenwerden, sowohl emotional als auch physisch.

Mit jedem Schmerz und jeder Spannung lerne ich: Wenn alle meine Strategien fehlschlagen, liegt die Kraft der Liebe im Empfangen und nicht im Verhandeln; im gegenseitigen Akzeptieren und nicht darin, die Probleme des anderen zu lösen; im Zuhören und Einander-Bestätigen und nicht darin, unsere Lieben zu ändern oder zu retten.

- Setze dich still hin und vergegenwärtige dir die Situation eines Freundes oder eines lieben Menschen, die du gerne ändern würdest.
- Atme tief und akzeptiere, dass du nicht sein Leben für ihn leben kannst.
- Atme stattdessen langsam aus und verweile bei dem Wissen deines Herzens, was es bedeutet, diesen Menschen zu lieben.
- Atme vollständig aus und lass deinen Wunsch los, diesen Menschen von seinem Schmerz zu befreien.
- Atme tief ein und halte ihn einfach, mitsamt seinem Schmerz, in deiner Mitte.

7.

Geduld

Ich habe bloß drei Dinge zu lehren:
Einfachheit, Geduld und Mitgefühl.
Sei geduldig gegen Freunde und Feinde,
und du stimmst mit der Natur der Dinge überein.
< Laotse >

Geduld ist die zweite von Laotses Lehren; ihre Weisheit anzunehmen fällt schwer, denn Warten ist immer eine schwierige Position. Und doch war es ehrlich gesagt das Warten, das mein Leben gerettet hat – und es war die anspruchsvollste und lohnendste Praxis, die ich kenne.

Hätte ich während des endlosen diagnostischen Spießrutenlaufs nicht die Verwirrung und Unentschlossenheit, die Unklarheit, den Schmerz und die Panik ertragen müssen, wenn ich mir das Schlimmste ausmalte, hätte ich nie erkannt, welcher Behandlungsansatz für meine Krebserkrankung der richtige wäre. Hätte ich nicht abgewartet – und das ist etwas anderes, als zu vermeiden, das Nötige zu tun –, könnte ich heute nicht diese Worte schreiben. Denn ich hätte mich unnötigen Prozeduren unterzogen, die mich mein Gedächtnis und mein Sprachvermögen gekostet hätten.

Angst drängt uns, zu schnell zu handeln. Doch Geduld hilft uns, unsere vorgefassten Ansichten auszusitzen. So können müde Soldaten, denen die Munition ausgegangen ist, in ihrem unausweichlichen Warten entdecken, dass es sinnlos ist, einander zu töten.

Ähnlich ist es auch mit müden Liebenden und mit müden, verletzten Freunden. Wenn wir genügend Zeit lassen, hören die meisten unserer Feinde auf, Feinde zu sein, weil wir uns im Warten in ihnen selbst erkennen. Geduld schmettert uns mit der Wahrheit nieder, dass wir uns selbst fürchten, wenn wir einander fürchten; dass wir uns selbst misstrauen, wenn wir einander miss-

Juli

trauen; dass wir uns selbst verletzen, wenn wir einander verletzen; dass wir uns selbst töten, wenn wir einander töten.

Wenn du dich also verletzt, verängstigt oder verwirrt fühlst auf deiner Suche nach deinem Platz auf dieser Erde, warte, so schwer es auch sein mag ..., und das Gefürchtete schrumpft meistens zusammen; übrig bleibt nur die unersetzliche Schönheit der Dinge, so wie sie sind ... Und daran hast du teil, ob du willst oder nicht.

- Setze dich still hin und vergegenwärtige dir eine inzwischen gelöste Situation, die dir mehr Geduld abverlangt hat, als du aufbringen wolltest.
- Wenn möglich, erinnere dich, wie du die Situation und die Beteiligten gesehen hast: als du damit zum ersten Mal konfrontiert warst; als dir die Geduld ausging; als sich die Situation löste.
- Wie hat dich das Warten verändert?
- Hat dir das Warten etwas gegeben, und wenn ja, was?

8.

Augenblicke, nicht Worte

Leuchtend wie der Mond, vom Wolkendunst befreit.
< Buddha >

Wenn ich daran denke, was mich lieben lehrte, tauchen Augenblicke auf und nicht Worte. Damals in der Grundschule, als Lorrie nicht aufhören wollte, sich zu drehen, wenn die Pause endete. Sie drehte sich zu einer inneren Musik, lachend, den kleinen Kopf im Nacken, die Arme weit geöffnet in dem Versuch, die Welt zu umarmen.

An dem Tag, als Kennedy erschossen wurde, weinte mein Chorleiter, Mr. P., um einen Mann, den er nicht persönlich kannte, und schickte uns nach Hause. Doch ich kam zurück, um ihm zuzuhören, wie er traurig vor dem leeren Saal Klavier spielte. Und Großmutter, die auf der Kellertreppe sitzend meine kleinen Hände in die ihren nahm und sagte: »Das sind die ältesten Dinge, die du besitzt.«

Oder die sich verändernden Gesichter, die mich vom Fuß-ende meines Bettes her anblickten, während ich mich von meiner Operation erholte. Oder mein Schwiegervater, wie er zwanzig Zentimeter hohe schwarze Walnussbäume goss, die erst in hundertfünfzig Jahren ausgewachsen sein würden. Oder meine älteste Freundin, die zuhören kann wie ein See.

Worte können zwar auch Liebe übermitteln, doch meistens weisen sie vor allem auf sie hin. Es geht darum, aufzuheben, was jemand fallen ließ; Raum zu geben, damit jemand für sich selbst herausfinden kann, was es bedeutet, menschlich zu sein; und Fehler zu vergeben, wenn er sein Menschsein erkannt hat.

- Zentriere dich und vergegenwärtige dir drei Menschen, die dich lieben lehrten.
- Atme und erinnere dich an den Augenblick, als du das von ihnen lerntest.
- Rede über diese Lehren mit einem lieben Menschen.

9.

Die Oberfläche und die Tiefe

Wenn du unten bist, erinnere dich an die Oberfläche.
An der Oberfläche, erinnere dich an die Tiefe.

Wenn unsere Tage turbulent und fordernd sind, geht es darum, uns daran zu erinnern, dass die Welle nicht das Meer ist. Auch wenn sie uns durchwalkt, ist irgendwann Schluss damit. Auch wenn wir hin und her geschleudert werden – das Schleudern wird aufhören, wenn wir es nicht bekämpfen.

Oft verleitet uns unsere Angst, dicht am Ufer zu bleiben, obwohl der sicherste Ort in der Tiefe ist, wenn wir dorthin gelan-

Juli

gen. Jeder Schwimmer weiß: Dicht am Ufer wird man von der Brandung und den Unterströmungen umhergeworfen. Wir müssen über den Punkt, wo sich die Wellen brechen, hinausschwimmen, um uns von der Tiefe wiegen zu lassen.

Bleibe an Land oder schwimme ins tiefe Wasser. Das Dazwischen ist tödlich.

- Setze dich still hin und übe, ins Tiefe zu gehen.
- Stell dir vor, jeder Atemzug sei ein Schwimmzug.
- Atme langsam und schwimme, bis du alle Ablenkungen hinter dir gelassen hast.
- Wenn du die Dünung des Lebens um dich herum fühlst, lass dich einfach treiben …

10.

Der Ring der Sicherheit

Wer alle Wesen in seinem eigenen Selbst sieht
und sein eigenes Selbst in allen Wesen,
verliert alle Angst.
< Die Isa Upanishaden >

Ich saß auf einer Bank und wartete auf Robert, als eine Wespe einen guten Meter neben mir landete. Ich beobachtete ihr gestreiftes Hinterteil, wie es pulsierte und wie die Sonne das Schwarz noch schwärzer und das Gelb fast Orange erscheinen ließ. Ich dachte an meine Mutter: Wenn diese Wespe irgendwo in ihrer Nähe gelandet wäre, hätte sie die nächste Zeitschrift aufgerollt und das Insekt unruhig verfolgt und erschlagen. Ihre Angst, gestochen zu werden, ließ sie viele kleine Wesen töten. Sie konnte die Ungewissheit nicht ertragen, dass etwas Lebendiges sie verletzen könnte, und in ihrer tiefen Angst vor Verletzung schottete sie sich ab und jagte alles fort.

Fast vierzig Jahre später ist mir klar, dass wir alle unter der Ungewissheit leiden, vom Leben um uns herum möglicherweise verletzt zu werden, und wir alle haben eine veränderliche Sicherheitszone um uns herum, jenseits derer wir unter dem Vorwand der Selbstverteidigung andere Lebewesen leicht verletzen.

Ich saß auf der Bank, und die Wespe schwebte näher. Doch nachdem ich fast gestorben war, empfand ich es als Segen, überhaupt hier zu sein, und ich ließ das kleine Tier sehr viel näher an mich herankommen als früher. Mit meinem weicheren, wahrhaftigeren Blick konnte ich erkennen, dass es wenig Interesse an mir hatte, und ich musste mir beschämt eingestehen, wie oft ich andere verletzt hatte, weil ich, wie meine Mutter, das Unvorhersehbare ihrer Annäherung nicht ertrug.

Wie oft stellen wir uns vor, etwas sei gefährlich, obwohl es nur tut, was seinem Wesen entspricht. Als die Wespe fast auf meinem Arm saß, war noch Zeit genug, sie sanft wegzuscheuchen. Sie flirtete noch eine ganze Weile mit mir, kam noch näher, bis ich sie wegscheuchte, summte ein wenig und näherte sich erneut.

Ganz ähnlich tanzen wir mit Fremden, aber auch mit uns nahestehenden Menschen. Wie oft töten wir Teile in uns, indem wir die Dinge nicht an uns herankommen lassen. Wie oft wird unser Gefühlsleben von der Angst und der Fliegenklatsche beherrscht. Wie oft töten oder verjagen wir alles, was sich bewegt.

Ich denke an Franz von Assisi, der so stillhielt, dass die Vögel auf seinen Armen landeten wie auf einem Ast, und wir fragen uns, warum wir so einsam sind, wo wir doch nichts Lebendiges an uns heranlassen. Wenn wir die Biene, den Vogel oder unseren Feind als ein flüchtiges Zentrum von Leben betrachten könnten, wie wir selbst es sind, dann könnten wir sie ihres Weges ziehen lassen, ohne uns dem entgegensetzen zu müssen.

- Schließe die Augen und meditiere über jemanden, den du als zudringlich oder nervig empfindest. Achte darauf, was du fühlst, aber prüfe möglichst, was genau du als zudringlich empfindest. Entsteht dieses Gefühl aus deiner Angst, oder ist die Person wirklich zudringlich?
- Überlege, was zu tun ist, damit du sicher bist. Befasse dich danach nicht weiter mit der Zudringlichkeit oder der Angst, wenn es dir möglich ist.

Juli

◆ Achte darauf, wie deine Angst andere auf Abstand hält.
Achte darauf, wie viel näher die Dinge sein können, wenn du
sie jenseits deiner Sicherheitszone einfach tun lässt, was ihnen
entspricht.

11.

Der Mond und der Tautropfen

*Erleuchtung ist wie der Mond, der sich in einem Tautropfen auf
einem Grashalm spiegelt. Der Mond wird nicht nass,
und der Wassertropfen bleibt heil …
Und der ganze Mond und der ganze Himmel spiegeln
sich selbst in nur einem einzigen Wassertropfen.*
< Dogen >

Das Geheimnis – in der Liebe, bei der Arbeit, in jedem Moment
der Einheit – besteht darin, dass wir, wie der Mond und der Tautropfen, für einen kurzen Moment zugleich wir selbst und alles
sind. Unser Wesen wird nicht verändert, nur erweitert.

Die Freunde und Liebenden, die mir halfen, am Leben zu
bleiben und lebendiger zu werden, sind in mein Leben gekommen wie Dogens Mond: Ihre ganze Liebe, groß wie der Himmel,
erfüllt mein Herz, und doch werde ich nicht zu ihnen, sondern
nur mehr ich selbst.

Jeder, der von dir verlangt, etwas anderes zu werden als
du selbst, ist nicht heilig, sondern versucht nur, seine eigenen
Bedürfnisse zu erfüllen.

In Wahrheit enthält selbst der kleinste Stängel eines angeschlagenen Herzens, wie jeder einzelne Grashalm, die Essenz
alles Lebendigen. Erleuchtung ist der Kuss von irgendetwas –
Mond, Sturm oder Güte –, der uns für diese Essenz öffnet.

◆ Zentriere dich und vergegenwärtige dir einen Augenblick, in
dem du dich von einem anderen Leben berührt gefühlt hast.
Vielleicht war es in der Natur, vielleicht in den Armen eines
Liebsten.

- Atme tief und sinne darüber nach, welche Wirkung diese Berührung auf dich hatte.
- Nach einer Weile frage dich: Wo bewahrst du diese Berührung in deinem Leben? Wann brauchst du sie am meisten?

12.

Wellen machen

Ich würde alles für dich tun. Wärst du dann du selbst?

In dem bekannten Märchen von Hans Christian Andersen tauscht die kleine Meerjungfrau ihre wunderschöne Stimme gegen Beine ein. Die Geschichte erzählt letztlich von unserem Handel mit dem modernen Teufel. Heißt es nicht, Beweglichkeit sei Freiheit – die Freiheit, sich von Staat zu Staat, von Ehe zu Ehe, von Abenteuer zu Abenteuer zu begeben? Sind wir nicht überzeugt davon, Erfolg bedeute, sich von Job zu Job auf der Karriereleiter nach oben zu bewegen?

Natürlich ist gegen Veränderung, Abwechslung oder Verbesserung unserer Situation nichts zu sagen. Bedenklich wird es, wenn wir um der Beweglichkeit willen unsere Stimme aufgeben; wenn wir zum Schweigen bringen sollen, was uns einzigartig macht, um Erfolg zu haben. Wenn keine Wellen zu schlagen bedeutet, unsere Chance aufzugeben, in die Tiefe zu tauchen, dann tauschen wir unseren Zugang zu Gott gegen eine neue Auffahrt ein.

Die Lehre aus der Geschichte der kleinen Meerjungfrau erzählt uns etwas Wesentliches über Beziehungen. Oberflächlich betrachtet scheint ihr Verlangen nach Beinen rührend, und wir finden es süß, dass sie es tut, weil sie sich nach Liebe sehnt. Doch auch das ist ein falscher Handel, der jeden quälen wird, der sich auf ihn einlässt. Denn sosehr wir uns auch danach sehnen, zu lieben oder geliebt zu werden, so können wir unsere grundlegende Natur doch nicht ändern.

Juli

- Setze dich still hin und sinne über deine eigene Geschichte mit der Liebe nach.
- Atme aus und erinnere dich an eine Zeit, in der du einen Aspekt deiner selbst aufgegeben hast, um geliebt zu werden.
- Atme ein und nimm dir Zeit, dich mit diesem zum Schweigen gebrachten Teil deiner selbst wieder zu verbinden.

13.

Jetzt siehst du es und jetzt nicht

Der Herr ... führet mich zum frischen Wasser.
Er erquicket meine Seele.
< Psalm 23 >

Wir brauchen nicht lange, um eine emotionale Geschichte zu entwickeln. Ein Kind verbrennt seine Hand am Herd, und die Angst vor Feuer beginnt; in einem empfindlichen Moment rutscht eine Hand aus, und die Angst vor Liebe beginnt. Unsere emotionalen Assoziationen und Reflexe sitzen tief. Doch jenseits aller Assoziationen atmet unser Herz wie ein weicher, sandiger Boden, der unter Wasser wartet.

Um uns klar zu sehen, müssen wir versuchen, unsere Assoziationen ruhig werden zu lassen, bis wir durchsichtig sind wie ein ruhiger See. Wenn wir klar und ruhig genug sind, können auch andere bis auf unseren Grund sehen. Das macht Liebe wieder möglich. Doch paradoxerweise werden unsere Sedimente aufgewühlt, wenn jemand seine Hand nach uns ausstreckt; es zieht Kreise, und wir selbst und der andere verlieren aus dem Blick, worauf es eigentlich ankommt.

All dies stärkt die Notwendigkeit, lang genug bei unseren Gefühlen zu verweilen, bis sich die emotionalen Assoziationen gesetzt haben. Niemand kann dem entrinnen. Egal wie jung oder alt du sein magst, egal wie unbedarft oder erfahren – wenn du wach und lebendig bist und irgendeine Art echter Beziehung erlebt hast, werden deine Wasser aufgewühlt worden sein, werden deine Emotionen Wellen schlagen. Es scheint, der einzige Weg, unsere eigene Tiefe wirklich zu erfahren, besteht darin, abzuwarten, bis sich unsere Assoziationen und Reflexe beruhigen, bis wir wieder klar sind wie ein See. Nur wenn das Aufgewühlte sich wieder setzen kann, können wir uns selbst und einander klar sehen.

- Atme langsam und lass die Erregungen deines Herzens mit jedem Atemzug kommen und gehen.
- Atme gleichmäßig und versuche, deine Reflexe, ärgerlich oder ängstlich oder neidisch zu sein, auszusitzen.
- Atme gleichmäßig und versuche, mit jedem Ausatmen die Herzenstiefe zu spüren, die dort unten wartet.

14.

Jemanden zutiefst kennen

Jemanden zutiefst zu kennen,
ist, als höre man den Mond durch das Meer
oder als legte dir ein Habicht bunte Blätter zu Füßen.
Es scheint unmöglich, selbst während es passiert.

Zu entdecken, wer wir sind, ist, als bahnte man sich einen Weg den Berg hinauf durchs Unterholz. Die tiefsten Freundschaften beginnen, indem wir einander in die Augen sehen und entdecken, dass der andere das auch kennt. Mich erstaunt es immer wieder, wenn ich merke, jemand anders sieht, was ich gesehen habe, und es macht mich demütig, wenn ich erfahre, dass auch jeder andere das kennt, was ich für meinen Weg und meinen Berg hielt.

Wir tragen ganze Welten in uns, während wir uns im Supermarkt aneinander vorbeidrängen, um Mayonnaisegläser aus dem Regal zu angeln. Das ganze Drama des Lebens wühlt in unseren Adern, während wir rennen, um die Bahn noch zu kriegen. Wir sind zu jedem Zeitpunkt so durchsichtig und so undurchsichtig.

Deshalb ist es so kostbar, wenn wir jemanden zutiefst kennen. Es öffnet den Himmel aller Zeiten. Es lässt das Lied über das Meer erklingen. Es lässt das Herz sich entwickeln wie eine Fotografie, um berührt zu werden.

Doch auch wenn wir im Lauf der Reise jemanden finden, der da war, wo es uns hinzieht, oder den es dort hinzieht, wo wir waren, dürfen wir doch nie aufhören, uns unseren eigenen Weg den Berg hinauf zu bahnen. Denn nur wenn wir wagen, wir selbst zu sein, können wir andere zutiefst kennen.

◆ Dies ist eine Gehmeditation. Während du zur Arbeit gehst oder zum Laden, gehe gleichmäßig und atme langsam.
◆ Fühle beim Atmen die Innerlichkeit, die du bist.
◆ Während du gehst und atmest, bemerke, dass andere das Gleiche tun.
◆ Begegne dem Blick der anderen und erkenne, dass sie ebenso tief sind wie du.

15.

Das Risiko, berührt zu werden

Berührung befreit das Herz von seinem Druck.

Es gibt viele Gründe, warum wir berührt werden wollen. Der einfachste und tiefste ist, dass Berührung uns heilt. So wie ein Tropfen Wasser sich unter Berührung verteilt, zerteilt sich auch der Lebensschmerz, den wir in uns tragen, wenn wir gehalten und getröstet werden. All das, was sich unter dem Eindruck, alles alleine tragen zu müssen, aufgestaut hat, löst sich, wenn wir aufrichtig und liebevoll berührt werden.

Jenseits aller Sprache ist Berührung die alles verbindende Geste, die Energie, die alles Leben in uns mit allem Leben außerhalb von uns verbindet. Wir können unterschiedlicher Meinung sein – können Katholiken, Muslime oder Juden sein, konservativ oder liberal, Städter oder Landbewohner –, doch all die strengen Mauern bröckeln, wenn eine mitfühlende Hand sich ausstreckt.

Häufig fürchten wir uns, andere in uns hineinzulassen, fürchten, verletzt zu werden. Wenn wir den Balsam der Berührung kennen, suchen wir manchmal nach seinem Trost bei Leiden, die wir nur selbst heilen können. Ich selbst habe immer wieder beides getan. Aber dies sind Fragen des Wann und Wie. Das Bedürfnis nach Berührung steht dabei außer Frage, genauso wie unser Bedürfnis, zu atmen.

Als meine Großmutter mit vierundneunzig im Sterben lag, schnürte sich mir das Herz zusammen, weil sie nur noch das Russisch ihrer Kindheit sprach und ich fürchtete, wir würden einander nicht mehr verstehen. Aber eine alte Freundin sprach mir Mut zu. »Ihr könnt einander durch Berührung verstehen.« So streichelte ich ihre Arme und ihr Gesicht, und sie rieb meine Handgelenke, und obwohl sie nicht mehr die Augen öffnen und nicht mehr reden konnte, verband uns bis zum Augenblick ihres Dahinscheidens eine trostreiche Sprache.

Manchmal wäre es wohl besser, zuzugeben, dass das Herz am besten in Gesten zum Ausdruck kommt. Denn unter all den Sorgen und Ängsten vor Verletzung, Zurückweisung oder Ausgenutztwerden, unter der Lawine von Ausreden und Erklärungen tragen wir tief in uns den einfachen Impuls, dass wir einander brauchen, um uns heil und ganz zu fühlen.

◆ Geh mit einem lieben Menschen, bei dem du dich sicher fühlst, in Meditation.
◆ Richtet eure Aufmerksamkeit auf einen Schmerz, der schwer alleine zu ertragen war.
◆ Jetzt wechselt euch ab. Jeweils einer von euch drückt möglichst einfach und direkt nicht die Umstände dieses Schmerzes aus, sondern wie es für ihn ist, dieses Gefühl auszuhalten. Der andere hört einfach zu.
◆ Jetzt tröstet der Zuhörende den Sprechenden nur mit den Fingerspitzen durch das Geschenk der Berührung.

Juli

16.

Die Magie des Friedens

Wie die Lungen sich erinnern zu atmen,
selbst wenn wir schlafen, so erhält uns der Geist
durch den Traum unseres Willens am Leben.

Es heißt, Merlin habe dem jungen Arthur in den Wäldern Camelots erzählt, der einzige Unterschied zwischen Zauberern und dem Rest der Menschheit bestehe darin, dass die Zauberer wissen, unser Wille ist nur ein Traum. Natürlich entscheiden wir, welche Kleider wir kaufen und welches Auto wir fahren, ja selbst wie wir unsere Tage verbringen. Doch diese Entscheidungen sind wie die Steine, die hungrige Fischchen mit vom Boden aufnehmen, während der Fluss ihr kleines Leben weitertreibt.

Wir widmen unser Leben diesen kleinen Dingen – so sind wir halt –, und es ist wahr, Gott lebt auch in jeder Kleinigkeit. Doch wir überleben und gedeihen oft *trotz* all unserer endlosen Pläne und nicht *wegen* ihnen.

Ich will hier auch davon erzählen, dass mir Merlin im Traum erschienen ist. Ich fragte ihn, was es bedeutet, am Leben zu sein. Er wollte wissen, ob ich Arthur kenne, und nach einer Weile flüsterte er: »Lass die vielen Sprachen des Verlangens hinter dir …, denn unser Frieden hängt davon ab, ob wir gegen den Strom kämpfen oder uns von ihm tragen lassen.«

◆ Dies ist eine Gute-Nacht-Meditation. Während du einschläfst, atme gleichmäßig, und so wie du dein Bedürfnis nach Luft während der Nacht deinen Lungen anvertraust, lege dein Bedürfnis nach Frieden in die Hände deines Geistes und lehne dich in die Tiefe, die dich umgibt.

17.

Der Impuls zu lieben

Wenn jemand mich in tausend Stücke schnitte,
würde jedes Stück von mir sagen, dass es liebt ...
< Chris Lubbe >

Der Mann, der dies zu mir gesagt hat, ist ein tief spiritueller Südafrikaner. Wie viele andere wuchs er unter der Apartheid auf. Er erzählte mir, seine Vorfahren hätten ihm beigebracht, nicht bitter oder rachsüchtig zu bleiben, denn Hass frisst das Herz, und mit einem beschädigten Herzen kann man nicht leben.

In gewisser Weise stehen wir alle vor derselben Frage wie Chris: Wie können wir den Schmerz des Lebens fühlen, ohne uns von ihm bestimmen zu lassen?

Welche Last uns auch auferlegt wurde – Apartheid, Krebs, Missbrauch, Depression, Sucht: Wenn es an die Substanz geht, stehen wir vor der Entscheidung, ob wir zur Wunde werden oder heilen.

Schreckliche Dinge sind schon beim ersten Mal schwer genug zu ertragen. Doch wenn sie ein zweites, drittes oder viertes Mal traumatisch erfahren werden, geschieht es leicht, dass wir selbst zu schlimmen Menschen werden, wenn wir nicht unseren Wunsch, zu lieben, am Leben erhalten. Die vielleicht größte Herausforderung der Verwundung liegt darin, nicht zuzulassen, dass unser zutiefst liebendes Wesen der Lebensart der Wunde zum Opfer fällt.

Die berührende Bemerkung dieses Südafrikaners erinnert daran, dass die Natur des menschlichen Geistes nicht zu unterdrücken ist.

So wie Ranken oder Sträucher immer wieder ins Licht treiben, sooft sie auch zurückgeschnitten werden, so kann auch das menschliche Herz – egal wie oft es verwundet wurde – immer wieder seinen Impuls wiederfinden, zu lieben.

Juli

- Zentriere dich und vergegenwärtige dir jemanden, den du bewunderst, weil er immer noch liebt, obwohl er schwierige Erfahrungen durchgemacht hat.
- Atme langsam und öffne dein Herz für die Weisheit des Wesens dieser Person.
- Atme tief und lass deinen Herzensatem über deinen eigenen Schmerz hinwegspülen, so wie die heranrollenden Wellen Fußspuren im Sand wegspülen.

18.

Ein Glühwürmchen der Liebe

Wer weiß schon, dass in der Tiefe der Bergschluchten
meines verborgenen Herzens
ein Glühwürmchen meiner Liebe leuchtet.
< Abutsu-Ni >

Das fast tausend Jahre alte stille Selbstbekenntnis dieser Japanerin sagt uns: Die wichtigsten Dinge beginnen so weit drinnen, dass wir sie zunächst kaum selbst hören. Oder wir halten die wichtigsten Dinge so versteckt, dass sie kaum wachsen können. Wahrscheinlich ist ihr tiefer Herzensseufzer Ausdruck von beidem. Bitte lies ihre Zeilen noch einmal – jetzt.

Dies sind nicht nur Worte – es ist die Wolke im Herzen eines lebendigen Wesens, das sich eines Augenblicks der Lebendigkeit bewusst wird, den jeder kennt, der je geliebt hat oder lieben wollte. Und doch können wir, ich weiß auch nicht wie, in einem Moment der Abwehr dichtmachen, bei einer unerwarteten Verletzung zurückzucken, plötzlich einen Berg weit weg sein von unseren Gefühlen. Aber wenn wir uns der Trennung bewusst sind, können wir auch wieder die Pilgerschaft zurück zur Einheit beginnen.

Irgendwo entlang dem Weg, und häufig mit gutem Grund, lernen wir, uns davor zu fürchten, unsere Gefühle offen zu zeigen, sie dem Wetter des Gewöhnlichen auszusetzen, als ob unser kleines Stückchen Liebe unter dem Eindruck der Elemente sterben könnte, als würden unsere wahren Gefühle den Blick der anderen nicht überleben. Doch wir wissen alle, dass ohne Luft nichts wächst. Was wollen wir also anfangen mit unserem kleinen Glühwürmchen?

Es ist eine hübsche Ironie, dass Abutsu-Ni uns einen Weg offenbarte, indem sie ihre Verborgenheit bekannte. Denn war es nicht ihr Glühwürmchen, welches den ganzen Weg aus der Tiefe der Schlucht, aus den Bergen ihres verborgenen Herzens hochflatterte, ihr die Tränen in die Augen trieb und ihre zögernde Zunge zum Reden brachte? Ist es nicht ihr Glühwürmchen der Liebe, das da über neun Jahrhunderte hinweg zu uns herüberleuchtet?

Es bedarf nicht unbedingt der Schönheit oder der Klugheit, sondern vor allem der Aufrichtigkeit und Echtheit. Denn viele Tänze beginnen mit einem Stolpern, und viele Lieder bahnen sich mit einem Räuspern den Weg.

- Atme tief in dein eigenes Herz.
- Dort angekommen, atme langsam und wiederhole Abutsu-Nis Worte, als wären sie deine eigenen.
- Atme tief und fühle dein Glühwürmchen, wie es im Berg deines Herzens flirrt.
- Atme langsam und lass das Glühwürmchen mit jedem Atemzug deine Schlucht hinauf, deinen Berg hinauf und deine Kehle hinaufschweben.

19.

Die Weisheit des Blinzelns

Wenn wir zu lange schlafen, müssen wir aufwachen.
Wenn wir zu lange wach sind, bedürfen wir des Schlafes.

Wir blinzeln tausend Mal am Tag. Tausend Mal am Tag wird die Welt dunkel. Tausend Mal am Tag wachen wir auf. Wir kön-

Juli

nen diesem Öffnen und Schließen nicht entkommen. Es ist ein Reflex, den wir nicht unter Kontrolle haben. Selbst wenn du dies liest, blinzeln deine Augen, zusammen mit deinem Herzen und deinem Geist – öffnen und schließen sich immer wieder, was du auch tust. Das gehört zum Menschsein.

Doch viel hängt davon ab, wo du dich mehr zu Hause fühlst: in der Offenheit oder in der Verschlossenheit. Siehst du das Leben als einen Strom des Lichts mit eingestreuten dunklen Nächten? Oder als einen Strom der Dunkelheit mit eingestreuten Tagen voller Licht? Es wird darauf nie eine allgemeingültige Antwort geben, doch wichtig ist, was wir bezüglich der Natur des Lebens glauben. Es erhebt oder bedrückt unsere Tage. Frage dich also mehr als einmal: Ist das Leben ein langes Wunder des Fühlens mit eingestreuten momentanen Unterbrechungen? Stolpern wir aus einem endlosen Licht immer mal wieder in unsere Menschlichkeit? Oder ist das Leben ein langes, schmerzvolles Auseinanderbrechen, mit eingestreuten kurzen Wundern? Kämpfen wir uns aus einer endlosen Dunkelheit hervor, um kurze Ahnungen des Lichts zu erhaschen?

Natürlich gibt es Zeiten, in denen wir mehr das eine fühlen, und zu anderen Zeiten sind wir sicher, dass es anders herum ist. Manchmal wissen wir sogar, dass beides wahr ist. Aber wie sehr wir beides zulassen – wie sehr wir uns im Licht zu Hause fühlen und wie sehr wir uns in der Dunkelheit niederlassen –, bestimmt unsere persönliche Alchemie von Hoffnung und Verzweiflung, unseren Optimismus und Pessimismus, unseren Glauben und unsere Zweifel.

Meine persönliche Reise war diesbezüglich gemischt. Kurz vor der Operation war ich mir sicher, das Leben sei dunkel, und ich konnte die Augen nicht offen halten. Doch als ich nach der Operation erwachte, spürte ich, dass sich all dies offenbar verändert hatte, während ich bewusstlos war. Alles erschien mir jetzt heiter und ich konnte kaum die Augen schließen. Das Gleiche passierte, wenn eine Liebesbeziehung auseinanderging. Ich fühlte mich dunkel, verschlossen und unfähig, mich zu öffnen. Doch wenn ich eine neue Liebe fand, schien das Leben ein einziger klingender Akkord der Liebe zu sein, der mich kaum schlafen ließ.

Vielleicht besteht die Weisheit des Blinzelns darin, dass es uns in der Mitte hält, uns davor bewahrt, in der Dunkelheit zu versinken oder im Licht zu verbrennen. Vielleicht ist dies der Reflex, der uns hilft, im Menschsein einen Sinn zu finden.

- Meditiere mit geschlossenen Augen und halte sie geschlossen, bis du den Drang verspürst, sie zu öffnen.
- Jetzt meditiere mit offenen Augen und halte sie offen, bis du den Drang verspürst, sie zu schließen.
- Wiederhole dies und akzeptiere dein menschliches Bedürfnis, zu wachen und zu ruhen.

20.

Lernen, sich tragen zu lassen

Wenn wir zu kämpfen aufhören, werden wir getragen.

Als ich anfing, schwimmen zu lernen, traute ich der Tiefe zunächst nicht. Sosehr man mir auch vom Ufer aus gut zuredete, strampelte ich mich mühsam ab, um mein Kinn über der Oberfläche zu halten. Es erschöpfte mich, und die Erschöpfung zwang mich schließlich zur Entspannung, sodass ich weit genug eintauchte, um zu spüren, wie die Tiefe mich trägt.

Ich habe inzwischen begriffen, dass wir uns alle immer wieder auf diese Weise abstrampeln, wenn wir zwischen Zweifel und Glauben stecken. Hals über Kopf in eine Situation gestürzt, kämpfen wir mit aller Macht gegen das schreckliche Gefühl, zu versinken. Doch je mehr wir dagegen ankämpfen, desto mehr spüren wir unser eigenes Gewicht und erschöpfen uns.

Zu solchen Zeiten erinnere ich mich dann daran, wie ich lernte, mich vom Wasser tragen zu lassen. Mysteriöserweise musste ich mich fast ganz unter die Oberfläche sinken lassen, bevor die Tiefe mich trug.

Heute, fast vierzig Jahre später, scheint es mir, mit unserem Glauben geht es ganz ähnlich: Wir müssen uns weit genug unter

Juli

die Oberfläche sinken lassen, bevor wir spüren, wie er uns trägt. Das ist nicht einfach. Die Essenz des Vertrauens besteht in der Überzeugung, gehalten zu werden, wenn man loslässt. Wir können zwar üben, uns trotz unserer Ängste zu entspannen und uns auf die Tiefe einzulassen, doch letztlich gibt es keinen anderen Weg, das Loslassen zu üben, als loszulassen.

Eingetaucht, unter der Oberfläche, verlangsamt sich alles, wird klar, fühlt sich leicht an. Vielleicht ist Glauben nichts anderes als die Bereitschaft, das Risiko auf sich zu nehmen, unterhalb der Oberfläche zu ruhen. Die Tatsache, dass wir dort nicht bleiben können, bedeutet, dass wir die Tiefe immer und immer wieder wählen müssen, um voll und ganz zu leben. Dass wir durch die Empfindung des Sinkens hindurchmüssen, bevor wir gehalten werden – das ist mit Vertrauen ins Universum gemeint.

- Fülle eine Badewanne mit warmem Wasser.
- Halte deine offene Hand mit dem Handrücken auf die Wasseroberfläche. Spüre die Anstrengung, die es dich kostet, die Hand an der Oberfläche zu halten.
- Atme langsam, entspanne dich und lass deine Hand ins Wasser sinken. Während sich deine Hand entspannt, spüre, wie du der Tiefe begegnest.
- Atme langsam weiter, lass die Hand im Wasser und übe, in die Tiefe zu gehen und unter der Oberfläche zu ruhen.
- Übe, das Gefühl des Sinkens hinter dir zu lassen.
- Übe die sanfte Aufmerksamkeit, die nötig ist, um zu erkennen, wann du anfängst, getragen zu werden.

21.

Offenbaren, wer wir sind

Kein Vogel kann fliegen, ohne seine Flügel zu öffnen,
und niemand kann lieben, ohne sein Herz zu zeigen.

Das ist vielleicht eines der ältesten inneren Gesetze, so unausweichlich wie die Schwerkraft. Es ist unmöglich, dich in irgendeinen Zustand zu erheben, der größer ist als du, ohne jene Teile von dir zu offenbaren, die du am engsten festhältst.

Sooft du zögerst, zu offenbaren, wer du bist, stell dir vor, du bist ein Vogel auf einem Dachfirst, mit angelegten Flügeln. Dich in eine Beziehung zu begeben, ohne dein Herz zu öffnen – das ist, als würdest du von diesem Dach springen, ohne die Flügel auszubreiten. Es stimmt, dass junge Vögel zögern, bevor sie das erste Mal aus dem Nest springen, doch wenn sie die freie Luft einmal gekostet haben, entspricht es ihrem Wesen, die Flügel zu öffnen und sich in die Lüfte zu erheben, sie anzulegen und zu landen. Das ist ihr Leben. Es ist auch das unsere.

Das Paradox ist natürlich, dass wir darauf vertrauen müssen, die Kraft zu finden, abzuheben und zu landen, nachdem wir offenbart haben, was wir verbergen. Doch genau das Zarte, das sich nun zeigt, wird zu unseren Flügeln.

- Setze dich im Freien still hin und schau zu, wie die Vögel die Flügel öffnen, sich in die Luft erheben und landen.
- Atme frei und übe wie im Vogelflug, dein Herz zu öffnen und ruhen zu lassen.

22.

Ubuntu

Ubuntu ... Ich bin, weil du bist; du bist, weil ich bin ...
< Ein afrikanischer Weg des Seins >

Im Winter begegnete ich in Südafrika einem Mann. Nachdem wir ein paar Tage zusammen gereist waren, fragte ich ihn nach Ubuntu. Er sagte: »Es ist ein zutiefst afrikanischer Brauch.« Er erklärte es nicht, sondern wiederholte nur langsam und mit noch mehr Ehrfurcht, was er bereits gesagt hatte: »Es bedeutet: Ich bin, weil du bist; du bist, weil ich bin ... Ubuntu.«

Das ist etwas, woran ich immer geglaubt habe: dass wir der andere sind – in der Glut unseres tiefsten Leidens, im Auflodern unserer tiefsten Ängste, im vertrauten Frieden unserer tiefsten Freuden. Ich habe es in den Krebstherapie-Räumen gespürt, in den Augen überlasteter Mütter, die mir gegenübersaßen; wir alle wollten das Dunkle, das in uns wuchs, nicht haben … Ubuntu.

Ich habe es in jeder Tradition gefunden, auf jedem Weg …; in Martin Bubers Verständnis des »Ich-Du«, dem zufolge Gott nur erscheint, wenn das »Zwischen-uns« echt ist …; in der Zusage Jesus, wo zwei oder mehr zusammenkommen, sei er mitten unter ihnen …; im einenden Mitgefühl Buddhas …; in der numinosen Liebe, die alte Steine ausstrahlen, wenn wir still genug werden, uns vor ihnen zu verneigen. Ubuntu … Ich bin, weil du bist, selbst darin, wie wir vom Atem der Pflanzen leben; du bist, weil ich bin, selbst darin, wie Pflanzen von dem leben, was wir ausatmen.

Jahre nachdem Robert mir geholfen hatte, den Krebs zu überleben, nachdem ich ihm geholfen hatte, den Alkoholismus zu überleben, saßen wir zusammen in einem kleinen Park wie kleine, zerzauste Vögel. Mit klammen Fingern aßen wir Sandwichs, und Robert hob plötzlich den Kopf und sagte: »Ich habe Krebs gehabt«, und ich nahm seine Hand und erwiderte: »Und ich bin Alkoholiker gewesen.« Ubuntu … So brauchen wir einander, um vollständig zu sein.

◆ Setze dich an einem öffentlichen Ort still hin, bis dein Atem und die Luft, die du atmest, sich wie eins anfühlen.

◆ Atme gleichmäßig, bis dein Herz und die Herzen der Menschen um dich herum sich wie eins anfühlen.

◆ Atme langsam weiter, bis du bei jedem Atemzug die wechselseitige Verbindung alles Lebendigen spürst.

23.

Ins Reine kommen

Wir sind die Bühne und spielen alle Rollen.

Zu den großen Leistungen der Psychologie gehört, dass sie uns zu verstehen hilft, wie wir unsere Verletzungen und Gefühle, die wir mit bestimmten Menschen erlebt haben, mit anderen Menschen wiederholen. Es gibt viele Bezeichnungen dafür; »Projektion« und »Übertragung« gehören zu den bekannteren. Das heißt, wir spielen das, was gesagt oder getan wurde bzw. was nicht gesagt oder nicht getan wurde, so lange immer wieder durch, bis wir es bewältigt haben. Diese Bewältigung wird dann »Heilung«, »Loslassen« oder gar »Vergebung« genannt.

Das klassische Beispiel: Wer zuerst angeschrien wurde, tritt hinterher den Hund. Doch noch häufiger wiederholen wir die Arten unbeholfener Liebe, die wir erfahren. Während ich aufwuchs, ertrug ich beispielsweise die kalte Zurückweisung meiner aufrichtigsten Gefühle. Wenn ich zeigte, dass ich litt, meinten meine Eltern, ich versuchte, ihre Entschlossenheit ins Wanken zu bringen. Sie wandten sich von mir ab, als wäre mein Leiden nur ein Trick, um sie zu beeinflussen.

Durch diese Erfahrung bin ich sehr empfindsam geworden für das Leiden von Menschen, die mir nahestehen; und doch ertappe ich mich immer wieder dabei, mich zu verschließen, unerreichbar zu sein und so die Rolle meiner Eltern zu wiederholen. Es ist, gelinde gesagt, ärgerlich und deprimierend.

Doch so wie Keime ihre Entwicklung nehmen müssen, müssen auch all die Mitspieler unseres Dramas zu Wort kommen, bevor sie uns verlassen können. Wenn wir versuchen, das, was wir nie bekommen haben, von jemand anderem zu bekommen, der von unserem Spiel nichts weiß, halten wir durch diese Wiederholungen die Verletzungen am Leben, bis wir demütig erkannt haben, wie es ist, zu verletzen. Und das ist der erste Schritt zur Vergebung.

Juli

Ich habe erlebt, wie ich tat, was mir angetan worden war, wenn auch nicht auf so grausame oder harte Weise. Doch es erschütterte mich, zu erkennen, wie leicht es ist, grausam zu sein, wenn man sich fürchtet, und wie schwer es ist, zu akzeptieren, dass wir alle schrecklicher Taten fähig sind, und wie heilend es ist, zu erkennen, dass wahre Güte direkt hinter dieser Akzeptanz atmet.

- Meditiere über eine Kaltherzigkeit, unter der du gelitten hast, sei es in deiner Kindheit oder in einer Freundschaft oder Beziehung.
- Atme langsam und lass die Person, die dir das angetan hat, in den Hintergrund treten, während du dich auf das Wesen dieser Kaltherzigkeit selbst konzentrierst. Vielleicht bestand sie in einer Abwendung, einer Zurückweisung oder einer harten Kritik, in einer Gleichgültigkeit, einem Aufwallen von Ärger oder einer Verschlossenheit dir gegenüber.
- Atme tief und erinnere dich an das letzte Mal, wo du selbst jemand anderem gegenüber solche Kaltherzigkeit gezeigt hast. Versuche dich zu erinnern, was dich dazu brachte, dich so zu verhalten.
- Atme jetzt voll und ganz und lass allen Anschein von Kaltherzigkeit los.

24.

Darunter hervorkommen

All diese Dunkelheit! Ich gehe ins Licht!
< Hiob >

Manchmal gibt es einfach zu viel, was bedacht, verstanden und analysiert werden will, zu viele Folgen, die innerlich durchgespielt werden müssen, zu viel sauber zu machen, auszupacken, aufzuräumen oder heil zu machen, bevor wir hinausgehen können, um zu spielen.

Manchmal nutzen wir unseren freien Willen am besten dazu, alles stehen und liegen zu lassen und einfach unter all dem, was uns unter sich begräbt, hervorzukriechen, und sei es nur für eine Stunde oder so – heraus aus all den Netzen, die wir gesponnen haben, den Aufgaben, die wir übernommen haben, den Problemen, die wir lösen müssen. Sie werden nach wie vor da sein, wenn wir zurückkommen, und manche von ihnen werden vielleicht auch verschwinden, wenn wir uns nicht mehr darum kümmern, sie aufrechtzuhalten. Wäre das nicht nett?

- Setze dich still hin und versuche aufzuhören, an deinen Problemen zu arbeiten.
- Lege mit jedem Atemzug eine Sorge ab und fühle, wie dein Wesen auch ohne sie heil und intakt ist.
- Atme freier und erkenne, dass dein ganzes Wesen heil und ganz ist, ob du deine Probleme nun löst oder nicht.

25.

Lichtstreifen

Die menschliche Seele verhält sich zu Gott
wie die Blume zur Sonne: Sie öffnet sich, wenn er sich nähert,
und verschließt sich, wenn er sich zurückzieht.
< Benjamin Whichcote >

Wie die Sonne scheint Gott auf alles: auf den offen daliegenden Hügel, auf die Zimmerpflanze auf dem Fensterbrett; selbst die Unkräuter unter der Veranda kriegen noch kleine Lichtstreifen ab. Dieselbe Quelle des Geistes strahlt auf unsere verschiedenen Leben, unabhängig von unseren Lebensumständen. So kann unsere Erfahrung und Wahrnehmung Gottes in der Welt begrenzt und unterschiedlich sein oder sich verändern, aber das bedeutet nicht, dass die Quelle selbst begrenzt oder definierbar wäre.

Es erscheint uns zwar so, als würde die Sonne jeden Tag verschwinden, doch es ist die Erde, die sich wegdreht und es Nacht

Juli

werden lässt. Und wenn Gott nirgendwo zu sein scheint, sind es genauso wir, die wir uns in den Wirren unseres Lebens abwenden oder abgewendet werden und wieder zuwenden, immer und immer wieder. Aber im Gegensatz zu den Unkräutern unter der Veranda können wir uns selbstständig wieder ins Licht begeben.

◈ Dies ist eine Tagesmeditation. Setze dich still in dein Zimmer und beobachte das Licht, wie es sich draußen durch die Bäume bewegt.
◈ Erhebe dich nach einer Weile langsam und gehe nach draußen ins Licht. Atme dabei weiter tief.
◈ Gehe direkt in einen Lichtfleck.
◈ Atme ganz ein und fühle die Wärme, wie sie dich vollständig einhüllt und berührt.
◈ Bleibe dabei.

26.

Haus aus Lehm

Der einzige Grund, weshalb wir unser Herz
und unseren Geist nicht für andere öffnen, ist, dass sie
Verwirrung in uns auslösen und wir uns nicht mutig genug
oder nicht stark genug fühlen, damit umzugehen.
< Ane Pema Chödrön >

In der Nähe von Puhaditjhaba in Qwa Qwa, Südafrika, stand ein Lehmhaus mit einem Dach aus losen, rostigen Blechen, die nur von einem quer über das Dach gespannten Draht an Ort und Stelle gehalten wurden. An jedem Ende dieses Drahtes hing ein großer Sandsack. Mir schienen diese Sandsäcke wie schwere Satteltaschen, die dafür sorgten, dass das Dach nicht wegflog.

Zuerst dachte ich: Keine Nägel, keine Schrauben, wie instabil! Doch aus irgendeinem Grund blieb mir die Szene im Gedächtnis, bis mir klar wurde, dass die Leute dort ihr Heim dem Himmel öffnen konnten, wenn es schön war. Dieses einfache Lehmhaus erschien mir jetzt als ein Inbegriff der Anpassungsfähigkeit und des Gleichgewichts: ein Weg, um Stürme zu überstehen und sich dem Himmel zu öffnen. Jetzt waren die schweren Sandsäcke eine nützliche, aber bewegliche Erdung.

Ich frage mich, wie viel ich vorauseilend festnagle? Wie viel meiner Leiden rührt wohl daher, dass ich aufreiße, was ich zu sehr festgezurrt habe, wenn ich dringend den Himmel sehen will?

- Setze dich still hin in deinem Zuhause und stell dir das Zimmer, in dem du bist, ohne Dach vor, mit ungehindert hereinströmendem, natürlichem Licht.
- Atme langsam und vergegenwärtige dir das Dach, das du über deinem Herzen trägst, während du dich durch die Welt bewegst.
- Stell dir vor, wie sich klare Tage anfühlen würden, wenn du dieses Dach nicht hättest.
- Versuche beim Einatmen, die Zugpunkte zu fühlen, an denen dein Schutzdach befestigt ist.

27.

Schmerz hereinlassen

Ich werde zu Wasser:
Ich lasse alles seinen Kummer in mir abspülen
und spiegele so viel Licht, wie ich kann.

Ein weiteres Paradox, mit dem ich mich ständig herumschlage: Wie können wir einen anderen Menschen in uns hereinlassen, ohne zu diesem Menschen zu werden? Wie können wir die Tür des Mitgefühls öffnen, ohne uns von den Dingen und Menschen, die wir dann fühlen, überwältigen zu lassen?

Das geht zurück bis zu Jesus und Buddha. Diese großen spirituellen Führer haben uns auf wunderbare Weise gezeigt, dass es in jedem etwas grundlegend Klares gibt, wie Wasser, das namen-

Juli

los leuchten kann, das den Schmerz und den Kummer anderer aufnimmt, ohne selbst zu Schmerz und Kummer zu werden.

Davon ist in vielen Traditionen die Rede. Wir nennen es Liebe, wenn wir es für einen anderen Menschen tun, und Mitgefühl, wenn wir uns auf diese Weise für alle Menschen öffnen. Im tibetischen Buddhismus gibt es eine Meditationspraxis namens *Tonglen,* bei welcher der Praktizierende das Leiden der Welt einatmet, es an diesem unzerstörbaren Ort des Mitgefühls in sich hält und dann Licht zurückatmet.

Das Schöne an einer solchen Praxis: Sie beruht darauf, dass es in jedem von uns etwas Zeitloses und Unzerstörbares gibt, das uns und die Welt heilen kann, wenn wir uns dafür öffnen.

◆ Setze dich still hin, bis du dich zentriert fühlst.
◆ Atme gleichmäßig und vergegenwärtige dir den Schmerz eines dir nahestehenden Menschen.
◆ Atme tief und atme diesen Schmerz ein bis zum Zentrum des Mitgefühls, das wir alle in uns haben.
◆ Wenn du den Schmerz des anderen fühlst, hast du einen Teil davon transformiert.
◆ Jetzt atme Licht aus.

28.

Die Welle erfährt Gnade

Für eine Welle im Ozean ist Erleuchtung der Moment,
in dem sie erkennt, dass sie Wasser ist.
In diesem Augenblick verschwindet alle Furcht vor dem Tod.
< Thich Nhat Hanh >

Ähnlich wie gewöhnliche Wellen werden wir Menschen aus einem größeren Ganzen gehoben, aus dem Meer des unendlichen Geistes. Aus unvorstellbaren Tiefen zieht es uns empor, ansteigend rollen wir uns ein, brechen und versprühen uns und sinken wieder hinab in jenes, aus dem wir hervorgegangen sind. Wenn sie erkennt, woraus sie besteht, erfährt die Welle Gnade. Da sie sich aus demselben Wasser erhoben hat, in das sie wieder hinab-rauschen wird, mildert sich ihre Angst vor dem Ende. Denn sie ist bereits Teil dessen, was auf sie zukommt.

Können auch wir, ich und du, wie einfache Wellen solche Erleuchtung erfahren, wenn wir erkennen, dass wir alle aus dem-selben Wasser bestehen? Wenn wir wirklich darum wüssten, so wie die Welle um den Wind weiß – würde das unsere Angst vor dem Tod mindern?

Ich glaube, ich habe etwas Derartiges erlebt, als ich mich von meiner Rippenoperation erholte. Alles Anderssein war mir vergangen, alle Arten, wie ich mich von anderen unterschei-den konnte, schienen ausgelöscht. In diesem erschöpften, ver-schwommenen Zustand sah ich, dass wir alle aus demselben Stoff bestehen und dass das Leben, das vor mir war und nach mir kommt, sich wahrscheinlich nicht von den Lichtern und Schat-ten unterscheidet, die in diesem Augenblick durch meine Zellen flackern. Wie die Welle, die weiß, dass sie Wasser ist, erkannte ich kurz, dass meine Haut eine sehr dünne Grenze ist und dass es – egal wohin ich gehe – immer derselbe Ort ist, wo ich bin. Als menschliches Wesen, das sich dieses größeren Ozeans des Geistes bewusst ist, fürchte ich den Tod weniger, auch wenn ich selbst jetzt, wo ich dies schreibe, nicht sterben will.

Ich denke inzwischen, all dies kann auch so verstanden wer-den: Erleuchtung ist der Augenblick, in dem wir erkennen, dass wir aus Liebe bestehen. In diesem Augenblick schwindet alle Angst vor dem Leben. Denn wenn das Herz erkennt, woraus es besteht und woraus es hervorgegangen ist, erfährt es Gnade. In diesem Augenblick tröstet uns die Gnade, dass wir unabhän-gig von allen Freuden und Leiden, denen wir begegnen, bereits ein Teil dessen sind, wohin es geht. Für ein Herz auf Erden ist Erleuchtung der Augenblick, in dem wir akzeptieren, dass die Liebe uns alle zu Wellen macht, immer und immer wieder.

◆ Atme langsam und meditiere über das Fenster in deiner Nähe. Achte darauf, wie sich dieselbe Luft außerhalb und innerhalb des Fensters sammelt.

- Atme langsam und meditiere darüber, dass dein Mund wie dieses Fenster ist. Achte darauf, wie sich dieselbe Luft außerhalb von dir und in dir sammelt.
- Atme tief und fühle, wie die Essenz von allem sich durch dieses Fenster, das du bist, hinein- und hinausbewegt.

29.

Lebe demütig wie ein Hund

Lebe demütig wie ein Hund,
und die Welt wird in deinem Mund zum Leben erwachen.

An dem Tag, als ich meine Golden-Retriever-Hündin als Welpen mit nach Hause nahm, hatte ich keine Ahnung, dass sie mein Lehrer werden würde. Sie war sieben Wochen alt und schlief während der ganzen Fahrt in meinem Hemd. Ich spürte ihren leisen, rhythmischen Atem wie einen kleinen tierischen Windhauch, der mein Herz erwärmte. Tag um Tag begriff ich mehr von ihrer reinen, vollständigen und konstanten Präsenz. Nie war mir ein Wesen begegnet, das so sehr im gegenwärtigen Augenblick lebte, sich so unbefangen einließ auf alles, was vor ihr lag. Wenn sie durchs Gras rollte, war die Welt Gras und Herumrollen. Wenn sie ihre Decke umkreiste, um sich hinzulegen, bestand das Leben nur aus dem Wunsch, sich einzurollen und zu seufzen. Nach einer Weile beneidete ich meine Hündin um ihre Fähigkeit, so ganz und gar da zu sein, wo sie gerade war.

Ich merkte auch, dass sie die Welt sehr stark über Berührung erfuhr, vor allem über Berührung mit ihrem Maul. Ohne das Zögern, das uns Menschen oft befällt, steckte sie ihre Schnauze in alles, was sie fand, und dieses unmittelbare Erkennen bereitete ihr große Freude.

Dieser kleine Hund lehrte mich ohne Worte, dass es ein unbeschreibliches Gefühl der Bodenständigkeit gibt, das aus einer direkten Verbindung zur Erde entsteht, und dass die direkte Berührung dessen, was wir erfahren, Demut hervorbringt. Diese direkte Verbindung hilft, die Dinge lebendig werden zu lassen.

Sie erfrischt. Auf diese Weise durchflutet die Energie der Welt jeden Augenblick, auf den wir uns wagemutig ganz einlassen.

- Dies ist eine Gehmeditation. Zentriere dich und geh im Rhythmus mit deinem Atem.
- Während du anfängst, Details zu bemerken – das Licht auf einem Zweig, das Glänzen einer Pfütze, das Moos auf einem Stein –, versuche die einfachen Dinge, die dich ansprechen, zu berühren.
- Atme tief und schnüffle dich mit dem Herzen in deinen Tag.

30.

Wenn der Pfad versperrt ist

*Wenn der Pfad versperrt ist,
tritt zurück und erkenne mehr des Wegs.*

Jeder Mensch ist ein Berg, den andere erklimmen, und nur allzu oft wird dieser Pfad hin zur Liebe durch ein Missgeschick, ein Problem oder etwas Unerwartetes versperrt, das unsere Aufmerksamkeit erfordert. Wir nennen diese unerwarteten Dinge im Leben oft »Hindernisse«.

Häufig hat eine andere Person damit zu tun: Die Sturheit dieser Person stürzt uns in den Weg wie ein Baum und hindert uns daran, weiter unseren Weg zu verfolgen, oder eine Traurigkeit überschwemmt wie Hochwasser den Weg zwischen uns mit schlammigen Fluten, oder wir werden von etwas gebissen, was im Unterholz sitzt, gerade als wir uns auf das sorgsam bereitete Lager niederlassen wollen. Im täglichen Leben haben wir immer die Wahl: einander als sture, trübe, beißende Hindernisse zu betrachten – oder zurückzutreten und den ganzen Menschen anzusehen, so wie wir einen Berg in seiner ganzen, schwindelerregenden Majestät betrachten.

Juli

Wenn wir in unserer Nähe zueinander behindert werden, haben wir immer die Möglichkeit, unseren Blick zu heben, einander ganz zu erkennen und dann niederzuknien, um den gestürzten Baum aus dem Weg zu räumen oder durch den Schlamm zu waten oder das, was uns gebissen hat, wegzuscheuchen. Wir haben die Chance, weiterzusteigen, auf dass wir uns an den Wassern laben können, die von jedem ausgehen, so wie wir unseren Durst an einem Bergbach stillen, wissend, dass die Weichheit der Liebe wie Wasser selbst das Härteste durchdringt.

◆ Zentriere dich, vergegenwärtige dir einen lieben Menschen – einen Freund, Partner oder Familienangehörigen – und konzentriere dich auf einen Ausdruck von Sturheit, der zurzeit von diesem Menschen ausgeht.
◆ Ohne diese Schwierigkeit zu leugnen, atme ein und lass den Blick deines Herzens weiter werden. Tritt zurück, wenn du kannst, und sieh den ganzen Menschen, mitsamt seiner Sturheit und allem, was zu ihm gehört.
◆ Atme tief und fühle sowohl die Schwierigkeiten, die zu dieser Person gehören, als auch die Gesamtheit dessen, was sie ausmacht und weshalb du sie liebst.

31.

Das Auge ist die Lampe

Die Lampe des Leibes ist das Auge.
Wenn nun dein Auge lauter ist,
so ist auch dein ganzer Leib von Licht erfüllt.
< Jesus >

Jesus sagt indirekt, dass ein klares Auge Licht hereinlässt, also nicht einfach nur das Licht außerhalb seiner selbst beobachtet. Um durch die Tage zu kommen, müssen wir unser Herz als etwas betrachten, das die Wirklichkeit anderer in sich hineinlässt, und nicht nur als etwas, das sich irgendwie durch die Wünsche und

Ängste anderer einen Weg bahnt. Um authentisch zu bleiben, müssen wir andere hereinlassen und uns selbst herauslassen.

Es gibt ein befreiendes Paradox, das uns das Herz verengt, wenn es als Entweder-oder verstanden wird. Es geht um die Spannung zwischen Risiko und Sicherheit. Oft wird das Risiko, sich zu öffnen, als ein gefährlicher, unsicherer Weg betrachtet, und verschlossen zu bleiben, gilt als sicher. Das zeugt von einem Gefühl des Eingeschlossen- und Ausgeschlossenseins in der Welt. Innerhalb der Mauern ist es sicher, außerhalb der Mauern nicht. Diese Überzeugung ignoriert die Gefahr, in den Mauern zu ersticken. Wird die Maske weiter getragen, obwohl das Gesicht größer geworden ist, wird sie zu einer Wand, die wundscheuert und einschneidet.

Das Paradox besteht darin, dass der einzige Weg zu echter, tiefer Sicherheit, zu jenem Ozean inneren Friedens, durch den Treibsand des Risikos führt. Risiko kann Sicherheit geben. Nur durch das Risiko, uns zu öffnen, können wir die Kraft und Fülle dessen, was ganz ist, empfangen und leben.

Das wirft die wichtige Frage auf, was Selbstschutz ist. Bedeutet es, zu verstecken, wer du bist, oder zu sein, wer du bist? Bedeutet es, dich mit allem, was geht, abzuschirmen, oder dich zu klären, damit das Licht hereinkann? Bedeutet es, auf alles vorbereitet zu sein, was dich verletzen kann, oder dich zu öffnen für alles, was dich heilen kann?

- Schließe die Augen und wische die Tafel deines Geistes mit dem Schwamm deines Atems sauber.
- Jetzt halte Ausschau nach dem ersten Augenblick des Lichts. Worauf fällt dieses Licht?
- Betrachte dieses Objekt und erkenne, dass das Licht, das darin steckt, jetzt durch deine Abwägung von Risiko und Sicherheit gefiltert wird.
- Fühle, wie es in dich hineinströmt. Nimm das Licht an.

Juli

Geburtstage, Festtage

1
2
3
4
5
6
7
8
9
10
11
12
13
14
15
16
17
18
19
20
21
22
23
24
25
26
27
28
29
30
31

1.

Der Schmerz des Werdens

*Denn die Blume ist zu jedem Zeitpunkt ihres Erblühens
ganz offen.*

Wir erweisen uns einen schlechten Dienst, wenn wir unseren derzeitigen Platz immer mit irgendeinem Endziel vergleichen und beurteilen. Das schmerzt und passiert, wenn wir nach etwas streben: Die derzeitige Entwicklungsstufe wird neben das vorgestellte Ziel gestellt. Diesem Ziel kommen wir vielleicht immer näher, doch es ist nie gut genug.

Eine einfache Rose ist zu jedem Zeitpunkt ihres langsamen Erblühens so offen, wie sie sein kann. Das Gleiche gilt für unser Leben. Zu jedem Zeitpunkt unserer Entfaltung sind wir so weit, wie wir eben können. Denn das menschliche Herz erblüht recht langsam und erscheint nur mangelhaft, wenn es mit dem Bild des Liebenden oder der Eltern, die wir gerne wären, verglichen wird.

Es hilft, uns als Blüten zu betrachten. Würde eine Blüte nach schnellerer Entfaltung drängen – was ihr nicht möglich ist –, dann würde sie reißen. Doch wir Menschen können das, und wir tun es. Und oft zerreißen wir dann an Stellen, die keiner sieht. Wenn es uns drängt, uns schneller oder tiefer zu entfalten, als es unserer Natur entspricht, kommen wir uns selbst in die Quere. Denn natürliche Prozesse brauchen Zeit, und die meisten unserer Probleme entstehen aus Ungeduld.

Vor meiner Erfahrung mit dem Krebs fühlte ich mich als Künstler sehr getrieben. Ich setzte mich stark unter Druck. Ich glaube, der kreative Impuls in mir war stark und nicht zu unterdrücken und letztlich auch gesund, doch mein geheimes Bedürfnis, etwas ganz Großes zu leisten, machte mir Druck, bis etwas in mir zu reißen begann. Der endlose, unnachgiebige Druck, irgendwelchen Maßstäben eines inneren Bildes von mir gerecht zu werden – und zwar schleunigst –, ließ die Blume in mir reißen.

August

Ich glaube nicht, dass wir unsere Krebserkrankungen selbst verursachen, aber ich meine, dass der Teil von uns zuerst krank wird, den wir zuvor geschwächt haben. Es war kein Zufall, dass der Krebs die kreative Seite meines Gehirns befiel.

Vielleicht gehört es zu den am schwierigsten zu schluckenden Heilmitteln gegen den Schmerz unseres Werdens, dass wir an jeder Stelle auf unserem Weg – auch wenn es ihr an Perfektion mangelt – zur Blüte kommen. Was auch immer wir am Ende des Tages getan haben, ist mehr als genug; es ist der Traum, der Wahrheit wird.

◆ Schließe die Augen und meditiere über eine einfache gelbe Rosenknospe.

◆ Atme vollständig und warte nicht auf das gänzliche Erblühen der Rose, um ihre Schönheit zu sehen.

◆ Schau lieber auf die gelben Blütenblätter, die kurz vor dem Entfalten stehen, und sieh jetzt ihre Schönheit.

◆ Atme tief und sieh dich selbst als solch eine Rose. Warte nicht auf irgendein Ziel, das du dir vorstellst, um deine eigene Schönheit zu sehen.

◆ Atme lieber ein und genieße die Schönheit deines sich langsam öffnenden Selbst.

2.

Die Meerjungfrau

Eine Meerjungfrau fand einen Burschen, den sie sich auserkor;
Körper an Körper tauchten sie, lachend;
und sie vergaß
in grausamer Seligkeit,
dass selbst Liebende ertrinken.
< William Butler Yeats >

Wir sehnen uns so sehr danach, unsere innersten Erfahrungen mit unseren Lieben zu teilen, doch oft vergessen wir wie die Meerjungfrau, dass nicht jeder uns dorthin folgen kann, wo es uns hinzieht. Wir alle sind irgendwann mit der mysteriösen Tatsache konfrontiert, dass uns niemand ganz in unsere Tiefen folgen kann. Wir müssen da alleine hin. Es ist unser Ort der Vereinigung mit Gott.

Der Bursche kann die Tiefen der Meerjungfrau besuchen, aber er kann dort nicht bleiben, sonst ertrinkt er. Und die Meerjungfrau kann das Haus des Burschen an Land besichtigen, aber sie kann dort nicht bleiben, sonst erstickt sie. Jeder von uns muss in sein ureigenes Element zurückkehren, um zu überleben. Häufig verurteilen wir einander, weil der andere nicht mitkommt, verstehen es manchmal sogar als Zurückweisung, dabei ist es nur so, dass wir ersticken oder ertrinken, wenn wir unserem angestammten Element zu lange fernbleiben.

Beziehungen leben dort, wo sich diese inneren Elemente überschneiden. Die Meerjungfrau und der Bursche können sich dort umarmen, wo sich die Tiefe und die Luft begegnen. In ihrer Liebe hat die Meerjungfrau die Verantwortung, ihre Schätze an die Oberfläche zu bringen, wo sie sie miteinander teilen können, und der Bursche bringt seine Schätze, um sie in der Brandung mit ihr klarzuspülen. So wird jede authentische Beziehung zu einem Ort, an den wir nach unseren einsamen Begegnungen mit Gott zurückkehren können.

Dies war mir nie klarer als damals, als ich Anne, meine Partnerin seit zwanzig Jahren, zum Operationssaal begleitete, wo sie wegen Krebs operiert werden würde. Ich ging so weit mit, wie ich konnte, und sah ihr dann nach, wie sie hinter den Glastüren immer kleiner wurde. Damals erkannte ich, dass jenseits der Glastüren unserer Erfahrungen – sei es in unserer Auseinandersetzung mit Gott, mit verstorbenen Eltern oder mit unseren menschlichen Beschränkungen – jeder alleine weitergehen muss. Das Werk unseres Mitgefühls besteht darin, unsere Lieben so weit zu begleiten, wie wir können, und da zu sein, wenn sie zurückkehren. Doch niemand kann mit uns oder für uns durch die Glastüren gehen.

Ob an Land oder zu Wasser, ob in Gemeinschaft oder in einsamer Unabhängigkeit, wir alle erleben dieses essenzielle Allein-

August

sein. Und auf der Reise zwischen den Tiefen und Höhen, die unsere Seelen nähren, und der Berührung durch andere, die uns gesund erhält, widerfährt uns das Wunder der Liebe.

- ◈ Finde im Dialog mit einem vertrauten lieben Menschen etwas, das du vollständiger mit dem anderen teilen möchtest.
- ◈ Sprecht darüber, ob das möglich ist, und unterscheidet, in welchen Bereichen und wodurch ein vollständigeres Teilen möglich wäre und welche Aspekte einfach aufgrund eures Wesens nicht weiter teilbar oder mitteilbar sind.
- ◈ Dann begib dich in Meditation, tauche tief ein in dich, dorthin, wohin dir niemand folgen kann, und bringe einen kleinen Schatz mit zurück an die Oberfläche. Versuche, ihn mit dem anderen zu teilen.
- ◈ Dann wechselt die Positionen und wiederholt den Prozess.

3.

Das Abstreifen des Wollens

Diese Körper sind vergänglich,
aber was in diesen Körpern wohnt, ist ewig.
< Bhagavadgita >

Die meisten Früchte und Gemüse wachsen mit einer Schale, die entfernt werden muss, wenn wir die Süße und Reife kosten wollen. Auch der Mensch hat solche Schalen, insbesondere die Hülle seines Willens, in der das Selbst heranreift.

Häufig schützen wir unsere kleinen Samen des Mühens, des Wünschens, der Leidenschaft und der Neugier, indem wir sie in großartige Formen und ehrgeizige Pläne hüllen, die jedoch letztlich wenig mit der in uns heranwachsenden Süße und Reife zu tun haben. Doch ähnlich wie Mais nur reifen kann, wenn er monatelang in seine Blätter gehüllt ist, reift auch das Wesen, das wir sind, unter den schützenden Schichten unserer zukünftigen, noch zu werdenden Wesen heran. Das ist nicht verkehrt. Die meisten Dinge im Leben brauchen eine Schutzhülle, um darin zu wachsen. Wir können uns jedoch schaden, wenn wir die Frucht, die wir sind, zu lange verhüllt lassen. Wir können verderben, von innen her verrotten, wenn wir in der Schale unserer alten Pläne verharren, nachdem unser Inneres zur Reife gelangt ist. Wenn wir umziehen, den Job oder eine neue Beziehung eingehen, ist das manchmal ein Versuch, uns von all dem zu befreien, was uns verdeckt, selbst wenn es uns beim Wachsen geholfen hat. Doch vielleicht erkennen wir auch, dass wir unsere Art, zu lieben, abstreifen müssen und nicht das, was wir lieben.

Wir mögen Pläne machen und auf ein Ziel hinarbeiten und uns mögliche zukünftige Ergebnisse vorstellen, doch wir müssen demütig anerkennen, dass nichts uns auf den Moment vorbereiten kann, in dem wir reif genug sind. Wenn die Seele uns ausfüllt wie eine reife Frucht, verwandeln sich all unsere Fantasien, Bestrebungen und Anklagen in nutzlose Haut. Ausgereift und fähig, Mitgefühl und Freude zu empfinden, führen alle weiteren Opfer und Verzögerungen dazu, dass wir innerlich verderben. Wenn das Herz aufbricht wie ein reifer Samen, haben alle unsere zerbrechlichen Träume der Zukunft ausgedient wie eine alte Schale.

Da keiner von uns das Reifen seiner Süße steuern kann, können wir nur versuchen, uns über unsere Hülle zu definieren, die uns vielleicht sogar beim Wachsen half. Wir mögen lange und hart daran arbeiten, die Sonne selbst sein zu wollen, und reifen doch mit unserem bisschen Sonne heran, bis wir aufbrechen, genau dort, wo wir sind. Träume also, so viel du willst, plane, deine Version der Pyramiden zu errichten, ein Vermögen zu machen und zu verschwenden. Denn nichts ist von Bedeutung außer der Süße, der in unseren Träumen und Leiden heranreifenden Süße, die irgendwann ans Tageslicht kommt.

- Nimm eine Frucht in die Hand, zum Beispiel einen Apfel oder eine Orange.
- Atme langsam und fühle die Schale, die dich vom Genuss der Frucht trennt.
- Danke der Schale, dass sie dir die Frucht darbietet.

August

- Jetzt schäle ein wenig Schale ab und iss etwas von der Frucht.
- Wiederhole dies und meditiere dabei über eine Hülle – einen Plan, einen Traum oder einen Wunsch –, die dir geholfen hat, zu sein, wer du bist.
- Jetzt schließe die Augen, schäle etwas von deiner eigenen Hülle ab und danke dafür, dass sie dich bis an diesen Punkt gebracht hat.

4.

Dunkle Erregungen

Wenn die Dunkelheit ruht,
beginnt das Licht, sich zu regen.
< »Das Geheimnis der goldenen Blume« >

Wie umgehen mit den dunklen Erregungen? Wie finden wir durch das Dickicht unserer Verwirrung, Traurigkeit oder Verständnislosigkeit hindurch einen Weg ins Morgen? Es erscheint natürlich, unsere Probleme wie einen überwachsenen Weg zu behandeln, uns durchzuschlagen und dabei uns selbst ein wenig Gewalt anzutun. Doch dieser Satz aus einem alten chinesischen Text verweist auf etwas Härteres und Einfacheres: dass die Erregung selbst dunkel ist und dass nur Raum für Licht ist, wenn wir die Finger davon lassen können.

Wie oft bin ich innerlich wieder und wieder die Worte eines anderen durchgegangen und ließ dunkle Ranken über das Gesagte wachsen: Was könnte es bedeuten? Was konnte alles Ungesagte bedeuten? Was muss ich jetzt tun, als Antwort oder Nicht-Antwort? Die Gedanken-Ranken wuchern und halten das Licht fern.

Ich muss lachen, wenn ich bedenke, wie viele Stunden ich in meinem Leben damit zugebracht habe, mir Geschichten auszumalen, die nie wahr wurden und die doch mein Herz wie Unkraut überwucherten. Es ist, als würde das Licht in unendlicher Geduld sich nie den Zugang zu unseren Herzen erzwingen. Es scheint zu warten und zu warten, bis wir uns öffnen, zufrieden, jeden noch so kleinen Raum in uns auszufüllen, den wir frei machen.

Es scheint, dass die dunklen Erregungen immer überwuchern. Ich selbst habe jahrelang daran gearbeitet, mein wundes Selbstbewusstsein mit erregten Leistungsbestrebungen zuzudecken, bis mein Herz unter einem Dickicht von Leistungen begraben war. Erst als ich diese Leistungen weglegte, fing das Licht an, sich zu regen. Erst dann erreichte eine universelle Wärme meine wunde Mitte. Erst als ich die dunklen Energien ruhen ließ, begann ich zu heilen.

◆ Vergegenwärtige dir etwas, das dir zurzeit im Kopf herumgeht.
◆ Atme tief und hör möglichst auf, darüber nachzudenken.
◆ Lass deinen Atem die dunklen Gedanken aufspalten, sodass das Licht die wunde Mitte erreichen kann, die gehalten werden will.

5.

Die Geburt des Kükens

Jeder Sprung ist auch eine Öffnung.

Mitten in großen Veränderungsprozessen kann es hilfreich sein, sich daran zu erinnern, wie ein Küken auf die Welt kommt. Aus Sicht des Kükens ist es ein schrecklicher Kampf. In seine dunkle Schale eingezwängt, erst halb entwickelt, frisst es alles auf und nutzt den ihm gegebenen Raum maximal aus. Dann wird es hungrig und fühlt sich beengt, der Hunger wird größer, und es fühlt sich von seiner scheinbar schrumpfenden Welt schier erdrückt.

Schließlich bringt sein Wachstum die Schale zum Platzen, und die dem Küken bekannte Welt hört auf zu existieren. Sein Himmel stürzt ein. Das Küken zappelt sich aus den Bruchstücken

August

heraus und beginnt, die Schale aufzufressen. In diesem Augenblick – wachsend, aber gebrechlich, hungernd und verkrampft, in den Scherben seiner Welt sitzend – meint das Küken zu sterben. Doch sobald alles, was ihm bislang Sicherheit bot, abgefallen ist, ist es geboren. Es stirbt nicht, sondern es fällt in die Welt.

Eine wichtige Lehre: Transformation erfordert stets das Wegfallen von Dingen, die uns Sicherheit boten; wir meinen, die uns bekannte Welt stürze zusammen, und das tut sie auch.

Doch vom Küken lernen wir: Geboren zu werden, während man lebendig ist, heißt, die eigene Schale aufzuessen. Wenn wir vor großen Veränderungen stehen – in uns selbst, in einer Beziehung, in unserer Berufung –, müssen wir irgendwie alles in uns aufnehmen, was uns eingeschlossen, genährt, ausgetragen hat, damit wir im bevorstehenden neuen Leben das Alte in uns tragen.

- ◆ Wenn du das nächste Mal Gelegenheit dazu hast, beobachte, wie etwas geboren wird.
- ◆ Wenn dich das anspricht, suche aktiv eine Möglichkeit dazu. Geh in den Zoo, auf einen Bauernhof, in eine Gärtnerei, ein Aquarium oder in die Säuglingsabteilung des nächsten Krankenhauses.
- ◆ Während du einer solchen Geburt zusiehst, achte darauf, was genau dich berührt.
- ◆ Betrachte diesen Geburtsvorgang als einen Lehrer. Vielleicht steht er mit etwas im Zusammenhang, was in dir geboren werden möchte.

6.

Herzenslust

Es ist uns angeboren,
uns danach zu sehnen, unseren nackten Schrei
ineinander hineinzustöhnen.

Wir sind so scheu, was unsere Sexualität betrifft, dass wir oft die stillen Lehren verpassen, die in Augenblicken echter Intimität liegen. Die tiefe Empfindsamkeit während des Orgasmus zum Beispiel ist ein süßes Paradox. Wir alle genießen diesen Moment und wollen immer wieder dorthin zurück, und doch kann keiner von uns diese Ekstase lange aushalten.

Dieser erhabene Moment offenbart uns viel, sowohl über unsere sehr menschlichen Beschränkungen als auch über unsere tiefste Lebendigkeit. Es kommt nicht von ungefähr, dass es uns drängt, dabei nackt und verletzlich zu sein, und dass wir trotz all unserer Ängste und Abwehrmuster genau in diesem Augenblick unerträglicher Empfindsamkeit gehalten und berührt werden wollen.

Das ist es, was das Herz unter Genuss versteht. Sosehr wir diesen Augenblick der Preisgabe und des Freisetzens brauchen, um uns vollständig zu fühlen, müssen wir doch auch akzeptieren, dass wir ihn nicht lange aushalten. Deshalb hören sich die Schreie der Ekstase und der Qual oft so ähnlich an. Dass wir bei der Vereinigung mit einem anderen Menschen diese große Empfindsamkeit und Verletzlichkeit spüren müssen, ist ein Beweis dafür, dass keiner dieses Leben alleine leben kann. Echte Intimität ist nur mit Vertrauen möglich. Wenn wir unsere Körper so empfindsam werden lassen und uns im Herzen zurückhalten, umgehen wir die Ekstase und erleben ihr kleineres Echo, den sogenannten sexuellen Höhepunkt.

Tatsächlich kann dieser Augenblick der Ekstase, in der nichts zurückgehalten wird, nicht nur durch Sex erfahren werden, sondern im Sein und Tun und der Wahrhaftigkeit in all unseren Beziehungen – in jedem ekstatischen Augenblick, in dem wir uns vollständig offenbaren und gleichzeitig halten lassen. In diesem gewagten, fragilen Moment lebt das Herz all seine Gaben aus: Wir sind wir selbst, halten nichts zurück, vertrauen einander, erfahren Vollständigkeit und bezeugen die Vollständigkeit des anderen.

- Dies ist eine Meditation über Intimität mit einem geliebten Menschen.
- Setzt euch einander gegenüber und atmet langsam, bis ihr einen natürlichen gemeinsamen Rhythmus findet.

- Haltet Augenkontakt und berührt gegenseitig sanft eure Gesichter.
- Verfolgt mit den Fingerspitzen langsam und zart die Züge des anderen und lasst die Wände zwischen euch dabei durchscheinender werden.

7.

Was wir mitbringen

Ein Fluss hält nicht das Wasser,
das durch ihn hindurchfließt.

Bei unserer Reise durch die Zeit müssen wir ständig entscheiden, was mitzunehmen und was zurückzulassen ist. Es fällt uns so schwer, etwas wegzuwerfen, aber wenn wir es nicht tun, ersticken wir unter der selbst erzeugten Last.

Der Fluss ist da ein gutes Vorbild. Er besitzt die Wasser nicht, die ihn durchströmen, und doch hat er die innigste Beziehung zu ihnen und wird von ihnen geformt. So ist es auch mit allem, was wir lieben. In Wahrheit ist es sinnlos, an den tiefsten Dingen festzuhalten, denn sie haben uns bereits geformt.

Empfindungen und Stimmungen haben den Zweck, die mächtigen Gefühle freizusetzen, die in uns ruhen, vielleicht durch ein Buch, eine Karte, eine Muschel oder eine getrocknete Blume. Doch oft schleppen wir mehr mit, als wir brauchen, und vertrauen nur selten darauf, dass das, was diese kleinen Kostbarkeiten uns bedeuten, ohnehin in uns lebendig ist. Oft ist das nützlichste Geschenk, das wir uns machen können, unser Leben offen darzulegen wie einen Fluss.

- Halte ein Erinnerungsstück, das dir kostbar ist, und meditiere über das Gefühl, das es auslöst.
- Achte darauf, wo dieses Gefühl in dir lebt.
- Überlege, wie lebendig oder nicht lebendig dieses Erinnerungsstück für dich ist.
- Überlege, warum du es aufbewahrst.

8.

Hingebungsvoll wie eine Ente

Unter dem, was ich zu schauen versuche,
ist alles, was ich brauche.

Es ist Jahre her, aber ich erinnere mich deutlich. Ich ging alleine an einem Seeufer entlang. Es war mitten am Tag, und dort in der Sonne, etwa drei Meter vom Ufer entfernt, hatte eine Reiherente sich zum Schlafen eingerollt. Den seidig geschopften Kopf unter die Flügel gesteckt, wippte sie friedlich auf den kleinen Wellen dahin.

Diese kleine Szene ergriff mich, denn ich sah äußerstes Vertrauen. Ohne jede Selbstwahrnehmung war mir diese kleine Ente, die da im Mutterleib der Welt ruhte, eine mächtige, wortlose Lehrerin. Wenn ich mich nur – wenn wir uns nur – so vollständig auf das Mysterium des Lebens einlassen könnten, würden wir getragen und erneuert.

Es war klar, dass diese Ente aufwachen und auf dem Wasser ihre Kreise ziehen würde, doch die Fähigkeit dieser kleinen Kreatur, so vollständig loszulassen, erfüllte und sättigte ihre Zeit auf Erden zumindest für ein paar Minuten mit jenem tiefen Frieden, für den nur vollständige Hingabe uns öffnet.

Nur selten habe ich so vollständig losgelassen, doch jene Momente haben mein Leben von Grund auf verändert. Als ich Krebs hatte, fiel ich irgendwie von der Klippe meiner Angst und rollte in den OP wie diese kleine Ente. Es war die Schwelle zur anderen Seite. Als ich einsam war und Angst hatte, mich zu öffnen, stürzte ich irgendwie immer wieder in den Ozean der Liebe eines anderen Menschen, und mein geschundenes Herz konnte sich erholen. Und jetzt, auf der Suche nach Lebensweisheit, stolpere ich manchmal und lasse, was ich zu wissen meine, so vollständig los, dass ich auf tiefere Ebenen komme, die weder weise noch unweise sind, sondern einfach lebensbejahend.

August

- Wenn du müde bist, setze dich still hin und atme die Schwere des Tages weg.
- Lass mit jedem Atemzug etwas los, etwas Ungetanes, eine Prellung, die du dir zugezogen hast, eine Sorge oder Angst, die du genährt hast.
- Analysiere diese Dinge nicht und löse sie nicht, atme sie einfach weg.
- Sobald du leicht genug bist, sieh dich als die kleine Ente und spüre das Plätschern des Mysteriums um dich herum. Fühle seine Tragkraft.
- Gib dich zehn Sekunden lang ganz hin – das heißt, weiche alle Widerstände auf – und lass dich vom Wasser des Lebens tragen.

9.

Den Weg bereiten

Und solang du das nicht hast, dieses »Stirb und werde!«,
bist du nur ein trüber Gast auf der dunklen Erde.
< Goethe >

Sterben ist nichts Schlimmes. Zellen sterben jeden Tag. So lebt der Körper paradoxerweise. Hüllen werden abgestreift. Schalen fallen ab. Neues Wachstum entsteht. So bleiben wir lebendig. Denkungsarten sterben genauso wie Zellen, und wir leiden sehr, wenn wir dem, was von unten als neue Haut unseres Lebens heranwächst, den Weg verweigern. Was uns schmerzt, ist die Sturheit, mit der wir den Durchbruch des Neuen verhindern. Die Angst, dass nichts von unten heranwächst, nährt unsere Verzweiflung. Tödlich ist der Moment, in dem wir aufhören zu wachsen, egal in welche Richtung.

Wenn wir diesem Prozess Widerstand entgegensetzen, werden wir zu einem unzufriedenen Gast, der klagt wie eine menschliche Krähe. Wir verdoppeln den Schmerz des Lebens, wenn wir versuchen, die ständige Entstehen neuen Lebens aufzuhalten. Stell dir vor, Bäume würden nie ihre Blätter fallen lassen oder Wellen wollten nie brechen, oder Wolken würden nie ihre Last abregnen und sich auflösen.

Ich sage das, um dich wie mich daran zu erinnern: Kleine Tode verhüten große Tode. Unter all dem, was mühevoll den Weg bereitet, wartet das Wesentliche darauf, hervorzukommen.

- ❖ Setze dich still hin und sinne über die vielen »Selbste« nach, die du gewesen bist. Während du gleichmäßig atmest, sinne darüber nach, wie das neue Selbst immer bereits unter dem alten herangewachsen ist.
- ❖ Jetzt schließe die Augen und meditiere über das Neue, das jetzt gerade in dir heranwächst.
- ❖ Atme gleichmäßig und lass die Gewohnheiten deines Verstands los, die dein Wachstum möglicherweise behindern.

10.

Random

Random is the instant
a horse at full speed
has all four hooves off the ground.

Dies ist die ursprüngliche Bedeutung des englischen Wortes *random:* »der Moment, in dem ein Pferd in voller Geschwindigkeit keinen Huf mehr am Boden hat«. Es bezieht sich auf das Geheimnis ungezügelter Leidenschaft, auf die Erhebung, die aus völligem Einlassen und vollständiger Hingabe entsteht. In unserer Zeit bedeutet *random* jedoch eher »ohne Methode oder Sinn«, bezieht sich also auf den reinen Zufall. So sondern wir aus, was sich unserer Kontrolle zu entziehen scheint. Wenn wir es nicht herbeigeführt haben, muss es zufällig sein.

Doch unser Leben ist voll von unerwarteten Ausbrüchen der Güte, die nirgendwo herzukommen scheint. Gerade als du

August

durstest, wird etwas zu trinken herumgegeben. Gerade wenn du so einsam bist, dass etwas tief in dir zu zerbrechen droht, bietet dir jemand an, dich mitzunehmen, oder hilft dir, deine schwere Tasche zu tragen, die dir zu entgleiten droht. Gerade wenn du meinst, dass nichts deinen traurigen Blick vom Asphalt heben kann, tanzen die Rehe im Rhythmus von Händel vor dir über die Straße.

Was können wir also von dem galoppierenden Pferd lernen? All seine Energie und sein Verlangen sind in dem kurzen Augenblick versammelt, in dem es ganz in sich selbst ist, und in diesem Augenblick fliegt es. Nur um wieder aufzusetzen. Und um wieder zu fliegen. Und um wieder aufzusetzen. Für uns bedeutet es den Augenblick, wo nichts zurückgehalten wird, wo wir alles geben. In diesem Moment kommen wir dem Fliegen so nahe, wie es uns Menschen möglich ist: Wir schweben flüchtig auf einer Woge der Leidenschaft für das Leben, in der alles hervortritt, um der Welt zu begegnen.

Ich habe das immer wieder erlebt in den vielen Krankenhausbetten, in denen ich lag, während ich durch meine Krebserkrankung ging. Als ich nichts zurückhalten konnte – keine Tränen, keinen Schmerz, keine Frustration, keine Wut –, fand ich mich *»at random«* plötzlich in der Luft wieder, obwohl ich das Bett nicht verlassen konnte. Und erstaunlicherweise hat mich das wieder in den Fluss des Lebens um mich herum zurückgebracht.

Denn so wie Schmerz im Körper anderen Zellen signalisiert, zu der verletzten Stelle zu fluten, ruft unsere aufrichtig gelebte Erfahrung andere Leben zu unserer Hilfe. So wie Blut aus den gesunden Teilen des Körpers zu den verletzten strömt, ohne dass die beiden Teile davon wissen, so geschieht es auch im universellen Körper. Wir fließen zueinander hin, um einander zu helfen, oft ohne zu wissen, wohin es uns zieht. So heilt sich die Lebenskraft auf geheimnisvolle Weise. Was wir »Zufall« oder »Glück« nennen, ist die Zirkulation des Lebens, wie es sich durch uns und in uns heilt.

- Tu heute eine Sache *»at random«* – einfach so.
- Wenn ein Sonnenflecken deine Aufmerksamkeit erhascht, halte dich nicht zurück. Geh hin und stell dich hinein und halte dein Gesicht ins Licht.

- Gerätst du in einen Regenschauer, öffne dich für ihn, und sei es nur für einen kurzen Moment.
- Hörst du einen Musiker auf der Straße spielen, lausche ihm still einen Moment lang.
- Siehst du etwas Schönes, lächle. Wenn es immer noch schön erscheint, erlaube dir, darüber zu lachen, dass du den Vorzug hast, es zweimal zu sehen.
- Halte nichts zurück. Erlaube dem, was dich berührt, deinen Weg zu beeinflussen.

11.

Beim Laufen

Sehen braucht Zeit.
< Georgia O'Keeffe >

Im Mai war ich joggen und sah eine sauber gestutzte Hecke, durch deren Symmetrie raue blaue Wildblumen gewuchert waren, ohne sich an irgendeine Form zu halten. Ich musste lächeln, denn ich habe mich viele Jahre lang dagegen gewehrt, gestutzt und geformt zu werden. Ich liebte es, wie das wilde Blau über die Hecke ragte.

Im Juni war ich joggen und sah einen älteren Mann jene Hecke schneiden. Er war ganz konzentriert bei der Sache, schnippelte eifrig, trat dann zurück und wischte sich den Schweiß von der Stirn, als hinge die Welt von seiner Sorgfalt ab. Sein Bemühen berührte mich. Wir nickten einander kurz zu, und ohne dass ein Wort gewechselt wurde, begriff ich, dass es nicht um die Hecke ging, sondern dass er etwas brauchte, um das er sich kümmern konnte. Ich erkannte, dass ich genauso gelebt hatte, seit ich dem Krebs entronnen war.

Im August war ich joggen und sah eine kleine Fontäne, die aus einer unsichtbaren Mitte hervorsprudelte, so hoch sie konnte. Sie breitete sich aus, bis ihr die Kraft ausging, und von dort, wo

August

sie dem Himmel am nächsten war, fiel sie in sich selbst zurück. So ersetzte das Aufsteigende immer das Fallende. Schwitzend und keuchend erkannte ich, dass das Freiheit ist.

- ◆ Setze dich still hin und vergegenwärtige dir den Teil in dir, der sich weigert, sich stutzen zu lassen. Gib ihm Bestätigung.
- ◆ Atme tief und vergegenwärtige dir jenen Teil in dir, der sich kümmern muss. Nimm ihn an.
- ◆ Atme frei und vergegenwärtige dir jenen Teil in dir, der auf sich selbst zurückfällt, nachdem er sich nach etwas ausgestreckt hat. Segne ihn.

12.

Laut leben

Wir sind hier, um laut zu leben.
< Emile Zola >

Schon sehr früh schreien und tönen wir unseren Weg in die Welt; dies ist der erste Zweck unseres stimmlichen Ausdrucks. Was da herauskommt, ist eine Rettungsleine, unsere Art, immer und immer wieder zu bekräftigen, dass wir lebendig sind, dass wir Teil haben an der ganzen Majestät und Vielfalt des Lebens.

Doch schon bald – vielleicht in der Schule, vielleicht zu Hause, vielleicht wenn wir zum ersten Mal meinen, einer Liebe zu bedürfen, die wir nicht in uns haben –, nur allzu bald fangen wir an, zu glauben, dass wir schreien und tönen, um gehört zu werden. Und alles ändert sich.

Dann achten wir ängstlich darauf, ob und wie wir angenommen und bestätigt werden. Doch stell dir vor, Vögel würden nur singen, wenn sie jemand hört. Musiker würden nur spielen, wenn es jemandem gefällt. Dichter würden nur sprechen, wenn sie jemand versteht.

Ich habe mich viele Male durch die Erwartungen und das Missfallen anderer gekämpft, um meine Stimme wiederzufinden und einfach als etwas Lebendiges ertönen zu lassen. Natürlich liegt eine besondere Freude darin, gehört zu werden, und es nährt uns. Doch ich habe erkannt, es muss immer an erster Stelle stehen, dass ich meinen Weg in die Welt töne, dass ich ausdrücke, wer ich bin. Der Wunsch, andere mögen gut über mich denken, verschwindet nie, und so muss ich immer die Reaktionen der anderen so lange auf Abstand halten, bis meine Stimme es ins Licht schafft.

Ich kenne einen alten Mann, der aus Italien hierher eingewandert ist. Er hat sein Leben lang als Klempner gearbeitet. Er ist ein guter, lieber Mann, und wenn er lacht – und das ist oft –, lacht er ganz laut, egal wer dabei ist und egal ob es jemand versteht. So bleibt sein Gemüt klar. Er lebt laut. Ohne es zu wissen, hat er mir die Liebe zur Welt gezeigt.

- Geh ins Freie, wenn möglich, und lausche den Vögeln. Höre die Reinheit ihres Lieds.
- Achte darauf, wie zwischen ihrem Impuls, zu singen, und ihrem Gesang nichts zu stehen scheint.
- Atme und achte darauf, was du fühlst und was dich zögern lässt, dies laut zum Ausdruck zu bringen. Dies ist eine menschliche Schwäche.
- Arbeite darauf hin, dein menschliches Zögern aufzulösen. Fühle beim Einatmen, was in dir aufsteigt. Wenn du ganz eingeatmet hast, schließe kurz deinen Verstand, so wie du deine Augen beim Blinzeln schließt. Atme aus und lass das Gefühl aus dir ertönen, und sei es auch noch so leise.

August

13.

Der Vogelfelsen

Vielleicht will ich deshalb
andere Menschen so oft berühren –
es ist nur eine andere Art, zu reden.
< Georgia O'Keeffe >

Ich war weit weg von zu Hause, litt und fühlte mich verletzlich, als ich durch den rauen Küstenwind einen großen, gischtumschäumten Felsen sah. Auf dem Felsen hatten sich alle möglichen Tiere versammelt: Möwen, Kormorane, Seelöwen, Seehunde, Pelikane, Otter. Sie alle hatten dort Zuflucht gefunden vor der stampfenden See, hatten sich dort hinaufgezogen, waren dort gelandet, lebten dort zusammen, lagerten übereinander auf dieser felsigen, windumtosten Oase, zu erschöpft, um einander zu bekämpfen, von vielen Stunden im stürmischen Wasser zermürbt.

Ich erkannte, so finden die Verwundeten ihren Weg; so finden wir einander, auch durch dieses Buch. Jeder Überlebende, was auch immer er überlebt hat, kennt das Stampfen der See, und der Felsen, auf dem wir Zuflucht finden, ist jener ungeschützte Ort, wo wir einander endlich annehmen – zu erschöpft vom Schwimmen, als dass wir noch an Reviere denken könnten, zu müde, um zu reden, außer durch einfache Berührung.

Die Gesundheitsgruppe, zu der ich wöchentlich ging, war solch ein Felsen. Die tausend stillen Therapieräume waren solch ein Felsen. Für Leidende ist Toleranz kein politischer Standpunkt oder ein Prinzip. Für jene von uns, die gelitten haben, die wir uns aufs Trockene gezogen haben, gehört jedes erschöpfte Wesen neben uns zur Familie.

- Zentriere dich und stelle dir diesen Augenblick vor als einen Felsen, auf den du aus deinem Leiden herausgeklettert bist.
- Atme tief und fühle diesen Moment des Friedens, weg vom Trubel des Alltags.
- Öffne dein Herz, um zu sehen, ob auch andere, die du kennst, hier verweilen.

◆ Wenn dir jemand Bestimmtes in den Sinn kommt, sei offen, mit dieser Person über all dies zu reden.

14.

Die Puye-Klippen

Solches alles habe ich versucht mit der Weisheit.
Ich dachte, ich will weise werden, sie blieb aber ferne von mir.
Alles, was da ist, das ist fern und ist sehr tief; wer will's finden?
< Prediger 7,23–24 >

Humility, das englische Wort für »Demut, Bescheidenheit«, hat den Wortstamm *Humus,* fruchtbarer Boden, in sich und verweist auf mehr als ein gebeugtes Haupt. Durch die Verbindung mit allem, was älter ist als wir selbst, bietet Demut uns eine beruhigende Perspektive, die über unsere täglichen Sorgen und oft auch über unser Begriffsvermögen hinausreicht.

Ich habe das tief empfunden, als ich eine Freundin in New Mexico besuchte. Wir fuhren eine Stunde nördlich von Santa Fe zu den Puye-Klippen. Dort gibt es in den Fels gehauene Wohnstätten, in denen tausendfünfhundert Pueblo-Bewohner zwölf Generationen lang gehaust haben. Wir kletterten bis ganz nach oben, und ergriffen von dem, was wie der Rand der Welt wirkte, meinte Carol: »Wie wunderbar unbedeutend wir doch sind ...« Wir stellten uns vor, wie die Ältesten vor achthundert Jahren diesen Ort gewählt hatten, weil die Weite in allen die Gegenwart des Schöpfers wachhalten würde. Der Wind nahm zu und fegte durch die kleinen Höhlungen, die einst vom Geist dieser Ureinwohner belebt waren, und sie begannen, im Wind zu singen, und ich dachte an C.G. Jungs Ansicht, dieses Leben ergebe nur im Zusammenhang der Jahrhunderte einen Sinn. Ich erkannte, dass jeder, der je die Wahrheit des Geistes gesucht hat, so gelebt hat, aus der dunklen Höhlung die Majestät des Ganzen schauend.

August

Wir alle klettern durch die Prüfungen unseres äußeren Lebens bis zum Abgrund der Demut und hausen dort am Rande des Mysteriums. Wir alle klettern durch unser Leiden hindurch bis an einen Ort, wo wir ein kleines Heim für uns aus dem Felsen schlagen können, wo wir schwindlig werden angesichts des Wissens, dass wir klein sind und das Universum groß.

Oh, ich habe diesen Aufstieg durchlitten, wie andere Kletterer vor mir, und wir lebten hoch dort oben und warteten. Wir standen dort zusammen und allein, und die Tage ließen uns verwittern, bis wir genau das geworden waren, was wir sind. Dort, auf den inneren Klippen, wo demütige Wesen einander begegnen, um zu schauen, was nicht gesehen werden kann, und zu erkennen, was nicht erkannt werden kann, breiten wir unsere Arme aus wie Bussarde, um die uralte Luft zu schmecken. Wir breiten unseren Geist aus wie Bäume, die an der Kante wurzeln, um zu akzeptieren, dass das Ende des Wissens kommt wie die Sonne, nicht um uns zu lehren, sondern um uns zu wärmen und uns wachsen zu lassen.

Oh, wir lehnten uns in die Weite und breiteten unsere Herzen aus, die dort unter dem Wind pochten, wie etwas Menschliches, nur zehn Zentimeter weit von seinem Lied entfernt.

◆ Wenn es dir das nächste Mal möglich ist, begib dich an einen offenen Ort in der Natur: auf einen Berggipfel, an eine Küste, ein Seeufer oder in die Mitte einer großen Wiese.

◆ Meditiere dort in Stille, lass den Wind deinen kleinen Atem umspielen mit dem Gefühl von allem, was älter ist als du.

15.

Gehalten werden

*Das vielleicht kürzeste und kraftvollste Gebet
in menschlicher Sprache
ist Hilfe.*
< Pater Thomas Keating >

Eine Verhärtung, die wir nicht sehen können, kalt und starr, bildet sich zwischen uns und der Welt, je länger wir darüber schweigen, was wir brauchen. Es geht nicht einmal darum, zu bekommen, was wir brauchen, sondern zuzugeben – vor allem uns selbst gegenüber –, dass wir Bedürfnisse haben.

Hilfe zu erbitten – ob wir sie nun bekommen oder nicht –, durchbricht die Härte in der Welt. Paradoxerweise schenkt es Erleichterung und bringt Segen, selbst wenn wir um Dinge bitten, die niemand geben kann. Denn das Eingeständnis unserer Menschlichkeit treibt die Seele an die Oberfläche, so wie ein Delfin ins Sonnenlicht springt.

Zu den schmerzvollsten Hindernissen, die wir erfahren, gehört das Gefühl der Isolation, das die moderne Welt so fördert. Es lässt sich nur durchbrechen, wenn wir bereit sind, uns halten zu lassen, in dem stillen Mut, unsere Verletzlichkeit zu offenbaren. Denn so wie Wasser ein Loch füllt und Licht die Dunkelheit erfüllt, schmiegt sich Freundlichkeit um das Weiche, wenn das Weiche sichtbar wird.

Einzugestehen, was wir brauchen, um Hilfe zu bitten, unsere Weichheit zu offenbaren – all dies sind Gebete ohne Worte, auf die Freunde, Fremde, der Wind und die Zeit bereitwillig eingehen. Zuzulassen, gehalten zu werden, ist wie die Rückkehr in den Mutterleib.

◆ Atme und versuche, deine Abwehr für einen kurzen Moment aufzugeben und weich zu werden.

August

- Atme langsam und fühle, wie sich deine Poren mehr für die Welt öffnen.
- Atme tief ein und lass die Luft und die Stille näher kommen.
- Atme ganz ein und lass dich halten von dem, was ist.

16.

Die Taschen entleeren

Bitte denke daran:
Was du bist, wirkt heilend, nicht was du weißt.
< C.G. Jung >

Es ist sehr schwer, dies im Bewusstsein zu halten. Ich kämpfe täglich damit. Selbst wenn ich es genug verstehe, um mein Herz dem Tag zu öffnen wie einen Schwamm – sobald ein lieber Mensch leidend vorbeikommt, fange ich an, meine Taschen auszuleeren, auf der Suche nach etwas, das ihm helfen könnte. Doch immer wieder erfahre ich, dass nichts mehr gewünscht wird, als dass ich ihm mein Herz öffne wie einen Schwamm. Er möchte nur gehalten und gehört werden.

In anderen Bereichen der Natur ist das ganz leicht zu erkennen. Sterne halten die Dunkelheit zurück, indem sie Licht sind. Flüsse halten die Erde lebendig, indem sie nass sind. Der Wind befreit unseren Kopf von Wolken. Dies sind Lehrer, die das Herz öffnen, die in unserer Natur darauf warten, dass wir sie lebendig werden lassen. Dies sind die Dinge, die uns und einander heilen.

Wenn meine Taschen leer sind und ich alles ausgekippt habe, was ich weiß, stehe ich oft schulterzuckend da und muss eingestehen, dass ich nicht weiß, was ich tun kann. Das ist der Punkt, wo das eigentliche, demütige Werk der Liebe beginnt.

- Denke heute einmal an dich als eine lebendige Energie und nicht als ein Ziel, das es zu erreichen gilt, oder ein Hindernis, das überwunden werden muss. Spüre dich, ohne eine Bestandsaufnahme zu machen.

17.

Jeder ist eine lebendige Flöte

*Leiden macht jeden von uns zu einem Instrument,
damit durch uns in unserer Nacktheit und mit all
unseren Löchern die unsichtbaren Lebenskräfte
durch unser vereinfachtes Leben hörbar werden.*

Manchmal können wir nicht das haben, was wir wollen. Das kann enttäuschend und schmerzhaft sein, doch niederschmetternd ist es nur, wenn wir da stehen bleiben. Die Welt gedeiht durch endlose Möglichkeiten. Das macht die Natur zu einem Speicher der Gesundheit.

Doch wenn das Herz verkrampft ist oder der Verstand an seinem Schmerz festhält, können wir das Wunder auf einen einzigen Faden zusammenschnüren. Im Gegensatz zur endlosen Anzahl von Eiern, die ein Fisch ablaicht, und der endlosen Anzahl von Zellen, die eine Wunde heilen, können wir uns auf eine einzige Sache versteifen, die uns nähren soll. Von dort ist es nur ein kleiner Schritt zur Krise und in die Verzweiflung.

Sich selbst fertigzumachen, weil dieser eine Same nicht gekeimt hat, kann zu einer trübseligen Beschäftigung werden. Und es ist heimtückisch: Je mehr wir uns dem Mysterium widersetzen, desto mehr fühlen wir uns für alles verantwortlich, was uns widerfährt. Je mehr wir die Strategien analysieren, die nicht funktioniert haben, desto mehr meiden wir das echte Gefühl des Verlustes, dem niemand entgeht, der ein erfülltes Leben lebt.

Und selbst wenn wir das akzeptieren, bleibt doch keinem von uns der Aufruhr und der Schmerz erspart, wenn das, was wir wollen, Liebe ist. Wenn wir uns ganz hineingeben in die Liebe zu einem anderen Menschen, scheint es, als würde er das, was wir sind, mit sich nehmen, wenn er geht. Tatsächlich nimmt er einen tiefen Teil von uns mit, doch das, wovon das Herz sich nährt, ist endlos, und alles, was lebt, heilt.

August

Nirgends wird dies deutlicher als in der Schönheit von Bäumen. Die endlosen Windungen und Löcher des Stamms lassen jeden von ihnen weise wirken. Und doch ist die Haut eines alten Baums vor allem eine Landkarte alter Narben. Kann es sein, dass aus Wunden Narben werden und aus Narben wunderschöne, stille Höhlen, in denen fliegende Wesen ihre Nester bauen?

Mit jedem Raum, der sich öffnet, weil das Gewollte sich uns entzieht, wird ein tieferer Ort frei, in dem die Mysterien erklingen können. Wenn wir nur diesen Schmerz des Leerwerdens überleben, können wir die Freude erleben, durchklungen zu werden. Auf merkwürdige und wundervolle Weise ist jede Seele eine lebendige Flöte, vom Leben auf Erden geschnitzt, um immer tiefere Lieder ertönen zu lassen.

◆ Setze dich still hin und meditiere über eine Beziehung, in der du das Gefühl hast, einen Teil von dir verloren zu haben. Das kann eine Liebesbeziehung sein, eine Freundschaft oder eine familiäre Verbindung.

◆ Atme gleichmäßig und sinne darüber nach, wie es dazu kam. Durch Zurückweisung? Durch Unterwerfung? Oder indem du darauf verzichtet hast, selbst zu wählen, was deine Seele braucht? Oder ist die Person, die du geliebt hast, weggegangen oder gestorben?

◆ Atme tief, an dem Schmerz entlang, über Richtig und Falsch und über den Verlust hinaus, und schau, ob du fühlen kannst, was dadurch geöffnet und freigelegt wurde.

◆ Selbst wenn du es nicht benennen kannst, nimm diese neue Präsenz mit dir und verbringe den Tag damit, das tiefere Lied kennenzulernen, das darauf wartet, durch dich zu erklingen.

18.

Sich auf das Warten einlassen

Bleibe gelassen bei der Einheit der Dinge,
und irrige Ansichten werden von allein verschwinden.
< Seng-Ts'an >

Ich schreibe dies, während ich in Bryant Park sitze, in New York City. Es ist Sommer, und aus irgendeinem Grund lehnen sich all die hohen Eichen gen Süden. Alle lungern in der Sonne herum: Geschäftsleute in der Mittagspause, ein paar deutsche Touristen, alte, dösende Männer und die Obdachlosen, die vor sich hin murmeln wie Spatzen, deren Zirpen niemand versteht.

Manchmal scheint das Leben ein riesiges, zielloses Wartezimmer zu sein, in dem manche steif auf und ab wandern, darauf wartend, dass der Schmerz nachlässt. Andere warten darauf, dass etwas Gutes passiert. Wieder andere fürchten, etwas Schlimmes könnte anfangen. Die Getriebenen planen, während sie warten. Ich bin jeder von ihnen.

Es fällt uns so schwer – ist uns immer schwergefallen –, uns tief genug auf das Warten einzulassen, bis wir merken, dass wir nirgendwohin gehen können.

Wenn wir ganz erwacht sind, gehört es zu den größten Herausforderungen, alles Streben zu lassen und sich einfach zu öffnen wie eine Muschel, die in der Tiefe wartet, bis das Leben in all seinen Spielarten durch das halb geöffnete Zentrum strömt, das wir sind.

Dann flutet Gott in uns, wie ein strahlender Stein, der in einen See fällt, und die Vergangenheit kräuselt sich in kleinen Wellen hinter uns und die Zukunft vor uns, und wir atmen in Ewigkeit.

◆ Diese Meditation kann eine Weile dauern. Setze dich still hin und versuche zu meditieren, bis dein Zeitgefühl verschwindet.

August

- Während du atmest, lass deine Bilder der Vergangenheit und deine Hoffnungen für die Zukunft auftauchen und vorüberziehen.
- Während du langsamer wirst als das Warten, lass die Vergangenheit und die Zukunft und dein Zeitgefühl verschmelzen.
- Wenn du in deinen Tag gehst, versuche, nicht nach dem Leben zu streben. Versuche, nicht wegzugehen und nicht anzukommen. Versuche, das Leben in dich einfluten zu lassen.

19.

Das notwendige Vorrecht

Nicht zu fühlen heißt, das Herz am Atmen zu hindern.

So oft kämpfen wir gegen die Traurigkeit wie gegen einen unerwünschten Keim und verzehren uns nach dem Glücklichsein, als wäre es das verheißene Paradies, das uns wegen des *einen* geheimen Makels verschlossen ist, den wir korrigieren müssen, um seiner wert zu sein. Selbst unsere Verfassung meint, uns vor der schweren Reise der Selbstwerdung retten zu müssen, und sichert uns, obwohl das keine Regierung kann, die Zufriedenheit der Seele zu, indem sie Glücklichsein zu unserem unveräußerlichen Recht erklärt und damit impliziert, Traurigkeit bedeute Mangel.

Es kommt nicht von ungefähr, dass Leiden mit intensivem Fühlen einhergeht. Tief und bewusst zu fühlen, öffnet uns sowohl für Freude als auch für Kummer. Die Fähigkeit, klar zu fühlen, offenbart uns den Sinn unserer Erfahrungen.

Wenn du durstig bist, kannst du nicht das Gesicht in den Strom tauchen und nur den Wasserstoff ohne den Sauerstoff trinken. Trennst du das eine vom anderen, ist es kein Wasser mehr. Mit den Gefühlen ist es nicht anders: Wir können nicht nur Freude oder nur Leid trinken, dann ist es kein Leben mehr.

Die Wahrheit ist: So wie die Lungen die Luft nutzen, die wir atmen, nutzt das Herz die Dinge, die wir erfahren. Leben heißt fühlen. Es ist unser Recht. Intensiv zu fühlen ist unser notwendiges Vorrecht.

- Erinnere dich an einen kürzlich erlebten Augenblick des Glücks und was dich dafür geöffnet hat.
- Erinnere dich an einen kürzlich erlebten Augenblick der Traurigkeit und was dich dafür geöffnet hat.
- Lass mit jedem stillen Atemzug diese Gefühle zusammenkommen, so wie Flüsse im Meer zusammenströmen.
- Ohne zu versuchen, sie getrennt zu halten, fühle, wie dein Glücklichsein und dein Traurigsein in der Tiefe deines Seins eins werden.

20.

Im Bauch festgehalten

Der innere Kampf – gegen unseren Verstand,
unsere Wunden und die Überreste der Vergangenheit –
ist schrecklicher als der äußere Kampf.
< Swami Sivananda >

Ich sah einen Meeresotter in der Bucht. Er lag auf dem Rücken, hielt einen Krebs gegen seinen Bauch, fraß ein Stückchen davon, drehte sich dann wieder um, presste die Beute an seinen Bauch und schwamm weiter.

Diese Szene blieb tagelang in mir lebendig, bis ich erkannte, dass ich wie dieser Otter gelebt hatte: die nicht gegessenen Teile meiner Schale an meinen Bauch haltend, während ich durch die Tiefe tauche. Natürlich ist es unmöglich, frei zu schwimmen, wenn man tote Schalen festhalten will.

Der Versuch, sich weiterzubewegen und gleichzeitig die Vergangenheit zu verdauen, ist die Ursache vieler Magengeschwüre. Diese Erkenntnis ließ mich innehalten und die Traurigkeit der alten Wunden betrachten, die ich in meinem Bauch festhalte.

Ich verstand wieder einmal, dass wir in unserem Versuch, die inneren und die äußeren Erfahrungen zu integrieren, sowie in

August

unserem Streben nach Einheit gut beraten sind, eins nach dem anderen zu tun: uns mit uns selbst zu konfrontieren, ohne dabei irgendwo hinzulaufen, im Dahineilen nicht in den Wunden der Seele zu rühren.

◆ Werde ruhig und schau, ob es eine Spannung gibt zwischen deinem Tun und deinem Sein, eine Spannung, weil du etwas in deinem Leben zu bearbeiten versuchst, während du in Bewegung bist.

◆ Wenn dem so ist, halte inne und stelle dich dem, was in deinem Bauch ist. Tu, worum du dich kümmern musst, um dahin zu gehen, wo es dich hinzieht.

◆ Atme tief und lass deine innere und deine äußere Aufmerksamkeit in dieselbe Richtung weisen.

21.

Lehrer sind überall

*Lehrer tauchen von irgendwo in mir und jenseits von mir auf,
so wie die dunkle Erde nicht die Wurzel ist
und doch die Wurzel hält und die Blüte nährt.*

Häufig halten wir uns für selbstständig und entscheidungsfrei, weil uns der einfache Segen zuteil wird, hingehen zu können, wo wir wollen. Aber wir sind verwurzelt wie die Büsche und Bäume und Blumen, in einem unsichtbaren, allgegenwärtigen Boden. Unsere Wurzeln sind nur beweglich.

Natürlich treffen wir unsere eigenen Entscheidungen, Dutzende jeden Tag, aber der Boden, auf dem wir gehen, nährt uns in diesen Entscheidungen mit Hilfe der stillen Lehrer, denen wir überall begegnen. Unser Stolz und unsere Verwirrung, unsere Selbstbezogenheit und unsere Angst bewirken jedoch oft, dass wir die Lehrer nicht bemerken und uns beladen und allein fühlen.

Was das Hören dieser stillen Lehrer betrifft, erinnere ich mich an den großen Dichter Stanley Kunitz, der als junger Mann, als er schwer damit rang, wie er mit seinem Leben weitermachen sollte, im Nachthimmel über sich Gänse rufen hörte, und irgendwie wusste er plötzlich, was er zu tun hatte. Oder ein Bekannter von mir, der tief depressiv war und sich selbst langsam vernichtete: Eines Tages hörte er, vollkommen erschöpft von seinen endlosen Überlegungen, im Schnee ein paar Vögel singen und erkannte, dass er ein Musiker war, der sein Instrument finden und erlernen musste.

Aus der Logik der Selbstständigkeit und Entscheidungsfreiheit mögen solche Erfahrungen verrückt und unzuverlässig erscheinen. Doch der Grund und Boden, in dem wir wachsen, spricht eine andere Sprache als das, was wir in der Schule gelernt haben. Wahrheit, Liebe und der Hauch der Ewigkeit sind nur selten vorhersehbar, und die Klarheit des Seins entsteht selten durch Worte.

In meiner kurzen Zeit auf Erden habe ich erlebt, wie das Licht des alterslosen Geistes mich unerwartet erfüllte, als ich zu sterben meinte, und so wie das Wasser durch eine dünne Wurzel aufsteigt und die Pflanze dazu bringt, ein Blatt in Richtung Licht zu treiben, habe ich mich gegen alle Angst und allen Willen von Möglichkeiten durchdrungen gefühlt, Träume zu verwirklichen, die ich mir kaum vorstellen konnte.

Ob der Vogelgesang im Schnee, Gänseschreie in der Dunkelheit oder das herrlich nasse Blatt, das dir in genau dem Moment, da du deinen eigenen Wert infrage stellst, übers Gesicht streicht: Die stillen Lehrer sind überall. Wenn wir meinen, die Entscheidung liege bei uns, verflüchtigen sich ihre Lehren und sind nur Zufälle. Doch wenn wir es wagen, auf sie zu hören, zeigt uns das Glas, das auf der anderen Seite des Raums zerbricht, eine Richtung, die nur in den Wurzeln unseres Fühlens und Denkens spürbar ist.

- Atme gleichmäßig und akzeptiere, dass es keinen Weg gibt, sich auf unerwartete Lehren vorzubereiten, außer Herz und Verstand ruhig und empfänglich zu halten.
- Atme tief und langsam, wissend, dass auch Herz und Verstand – ähnlich wie der Körper gedehnt und in Form gehal-

August

ten werden muss – gedehnt werden müssen, um für den Geist des Lebens offen zu bleiben.

◆ Atme voll und gleichmäßig, dehne die Durchgänge in deinem Herzen und deinem Geist, akzeptiere, dass du eine Blüte bist, die sich noch öffnen muss.

22.

Jenseits des Ankommens

Ich kann mich nur verirren,
wenn ich ein bestimmtes Ziel anstrebe.
< Megan Scribner >

Eine Freundin von mir reiste mit dem Zug von Stadt zu Stadt durch Europa. Ungeachtet ihrer Pläne zogen ihre Interessen sie in unterschiedliche Richtungen, und es entfaltete sich eine Route, die sie nie hätte vorhersehen können. Jede Entdeckung führte zur nächsten, als ob eine unerkennbare Logik dahinterstünde. Während dieser Phase ihrer Reise wusste sie zwar oft nicht so genau, wo sie sich gerade befand, aber sie hatte nie das Gefühl, sich verirrt zu haben. Erst als sie zu einer bestimmten Zeit an einem bestimmten Ort ankommen wollte, entstand auch das Gefühl, vielleicht nicht auf dem richtigen Weg zu sein.

Sie erkannte dadurch, dass ihr Gefühl, zu spät dran zu sein und sich verirrt zu haben, sich in dem Maße verstärkte, wie sich ihre Pläne auf ein eng gestecktes Ziel richteten. Im Gegensatz dazu führte eine größere Bandbreite an Vorstellungen zu mehr Entdeckerfreude. Unabhängig davon, wohin sie musste, schien jeder Augenblick einen Schatz für sie bereitzuhalten, je offener sie für verschiedene Möglichkeiten und Veränderungen war.

Natürlich gibt es immer Zeiten, in denen wir einen ganz präzisen Weg finden müssen. Aber häufiger, als wir meinen, ist unsere Vorstellung von unserem Ziel nur ein Ausgangspunkt, an dem wir unnötig lange festhalten. Wenn wir uns von dem Bedürfnis, an einem bestimmten Ort ankommen zu wollen, befreien können, stehen wir weniger unter Druck, nicht vom Weg abkommen zu dürfen. Jenseits des Ankommens und jenseits unserer Angst vor dem Nicht-Ankommen beginnt die echte Reise.

- Dies ist eine Gehmeditation. Wähle einen Ort in der Nähe, wohin du gerne gehst: eine Bank in einem Park, ein Café oder einen schönen Platz.
- Wähle einen einfachen Weg und gehe dorthin.
- Sei während des Gehens offen für alles, was deine Aufmerksamkeit erregt: ein Vogelzwitschern, ein Lichtspiel, spielende Kinder. Folge dem, was für dich interessant ist.
- Übe, deinen Plan loszulassen und den Weg zu nehmen, den dein Interesse dir zeigt und der jenseits deines Plans auf dich wartet.

23.

Der Geschmack des Himmels

Zu Zaubertüren gehört, dass du sie noch nicht einmal sehen kannst, wenn du sie durchschreitest.
< Anonym >

Wenn wir einen Transformationsprozess durchlaufen, merken wir oft nicht, was passiert. Denn während wir damit beschäftigt sind, den Kopf über Wasser zu halten, ist es fast unmöglich, das Meer zu sehen, in das wir geschwemmt werden. Während wir mit dem Schmerz der Veränderung kämpfen, ist es oft unmöglich, das neue Selbst zu erkennen, das wir werden. Während die Erfahrung unsere Hand aufstemmt, können wir uns nur selten vorstellen, was sie füllen wird, wenn sie offen ist. Während die Tage unser Herz durchspülen, fühlen wir, wie uns etwas Unsichtbares blank scheuert, und können uns gar nicht vorstellen, wie viel frischer Milch und Himmel und Lachen schmecken werden, wenn wir erst einmal zum Gefühl neuen Seins zurückgekehrt sind.

August

- Setze dich still hin und vergegenwärtige dir einen Kampf, den du zurzeit in deinem Leben führst.
- Atme durch diesen Kampf hindurch und segne den verborgenen Teil von dir, der nur darauf wartet, in der Welt zum Einsatz zu kommen.

24.

Begeisterung

Wir sind menschliche Wesen:
unser Sein endlos wie der Wind,
unser menschliches Haus voller Löcher.

So schwierig es zu akzeptieren ist, dass es keine Antworten im Leben gibt, ist es doch manchmal noch schwieriger, zu akzeptieren, dass niemand das hat, was wir für die Antworten halten. Niemand. Es scheint, es gibt nur die wiederkehrende Ahnung einer Ganzheit, in der alles gesehen und gefühlt wird, und das oft chaotische Nachspiel, wenn die Klarheit verschwunden ist und alle Sprache versagt.

So wie wir tausend Mal am Tag blinzeln müssen, schließt und öffnet sich das Menschliche in uns ständig über unserer Essenz. Unsere Beschränkungen decken immer wieder unsere Gaben zu, blinzeln sie weg: da, wieder weg; da, wieder weg. Es ist unmöglich, diesem Hin und Her zu entgehen. Wir können nur das Mysterium der Wahrheit im Blick behalten, selbst wenn wir in der Dunkelheit sind, so wie wir die Wärme der Sonne spüren, selbst wenn unsere Lider geschlossen sind.

Was bleibt uns also? Nun, jeder von uns steht vor der endlosen und wiederholten Aufgabe, seine Begeisterung zu entdecken – was letztlich bedeutet, eins zu sein mit der Energie Gottes oder des Göttlichen. Das Wort »Enthusiasmus« (Begeisterung), enthält die griechischen Worte *»en«* (»eins mit«) und *»theos«* (»das Göttliche«).

Trotz unserer endlosen Beschränkungen scheinen Aufmerksamkeit, Risikobereitschaft und Mitgefühl es uns zu ermöglichen, eins zu sein mit der Energie des Ganzen, und das Ergebnis ist Enthusiasmus, Begeisterung, jene tiefe Empfindung von Einheit.

Begeisterung ist keine Stimmung, die erzwungen werden kann. Sie ist mehr wie eine Welle, die auf einen Stein folgt. Sie ist nur fühlbar, wenn wir ins Leben eintauchen.

Wie ein Vogel, der auf einer Luftströmung gleitet, die er nicht sehen kann, oder ein Fisch, der mit einer Tiefenströmung schwimmt, die er nicht sehen kann, oder ein Ton, der Teil eines Liedes ist, das er nicht sehen kann, müssen wir alle das notwendige Risiko eingehen, das Ego hungern zu lassen – jenen Teil von uns, der glaubt, er kann die Welt kontrollieren –, damit die unsichtbare Musik des Seins aufsteigen und uns tragen kann. Unsere Begeisterung, unser momentanes Einssein mit der Energie des Universums, ist der Klang Gottes, der durch die Harfe der Seele tönt.

Es ist eine geheimnisvolle, anstrengende und einfache Praxis: zu gehen, wenn wir können, und zu ruhen, wenn wir es nicht können, die Dunkelheit ausbluten zu lassen, die sich in uns aufbaut, und sie einzutauschen gegen das Licht, das immer wartet. Trotz aller Beschränkungen besteht die entscheidende Herausforderung des Menschseins darin, da zu sein wie eine Rose.

- Nimm dir einen Moment während deines Tages und setze dich mit offenen Augen still im Freien hin.
- Atme und achte darauf, wann du blinzeln musst.
- Fühle dich von der Tatsache getröstet: Auch wenn du blinzelst, wird die Sonne nicht aufhört zu strahlen, werden die Vögel nicht aufhören zu singen und die Blumen nicht aufhören, sich zu öffnen.
- Während du atmest und blinzelst, fühle dich von der Tatsache getröstet, dass dein Geist nicht aufhört zu strahlen, dein Herz nicht aufhört zu singen und dein Leben nicht aufhört, sich zu öffnen, selbst wenn du es nicht sehen kannst.

August

25.

Liebe ist im Sein

Die Mitte, die ich einst erahnt, ist überall um mich,
eine Landschaft, in der ich jetzt lebe,
und ich will mich nicht mehr verstellen.
Wenn jene, die ich liebe, mich nicht erkennen,
wenn meine Seele offen liegt,
werde ich mich nicht mehr zurückziehen,
um nur das Vertraute zu zeigen.

Du musst nichts tun, um geliebt zu werden. Du musst nichts leisten, erreichen, verdienen oder vor Zeugen Gutes tun. Ich habe fast ein halbes Jahrhundert gebraucht, um das zu lernen und zu glauben. Ich arbeite bis heute daran. Denn die gegenteiligen Botschaften reichen tief.

In meiner Jugend hörte ich tausend Mal von meinem Vater: »Erzähle mir nicht, wie sehr du es versucht hast, zeige mir einfach nur, was du erreicht hast.« Aber mein Leben hat mich gelehrt, dass das Gegenteil wahr ist. In meinem Herzen, wo der Geist des Lebens wirklich lebendig wird, spielt es keine Rolle, was ich erreiche. Das Einzige, was zählt, ist, wie sehr ich es versuche. Denn aus diesem Versuchen entstehen Aufrichtigkeit und Liebe.

Das hat mich zu einer weiteren Erkenntnis des Herzens geführt: Wenn ich bin, wer ich bin, lasse ich niemanden im Stich. Wie oft habe ich in meinem Leben gehört: »Du musst an die anderen denken«, als Vorsichtsmaßnahme, um keinen Unmut zu erregen, wenn ich meinem Herzen folge. Natürlich hat echtes Mitgefühl ganz viel mit dem Achten auf andere zu tun, aber der Unmut von anderen ist kein Grund, deine Liebe zu unterdrücken.

Du musst nichts tun, um geliebt zu werden, und wenn du bist, wer du bist, richtet sich das nicht gegen andere. Das darf ruhig immer wieder gesagt werden. Sei einfach, wer du bist, und liebe, was vor dir ist!

◆ Zentriere dich und lass mit jedem Atemzug beiseite, was du geleistet oder erreicht hast.

- Atme tief und lass mit jedem Atemzug beiseite, was du nicht geleistet oder nicht erreicht hast.
- Setze dich in die Mitte deines Seins ohne diese Uniformen des Gutseins und wisse, dass du so schön bist wie ein Berg oder ein Fluss.

26.

Das Kaninchen und der Garten

Die eigentliche Entdeckungsreise besteht nicht darin,
neue Landschaften zu besuchen,
sondern mit neuen Augen zu sehen.
< Marcel Proust >

In dem Film »Phenomenon« spielt John Travolta einen Mann, der alles nur Erdenkliche tut, um ein nerviges Kaninchen von seinem Garten fernzuhalten. Er verlegt sogar Maschendraht in der Erde, und trotzdem sind morgens immer wieder seine Pflanzen angeknabbert.

Eines Nachts wacht er plötzlich auf und erkennt, dass er es ganz falsch angegangen ist. Im Mondlicht schleicht er still in seinen Garten, öffnet das Tor und setzt sich abwartend hin. Und gerade als er einzuschlafen droht, sieht er noch, wie das Kaninchen aus seinem Garten hoppelt. Er hatte immer versucht, das Kaninchen draußen zu halten, doch tatsächlich war es die ganze Zeit in seinem Garten gewesen und er hatte es ihm unmöglich gemacht, ihn zu verlassen.

Wie oft verbarrikadieren wir unser Herz gegen Verletzungen und Verluste und meinen, uns damit vor Schmerzen zu schützen, ohne zu merken, dass sie bereits in uns sitzen und an unseren Wurzeln nagen und dass wir eigentlich das Tor öffnen und sie hinauslassen müssten?

August

- Zentriere dich und vergegenwärtige dir, was du zurzeit nicht in dein Herz zu lassen versuchst: vielleicht Angst vor dem, was kommen wird, oder eine Erinnerung an etwas Vergangenes oder die Wahrheit über eine Situation, in der du dich gerade befindest.
- Schließe die Augen, öffne das Tor deines Herzens und warte. Atme und warte.
- Atme langsam und gib dem Kaninchen eine Chance, deinen Garten zu verlassen.

27.

Die Farben feucht halten

Ich kann nicht sagen, ob der Tag vorüber ist oder die Welt oder ob das Geheimnis der Geheimnisse wieder in mir wirkt.
< Anna Akhmatova >

Je länger ich lebe, desto schwerer fällt es mir, starke Emotionen voneinander zu unterscheiden. Sie fließen alle ineinander. Je länger ich lebe, desto leichter fällt es mir jedoch, zwischen Fühlen und Nichtfühlen zu unterscheiden. Denn das scheint das einzig Wichtige zu sein. Nicht fühlend bleibe ich außen vor, erscheint die Welt schwarz und weiß und ich werde zu einem trockenen grauen Schatten. Nur fühlend bleibe ich im Geschehen, halte ich die Farben feucht.

Kürzlich hatte ich einen sehr feuchten Tag. Ich ging einkaufen, und der alte Mann, der an der Kasse die Tüten einpackte, starrte vor sich hin. Ich sah seinen schweren, silbernen Augen an, dass er Witwer war, und gerade als er meinen Hüttenkäse in die Hand nahm, sah er sie irgendwo vor sich schweben, doch das Transportband lief weiter und das Mineralwasser und der Fisch und die Kekse schoben sich übereinander. Ich nahm ihm sanft den Hüttenkäse aus der Hand, und er wandte sich mir zu und schien zu staunen, dass er noch da war.

Ich habe lang und hart an meiner Fähigkeit gearbeitet, mich in andere einzufühlen, und musste dann erkennen, dass wir alle so sind, und das ist nicht nur traurig, das ist mehr als traurig. Es ist der Herzensgrund, wo wir uns alle begegnen. Manchmal reißt die Haut meines Verstands und wir sind keine getrennten Wesen mehr. Wenn alles gesagt ist, werden wir zu stillen Beweisen der Liebe. Ich ging an jenem Tag aus dem Laden und fühlte mehr, als ein Herz fassen kann, und ich konnte nicht sagen, ob es Leiden oder Seligkeit war.

- Setze dich still hin und atme dich bis jenseits der Namen, die wir unseren Gefühlen geben.
- Atme langsam und versuche, die Bewegungen in dir aufsteigen zu spüren, ohne sie als »glücklich« oder »traurig« zu benennen.
- Atme gleichmäßig und versuche, jenen Punkt zu erspüren, wo sie alle beginnen.

28.

Im Meer des Geistes

Zwar belebt der Wind den Baum,
doch der Baum ist nicht der Wind.
Zwar belebt uns das Leben,
doch wir sind nicht die Quelle.

Überall finden wir Beispiele dafür, wie die lebensspendenden Elemente sich durch uns bewegen und uns Leben schenken. Denke nur an die Fische im Meer; sie leben vom Meer, und das Meer ist in jedem Fisch, und doch kann kein Fisch das Meer umfassen. Denke an die Bäume, die keine Kontrolle haben über die Bewegung des Windes, genauso wenig wie ein Fisch Kontrolle hat über die Bewegungen des Meeres.

Dies hilft uns, das unermessliche Leben des Geistes zu verstehen. Denn wie der Baum und der Fisch haben auch wir als

August

menschliche Wesen keine Kontrolle über die Bewegungen der Gnade. Seelen schwimmen zwar wie Fische im Ozean des Geistes, brauchen ihn zum Leben, tragen ihn in sich, und doch kann keine Seele den Ozean der Gnade umfassen.

Wenn wir das verstehen, hat es Einfluss auf die Art, wie wir leben. Denn egal durch welche spirituelle Linse du schaust oder welche Namen du für das Mysterium bevorzugst, wir Menschen leben in der Welt Gottes, brauchen die Welt Gottes, haben sie in uns, und doch kann kein einzelnes Leben die ganze Welt Gottes umfassen.

Wenn wir uns dieser Wahrheit verweigern, fangen wir an, uns zu zerstören, denn in unserem Stolz und Eigenwillen versuchen wir dann, mehr zu umfassen und zu kontrollieren, als es einem Menschen möglich ist. Erst wenn wir die elementare Beziehung der Seele zum Geist, des individuellen Lebens zum Strom des Lebens anerkennen, erst dann haben wir paradoxerweise den Segen und die Energie allen Lebens.

Wenn ich ehrlich alle meine Bemühungen anschaue, zu lieben und geliebt zu werden, muss ich zugeben, dass dies auch auf die Angelegenheiten des Herzens zutrifft. Denn sind nicht alle unsere Leidenschaften und Sehnsüchte wie kleine Fische im großen Meer der Liebe? Brauchen wir nicht die Liebe, die uns umgibt, um uns innerlich lebendig werden zu lassen? Und doch lässt sich der Ozean der Liebe zwar in jedem Herzen finden, doch von keinem Herzen ganz umfassen. Die Essenz der Liebe ist, wie Jesus bestätigt, größer als alle Herzen, die behaupten, sie in sich zu tragen.

Aber wie hilft uns all diese Erkenntnis im Leben? Ich kann nur von mir selbst sagen, dass ich mich oft wie ein Baum fühle, der im Wind steht. Und so wie wir einen starken Wind erst hören, wenn er gegen die Bäume braust, können wir Gott nur erkennen, indem wir unsere Seele in den Wind unserer Erfahrung stellen.

- Beobachte, wie der Wind sich durch einen dir vertrauten Baum bewegt.
- Schau zu, bis sich der Wind gelegt hat, und achte darauf, wie die Zweige auch in der Ruhe noch leicht schwingen.
- Bemerke, wie selbst in dem, was wie Windstille wirkt, noch ein leiser Hauch weht.

- Meditiere darüber, wie sich das Leben des Geistes ganz ähnlich durch uns hindurchbewegt.
- Fühle die Lebenskraft wie einen leisen Wind durch dich hindurchwehen, während du atmest.

29.

Durchlebe deine Sorgen

Lebe, sage ich, durchlebe deine Sorgen,
und dein Geist wird von seinem Fieber erwachen,
und du wirst nach anderen verlangen wie nach Suppe.

Während meines Kampfes gegen den Krebs mit seinen endlosen medizinischen Spießrutenläufen von Behandlungen und Untersuchungen und dem Warten auf Befunde hatte ich viel Gelegenheit, den Umgang mit Sorgen zu üben.

Ich erkannte rasch, dass die Angst an Macht gewann, wann immer ich den gegenwärtigen Augenblick verließ, um mir so schlimme Dinge wie Schmerz, Verlust und Kummer vorzustellen, die in Zukunft auf mich zukommen könnten. Selbst als mir das klar war, fiel es mir schwer, damit aufzuhören, und ich erkannte, dass Sorgen das mentale Echo der Angst sind, denn sie spielen detailliert all das Schreckliche durch, das geschehen könnte.

Irgendwann war ich so erschöpft, dass ich meine Angst und meine Sorgen einen Moment lang losließ, und ich landete plötzlich wieder in meinem Leben, so wie es wirklich war, durchwoben von Schwierigkeiten und Freuden. Ich stellte fest, dass der Augenblick, in dem ich lebe, egal unter welchen Umständen, der einzig sichere Ort ist. Von hier aus kann ich mit denen Kontakt aufnehmen, deren Liebe und Fürsorge mich nährt. Im größeren Zusammenhang betrachtet, war es der Augenblick nach der Angst und die Kontaktaufnahme mit anderen nach der Sorge, was mich aufrechterhielt.

August

- Nimm etwas, das dir Sorgen bereitet, und lass mit Hilfe deines Atems eine Fahne aus dir werden.
- Schüttle jetzt mit jedem Ausatmen deine offenen Hände und lass die Böen der Sorgen durch dich hindurchwehen.
- Spüre den Augenblick, in dem deine Sorge deine Hände verlassen hat, und sei es nur für einen Augenblick.
- Wenn du im Lauf deines Tages Sorge oder Angst spürst, atme langsam aus und öffne die Hände.

30.

Aus der Angst treten

Ich werde immer Ängste haben,
aber ich muss nicht meine Ängste sein,
denn ich habe andere Orte in mir,
von denen aus ich sprechen und handeln kann.
< Parker J. Palmer >

Kein Gefühl überfällt uns und reißt unser Leben schneller an sich als Angst. Sie scheint aus dem Nichts zu kommen und kann in einem Augenblick oder mit einem Schluck alles infizieren.

Der blinde Franzose Jacques Lusseyran berichtet, die Angst sei das Einzige gewesen, das ihn davon abhielt, zu sehen. Er schreibt: »Trotzdem gab es Zeiten, wo das Licht abnahm, sogar fast verschwand. Es geschah jedes Mal, wenn ich mich fürchtete. Wenn ich zögerte, berechnete, an die Wand oder die halb geöffnete Tür oder den Schlüssel im Schloss dachte, statt mich vertrauensvoll vorwärtstragen zu lassen und mich auf Dinge einzulassen; wenn ich mir sagte, dass all diese Dinge feindselig sind und jederzeit zuschlagen können, dann habe ich mich ausnahmslos irgendwo angeschlagen oder verletzt. Der einzige Weg, mich mit Leichtigkeit durch das Haus, den Garten und am Strand entlang zu bewegen, bestand darin, überhaupt nicht darüber nachzudenken oder zumindest so wenig wie möglich. Dann bewegte ich mich sicher wie eine Fledermaus um alle Hindernisse herum. Was der Verlust meiner Augen nicht geschafft hatte, vermochte die Angst:

Sie war es, die mich blind machte.« Angst macht blind, mehr als alles andere, und nur wenn wir ohne Zögern den nächsten Schritt ins Unbekannte tun, entwickeln wir Vertrauen in das Leben, das wir gleich leben werden.

- Setze dich hin und lege drei kleine Dinge vor dich. Schließe die Augen und zentriere dich.
- Übe, dich durch das Unbekannte zu bewegen, indem du ohne Zögern nach jedem der drei Dinge vor dir greifst.
- Nimm mit jedem Atemzug eines auf und lege es irgendwo in der Nähe wieder ab.
- Fahre damit fort, bis sich deine Bewegung so fließend anfühlt wie dein Atem.

31.

In deinen Adern

Vergiss Erleuchtung. Setze dich hin, wo du bist,
und lausche auf den Wind, der in deinen Adern singt.
< John Welwood >

Anfangs wollte ich so dringend Dichter werden, dass ich den Blick darauf gerichtet hielt wie auf einen Hügel, den ich erklimmen muss, um weiter sehen zu können. Aber oben angekommen, schien etwas zu fehlen, also musste ich auf den nächsten Hügel steigen. Schließlich erkannte ich, dass ich nicht klettern musste, um ein Dichter zu *werden* – ich *war* ein Dichter.

Dasselbe geschah mit der Liebe. Ich wollte so dringend ein Liebender werden, doch nachdem ich durch meine Beziehungen geklettert war wie durch Hügel erkannte ich, dass ich die ganze Zeit schon ein Liebender war.

Dann wollte ich weise werden, doch nach vielen Reisen und Studien erkannte ich, als ich durch den Krebs ans Bett gefesselt

August

war, dass ich bereits weise war. Ich kannte nur die Sprache meiner Weisheit noch nicht.

Jetzt verstehe ich, dass all diese Inkarnationen in uns lebendig werden, wenn wir es wagen, die vor uns liegenden Tage zu leben; wenn wir es wagen, auf den Wind zu lauschen, der in unseren Adern singt. Wir tragen Liebe und Weisheit in uns wie Samen, und die Tage lassen uns keimen.

- Setze dich hin, wo immer du bist, und atme einfach.
- Lege mit jedem Atemzug die Namen all der Dinge ab, nach denen du strebst.
- Atme gleichmäßig und lege auch die Namen der Beziehungen ab: Liebste, Liebster, Vater, Mutter, Tochter, Sohn.
- Sitze, wo du bist, ohne von Namen überdeckt zu sein, und lausche auf den Wind in deinen Adern.

Notizen

August

Geburtstage, Festtage

1
2
3
4
5
6
7
8
9
10
11
12
13
14
15
16
17
18
19
20
21
22
23
24
25
26
27
28
29
30

1.

Kikakou und Basho

Wir sollten Gottes Kreaturen nicht schmähen.
Das Haiku sollte umgekehrt werden, nicht:
eine Libelle;
entferne die Flügel –
Pfefferbaum.
Sondern:
ein Pfefferbaum;
füge Flügel hinzu –
Libelle.
< Der japanische Meister Basho
als Antwort auf Kikakous Gedicht >

Die Zerstörung oder Genesung der Welt hängt davon ab, wie sich dieser Gedanke entfaltet. Ob wir Dinge auseinandernehmen oder zusammensetzen, macht den Unterschied. Bashos kleine Lehre zeigt uns, wie sich die Menschheitsgeschichte entwickelt hat: Ein Pilger nimmt etwas auseinander, ein anderer setzt es wieder zusammen und so weiter.

Als Beispiel können wir uns zwei sehr unterschiedliche Forscher anschauen, die beide starken Einfluss auf unser Weltbild hatten: Christopher Columbus und C.G. Jung. Während Columbus das Meer überquerte, um Dinge zu zerteilen und alle Schätze einzusammeln, die er finden konnte, überquerte Jung einen inneren Ozean mit der Absicht, zusammenzusetzen, was er fand, um kostbar zu machen, was er bereits besaß. Wir müssen uns fragen, was den einen Forscher veranlasste, seinen Fuß auf einen Kontinent zu setzen, den er nie zuvor gesehen hatte, und zu erklären: »Das gehört mir!«, und was den anderen bewegte, sich zu verneigen und demütig zu stammeln: »Ich gehöre dazu …«

Vielleicht liegt der Unterschied darin, dass Columbus die Neue Welt mit dem Vorsatz der Eroberung erreichte, während

 *September*

C.G. Jung das Unbewusste mit einem offenen Gefühl der Liebe ansteuerte. Beide widmeten sich ihrer Suche mit allem Eifer, aber wo Columbus teilen und besitzen wollte, zielte Jung, wie Basho, auf Vereinigung und Zugehörigkeit.

Wir müssen achtsam sein, denn wir leiden unter beidem: dem Impuls, zu teilen und zu besitzen, wie auch dem Impuls, zu vereinen und dazuzugehören. So wie sich unsere Augen immer wieder schließen und öffnen, nehmen wir wiederholt Dinge auseinander und setzen sie wieder zusammen. Und so wie Wachsamkeit davon abhängt, die Augen offen zu halten, hängt Heilung oft davon ab, die Dinge verbunden zu halten.

Wie oft passiert es uns in der Liebe, in Freundschaften, in unserem Streben nach Wachstum, nach einem Verständnis unserer selbst, dass wir wie Kikakou etwas seiner Flügel berauben, bevor es die Chance hatte, uns zu befreien?

- Setze dich still hin und meditiere über eine Bestrebung, mit der du zurzeit beschäftigt bist. Das kann das Streben nach mehr Selbstverständnis sein, nach einer tieferen Beziehung, nach einem neuen Zuhause oder einer besseren Arbeit.
- Schau dir genau an, wie du diesem Streben nachgehst.
- Nimmst du die Dinge auseinander oder setzt du sie zusammen?
- Versuchst du, zu teilen und zu besitzen oder zu vereinen und dazuzugehören?
- Entfernst du Flügel oder fügst du Flügel hinzu?

2.

Wo die Liebe tief ist

Wo die Liebe tief ist, kann viel erreicht werden.
< Shinichi Suzuki >

Trotz der in unserer Gesellschaft herrschenden Überbetonung des Tuns gibt es für jedes Tun doch den richtigen Ort und die richtige Zeit. In der Tat ist da nur wenig, was wir nicht tun können. Häufig mangelt es uns nur entweder an der Fähigkeit, uns vorzustellen, unseren Traum verwirklichen zu können, oder am Selbstvertrauen, es zu tun.

Ich erinnere mich, wie mich meine Großmutter schon als Jungen ermutigte, selbst meine kleinsten Träume durch meine Hände in die Welt kommen zu sehen. Sie sagte: »Sieh es hier«, und zeigte auf meine Stirn; dann nahm sie meine beiden kleinen Hände und sagte: »Jetzt sieh es hier.« Lachend sagte sie: »Und schon bald wird es hier sein«, und deutete auf das Zimmer um uns herum.

Es ist schon erstaunlich, wie wir Menschen etwas in uns spüren und dann in der Welt erschaffen können. Das Bedürfnis, zu lieben und zu erschaffen, ist uns offenbar angeboren. In ihrem tiefsten Grund scheinen diese beiden geistigen Triebe dasselbe zu sein. Denn hat Großmutter mich nicht durch ihre Liebe erschaffen? Helfen wir nicht einander, uns zu erschaffen, indem wir uns ermutigen, mit unseren Herzen zu sehen? Helfen wir nicht, die Welt zu erschaffen, sooft wir jemandem zureden, aufzubauen, was er in seinem Herzen sieht?

Wir scheinen aufgerufen zu sein, der Erde – Holz, Ton, Marmor – Formen abzuringen; die Luft in Zeichen – Töne, Worte, Farben – zu verwandeln; aufgerufen zu sein, andere atmende Fragen wie uns selbst in den Armen zu halten und zu erzittern, wenn wir auseinandergehen. Ich mache weiter und weiter, als wollte ich erklären, dass das Leben lebenswert ist. Das lässt mich freudvoll fragen: In was wollen wir uns heute verlieben? Welcher Farbe wollen wir unser ganzes Sein widmen? Welches Instrument wollen wir sein?

- ◆ Schließe die Augen und stell dir vor, etwas zu werden, wovon du träumst. Vielleicht ist es der Traum einer stabilen Beziehung, der Traum von einem Haus oder der Traum, mit deinen Händen etwas Dauerhaftes zu erschaffen.
- ◆ Atme tief und visualisiere, dass dein Traum in der Welt verwirklicht ist.
- ◆ Atme langsam und verweile bei dieser Vision. Geh hinein und umkreise sie.

September

- Jetzt öffne die Augen und schau auf deine Hände.
- Fühle, wie der verwirklichte Traum in deine offenen Hände übergeht.
- Fühle die Energie des Traums in deinen Händen pulsieren, fühle, wie sie darauf wartet, erschaffen zu werden.

3.

Der unbeobachtete Raum

Ich habe mich so sehr bemüht zu gefallen,
dass ich nicht merkte,
keiner schaut zu.

Wie viele andere auch stellte ich mir in der Schule vor, meine Eltern säßen irgendwo – ähnlich wie jene unsichtbaren Ärzte hinter Spiegelfenstern, die mich beobachteten und jeden meiner Schritte beurteilten. Als ich erwachsen wurde, behielt ich das bei. Wo ich auch ging und stand, bedrängte mich, was andere wohl darüber dachten, was ich tat oder nicht tat.

So ächzen wir unter der Last der Befangenheit. Wir behindern unsere Spontaneität und unsere Chancen, Freude zu erleben, indem wir uns zu genau beobachten, immer unsicher, ob dieses oder jenes nicht ein Fehler sein könnte.

Das Beobachten und Beurteilen durch andere macht aus dem Bedürfnis, etwas zu leisten, den Drang nach Ruhm. Ich erinnere mich, dass ich mir verschiedentlich vorgestellt habe, die Zukunft versammle sich vor mir wie ein Publikum, bereit, mich dafür zu bewundern, wie viel ich mit so wenig erreicht hatte. Es spielte kaum eine Rolle, wofür ich diese Aufmerksamkeit bekam. Lasst einfach die Beobachter mir Beifall spenden, und ich werde mich entspannen können.

Erst als ich blutend aus der Operation erwachte, den Atem all dieser nachtfalterartigen Engel spürend, erkannte ich, dass das Publikum verschwunden war. Ich weinte innerlich, nicht weil mir eine Rippe entfernt worden war, und nicht weil ich gegen den Krebs kämpfte. Ich weinte, weil ich nicht nur physisch geöffnet worden war, sondern weil sich auch unter meinem Gefühl, unter Beobachtung zu stehen, etwas geöffnet hatte. Irgendwie war der unbeobachtete Raum in mir ans Tageslicht gekommen. Ich konnte es niemandem erklären, aber meine Schluchzer waren Schluchzer der Erleichterung; die Wasser meines befreiten Geistes tränkten den Boden.

Seitdem sind Jahre vergangen, und ich sitze stundenlang in der Sonne, um zu sehen, wie die Birke unter ihrem eigenen Gewicht in den See stürzt. Daran ist nichts traurig. Jetzt ist das beobachtende Publikum fort, und ich kann spüren, wie das Leben auf seine ruhige, leuchtende Art geschieht, ohne dass etwas stört. Nachts, wenn der Hund schläft und die Eule anfängt, in das zu schauen, was niemand je erblickt, stehe ich jetzt auf der Terrasse und fühle, wie der Honig der Nacht von den Sternen träufelt, wie er die Erde und die Bäume überzieht und in den Verstand der einschlafenden Kinder sickert, ich fühle, wie die Stille alle Anwandlungen von Ruhm verdampfen lässt und sich jener unbeobachtete Raum öffnet, der auf das Licht wartet. In dieser ungestörten Stille ist die Gegenwart Gottes wie ein Kuss. Hier, in diesem unbeobachteten Raum, beginnt der Frieden.

- Setze dich still hin und atme all die Augen fort, die dich zu beobachten scheinen.
- Zentriere dich und atme all die Meinungen deiner Kollegen und Freunde fort.
- Konzentriere dich auf den unbeobachteten Raum in dir und atme den urteilenden Blick deiner Eltern oder Großeltern fort, den du in dir lebendig hältst.
- Atme von diesem unbeobachteten Raum ein und atme all deine Träume von Anerkennung und Ruhm fort.
- Atme von dem unbeobachteten Raum ein und fühle, wie die Beachtung des Lebens dich mit allem verbindet.

September

4.

Im Lied wachsen

Was hinter uns liegt und was vor uns liegt,
sind winzige Angelegenheiten,
verglichen mit dem, was in uns liegt.
< Ralph Waldo Emerson >

Ich sah eine schwangere Frau singen und stellte mir vor, wie der Rhythmus des Liedes sich auf das in ihr entstehende Leben auswirkte, stellte mir vor, wie ihr Lied die Seele ihres ungeborenen Kindes näher an seine Zeit in der Welt lockte, so wie Licht eine Wurzel im Boden stärkt. Ich sah ihr beim Singen zu und erkannte, dass das Leben in ihr im Lied wuchs. Ich sah mich im Raum um, denn wir waren in einem Liederkreis, und alle brachten durch ihren Gesang ihre Seele näher an ihre Zeit in der Welt. Der nervöse Mann war ruhiger, während er sang, die unsichere Frau neben mir dachte beim Singen nicht an ihre Minderwertigkeitsgefühle, und ich konnte aufhören, an meine Wunden zu denken, während sich mein Mund öffnete und meine Augen schlossen.

Da erkannte ich, dass Singen unabhängig von den Worten oder der Melodie eine Brücke bildet zwischen dem, was innen wächst, und dem, was außen wächst.

Ich bin jetzt davon überzeugt, es ist wichtig, zu singen, während wir mit unseren Träumen, unseren Schwierigkeiten und unserer Sehnsucht nach Wahrheit und Liebe schwanger gehen. Es ist wichtig, unseren kleinen Samen dieselbe Fürsorge zukommen zu lassen wie einem ungeboren Leben, das in uns wächst. Es ist wichtig, uns um diesen einzigartigen Körper zu kümmern, in dem sich auf magische Weise neues Leben bildet, während wir durch unsere Tage gehen.

- Zentriere dich und meditiere mit den Händen auf dem Bauch. Stell dir vor, du bist schwanger mit einer Art deiner selbst, die in dir wächst.
- Atme tief, und wenn du dich wohlfühlst, gib deinem Atem einen Ton, lass deinen Atem den Ton haben, den er will.

- Atme langsam und vollständig, wissend, dass dieser einfach klingende Atem ein Lied ist.
- Atme-singe, während deine Hände deinen sich in dir bildenden Geist halten.

5.

Der Grund, auf dem wir gehen

Wanderer, es gibt keinen Weg,
du machst den Weg, während du gehst.
< Antonio Machado >

Ich hörte aufmerksam zu, als er die ersten Schritte seiner kleinen Tochter beschrieb. Er ermutigte sie, ihren Blick auf ihn gerichtet zu halten, denn nur wenn sie es nicht tat, kam sie ins Stolpern. Nur wenn sie ihren Fokus verlor, wurde sie sich dessen bewusst, was sie gerade tat, und fiel.

Ich fürchtete, er würde daraus seine eigene Wichtigkeit ableiten, sein kleines Mädchen könnte ohne seine liebevolle Präsenz nicht ihren Weg machen. Doch zu meiner Überraschung begriff er ihre ersten Schritte als eine tiefe Weisheit, die uns alle betrifft.

Er schaute ins Leere und sagte: »Ich habe durch sie verstanden, dass ich ins Stolpern gerate, wenn ich aufhöre, nach der Wahrheit Ausschau zu halten. Wenn ich das Wesentliche aus dem Blick verliere, falle ich.«

Diese kleine Geschichte klang noch lange in mir nach. Denn machen wir nicht immer wieder erste Schritte? Offenbart sich uns nicht immer wieder ein Geheimnis tiefer Kraft, wenn wir vor uns schauen und unseren Fokus auf die tiefere Wahrheit richten? Ist Gleichgewicht nicht letztlich die Fähigkeit, ganz natürlich einen Schritt nach dem anderen zu machen – wie dieses kleine Mädchen –, ohne viel zu denken, vorwärts in alles, was größer ist als unsere Angst?

September

- Setze dich still hin und stell dir einen Aspekt von dir so vor, wie du gerne wärst: liebevoller, weniger ängstlich, selbstbewusster, vertrauensvoller, verständnisvoller, weniger kritisch.
- Atme gleichmäßig, und ohne dich mit dem Wie zu belasten, mach mit deinem Herzen einen Schritt in das Feld dessen, wo du hineinwachsen möchtest.

6.

In unserem Element

Der Fisch kann im Wasser nicht ertrinken,
der Vogel in den Lüften nicht versinken.
Gott hat allen Kreaturen das gegeben,
dass sie ihrer Natur gemäß leben.
< Mechthild von Magdeburg >

Irgendwo in Deutschland, im tiefsten Mittelalter, erkannte diese Seherin die Weisheit, dass das Leben in unserem eigenen, natürlichen Element der sicherste Weg ist, innerlich Gesundheit, Frieden und Freude zu erfahren.

Ihre Beispiele sind beeindruckend; wir brauchen nur den Fisch in die Luft zu setzen und den Vogel ins Wasser, um die Gefahren zu erkennen, die darin liegen, sein zu wollen, was wir nicht sind. Natürlich ist es beim Fisch und beim Vogel sehr klar, wohin sie gehören. Bei uns Menschen ist das leider nicht so.

Ein Teil des Segens und der Herausforderung des Menschseins besteht darin, unser eigenes gottgegebenes Wesen selbst entdecken zu müssen. Dies ist keine noble, abstrakte Aufgabe, sondern eine innere Notwendigkeit. Nur wenn wir in unserem eigenen Element leben, können wir frei von Angst gedeihen. Und da Menschen die einzigen Lebewesen sind, die ertrinken und trotzdem weiter ins Büro gehen können, die einzige Art, die vom Himmel fallen und trotzdem weiter Wäsche zusammenlegen kann, ist es entscheidend, dass wir das Element finden, das uns lebendig werden lässt.

Ich erinnere mich lebhaft an meine Kämpfe als Jugendlicher. Meine Mutter wollte, dass ich Jurist werde, und mein Vater wollte, dass ich Architektur studiere. Irgendwie wusste ich, dass ich ein Dichter werden musste, irgendetwas daran ließ mich lebendig werden. Der Einzige, der mich verstand, war mein Jugendfreund Vic, der mitten in den Vorbereitungen auf sein Medizinstudium feststellte, dass er Florist werden musste. Denn etwas im Umgang mit Blumen machte ihn lebendig.

Hier geht es nicht darum, Dichter oder Florist, Arzt oder Jurist zu werden. Es geht um die wahre Lebenskraft, in die wir jenseits aller Beschäftigungen eintauchen können, wenn wir finden, was wir lieben. Wenn du Energie und freudige Erregung spürst und das Gefühl hast, dass das Leben zum ersten Mal geschieht, bist du deinem gottgegebenen Wesen wahrscheinlich sehr nahe. Freude an dem, was wir tun, ist keine nette Dreingabe – sie ist ein Zeichen echter Gesundheit.

- ◆ Setze dich still hin und atme dein gottgegebenes Wesen ein. Es ist dir so nahe wie einem Vogel die Luft.
- ◆ Atme ein und meditiere darüber, womit du dich beschäftigen musst, um dein eigenes, wahres Wesen zu spüren.
- ◆ Wie könntest du unabhängig von der Arbeit, die du machst, im Alltag vollständiger sein, wer du bist?
- ◆ Während du durch deinen Tag gehst, finde eine Geste der Vitalität, die dich mit deinem wahren Wesen in Kontakt bringt.

7.

Das tägliche Experiment

Du bist das Labor, und jeder Tag ist ein Experiment.
Geh und finde, was neu ist und unerwartet.
< Joel Elkes >

Jedes Mal, wenn wir mit anderen Menschen reden, bekommen wir deren Erwartungen, wie wir uns verhalten sollen, wie eine

September

Art Straßenkarte zurück. Erzählen wir, dass wir verwirrt sind, wollen sie uns oft eine Richtung weisen. Berichten wir von einem Schmerz, geben sie uns ein Rezept an die Hand. Teilen wir unsere Wünsche mit, machen sie für uns einen Plan. Die Macht dieser Landkarten ist nicht zu unterschätzen. Denn die Schwerkraft der Erwartung beherrscht einen großen Teil unseres Denkens und das Entsprechen oder Ablehnen dieser Erwartungen kostet uns viel Energie.

Jenseits all der Pläne, all des Drucks und all der Erwartungen, jenseits aller subtilen Hinweise und Schubser, die wir von fast jedem erhalten, ist der nächste Schritt nämlich in Wahrheit unbekannt und noch nie von jemandem getan worden. Unsere spirituelle Aufgabe ist es, das Staunen des Forschers, der wir sind, zu bewahren.

Ich schätze dieses Staunen, und doch habe ich den größten Teil meines Lebens getan, was von mir erwartet wurde, und sogar mehr, in der Hoffnung, dafür geliebt zu werden. Und ich war aufsässig, habe das Gegenteil dessen getan, was vielleicht sogar nur zart angedeutet worden war, damit sich ja niemand meiner bemächtigt. Doch die frischesten Schritte entstanden immer, wenn ich mutig genug war, mich dahin zu begeben, wo ich mit meinem bisschen Wissen am Ende war; frische Luft zu atmen, neue Gefühle zu fühlen, ohne auf jemand anderen zu reagieren, staunend über das, was möglich ist.

- Dies ist eine Steh-Meditation. Zentriere dich und erkenne, dass zwar jeder Mensch, der je gelebt hat, auch gegangen ist, aber niemand je den Schritt gemacht hat, den du gleich gehen wirst.
- Atme dieses Paradox langsam ein.
- Atme all deine Gedanken über das Schrittemachen aus.
- Atme einfach und übe das Neue, indem du den Schritt machst.

8.

Warten, bis der Nebel sich lichtet

*Etwas Schönem oder Kostbarem nahe zu sein,
aber unfähig, es zu erfahren,
ist die subtilste Form der Qual.*
< Robert Johnson >

Wir alle kennen solche Momente: Die Rose verliert aus irgendeinem Grund ihre Farbe, eine Melodie bewegt uns nicht mehr oder unser freundliches Gegenüber kann unser Herz nicht mehr erweichen. Sich auf diese Weise in die Sinnhaftigkeit und aus ihr heraus zu bewegen ist so natürlich, wie sich ins Licht und wieder heraus zu bewegen, denn Wolken bilden sich und lösen sich wieder auf. Zur Qual wird es erst, wenn wir wirklich glauben, die Rose habe keine Farbe mehr, die Musik sei nicht mehr bewegend und, am schlimmsten von allem, die Person uns gegenüber sei nicht mehr liebenswert und freundlich.

Schlimmer, als nicht zu sehen, ist es, zu sehen, aber nicht davon berührt zu werden. Sicher, Menschen und Dinge verändern sich, unsere Bedürfnisse verschieben sich, aber wir können echte Veränderungen oder Verluste nur erkennen, wenn wir akzeptieren, dass wir manchmal unfähig sind, zu fühlen, was wir sehen.

Emotionale Tragödien beginnen oft damit, dass wir unser Leben neu arrangieren – den Partner wechseln, die Religion oder den Job –, nur um eines Gefühls von Sinnhaftigkeit willen, das betäubt in uns schläft.

Das erinnert mich an einen Mann, der sich ein Haus auf einer Steilküste am Meer kaufte, gerade als ein Nebel heraufzog, der einen Monat lang blieb. Der Mann verfluchte den Ort und zog wieder weg, und eine Woche später klarte der Nebel auf.

Bei uns Menschen zieht in und um unser Herz immer wieder Nebel auf, und oft hängt vieles davon ab, ob wir den stillen Mut haben, abzuwarten, bis es sich wieder aufklart.

September

- Setze dich still hin und denke an etwas in deinem Leben, das seine Bedeutung für dich anscheinend verloren hat.
- Atme und lass dein Einatmen dein Herz erfrischen.
- Atme und lass dein Ausatmen deine Augen erfrischen.
- Geh in deinen Tag, halte den Gedanken an diese eine Sache in dir aufrecht und betrachte sie von Zeit zu Zeit mit frischem Blick.

9.

Ihr wisst zu viel

Zwei Wissenschaftler reisten um die halbe Welt, um einen weisen Hindu zu fragen, was er von ihren Theorien hielt. Als sie ankamen, bat sie der Weise freundlich in seinen Garten und bot ihnen Tee an. Er goss Tee in zwei kleine Schalen und goss immer weiter, obwohl sie voll waren. Der Tee floss über, bis einer der Wissenschaftler freundlich verlegen meinte: »Eure Heiligkeit, in die Schalen passt nichts mehr hinein.« Der Weise hörte auf zu gießen und sagte: »Euer Verstand ist wie diese Schalen. Ihr wisst zu viel. Leert euren Verstand und kommt zurück. Dann können wir reden.«
< Leroy Little Bear >

Jedermanns Geburtstag zu kennen ist nicht dasselbe, wie das Wunder der Geburt zu erfahren. Genauso wenig erlebst du Leidenschaft, nur weil du viele Stellungen zum Liebemachen kennst. Der große kanadische Gelehrte Northrup Frye wies darauf hin, dass die Prinzipien der Aerodynamik nichts mit der Erfahrung des Fliegens zu tun haben.

Wenn du dich manchmal von der Essenz deines Wissens fern fühlst oder sie nicht mehr spüren kannst, ist vielleicht dein Verstand zu voll – wie die Teetassen der Wissenschaftler. Wie in einem Aquarium, in dem zu viele Fische sind, haben deine Gedanken womöglich keinen Raum mehr, sich zu bewegen. Vielleicht müssen wir alle von Zeit zu Zeit loslassen, was nicht von alleine hängen bleibt. Vielleicht muss Gott wie ein großer Wind unseren Kopf zum Klingen bringen wie eine leere Schale.

Information ist nicht Weisheit. Der Verstand ist zwar ein großartiges, unersetzliches Instrument, er kann speichern, statt zu fühlen, kann ordnen, statt zu verstehen, kann wie ein Biber aus allem Kostbaren einen Damm erbauen. Doch so wie du nicht sprechen kannst, wenn dein Mund voll unzerkauter Nahrung ist, wie solltest du klar denken können, wenn dein Verstand voll unverdauter Informationen ist?

Aber wie können wir den Verstand leeren? Indem wir das Denken nicht übertreiben. Indem wir nicht speichern und ordnen. Indem wir Ängste, Träume, Zweifel oder Lobeshymnen nicht ständig wieder abspulen. Indem wir von unserer endlosen To-do-Liste das Wichtigste auswählen und es ganz tun, nachdem wir die Liste zerrissen haben.

Alle Weisheitstraditionen raten, still zu sein; sie lehren, dass die Stille in unser nutzloses Wissen Löcher bohren wird. Doch wie damit anfangen? Sobald du bemerkst, dass du das Leben in deinem Kopf sortierst, halte inne und achte darauf, was der hellste Lichtpunkt um dich herum berührt. Nachdem du das eine Woche lang getan hast, mach einen Handel mit dir selbst: Tausche fünf faktische Aussagen darüber, wie man leben sollte, gegen eine Stunde ungeplanten Lebens. Und dann trinke Tee.

◆ Wäre dein Verstand ein Koffer und nur fünf Dinge passten hinein: Welche wären das?
◆ Wenn du etwas Problematisches erlebst, wie oft spielst du es in Gedanken wieder durch? Warum? Was würde geschehen, wenn du es nur ein Mal erleben würdest?
◆ Gehst du vor dem Einschlafen in deinem Verstand Informationen durch und sortierst und ordnest sie?
◆ Wenn du aufwachst, nimmt dein Verstand dann leichter auf, was jeweils vorliegt?
◆ Wenn ja, versuche, zweimal während des Tages die Empfindung des Aufwachens in dir lebendig werden zu lassen.
◆ Nimm heute nur *eine* Sache aus deinem Koffer mit. Lass den Koffer zu Hause.

September

10.

Wer wir sind und was wir wissen

*Etwas zu verstehen, indem du wirklich du selbst bist –
das ist Natur.
Wirklich du selbst zu sein, indem du etwas verstehst –
das ist Kultur.*
< Konfuzius >

Es scheint, wir alle lernen gleichzeitig auf zwei Arten: Wenn wir wirklich wir selbst sind, können wir mehr über dieses Leben erfahren; und was wir lernen, hilft uns, wirklich wir selbst zu sein. Wenn wir uns anschauen, wie wir uns durch unsere Tage bewegen, können wir sehen, dass wir alle aus Natur und Kultur bestehen; nur die Mischungsverhältnisse sind unterschiedlich.

Als kleiner Junge verbrenne ich mir die Hand an einem Ofen und begreife etwas über die Gefahren der Hitze. Wenn ich aus Erfahrungen lerne, bin ich ein Kind der Natur.

Als Jugendlicher höre ich von anderen etwas über ihre schlechten Erfahrungen mit der Liebe, und diese Informationen haben Einfluss darauf, wie ich die Sache angehe. Hier lerne ich durch Verstehen, und in diesem Augenblick bin ich ein Kind der Kultur.

Ich muss zugeben, die Auseinandersetzung mit diesen Definitionen hat mein Selbstbild verändert. Zum Beispiel merkte ich, dass ich mir zwar viel darauf einbildete, zutiefst natürlich und erfahrungsbezogen zu sein, doch tatsächlich war ich sehr kulturbezogen, ein Beobachter. Ich habe seitdem erkannt, dass die Gefahr für einen natürlich Lernenden darin liegt, zu vermeiden, aus den Erfahrungen auch eine Lehre zu ziehen. Dann flattern wir immer wieder in dieselben Erfahrungen, aber lernen nicht aus unseren verletzenden und beglückenden Erlebnissen. Die Gefahr für den kulturell Lernenden besteht andererseits darin, zu vermeiden, dem Verständnis auch Erfahrungen folgen zu lassen. Das sind die Zeiten, in denen wir alles Mögliche immer wieder in Betracht ziehen, aber niemals handeln, uns nicht einlassen. Wie herum auch immer: Wenn wir unser Sein und unser Wissen nicht zusammenbringen, entgeht uns echtes Leben. Das ist ein chronischer Zustand, den ich oft erfahren habe.

So wie Vögel fliegen und sich mausern, wie Spinnen Netze spinnen und Beute fangen, wie Schlangen kriechen und sich häuten, so wenden wir uns anderen zu und wissen. Und so wie der Vogel nichts mit seinen gefallenen Federn anfangen kann, die Spinne nichts mit ihrem zerrissenen Netz und die Schlange ihre abgestreifte Haut nicht beachtet, mag unserem Wissen zwar die Absicht der Nützlichkeit innewohnen, doch sein wahrer Nutzen, so scheint mir, liegt in der Zuwendung.

- Zentriere dich, betrachte beim Atmen dein Leben und versuche zu erkennen, ob du eher natürlich oder eher kulturell lernst.
- Atme gleichmäßig und frage dich, wer dein wichtigster Lehrer ist: Erfahrung oder Verständnis?
- Finde heraus, wo deine Stärke liegt und was du noch mehr in dein Leben einladen könntest.

11.

Das Unbehagen des Neuen

Angst ist der Schwindel der Freiheit.
< Kierkegaard >

Das erste Mal erfahren wir solche Orientierungslosigkeit wohl, wenn wir laufen lernen, wenn wir uns von der Wand oder dem Stuhl wegbewegen, weg von den stützenden Armen von Mama oder Papa. Doch die Fähigkeit, zu laufen, ist das Unbehagen dieser Übergangsphase sicher wert.

Es passiert wieder, wenn wir uns zum ersten Mal verlieben, wenn sich unsere Zuwendung zum ersten Mal aus den vertrauten Wänden hinausbewegt. Auch die Fähigkeit, jenseits unserer

September

Mauern zu lieben, ist den Schwindel dieser ersten neuen Schritte auf jeden Fall wert.

In Wahrheit bringt jede neue Erfahrung am Anfang diesen Schwindel der Freiheit mit sich. Sooft wir uns über das Vertraute hinausbewegen, müssen wir uns an das Neue erst gewöhnen. Das ist das Tor zu allem Lernen. Wir müssen uns davor nicht fürchten oder dem zu viel Bedeutung beimessen. Wir müssen uns bloß immer wieder anlehnen an das, was wir lernen.

◆ Wenn du kannst, beobachte junge Vögel beim Fliegen. Bemerke, wie plötzliche Böen sie ins Taumeln bringen und wie sie sich wieder fangen und weiterfliegen.

◆ Atme tief und wisse, dass dein Herz solch ein Vogel ist, dass sein Taumeln im Neuen ein Unbehagen mit sich bringt, um das du nicht herumkommst, wenn du weiterfliegen willst.

12.

Im Auge des Adlers

Die Weite dieses unendlichen Himmels
spiegelt sich im Augenwinkel des Adlers.
Auf gleiche Weise
spiegelt das sich erhebende Herz das Universum.

Der Mond bringt jenen Sonne, die sich vom Licht abgewendet haben, und genauso bringt das offene Herz jenen Liebe, die sich durch die Dunkelheit kämpfen.

Es ist wichtig, sich daran zu erinnern, dass der Mond nicht die Quelle des Lichts ist, sondern es spiegelt; und genauso ist das Herz, so wundervoll es auch ist, nicht die Quelle der Liebe, sondern es überträgt Kräfte, die wir oft aus dem Blick verlieren, wenn wir straucheln.

Ich habe erkannt, dass die Menschen, die ich im Lauf meines Lebens bewundert habe, alle wie der nachts erscheinende Mond waren. Ich wollte oft so sein wie sie; ich versuchte, sie nachzuahmen, doch es war ihre Offenheit, die sie mitten in meiner

Dunkelheit erstrahlen ließ, und diese Offenheit musste ich ihnen nicht neiden oder imitieren, ich musste sie nur in mir entdecken.

Ich denke an meine eingewanderte Großmutter, deren große Warmherzigkeit und Güte mir half, mich zu sehen, so wie der Vollmond dir hilft, bei Nacht deine Hände zu sehen. Und da war dieser Lehrer mit den goldenen Augen, der vor unseren jungen, verwirrten Egos die Wahrheit ausbreitete, sodass ich mich entspannte und herausfinden konnte, worauf es wirklich ankam. Da war der siebzigjährige Priester, der meine Krebsgruppe leitete und dessen Liebe so echt war, dass sein Herz alles mit gleichbleibendem Mitgefühl spiegelte: unseren Schmerz und unsere Schönheit, unsere Ängste und Hoffnungen, unsere Verwirrung und Gewissheit.

Damit will ich sagen: Zuwendung bedeutet, sich über die Dinge zu erheben, ohne sie im Stich zu lassen. Wenn wir uns zuwenden, empfangen wir eine Wahrheit jenseits von Worten, und das Gespür für das, was sich nicht in Worte fassen lässt, spiegelt sich in unserem Herzen wider und tröstet die Menschen um uns herum.

- ◆ Setze dich mit einem vertrauten lieben Menschen zusammen und beschreibe das Herz von jemandem, den du bewunderst.
- ◆ Was hat dir die Güte dieser Person gegeben?
- ◆ Wo lebt diese Güte in dir? Gibt dir das etwas?
- ◆ Meditiert gemeinsam über die Qualität des Herzens, das du bewunderst, und ladet sie ein, sich auch durch dich zu zeigen.

13.

Wesen der Weisheit

Zeige dich,
und ich werde zu dir schwimmen.

Als Geistwesen in Körpern leben wir wie Wale und Delfine. Wir schwimmen nahe der Oberfläche, angelockt von einem Licht von

September

oben, das wir nicht so recht erkennen können. Und so wie das Wasser an den Augen dieser Fische entlangstreicht, wenn sie aus der Tiefe herauf und wieder in sie hinab tauchen, streichen die Tage an unseren Augen vorbei und formen unsere Sichtweise.

Zu jedem Zeitpunkt geht unter unserer der Welt zugewandten Oberfläche so viel vor sich, dass all das, was wir fühlen, denken und zum Ausdruck bringen wollen, wie Wasser auf diejenigen spritzt, vor denen wir hochtauchen. In diesem Sinne ist jeder Mensch, wenn wir ihm direkt in die Augen schauen, ein Weisheitswesen, voll von Dingen, die sich nicht sagen lassen. Jeder von uns ist ein Geistfisch, der um der Luft und Liebe willen an die Oberfläche kommt.

Wir nehmen uns oft nicht die Zeit und scheuen das Risiko, lange genug einander gegenüberzustehen, bis die Wahrheit auftaucht. Das ist das, was ich brauche: dass du wartest, bis ich ankomme, frisch aus der Tiefe. Nach allem, was wir durchmachen, um einander zu finden, müssen wir doch immer und immer wieder darauf warten, dass unsere Liebsten mit ihrer Weisheit auftauchen.

◆ Setze dich gegenüber einem dir lieben Menschen still hin. Schließt die Augen.
◆ Wenn ihr so weit seid, schaut einander still in die Augen.
◆ Atmet die Weisheit des anderen ein. Dann verneigt euch voreinander.

14.

So einfach wie Fische

Ich war ein Fisch: den Grund suchend, wenn ich auftauchte, die Oberfläche suchend, wenn ich gründelte; und das durch meine Kiemen strömende Band von Gottes Meer ist, was ich fühlte und dachte und sprach.

Ein einfacher Fisch, der am Boden entlanggründelt, ist ein bedeutender Lehrer, und wie die wirklich guten Lehrer weiß er nicht einmal, dass er uns etwas lehrt. Doch mit seinen winzigen, wirkungsvollen Kiemen zeigt er uns, wie wir als Geistwesen auf der Erde leben können.

Wie wir alle wissen, nimmt jeder Fisch beim Schwimmen Wasser auf und macht daraus in seinen Kiemen die Luft, von der er lebt. Obwohl sich die Mechanik dieser Vorgänge biologisch erklären lässt, sind sie letztlich ein Mysterium.

Die Frage lautet: Was sind unsere Kiemen? Unser Herz, unser Verstand, unser Geist oder eine Mischung aus allen dreien? Was immer es ist: Wie die kleinsten Fische müssen wir Wasser in Luft verwandeln, um zu leben, und das bedeutet, wir müssen unsere Erfahrung in etwas verwandeln, das uns am Leben erhält. Es bedeutet, Schmerzen in Staunen zu verwandeln und Herzeleid in Freude.

Nichts anderes ist wichtig, und genau wie die Fische müssen wir weiterschwimmen, um am Leben zu bleiben. Wir müssen durch unsere Tage schwimmen. Wir können den Fluss der Erfahrung nicht aufhalten und auch nicht die Notwendigkeit, sie aufzunehmen. All unser Streben muss vielmehr darauf gerichtet sein, das Geheimnis der Kiemen zu erlernen: wie wir aus dem, was wir durchmachen, Luft gewinnen.

Was sind also deine Kiemen? Meine sind mein Herz. Wo ich war, lasse ich eine unsichtbare Spur der Liebe zurück. Doch was es auch für dich sein mag – es ist wichtiger, durch die Tage zu schwimmen und die Kiemen in dir zu würdigen, als herauszufinden, wie das alles funktioniert.

◆ Setze dich still hin und atme langsam.
◆ Achte beim Atmen darauf, wie du davon lebst, dass du Luft in Atem verwandelst.
◆ Atme langsam weiter und öffne dabei dein Herz für das Mysterium, Erfahrung in Gefühle und Schmerzen in Staunen zu verwandeln.
◆ Atme tief ein und lass die Kiemen in dir arbeiten.

September

15.

Fragen an die Kranken (3.)

Wann hast du das letzte Mal deine Geschichte erzählt?
< Frage eines indianischen Medizinmanns an einen Kranken >

Geschichten sind wie kleine Zeitkapseln. Sie tragen in sich ein Stück Wahrheit und Bedeutung durch die Zeit. Egal ob es sich um einen viertausend Jahre alten Mythos handelt oder um eine unerzählte Geschichte aus deiner Kindheit – die Bedeutung der Geschichte wartet wie Trockennahrung: Nur wenn die Geschichte erzählt wird, quillt sie auf, wird weich und genießbar. Der Schweiß und die Tränen des Erzählens holen ihren Sinn aus seinem Tiefschlaf, als wäre keine Zeit verstrichen. Und das Erzählen heilt.

Oft erzählen wir Geschichten immer wieder, nicht um sie nicht zu vergessen, sondern weil sie zu viel Bedeutung haben, als dass wir sie auf einmal verdauen könnten. So erzählen wir immer wieder die Geschichte, die uns auf dem Herzen liegt, bis wir alles verstanden haben. Ich erinnere mich an das erste Mal, als ich mich verliebte, wie tief ich mich verlor und wie hart ich wieder auf dem Boden landete. Als sie mich wegen eines anderen verließ, war ich am Boden zerstört. Während meiner Collegezeit trug ich diese Traurigkeit wie eine Wunde in mir, die immer wieder frische Luft brauchte, und jedes Erzählen der Geschichte (die selbst Fremde allmählich nicht mehr hören konnten), jedes Erzählen von ihrem plötzlichen Anblick und ihrem plötzlichen Verschwinden war ein Stich, der die Wunde in meinem Herzen vernähte.

Als meine Schwiegermutter nach fünfundfünfzig Jahren ihren Mann verlor, saß ich zwei Wochen danach bei ihr, nach allen Blumenkränzen und Grabreden, und sie blickte zurück auf den Moment, als er starb, und erzählte mir immer und immer wieder von seinem letzten Atemzug und wie sie ihn in seinen Sessel gesunken gefunden hatte. Zuerst dachte ich, sie sei nicht ganz bei sich, doch dann wurde mir klar, dass sie so versuchte, sich der Bedeutung ihres Kummers klar zu werden. Wie ein Schamane oder Mönch wiederholte sie das Mantra ihrer Erfahrung, bis sich ihr die ganze Wahrheit zeigte.

Wie oft wohl Paulus davon erzählte, wie Gott ihn von seinem Pferd fallen ließ? Vermutlich um die Offenbarung mit jedem Erzählen noch tiefer zu erfahren. Oder wie oft Moses von seiner Begegnung mit Gott erzählte? Ich denke, dass er mit jedem Erzählen Gott klarer erkannte. Oder wie oft Lazarus wohl davon berichtete, wie Jesus ihn wieder zum Leben erweckte? Bestimmt um mit jedem Erzählen tiefer zu erwachen.

Die Wahrheit ist: Wir meinen zwar, zu wissen, was wir gleich sagen werden, doch letztlich erzählt die Geschichte uns und rettet uns auf dieselbe geheimnisvolle Weise, wie Atmen immer gleich ist und doch verschieden.

- Setze dich mit einem vertrauten, lieben Menschen zusammen und wechselt euch ab:
- Meditiert über die Male auf euren Herzen.
- Wähle ein Mal aus und beobachte, wie es sich verändert, während du atmest.
- Nach einer Weile erzähle die Geschichte, wie du zu diesem Mal auf deinem Herzen gekommen bist und welche Wirkung es heute auf dich hat.

16.

Wo wir waren

Ich bin wiedergeboren worden, immer wieder,
und jedes Mal habe ich etwas zu lieben gefunden.
< Gordon Parks >

Unsere Fähigkeit, etwas zu lieben zu finden und immer wieder zum ersten Mal zu lieben, hängt weitgehend davon ab, wie wir das Vergangene bewältigen und integrieren. Ein hervorragendes Vorbild dafür finden wir in der Nautilusschnecke, einem wundervollen Schalentier, das auf dem Meeresboden lebt. Die

September

Nautilusschnecke ist eine Lebensform, die sich langsam vorwärtsbewegt wie ein weicher Mensch in einer harten Schale, der am Grund seine Gebete findet. Im Lauf der Zeit entwickelt sie ein spiralförmig gekammertes Schneckenhaus, lebt aber immer in der neuesten Kammer. In den anderen Kammern, heißt es, befindet sich ein Gas oder eine Flüssigkeit, die der Schnecke hilft, ihren Auftrieb zu steuern. Selbst darin liegt eine Lehre für den Umgang mit der Vergangenheit: Lebe in der neuesten Kammer und nutze die älteren, um dir Auftrieb zu geben.

Können wir auf ähnliche Weise zuverlässige Kammern für unsere Traumata bilden: nicht um dort zu leben, sondern um unsere Vergangenheit zu bearbeiten, bis sie flüssig genug ist, um den größten Teil ihres Gewichts zu verlieren? Können wir das, was war, so verinnerlichen, dass wir wissen, dies ist nicht mehr unser Leben? Wenn ja, wird das Leben leichter scheinen.

Es ist kein Zufall, dass die Nautilusschnecke das, was sie vom Meeresboden aufgenommen und langsam verdaut hat, in einen Körper umwandelt, der schweben kann. Es zeigt uns, dass nur die Zeit die Vergangenheit relativieren kann, und nur wenn die Vergangenheit hinter uns liegt und nicht vor uns, sind wir offen und leer genug, um wirklich zu fühlen, was sich gerade ereignet. Nur indem wir in der neuesten Kammer unseres Herzens leben, können wir wieder und wieder zum ersten Mal lieben.

- Zentriere dich, schließe die Augen und stell dir die vergangenen Lebensphasen vor, die dich dorthin gebracht haben, wo du jetzt bist.
- Atme gleichmäßig ein und sieh, mit welchem dieser durchlebten Phasen deines Lebens am meisten Gefühle verbunden sind.
- Atme gleichmäßig und frage dich: Lebt die Vergangenheit in mir, oder lebe ich in diesem Teil meiner Vergangenheit?
- Tu heute nichts; sei einfach bei der Antwort deines Herzens.
- Morgen jedoch sprich mit einem Freund oder einer Freundin über dieses Gefühl.

17.

Das Drehtablett-Selbst

Gott in uns ist nicht nur halb in uns.
Wer wir sind, lässt sich nicht verbergen.

Jahrelang habe ich so gelebt: Ich habe anderen jeweils die Seite von mir zugewandt, die sie verstehen konnten, drehte die Aspekte meines wahren Selbst wie ein Drehtablett, bot den anderen immer das an, was sie wünschten oder brauchten oder was ihnen angenehm war.

Ich wurde darin sehr gut; ich konnte mich in einer Gruppe mir lieber Menschen so drehen, dass ich vielerlei Bedürfnisse gleichzeitig erfüllte. Ich war überzeugt, dass ich dabei selbstlos war, ein eifriger Zuhörer, zuverlässig und großzügig. Ich dachte, ich hätte einen Weg gefunden, sowohl ich selbst als auch rücksichtsvoll zu sein.

Doch ich merkte nicht, dass ich immer mehr von meinem wahren Selbst verbarg. Anderen nur die ihnen angenehmen Teile von mir zu zeigen, war nicht dasselbe, wie mir selbst treu zu sein. Im Lauf der Zeit wurde ich zum feindlichen Spion meiner tiefsten Gefühle und Überzeugungen. Der Preis dafür war ein subtiles, aber dauerhaftes spirituelles Ersticken.

Niemand hatte mich dazu aufgefordert. Sicher, ich habe mir in meiner Geschichte Wunden zugezogen, die mich lehrten, mich hin und wieder zu verbergen. Aber es war mein eigenes Missverständnis des Umgangs mit der Welt, das mich veranlasste, aus dem Wechseln meiner Gesichter eine Kunstform zu machen, auch wenn an allen Gesichtern etwas Wahres dran war.

Angst vor Konflikten. Angst vor Zurückweisung. Angst, nicht geliebt zu werden. Angst, zu zeigen, was vielleicht niemand verstehen würde. Ein Mangel an Vertrauen, dass die Blume in mir die Elemente da draußen überleben würde. All das blieb in jenen Jahren ungesehen, in denen ich mich wie ein Drehtablett verhielt.

September

So wie wir leben, ist der Grat zwischen der Wahrung der Intimsphäre und dem Sich-Verstecken sehr schmal. Schmerzhaft und gründlich habe ich gelernt, dass jeder von uns eine ganze Symphonie ist, und auch wenn es Zeiten gibt, wo nicht alles von uns Gehör findet, entsteht Unheil erst in dem Moment, wo nicht alles von uns gespielt wird.

◆ Setze dich still hin und meditiere über einen Aspekt von dir, den du anderen nicht zeigst. Vielleicht ist es deine Sanftmut, vielleicht deine Albernheit, vielleicht dein Zweifel oder vielleicht dein Träumen.

◆ Atme langsam und frage dich: Was befürchtest du, was geschehen könnte, wenn du diesen Teil sichtbar werden lässt?

◆ Atme tief und versenke dich in die Mitte deines Herzens, wo dieser kostbare Aspekt lebt.

◆ Atme jetzt frei in der Sicherheit dieses Augenblicks.

◆ Sei still und versuche, diesen kostbaren Aspekt von dir in den Raum hineinzuatmen.

◆ Beachte, wie es sich anfühlt, wenn sich so ein kostbarer Aspekt von dir durch dich hindurchbewegt, aus deinem Herzen in die Luft.

18.

Gottes Hilfe

Wir lassen erst dann los und vertrauen,
wenn wir unsere Egos erschöpft haben.
< Rob Lehman >

In einer alten Geschichte wird ein Mann von einer Überschwemmung heimgesucht. Zuerst wird er aufgefordert, sein Haus zu verlassen. Er weigert sich und sagt, Gott werde ihn retten. Die Wasser rauschen durch die Straßen und erreichen sein Haus. Ein Rettungsteam kommt in einem Schlauchboot und ruft ihn. Er weigert sich wieder und meint, Gott werde ihn retten. Die Flut steigt und das Wasser drückt durch die Fenster seines Hauses.

Er klettert auf das Dach. Ein Hubschrauber kommt und will ihn holen, doch er weigert sich weiterhin und ruft, Gott werde ihn retten. Die Flut tut, was Fluten nun einmal tun: Sie steigt weiter – und er ertrinkt.

Im Jenseits schimpft er und beklagt sich bei Gott: »Warum hast du mich nicht gerettet? Ich habe bis zum Schluss an meinem Glauben festgehalten!« Gott antwortet erstaunt: »Ich habe es versucht; ich habe dich angerufen, habe ein Boot geschickt und einen Hubschrauber. Aber du wolltest ja nicht.«

Wie der Gedanke an die Liebe beginnt Gott in allem Unsichtbaren und kommt dann offen sichtbar zu uns in all den Dingen dieser Welt.

◆ Schließe die Augen und bete um etwas, das du brauchst.
◆ Atme tief, bis das Gebet seine Worte verliert.
◆ Öffne die Augen und geh in deinen Tag. Lausche auf die Dinge um dich herum, denn sie bringen das, was du brauchst, mit sich.

19.

Jenseits aller Fragen

Wenn du versuchst, Liebe zu verstehen,
bevor du in den Arm genommen wurdest,
wirst du nie Mitgefühl empfinden.

Es lebte einmal ein Junge, der wusste, wie er anderen durch ein freundliches Gespräch helfen konnte, sich zu entspannen. Wenn sie dann entspannt waren, stellte er ihnen viele Fragen. Aber er ging immer allein nach Hause. Am Tag darauf redete er wieder mit den Leuten, und früher oder später kam er immer zu Fragen der Liebe, farbenfrohen Fragen, die sich ausbreiteten und herabsanken wie Blätter im Herbst.

September

So lebte er viele Jahre, und das tiefe Fragen öffnete sein Herz. Der Raum in seinem Herzen wurde groß, und die Menschen gingen in dem Hain der Fragen, der sein Herz war, wie Vögel ein und aus. Doch wenn alle gegangen waren, war er mit allem, was er wusste, allein.

Eines Tages tauchte ein vor Leben sprühendes Wesen auf, das nicht in den Hain seiner Fragen eintreten wollte. Wie freundlich er auch redete, sie antwortete ihm nicht. Sie flatterte einfach nah an ihn heran und nahm ihn in den Arm, und dann wartete sie in der Welt. Der Junge brauchte ziemlich lange, denn inzwischen bedeckte ihn die Rinde eines Mannes, aber er wollte im Arm gehalten werden, und so entwurzelte er sich, verließ den Schatten seines eigenen Herzens und fing an zu leben.

- ◈ Atme tief und überlege einmal, wie du dich darauf vorbereitest, geliebt zu werden.
- ◈ Nimm dir mit jedem Einatmen eine deiner Vorbedingungen vor, die erfüllt sein müssen, damit du dich im Arm halten lässt.
- ◈ Lass mit jedem Ausatmen alles Unnötige los.
- ◈ Atme langsam und lass in einem ersten Schritt zu, dass die Luft dich hält.

20.

Bedingungslose Liebe

*Bedingungslose Liebe hat weniger damit zu tun,
wie wir einander annehmen und ertragen,
als vielmehr mit dem tiefen Gelöbnis, nie, unter keinen
Umständen, aufzuhören, miteinander die unvollkommene
Wahrheit über uns selbst auszutauschen.*

Über bedingungslose Liebe ist schon viel gesagt worden, und ich fürchte, dies wird oft als eine extreme Form von »die andere Wange hinhalten« missverstanden – was für jeden, der Missbrauch erlebt hat, nicht unbedingt ratsam ist. Diese übertriebene

Passivität unterscheidet sich jedoch sehr von dem ungehinderten Fluss der Liebe, der unser wahres Selbst trägt.

Bedingungslose Liebe meint nicht, dass wir im Namen der Liebe alles passiv hinnehmen. Sie bedeutet vielmehr die alltägliche Verpflichtung, dass wir unter keinen Umständen auf den gegenseitigen ehrlichen Austausch verzichten, wer wir wirklich sind.

Zum Beispiel bin ich vielleicht an einem Tag gerade mit meinen eigenen Bedürfnissen beschäftigt und verletze dich, übersehe, was du momentan brauchst. Aber dann zeigst du mir deine Verletztheit. Mir tut mein Verhalten leid, und du akzeptierst, dass ich manchmal blind werde für die Menschen um mich herum. Wir schauen einander tief in die Augen; du akzeptierst meine Unzulänglichkeiten, aber nicht mein Verhalten, und ich bin dankbar für die Chance, an mir zu arbeiten. Und irgendwie bringt es uns einander näher.

Bedingungslose Liebe ist kein Loch in uns, in das jeder Müll abladen kann, sondern die innere Sonne, die nie aufhört zu scheinen.

◆ Zentriere dich und vergegenwärtige dir eine Beziehung, in der du kürzlich im Namen der Liebe Schmerz empfunden hast.

◆ Während du tief einatmest, vergegenwärtige dir, woran es liegt, dass der Schmerz keinen Ausdruck findet.

◆ Denke beim Ausatmen darüber nach: »Bedingungslos sein« bedeutet, dass du etwas von innen nach außen bringst, und nicht, dass du etwas erträgst, das von außen kommt.

◆ Geh in deinen Tag und überlege, ob du nicht im Namen der Liebe zeigen möchtest, wer du wirklich bist.

September

21.

Ein stiller Lehrer

Erst wenn ich aufhöre, Beweise zu sammeln,
fangen die Steine zu reden an.

Ich möchte über etwas mir sehr Kostbares und Offensichtliches sprechen. Ich habe mein ganzes Leben gebraucht, um es zu lernen. Wir haben das Thema schon an anderer Stelle gestreift. Es hat mehr mit Erkenntnis als mit Wissen zu tun.

Ich habe immer viel gelesen. Die Welt hat sich mir durch aufrichtige Stimmen aus allen Zeiten erschlossen. Sie haben mich immer wieder aus meiner Verwirrung und Einsamkeit geholt. Ich habe auch etwa vierzig meiner neunundvierzig Jahre in Bildungseinrichtungen verbracht: als Schüler, Student und Lehrer. Im Lauf der Zeit ist das Klassenzimmer jedoch immer größer geworden: Das Leben selbst ist nun mein Klassenzimmer, und Lehren hat für mich nicht mehr so viel mit Anweisungen und Anleitungen zu tun; vielmehr geht es darum, all die einfachen Dinge nach dem Geheimnis ihrer Einfachheit zu fragen.

An dieser Stelle geht es mir darum, dass nach all diesen Wegen der Lohn der Wahrheit erstaunlicherweise nicht Wissen oder Kompetenz ist – auch wenn diese Dinge damit einhergehen können –, sondern Freude; und der Lohn für Freundlichkeit und Güte ist nicht ein gutes Ansehen oder die Erwiderung von Freundlichkeit – auch wenn diese Dinge geschehen mögen –, sondern ebenfalls Freude.

Nach all den harten Jahren als Doktorand, nach dem Studium Hunderter heiliger Texte vieler verschiedener Wege, habe ich gelernt, dass die segensreiche Erfahrung der Einheit nicht die Kraft oder die Klarheit ist, die damit einhergehen, sondern ein tiefer Frieden ohne Getrenntheit.

Egal ob ich in einem Krankenhausbett liege, während die Schmerzen nachlassen; ob ich in den Armen meiner Liebsten erwache, während ihre Finger die Sorgen aus meiner Stirn streichen; ob ich mit den Worten von jemand lange Verstorbenem auf meinem Schoß einschlafe: Die Nacktheit der Wahrheit und des Mitgefühls ist immer gleich. Sie bringt mich zurück in den einfachen, seltenen Augenblick, in dem Denken und Fühlen und Wissen und Sein dasselbe sind. Diese belebenden Augenblicke – so schwer zu finden und so flüchtig – sind meine stillen Lehrer.

- Schließe die Augen. Richte deine Aufmerksamkeit auf etwas, das du gelesen oder gelernt hast und das dir weiterhalf. Achte darauf, wo du dir dessen bewusst wirst: Wird es in deinem Kopf lebendig, in deinem Herzen oder in deinem Bauch?
- Richte deine Aufmerksamkeit auf etwas Wichtiges, das du durch das Leben gelernt hast. Achte darauf, wo du dir dessen bewusst wirst. Wo wird es in dir lebendig?
- Bemerke die Ähnlichkeit und die Unterschiedlichkeit dieser beiden Erkenntnisse in dir, ohne zu bewerten.

22.

Heiligen Augenblicken begegnen

Das höhere Ziel spirituellen Lebens ist nicht,
einen Reichtum an Informationen anzusammeln,
sondern heiligen Augenblicken zu begegnen.
< Abraham Heschel >

Vielleicht gehört es dazu, wenn man Amerikaner ist: dieser Drang, Dinge zu bauen, statt ihnen zu begegnen. Schließlich haben unsere Ahnen daran geglaubt, dass es ihnen bestimmt war, immer weiter vorzudringen, bis das Land zu Ende ist. Doch jetzt, wo es kein Land mehr zu erschließen gibt, ruft uns ein anderer Forscherdrang, der seit Jahrhunderten in uns ruht. Statt eine Straße dorthin zu bauen, wo wir noch nicht sind, erfordert das Leben des Geistes, Türen zu öffnen, die uns innerlich erwarten. Das ist es, was Abraham Heschel »heiligen Augenblicken begegnen« nennt: das Öffnen von Türen in das Leben, das wir bereits haben.

September

Die Anstrengungen, uns woanders einen Weg zu bauen, mögen bewundernswert sein, manchmal gar heroisch. Doch sie lenken uns davon ab, in dem Leben zu wohnen, das uns gegeben ist.

Es spricht sicher nichts dagegen, unsere äußeren Lebensbedingungen zu verbessern, aber das, was wir erbauen, ist ohne Bedeutung, wenn wir nie dem Pulsschlag des Lebens begegnen, der am Rande unserer Erschöpfung auf uns wartet wie eine gütige Mutter.

- Setze dich still hin und vergegenwärtige dir einen heiligen Moment, den du erlebt hast.
- Atme dich dorthin zurück, atme ein und schau ihn dir an. Lass dich von seinem Licht innerlich erwärmen.
- Atme aus, schaue dein jetziges Leben an und lass zu, dass das Heilige dich findet.

23.

Wiederholung ist kein Fehler

Wiederholung ist kein Fehler.
Frage die Wellen, frage die Blätter, frage den Wind.

Es gibt kein vorgegebenes Tempo für inneres Lernen. Was wir lernen müssen, kommt dann, wenn wir es brauchen, egal wie alt oder jung wir sind, egal wie oft wir wieder von vorne anfangen müssen, egal wie oft wir dieselbe Lektion vorgesetzt bekommen. Wir stolpern, sooft wir stolpern müssen; wir lernen, zu fallen und wieder aufzustehen. Wir verlieben uns, so oft wie nötig, damit wir lernen, zu halten und gehalten zu werden. Wir missverstehen die vielen Stimmen der Wahrheit so lange, bis wir wahrhaft den Chor der Vielfalt vernehmen, der uns umgibt. Wir erleiden Schmerzen so oft, bis wir gelernt haben, zu zerbrechen und zu heilen. Natürlich mag das niemand, aber wir gehen auch mit unserem Nicht-Mögen genauso um, immer wieder, bis wir lernen, was wir über die Demut der Akzeptanz verstehen müssen.

- Setze dich still hin und vergegenwärtige dir eine Lektion, die immer wieder zu dir kommt. Vielleicht hat es damit zu tun, dass du immer wieder Verrat an dir verübst, oder mit deinem mühsamen Lernen, anderen zu vertrauen; oder es betrifft eine bestimmte Art, wie du andere immer wieder verletzt.
- Setze dich still hin und versuche beim Atmen, der Lektion, die dir dieses immer wiederkehrende Stück Leben beibringen will, keinen Widerstand entgegenzusetzen.
- Setze dich still hin, atme und sieh dich selbst als eine Küste und dieses wiederkehrende Stück Leben als eine Welle, deren Aufgabe es ist, dich zu glätten.

24.

Der Weg der Individuation

Weit draußen auf hoher See kreiste eine Thunfischflotte eine Gruppe Spinnerdelfine ein, die über einem Schwarm Thunfische schwammen, und fingen sie in einem riesigen Netz. Die kleinen, starken Schnellboote umkreisten die Tiere, und die Wand aus Lärm verstörte und verschreckte sie so, dass sie sich bewegungslos hinuntersinken ließen. Nur die Bewegung ihrer Augen verriet, dass sie noch am Leben waren. Doch als ein Delfin die Korkenleine am Rande des Netzes überquerte, merkte er, dass er frei war. Er raste mit heftigen Schwanzschlägen vorwärts ..., tauchte, schwamm mit höchster Geschwindigkeit weiter ..., tauchte wieder hinab in die dunklen Wasser, um dann in einer Reihe hochfliegender Sprünge durch die Wasseroberfläche zu brechen.
< Jeffrey Moussaieff Masson >

Diese Delfin-Geschichte erzählt etwas, das wir auch als Menschen kennen. Eingesperrt gegen unseren Willen – oder manchmal sogar mit unserer Zustimmung –, lässt uns das Bedürfnis nach Platz leblos werden. Sich eingesperrt zu fühlen, bedrängt,

September

unsicher, wo der Weg nach draußen ist – das ist der niederschmetternde, verwirrende Kampf, der der Freiheit immer vorausgeht.

Doch wie diese herrlichen Delfine wissen wir es sofort, wenn wir frei sind. Eine innere Kraft wallt in uns auf, und die Freude treibt uns, die Tiefen zu erkunden, die Oberfläche zu durchbrechen, für einen kurzen Moment in eine Einheit zu springen, die kaum vorstellbar ist.

Dieser ganze Prozess beschreibt ein natürliches Beispiel für das, was C.G. Jung den »Weg der Individuation« nennt: wie sich ein Individuum durch seine stärksten Begrenzungen kämpft, um nach einer Ganzheit des Seins zu streben.

Wenn wir denn eine Berufung haben, dann diese: das Netz zu überdauern, damit wir tauchen und durch die Oberfläche brechen können.

◆ Zentriere dich und stelle dir deinen Geist als einen kräftigen Delfin vor.
◆ Atme vollständig und versuche, das Netz zu spüren, das dich eingrenzt.
◆ Bringe den Rand des Netzes in dein Blickfeld.
◆ Was musst du lernen, um über das Netz hinausschwimmen zu können?

25.

Jagen oder verstecken

Wenn Jagen oder Verstecken
ein zweischneidiger Wahnsinn ist, dann ist
Glaube der Mut, etwas zu riskieren und zu empfangen.
Ich schließe die Augen und das Licht durchdringt mich ...
< Robert Mason >

Wir verbringen einen so großen Teil unserer Erdenzeit damit, hinter etwas her- oder vor etwas wegzurennen. In unserem Wunsch nach Liebe jagen wir hinter jemandem her oder richten uns selbst als Köder her. Wir träumen von Erfolgen und jagen Zielen hinterher, verstecken uns vor dem, was wir oder andere als Versagen empfinden. Und nichts davon – keine der Strategien, einen tollen Job zu kriegen, kein Versteck, um nicht verletzt zu werden – bringt uns echten Frieden oder schützt uns vor dem Leben.

Ich habe so viele Stunden nicht nur in dem Bemühen darum verschwendet, veröffentlicht zu werden, sondern auch mit der Jagd nach dem richtigen Verlag, der mir in den Augen der anderen einen Wert verleihen würde. Doch keine dieser Bestrebungen hat mich dem Pulsschlag des Lebens näher gebracht, den mir das Schreiben selbst erschließt.

Wir hegen oft geheime Fantasien, stellen uns vor, das Leben wäre woanders besser, wenn wir nur dorthin kämen. In unseren Träumen arbeiten wir oft schwerer als in unserem Leben. Wir neigen dazu, das auch mit unserer Sehnsucht nach einer befriedigenderen Beziehung zu machen. Wir stellen uns vor, irgendwo außerhalb des Lebens, das wir leben, gebe es einen Mann oder eine Frau, die all unser Leid und all unsere Gefühllosigkeit zum Verschwinden bringen könnten.

So verstecken wir unsere Unzufriedenheit mit dem Leben, das wir uns erschaffen haben, und jagen insgeheim hinter einem imaginativen Heilmittel her, mit dem wir uns von dem heilen wollen, was wir nun einmal wirklich sind.

Wie Robert Mason so weise sagt, liegt die Lösung für unsere Selbstgefälligkeit und unsere Unzufriedenheit nicht darin, größeres Wild zu erjagen oder unsere tiefsten Wunden zu verstecken. Es geht auch nicht darum, mit unserem inneren Mobiliar in ein anderes Zimmer oder eine andere Stadt zu ziehen. Unsere größte Chance, unser Leben zu verändern, besteht darin, mit unseren Denkgewohnheiten abzuschließen und unsere ewig jungfräulichen Herzen zu öffnen.

◆ Schließe die Augen und atme langsam.
◆ Stell dir vor, das, was in dir erwacht, lebt schon immer, und es erwacht in einer weichen, haltbaren Gewebshülle, die dich mitnimmt, wo immer du hinwillst; stell dir vor, du hast feinfühlige Oberflächen, durch die du Wind spüren, Licht sehen

September

und den Geist von allem, was je gelebt hat, wahrnehmen kannst.

- Stell dir vor, wie du nach dem Erwachen durch eine Welt gehst, in der kleine Wesen über deinen Kopf fliegen und singen, in der bunte, saftige Dinge an den Bäumen wachsen, wo du essen kannst, was aus der Erde wächst. Stell dir vor, es ist immer fließendes Wasser in der Nähe, sodass du dir die Müdigkeit vom Gesicht waschen kannst, sooft du möchtest.
- Stell dir vor, dass du nach dem Erwachen in einer Zeit lebst, wo es andere gibt, mit denen du über dieses Wunder des Seins reden kannst, andere, mit denen du lachen und weinen kannst, andere, die du lieben kannst.
- Stell dir vor, du kannst deine Augen öffnen und durch eine Welt tanzen, in der Wasser vom Himmel fällt; du kannst deine Kehle öffnen und ein Lied kann daraus hervorströmen; du kannst die Sonne finden, die mit ihrer Wärme die Blume, die du bist, ins Sein lockt.
- Jetzt öffne die Augen und erkenne: All dies ist wahr, all dies ist hier, all dies ist jetzt …

26.

Schmerz ablegen

Die Zeit ist gekommen, unsere Steine abzulegen.
Denn Hände, die Steine umklammern,
können nicht frei trommeln.
Und Herzen, die die Vergangenheit umklammern,
können nicht frei singen.

Ich habe ein Leben lang gebraucht, um diese Lektion zu lernen, dabei ist sie so einfach und tiefgründig. Solange wir eine Sache festhalten – sei es ein Stein, ein Geländer oder eine Waffe –, kann sich unsere Hand nicht öffnen, um nach etwas anderem zu greifen.

Dies ist das zeitlose und wirkliche Drama eines Lebens mit dem Unbekannten: Wir müssen das Risiko eingehen, den Stein, den Stock oder das Gewehr, das wir festhalten, abzulegen, um etwas aufzubauen, zu berühren oder Musik zu machen.

Das erinnert mich an einen Freund, der seine Vergangenheit nicht loslassen wollte. Er klammerte sich daran wie an ein Seil und fürchtete, wenn er sie losließe, würde er fallen. Doch solange er seine Geschichte festhielt, konnte er die Liebe nicht annehmen, die ihm angeboten wurde, und er konnte nicht heilen.

Die unausweichliche Wahrheit lautet: Die Hände müssen leer sein, bevor sie wieder gefüllt werden können. Dasselbe gilt für unsere Herzen. Deshalb brauchen wir Mut, Tag um Tag.

◆ Setze dich still hin und vergegenwärtige dir etwas, das du in deinem Herzen festhältst.
◆ Während du ausatmest, öffne die Hände und lass dieses Gefühl auch den Zugriff deines Herzens lockern.
◆ Übe, mit deinen Händen dein Herz zu öffnen.

27.

Zuneigen

*Nur wenige Situationen werden besser,
wenn man durchdreht.
< Melody Beattie >*

Der Philosoph Michael Zimmerman erzählte, als er noch ein Junge war, habe ihm jemand in der Schule eine chinesische Fingerfalle gegeben: eine kleine, aus Papier geflochtene Röhre mit einer Öffnung an jedem Ende. Neugierig steckte er seinen linken Zeigefinger in das eine Ende und dann seinen rechten in das andere Ende. Was das Ding zur Falle machte: Es hielt die Finger umso fester, je mehr man versuchte, sie wieder herauszuziehen. Zuerst bekam er Angst und zog noch mehr. Doch die Falle schloss sich nur umso enger. Plötzlich hatte er jedoch die

September

Idee, genau das Gegenteil zu tun, und als er seine Finger noch etwas weiter hineinsteckte, lockerte sich die Röhre und er konnte seine Finger sanft und langsam wieder befreien.

Es passiert so oft im Leben, dass unser panisches Ziehen uns nur fester fesselt. In dieser kleinen Begebenheit zeigt uns der Philosoph das Paradox, das allem Mut zugrunde liegt: dass wir uns von dem, was uns fesselt, befreien können, wenn wir uns ihm zuneigen.

◆ Setze dich still hin und vergegenwärtige dir eine Situation, in der du festzustecken meinst, oder einen Standpunkt, an dem du stur festhältst.

◆ Während du atmest, versuche, deinen Selbstschutz zu lockern, damit du dich der Situation ein wenig zuneigen kannst.

◆ Achte darauf, wie es sich anfühlt und ob sich die Energie im Hinblick auf diese Situation entspannt.

28.

Über Vergebung

Der Schmerz mag notwendig gewesen sein,
um die Wahrheit zu erkennen,
aber wir brauchen nicht den Schmerz lebendig zu halten,
damit die Wahrheit lebendig bleibt.

Was mich von der Vergebung abgehalten hat, ist das Gefühl, alles was ich durchgemacht habe, verschwindet, wenn ich es nicht lebendig halte, und wenn jene, die mich verletzt haben, nicht begreifen, was sie getan haben, sei mein Leiden umsonst. Diesbezüglich weiß der Stein, den ich in den See werfe, mehr als ich. Die Wellen, die er schlägt, lösen sich auf.

Es kommt auf die Klarheit des Herzes an; ich muss aufhören, mich selbst durch jene zu definieren, die mich verletzt haben, und das Risiko eingehen, mich selbst zu lieben, mein Leben mitsamt allem Schmerz zu schätzen, aus meiner Mitte heraus. Wie jeder, dem je Unrecht zugefügt wurde, bestätigen kann, müssen wir, um das Feuer der Gerechtigkeit am Lodern zu halten, zum Beweis unsere Wunden immer wieder aufbrennen. Wer so lebt, kann nicht gesunden. Auf diese Weise werden wir zu unserer eigenen Version von Prometheus, und der große Vogel unserer Verwundung frisst immer wieder an unseren Eingeweiden.

Der Lohn der Vergebung liegt tiefer als eine Entschuldigung derer, die uns verletzt haben. Die tiefere Heilung entsteht, wenn wir unseren inneren Groll gegen innere Freiheit eintauschen. Endlich kann die Wunde heilen, auch wenn der andere sie nie eingestanden hat, und unser Leben kann weitergehen.

Es kann nützlich sein, sich klarzumachen, dass in »Vergeben« sowohl das Geben als auch das Empfangen stecken. Das zeigt uns, dass der innere Lohn für Vergebung im Austausch des Lebens liegt, im Geben und Nehmen zwischen unserer Seele und dem Universum.

Es ist schwer zu verstehen, wie das funktioniert, doch das Geheimnis echter Vergebung liegt darin, unsere Listen der Ungerechtigkeiten und Vergeltungsgründe loszulassen, um wieder von Herzen fühlen zu können. Wir können nur hoffen, mit diesem Austausch heute zu beginnen, jetzt, indem wir vergeben, was in jedem von uns zerbrochen ist, und uns in Liebe vorzustellen, wie diese heiligen Teile wieder zusammenkommen.

- Fühle beim Atmen den Schmerz einer Wunde, die du in dir trägst. Erlaube dir, den Schmerz zu fühlen, der entsteht, indem du die Wunde offen hältst als Beweis dafür, dass du gelitten hast.
- Atme weiter und lege die Demütigung, die Ungerechtigkeit, die Verletztheit ab.
- Atme ein und nimm die Sanftheit und Frische der Luft in dich auf.
- Während du atmest, vergib der Wunde – das heißt, tausche den Teil von dir, der sich durch diesen Schmerz definiert, mit dem Teil von dir aus, der auch ohne deine Zustimmung immer wieder heilt.

September

29.

Überdenken oder einlassen

Wenn du versuchst, die Luft zu begreifen,
ehe du sie einatmest,
wirst du sterben.

Wir können Dinge nur eine gewisse Zeit lang überdenken. Nach einer Weile werden uns all die Informationen, all die Meinungen und Möglichkeiten belasten. Nachdem wir uns die Situation mit unseren inneren Augen angesehen haben, fühlen sich all die wohlmeinenden Stimmen, die uns sagen, was wir tun und lassen sollten, wie Fesseln an.

Das war das Schicksal des armen Hamlet. Er dachte zu viel über sein Leben nach. Er überlegte so lange, was er tun sollte, bis sich schon allein seine Existenz in der Welt wie eine Bürde anfühlte. Natürlich ist es sinnvoll, vorsichtig und bedachtsam zu sein, vor allem wenn es um wichtige Entscheidungen geht, aber oft erfahren wir nur, was auf uns zukommt, wenn wir uns darauf einlassen und es durchleben.

Das erinnert mich an die Erkenntnis eines alten Hindu-Weisen. Eines Tages sprang er mitten im Morgengebet auf und forderte seine Schüler auf, das Kloster zu verlassen. Er scheuchte sie wie kleine Enten zurück in ihr Leben und erklärte: »Der Tag will erfahren, nicht verstanden werden!«

- Zentriere dich, während du ein Glas mit Wasser und ein leeres Glas in den Händen hältst.
- Erwäge die Möglichkeiten, die vor dir liegen, während du das Wasser von einem Glas ins andere gießt.
- Wenn du vom Gießen genug hast, atme tief und trinke das Wasser.
- Jetzt lass dich auf dein Leben ein.

30.

Wir sind einzigartig

Wir sind einzigartig, nicht vollkommen.

Mit den Händen voller Einkaufstüten und dem Kopf voller Dinge, die es zu erledigen gilt, mit unserem Herzen voller Erinnerungen und unseren Träumen voller Pläne, neigen wir zu der Ansicht, unser Leben wäre vollkommener und perfekter, wenn wir nur die Dinge auf dieser Liste verschwinden lassen oder abhaken könnten, wenn wir nur ungetan machen könnten, was getan wurde, oder tun würden, was getan werden müsste. Doch wir sind menschliche Wesen, makelbehaftete, bunte Wesen, die sich von Plänen und Erinnerungen ernähren.

Dies ist ein Paradox, das in uns wirkt. Wir streben zwar nach innerer Meisterschaft und Seelenfrieden, doch wir sind immer nur für Augenblicke ganz. Als bewusste Wesen in Körpern werden wir von unseren Tagen zermürbt, bis wir uns plötzlich allem öffnen. Das sind Momente der Erleuchtung, in denen die Klarheit und das Mitgefühl von Jahrhunderten in uns aufsteigen und wir plötzlich mehr sind, als wir sind – nur um am nächsten Tag wieder über den Müll zu stolpern oder in der nächsten Minute etwas Verletzendes zu dem Menschen zu sagen, den wir am meisten lieben.

Früher empfand ich dieses Herunterkommen auf den »Boden der Tatsachen« als Versagen, als Beweis, dass ich mir nicht genug Mühe gab; die Nadeln der Unzulänglichkeit piksten mich. Ich fühlte mich oft entmutigt, als gäbe es etwas Wesentliches, das ich einfach nicht begriff. Eine Zeit lang fühlte ich mich zutiefst mangelhaft.

Doch ich habe erkannt, dies ist nur das Irdische an unserem menschlichen Zustand. Es geht nicht darum, es zu korrigieren, auszumerzen oder zu transzendieren. Es geht darum, es zu akzeptieren. In einem Moment sind wir reines, altersloses Licht, und

September

im nächsten fällt uns etwas aus der Hand oder wir beschädigen etwas unendlich Kostbares. Wir müssen uns trösten, nicht beschimpfen. Wir sind einzigartig, nicht vollkommen, und es scheint uns bestimmt zu sein, alles, was ist, kurz zu erkennen, nur um es dann in Brotteig zu verkneten.

- Setze dich still hin. Erinnere dich an einen lichten Moment, in dem dir das Leben besonders klar erschien.
- Jetzt erinnere dich an einen Moment, in dem du dich oder einen dir lieben Menschen verletzt hast, und spüre, wohin das geführt hat.
- Ohne dich zu verurteilen, stelle diese Erinnerung an deine irdische Menschlichkeit in jene Klarheit und lass die beiden einander weich machen.
- Geh sowohl mit dieser Klarheit als auch mit Mitgefühl für deine Menschlichkeit in deinen Tag.

Notizen

 September

Geburtstage, Festtage

1
2
3
4
5
6
7
8
9
10
11
12
13
14
15
16
17
18
19
20
21
22
23
24
25
26
27
28
29
30
31

1.

Die Fliege am Fenster

Glauben ist Ergriffensein von dem,
was uns unbedingt angeht.
< Paul Tillich >

Es lässt sich nicht ändern. Durch verschiedene Fragen kehren wir immer wieder zum selben zentralen Thema zurück: Wie können wir voll und ganz leben? Wie können wir so leben, dass das Wunder des Fühlens stärker wirkt als der Schmerz des Brechens?

Ich bin mir nicht sicher; ich versuche es nur selbst. Jeder von uns ist ein winziger Willen, der danach strebt, den universellen Strom zu finden und auf ihm zu reiten, ohne unterzugehen. Doch Glauben scheint etwas Wesentliches zu sein: die Fähigkeit, die Breite und die Tiefe unseres Mitgefühls auszuschöpfen; selbst im dunklen Zentrum unseres Schmerzes zu wissen, dass irgendwo da draußen Freude und Staunen sind; dass wir Teil eines Stroms sind, der größer ist als alles von uns Erschaffene, auch wenn wir nicht mehr wissen, wo oben und unten ist. Dieses Bewusstsein ist schwer zu erringen. Doch selbst im Versagen ist Glauben – das Ergriffensein von dem, was uns unbedingt angeht – möglich.

Die unendliche Kohärenz aller Dinge und Ereignisse fließt beständig fort wie ein großer, bodenloser Strom, und wie Fische haben wir keine Wahl, außer den Strom zu finden und mit ihm zu schwimmen. Dieser Strom ist Gott oder das Tao, wie es der große chinesische Weise Laotse nennt, und die Kraft, die uns hebt, wenn unser winziger Wille mit diesem Strom des Seins verschmilzt, ist das heilige Leuchten, das wir als Gnade empfinden.

Einmal im Strom, endet das Leben der Vorbereitung, das Leben der Verteidigung, das Messen individueller Merkmale. Angst weicht irgendwie dem Vertrauen. Kontrolle verwandelt sich irgendwie in Hingabe. Der Fisch und der Strom sind für einen Augenblick eins. Der heilige Augenblick und Gott sind immer

Oktober

dasselbe. Es gibt nichts anderes, für das wir leben könnten – und selbst dieser Ausdruck ändert sich, denn es ist nicht mehr ein Für-etwas-Leben, sondern ein Aus-etwas-Leben. Immer das Innere nach außen. Und einmal draußen und offen gehalten, strömt das Ganze ein.

Glauben ist also nicht mehr als die Bereitschaft und der Mut, sich auf diesen Strom einzulassen und mit ihm zu schwimmen. Und wenn wir das Risiko eingehen, uns so auf unseren Augenblick einzulassen, dann gesellt sich auf mysteriöse Weise das Leben selbst dazu, mit allem, was größer ist als wir. Und was ist Mitgefühl anderes, als sich auf den Strom eines anderen einzulassen, ohne sich selbst zu verlieren?

Ich erinnere mich daran, wie ich einmal im Sommer am Fenster stand und neben dem Fensterhebel eine auf dem Rücken liegende Fliege sah, die heftig, aber erfolglos mit den Beinen strampelte. Ich wollte sie schon erschlagen, aber etwas in ihrem Kampf glich zu sehr meinem eigenen Ringen. Sie drehte sich immer weiter und schien sich langsam zu erschöpfen. Ohne näher heranzugehen, atmete ich etwas stärker aus, und durch diesen plötzlichen Windstoß fand die Fliege ihren Stand wieder, rieb sich einmal übers Gesicht und flog davon. Ich schaute noch eine Weile weiter auf den Hebel und hoffte, eines Tages werde der Atem von etwas Unbegreiflichem auch mich aufrichten und mir helfen, zu fliegen.

- Geh zu einem Fluss oder Bach, wenn du kannst, und lass ein Blatt nach dem anderen hineinfallen.
- Schau zu, wie jedes Blatt stromabwärts getrieben wird. Achte auf seine Drehungen und Wendungen.
- Achte darauf, wie mühelos es für jedes Blatt ist, sich weitertragen zu lassen.
- Bemerke, dass keines der Blätter eine Ahnung davon hat, wohin sein Weg geht.
- Schließe die Augen, lausche auf das Wasser und meditiere darüber, wie dein Leben solch ein Blatt ist auf Gottes Strom der Zeit.
- Fühle die Tage wie Wasser um dich. Genieße die Reise.

2.

Das rote Königreich

Ich habe nie einen Schmerz gefühlt,
der nicht auch einen Segen mit sich brachte.
< Gene Knudson Hoffman >

Ich weiß, dies ist wahr. Von kaputten Ehen über den Verlust einer Rippe durch Krebs bis zur Kündigung nach achtzehn Jahren Lehrtätigkeit: In allem lag immer ein Geschenk, sobald der Schmerz, die Angst und der Kummer abgeebbt waren.

Ich möchte keineswegs sagen, die Krankheit oder die Ungerechtigkeit selbst sei der Segen. Ich bin dankbar, wie sich mein Leben durch meine Krebserfahrung verändert hat, aber ich wünsche niemandem Krebs.

Doch so wie Schreie in der Stille verhallen und so wie die Sonne immer aufgeht, auch wenn die Nacht scheinbar nie endet, und wie der Himmel alles Fliegende und alles Fallende umfasst, hat jeder von uns in seinem Kern etwas Unzerstörbares, auch wenn der Schmerz, bei lebendigem Leib transformiert und neu zusammengesetzt zu werden, manchmal unerträglich erscheint.

Selbst als Junge, als ich mir mit einem Teppichmesser in den Finger schnitt – ich habe noch heute die Narbe – und heulte und tobte, staunte ich über das rote Königreich, das ich zum ersten Mal in mir erblickte.

- Zentriere dich und erinnere dich an eine Zeit, als du dich von einer körperlichen oder emotionalen Verletzung erholt hast.
- Atme tief und frage dich, ob du die Welt neu erfahren konntest, nachdem der Schmerz nachgelassen hatte.
- Wenn du kannst, erzähle einem lieben Menschen, was dich diese Verletzung gekostet hat und was sie dir eröffnet hat.

Oktober

3.

Nicht gewöhnt an Emotionen

Emotionen sind für uns so ungewohnt,
dass wir irrigerweise jede Tiefe für Traurigkeit halten,
jede Ahnung des Unbekannten für Angst
und jedes Empfinden von Frieden für Langeweile.

Wir sind so von allem Leben in der Tiefe wegerzogen worden, dass uns alles unter der Oberfläche Liegende ängstigt. Doch das Bedürfnis, unter die Oberfläche zu schauen, verschwindet nicht. Dies mag unter anderem ein Grund sein für all die Gewalt, die wir in Filmen sehen. Wenn das Bedürfnis, nach innen zu schauen, verleugnet wird, kommt es in großen Geschichten zum Vorschein, wo Leuten der Leib aufgerissen wird. Die Verdrängung des Bedürfnisses, nach innen zu schauen, lässt uns dann dafür bezahlen, im Dunkeln zu sitzen, unfähig, woanders hinzusehen oder wegzugehen, und zuzuschauen, wie Menschen – wie uns – die körperliche und psychische Öffnung aufgezwungen wird.

Wir tun das auch im persönlichen Bereich. In meinen Dreißigern war ich nicht bereit, mir die Quelle meines niedrigen Selbstwertgefühls anzuschauen, aber ich grub mit enormem Eifer den Garten um, auf der Suche nach irgendwelchen Wurzeln, die ich nicht benennen konnte. Ich habe im Lauf der Jahre auch immer wieder an kleinen Wunden und Pickeln herumgekratzt, bis sie bluteten, und erst nach und nach erkannt, dass darin das verdrängte Bedürfnis meiner Seele zum Ausdruck kam, unter die Oberfläche zu schauen.

Mein eigenes Ringen, mein Herz zu öffnen, währte lang. Ich bin zweimal verheiratet gewesen, habe den Krebs und eine kaltherzige Mutter überlebt, habe mich an Freundschaften geklammert wie ans liebe Brot, doch nun ist all das weggefallen. Ich nutze die Einsamkeit jetzt wie eine Lampe, um in Ecken zu leuchten, die ich noch nie gesehen habe. Und obwohl ich manchmal fürchte, nach all der Zeit mit leeren Händen dazustehen, bin ich doch überzeugt, das Entscheidende ist, nach innen zu gehen und, was immer ich da finde, ans Tageslicht zu bringen.

Wenn wir hervorholen, was wir in uns versteckt gehalten haben, ist es heilig und furchterregend, und der Rest von uns weiß nicht so recht, ob er es berühren will oder lieber nicht. Es ist, als stünden wir auf einer Leiter und schauten in ein Vogelnest mit Küken. Sie sind gar zu zart, es ist ein zu großer Frevel. Menschenhände scheinen da nicht hinzugehören. Aber ich möchte dich trotzdem ermuntern. Lass es zu, lass auch andere aufrichtig an dich heran, damit du sagen kannst: »Das bin ich, wenn niemand hinschaut.« Denn jeder von uns ist ein Küken, das fliegen kann, wenn es genährt wird.

◆ Setze dich still vor einen Spiegel, schließe die Augen und meditiere über einen unsicheren Teil deiner selbst.
◆ Atme tief und versuche, die Quelle dieser Unsicherheit in dein Bewusstsein zu heben.
◆ Jetzt öffne die Augen und schau in den Spiegel. Betrachte dein Gesicht und prüfe es mit freundlichem Blick.
◆ Sieh sowohl deine Unsicherheit als auch dein Bewusstsein davon … Akzeptiere, wer du bist.

4.

Unsere allumfassende Natur

Kein Individuum existiert nur in seiner eigenen Natur, unabhängig von allen anderen Faktoren des Lebens. Jedem liegt die Gesamtheit des Universums zugrunde. Alle Individuen haben daher das Universum als gemeinsame Grundlage, und in der Erfahrung der Erleuchtung tritt diese Universalität ins Bewusstsein, und das Individuum erwacht zu seiner allumfassenden Natur.
< Lama Govinda >

Es ist eine spirituelle Tatsache: Dem, was wir sind, liegt das ganze Universum zugrunde. Was der Wal sieht, wenn er aus der Tiefe

Oktober

auftaucht, liegt allem menschlichen Sehen zugrunde. Was der Adler unter seinen Schwingen vorbeistreichen spürt, liegt allem menschlichen Fragen zugrunde. Was das oberste Blatt des Baumes über das Licht weiß, wenn es sich zum ersten Mal entfaltet, liegt allen Anläufen, zu lieben, zugrunde. Die Essenz alles Lebendigen ruht als Potenzial in der Energie des Herzens, die unter der Haut des Herzens wartet. Wie Lama Govinda es so berührend sagt: Erleuchtung ist eine Erfahrung, in der die Gesamtheit dieser essenziellen Beziehung mehr als erkennbar wird – sie wird spürbar. Und in dieser Berührung, von Essenz zu Essenz, erwacht eine schon seit jeher existierende Qualität der Einheit zum Leben.

Stell dir vor, dass es jenseits all unseres Misstrauens einen beständigen Strom der Einheit gibt und dass der einzige Weg, in ihn einzutreten, darin besteht, all unser Misstrauen und unsere schlechten Erfahrungen abzulegen wie Kleidung. Stell dir vor, wie wir, indem wir nackt in diesen Strom eintreten, einen Augenblick lang über uns hinausreichen, und unsere Hände sind all die Hände, die je ausgestreckt wurden.

Ich gestehe, ich habe Momente erlebt, die sich jenseits der Zeit geöffnet haben, wo das Licht mehr ist als Licht und doch nur Licht, wo der sanfte Wind durch die letzten auf den Teich fallenden gelben Blätter heute weht wie vor hundert Jahren. Meistens erfahre ich diese Momente allein. So erklimme ich meinen Weg zu Gott.

Doch wenn ich es wagte, zu lieben, nichts zurückzuhalten, bin ich auch mit anderen da gewesen. In solchen Momenten, in denen wir alles umarmen – das Leben und den anderen –, schauen wir sowohl nach außen als auch nach innen, und alles leuchtet. Und es wird klar, dass alle wahren Liebenden sich hier begegnen, sich durch ihre Leben arbeiten bis zu einem Moment, den niemand anderes zu verstehen scheint, wo Zusammensein Alleinsein bedeutet, wo die Haut zu berühren dasselbe ist, wie den inneren Punkt Gottes zu berühren, der geboren wurde, um berührt zu werden. In diesem Sinne ist Erleuchtung die Erfahrung – das Gefühl – der Einheit allen Lebens; das ist mehr als das Annehmen von Weisheit.

◆ Atme einfach und meditiere mit offenen Armen und Händen.
◆ Atme ein und stell dir vor, du bist mit allem verbunden, bis zu dem Punkt, wo du nicht mehr einatmen kannst.

- Atme aus und stell dir vor, dass die Gesamtheit des Universums dich zurückzieht in sein Alltagsgeschehen.
- Lass zu, dass du umarmst und umarmt wirst.

5.

Dicht am Knochen erwachend

Das Leben überall suchend,
fand ich es im Brennen meiner Lungen.

Fast ein halbes Jahrhundert lang bin ich erwacht und habe mich verschlossen, bin weggelaufen und habe innegehalten, bin hingelaufen und habe innegehalten, bin geklettert und habe innegehalten, habe etwas aufgehoben und habe innegehalten. Ich stelle Fragen, die nie beantwortet werden können, und lebe wie eine Antwort auf alles, was nie gefragt wurde. Wie eine Ameise kurzzeitige Behausungen baut, bewege ich, was in Ruhe gelassen werden sollte, lasse fallen, was nicht getragen werden kann, und Erfahrungen rauschen durch den spannungsgeladenen Raum zwischen der Haut der Welt und der Haut meiner Seele.

Einfach indem ich erwache, pulsieren jetzt Wellen des Fühlens dicht an meinen Knochen, und dieser ständige Pulsschlag ist so tief, dass er schmerzt. Es ist der Schmerz des Lebendigseins. Ich dachte früher, dieser Schmerz sei Traurigkeit, aber jetzt weiß ich, dass er tiefer liegt, als nicht zu bekommen, was ich will, oder zu verlieren, was ich brauche. Dieses Erwachen dicht am Knochen ist der Pulsschlag, aus dem sowohl Traurigkeit als auch Freude hervorgehen, wo Schmerz und Staunen einander begegnen. Jetzt erwache ich an unbeugsamen Herbsttagen, die der Kälte trotzen, ich erwache vor der Sonne, wenn die Welt noch feucht ist vor Erwartung, und spüre diesen Schmerz, so wie die Erde spürt, wie ihr Kern sich knirschend um das unsichtbare zentrale Feuer dreht. Es ist das leichte Brennen des Daseins.

 *Oktober*

- Wenn du kannst, wache früh auf und meditiere über der Stimmung, die sich gerade zeigt.
- Atme tief und meditiere über das Gefühl hinter dieser Stimmung.
- Atme gleichmäßig und meditiere über den Pulsschlag hinter diesem Gefühl.
- Meditiere, wenn du kannst, über den Pulsschlag des Seins, der in deinen Knochen lebt.

6.

Zwei Arten, den Wind zu spüren

Es gibt zwei Arten, den Wind zu spüren:
ins Offene hinaufzuklettern und stillzuhalten
oder sich ständig zu bewegen.

Jeder, der lebt, verkörpert sowohl Sein als auch Tun. Der Wind, den wir erzeugen, wenn wir laufen, ist die Energie des Werdens, und der Wind, der zu uns kommt, wenn wir stillhalten, ist die Energie des Seins.

In unserem Dasein als Menschen müssen wir unzählige Male still sein, und genauso oft müssen wir uns bewegen. Doch für uns moderne Menschen entsteht viel Verwirrung, weil wir versuchen, mit dem, was uns angenehmer ist, das andere zu ersetzen.

Jene von uns, denen es schwerfällt, stillzuhalten, haben oft Mühe, den ursprünglichen Wind zu finden, während jene, denen das Leben in der Welt unangenehm ist, sich manchmal in eine Stille zurückziehen, die zwar offen ist, der es jedoch an Lebendigkeit fehlt.

Doch diese Dinge gehen nahtloser ineinander über, als wir in unseren Gesprächen oft meinen. Mein Patensohn Eli hat die Einheit von Sein und Werden erlebt, als er im Alter von sechs Jahren einen Herbstspaziergang machte. Er befand sich mit seinem Vater auf einer mit Ahornbäumen und Weiden bestandenen großen Wiese, als ein Wind das bunte Laub aufwirbelte. Eli wurde so aufgeregt, dass er anfing, mit weit ausgebreiteten Armen zwischen den leuchtenden Bäumen zu rennen und sich zu drehen und zu wirbeln. Außer Atem und voller Staunen rief er seinem Vater zu: »Daddy, Daddy, wenn ich ganz schnell renne, weiß ich gar nicht mehr, was wirklich ist!«

Kinder haben oft erstaunliche Erkenntnisse und sind sehr unbefangen. Sie verfügen über eine Weisheit, die sie leben, die ihnen aber nur selten bewusst ist. Und dann verbringen wir den Rest unseres Lebens mit dem Versuch, diesen kostbaren Zustand wiederzuerlangen, wo Sein und Tun nicht voneinander zu trennen sind.

- Was fällt dir leichter: Sein oder Tun? Was meinst du, warum das so ist?
- Was würdest du gerne an deiner Energie des Tuns verändern?
- Was würdest du gerne an deiner Energie des Seins verändern?
- Entscheide dich von ganzem Herzen, dich bei nächster Gelegenheit auf einer offenen Wiese mit weit ausgebreiteten Armen zu drehen.
- Was fühlt sich sonst noch so für dich an? Was bringt Sein und Tun für dich zusammen?
- Entscheide dich von ganzem Herzen, dich darauf in den nächsten zwei Wochen mindestens zweimal einzulassen.

7.

Bis wir es leben

Wir kommen an mit all diesen Teilen
und ohne Anleitung, wie sie zusammenpassen.

Die Versuchung ist groß, die Antwort haben zu wollen, bevor wir uns auf die Reise machen. Wir möchten gerne wissen, wo es hingeht. Wir haben gerne Landkarten. Wir haben gerne Führer. Aber wir sind eher ein atmendes Puzzle, eine lebende Tasche von

Oktober

Teilchen, und jeder Tag zeigt uns, wofür ein oder zwei Teilchen gut sind, wo sie hingehören, wie sie passen könnten. Im Lauf der Zeit lässt sich dann ein Bild erahnen, und wir fangen an, unseren Platz in der Welt zu begreifen.

Leider verschwenden wir viel Zeit damit, Leute zu suchen, die uns sagen, wie unser Leben sein wird, wenn wir es leben. Wir vergeuden viel innere Lebenskraft, indem wir andere nach unserem Weg fragen. Am Ende all dieser Verzögerungen müssen wir jedoch jeder für sich losgehen und einfach schauen, was passiert.

Die Anleitung kommt mit dem Leben, und ich muss gestehen, all die Male, als ich dachte: »Ich mag dieses, und jenes interessiert mich nicht«, lag die Entscheidung nicht bei mir oder dir. Denn die Erde wurde begonnen wie ein Teller, der zerbricht, und die Ewigkeit lässt diese Szene langsam rückwärts laufen, und du und ich und die Dinge, zu denen wir uns hingezogen fühlen, sind einfach Teile, die Gott wieder ungebrochen zusammenfügt.

- Zentriere dich und vergegenwärtige dir, wie frisch der heutige Tag ist.
- Lass mit jedem Atemzug deine vorgefassten Ideen davon los, wo du hingehst und was du tun musst.
- Atme einfach und wisse: Alles ist möglich und alles – sogar dieser Tag – ist unbekannt, bis du es lebst.

8.

Das Gefäß zerbrechen

Ein Mann zog ein Schwanenküken in einem Glasgefäß groß,
und als der Vogel wuchs, steckte er in dem Gefäß fest.
Der Mann befand sich nun in einer Zwickmühle,
denn der einzige Weg, den Schwan zu befreien, war,
das Gefäß zu zerbrechen und ihn dabei zu töten.
< Zen-Sprichwort >

Diese Parabel erzählt uns kraftvoll von den klaren Behältern, in die wir stecken, was wir lieben, ohne zu bedenken, dass das

Geliebte wächst. Wir stellen Rahmenbedingungen her – aus Angst, Hochmut oder sogar mit der besten Absicht, das Geliebte zu schützen – und können damit genau das ersticken, was uns so kostbar ist.

Noch zerstörender und subtiler sind die Arten, wie wir uns selbst in ein Gefäß stecken. Wenn unser Verstand der Mann ist, der den kleinen Vogel hüten will, dann ist unser Herz der Schwan. In dem Bestreben, uns vor Verletzung zu schützen, tun wir unser Herz nur allzu oft in ein durchsichtiges Gefäß des Misstrauens und lassen uns nicht träumen, dass das Herz, wie der kleine Schwan, weiterwächst. Nur allzu oft zwängen wir unsere Art des Seins in unsere Art des Überlebens.

So mauern wir unsere Herzen im Lauf der Zeit ein. Und selbst die anspruchslosesten und vorsichtigsten Wesen kommen an den Punkt, wo sie ihr Herz – ihre Art, in der Welt zu fühlen – aufbrechen müssen, um sich aus ihrer verhärteten klaren Entschlossenheit zu befreien.

Doch viele von uns leben einfach in dieser Verhärtung, falls man diese Beschränkung noch »leben« nennen kann. Vor dem Hintergrund solcher Strangulierung des Herzens fragt Rachel Naomi Remen weise: »Ist es möglich, so defensiv zu leben, dass Leben an sich unmöglich wird?« Im Kern ihrer Frage und dieser kleinen Zen-Geschichte steht der Unterschied zwischen Überleben und Gedeihen, zwischen Existieren und Leben, zwischen Resignation und Freude.

Als menschliche Wesen kann unser Misstrauen unsere Unbefangenheit unter einer Schicht verhärteter Entschlossenheit verschwinden lassen, so wie Silber eine Oxidationsschicht bildet, wenn es mit Sauerstoff in Berührung kommt. Nur der stille, tägliche Mut, zu sein, kann bewirken, dass die Luft unsere Herzen wieder weich macht.

- Erinnere dich an das letzte Mal, als du dich verletzlich oder verletzt gefühlt hast und es nicht gezeigt hast.
- Was ist durch dieses Verbergen deiner Verletzung in dir geschehen?

Oktober

- Vergegenwärtige dir diesen Augenblick der Verletzlichkeit wieder, jetzt, in der Sicherheit deines Alleinseins.
- Mach den Augenblick weich und erlaube dir, das ursprüngliche Gefühl zu spüren.
- Nimm dich selbst so an, wie du es dir von anderen gewünscht hättest.

9.

Sich einen Weg nach außen brennen

Die Seele ist wie eine innere Sonne:
Sie brennt ihren Weg nach außen,
ohne je die Mitte zu verlassen.
Wir nennen dies – das Nach-außen-Brennen:
das Feuer der Leidenschaft.

Woher kommt unsere Leidenschaft? Sie wird uns nicht beigebracht. Sie wird nur zugelassen. Oder auch nicht. Wenn ihr Widerstand geleistet wird, höhlt sie das Herz jeden Tag aus. Wenn sie zugelassen wird, wallt sie hoch und überwältigt uns fast mit ihrem Feuer. Das beständige Freisetzen – ohne Widerstand, aber auch ohne uns überwältigen zu lassen –, dieses beständige, demütige Offenlassen der Lippen für das Aufwallen des inneren Lichts, sodass die Leuchtkraft allen Fühlens durch den offenen Mund strömen kann – das ist der Rhythmus der Gnade, das ist die Quelle aller Lieder.

Trotz der Schwerkraft, gegen die Schwerkraft, im Gegenzug zum Gewicht der Welt, strahlt eine glühende, nicht zu dämmende Hitze durch alle Wesen, in Form von Liebe, Denken, Sehnsucht und Frieden. Wenn wir diese Leuchtkraft durch uns hindurchlassen, öffnen wir das gemeinsame Herz jenseits allen menschlichen Sehnens, und das Feuer im Kern beginnt aufzulodern.

Dieses Auflodern ist es, wofür ich lebe. Es hält mich am Leben. Wenn ich ein Tänzer wäre, würde ich nur versuchen, diese endlos lodernde Flamme in den Himmel zu zeichnen, immer und immer wieder, ausströmend, weitergebend. Das Herz hat – wie ein Wal – keine Wahl, als aufzutauchen, sonst sterben wir. Und wenn wir aufgetaucht sind, müssen wir wieder abtauchen; sonst sterben wir. Das liebevollste aller Geschenke, die ich dir machen kann, sind nicht Bücher oder Blumen oder sorgfältig ausgewählte Geschenke, die zeigen, dass ich dich kenne; am besten zeige ich meine Liebe, wenn ich vor dir auftauche, eingehüllt in den Glanz meines Geistes. So halte ich Ausschau nach den wahrhaftigsten Freundschaften, beobachte die Tiefe, warte, dass Geistwesen auftauchen, nass vor Seele.

- Setze dich still hin und fühle beim Atmen das leuchtende Glühen im Kern deines Seins.
- Atme gleichmäßig und lass diese Leidenschaft in dir aufsteigen, ohne Ziel oder Absicht.
- Atme langsam, und wenn du anfängst, ihre Hitze zu spüren, betrachte die einfachen Dinge um dich herum.

10.

Begabung

Es ist die Welt, die erleuchtet ist,
und wir, die periodisch auftreten.

Wie Radios kämpfen wir uns durch unsere atmosphärischen Störungen, um Frequenzen zu empfangen, die immer da sind. Als Menschen sind wir unfähig, die Klarheit aufrechtzuerhalten, die notwendig ist, um den allem innewohnenden Zauber zu begreifen. So schwanken wir immer wieder vom Außergewöhnlichen zum Gewöhnlichen, und die meisten von uns geben der Welt die Schuld daran.

Daher überrascht es nicht, dass wir uns zwar sporadisch begabt fühlen, unsere Gaben jedoch eigentlich immer da sind. Denn wenn Erleuchtung auf einer Klarheit des Seins beruht,

Oktober

dann ist Begabung nichts anderes als die Klarheit des Tuns, ein im Körper gelebter Augenblick, in dem Geist und Hand eins sind. Was uns also hauptsächlich an Begabung hindert, ist ein Versäumnis des Seins. Uns fehlt es nicht an Talent, sondern an der Klarheit, zu erkennen, worin dieses Talent besteht und wie es funktioniert.

Mir scheint, Begabung ist Energie, die darauf wartet, durch ein aufrichtiges Sich-Einlassen auf das Leben freigesetzt zu werden. Doch viele von uns prüfen ihre Stromstärke bei ausgeknipstem Hauptschalter; dieser Schalter ist unsere Bereitschaft zu Risiko, Neugier, Leidenschaft und Liebe.

Angesichts all dessen lässt sich Glücklichsein einfach als die Zufriedenheit beschreiben, die wir verspüren, wenn wir uns in unserem Tun und Sein ganz im Einklang fühlen – und sei es nur für einen Moment. In diesen Augenblicken der Einheit ist unser Sinn und Zweck das Leben selbst, und unsere Begabung liegt darin, es in allen Kleinigkeiten unmittelbar zu leben, sei es beim Abtrocknen der Teller oder Zusammenharken des Laubs oder beim Waschen der Haare unserer Kinder.

Wenn ich meinen Sinn nicht finden kann, bitte ich mich selbst, mich in die Sonne auf eine Wiese zu setzen und den Ameisen zuzusehen, in der Hoffnung, dass ich so meine Klarheit finde. Wenn ich meine, keinerlei Begabung zu haben, flehe ich mich an, nach dem Schalter zu suchen, etwas zu probieren, das ich nicht im Blick habe und das mich aus der Ferne zu rufen scheint. Wenn ich zwischen die Kometen falle, wenn ich mich ohne Harmonie dahinschleppe, versuche ich zuzuschauen, wie Fische schwimmen oder Vögel durch die Luft gleiten. Und mit einem gläubigen Erschauern weiß ich: Selbst wenn ich es gar nicht versuche, wird alles so sicher und schnell zurückkehren, wie Licht ein Loch ausfüllt.

- ◆ Zentriere dich. Vergegenwärtige dir das letzte Mal, als du Sein und Tun als eins empfunden hast. Vielleicht war es, während du den Garten umgegraben hast oder Musik gehört hast.
- ◆ Atme langsam und denke an diese Fähigkeit – an deine Begabung –, Einsseins zu erfahren.
- ◆ Versuche im Lauf deines Tages, diese Begabung einmal anzuwenden.

11.

Herabstufung

*Unsere Lebenserfahrung wird in unserem innersten Sein
eine Resonanz erzeugen, und wir werden
die Verzückung des Lebendigseins erfahren.*
< Joseph Campbell >

Kürzlich sagte ein Freund zu mir: »Alle, die ich kenne, arbeiten wie die Verrückten und sorgen sich darum, ihren Job zu verlieren, heruntergestuft oder wegrationalisiert zu werden.« Ich muss zugeben, manchmal mache ich mir auch solche Sorgen. Ich will die Schwierigkeiten, in die wir geraten können, besonders wenn wir auch für andere zu sorgen haben, nicht abtun. Doch trotz alledem gibt es zahllose Geschichten von Menschen, die ihre wahre Berufung gefunden haben, nachdem die Umstände sie zwangen, ihre Karriere aufzugeben.

Das ist nichts Neues. Nachdem er sein ganzes Leben lang zur See gefahren war, nachdem er nach zehn Kriegsjahren und zehn weiteren Jahren des Umherirrens endlich nach Hause gefunden hatte, wurde selbst der mythische Odysseus heruntergestuft und gezwungen, sich zur Ruhe zu setzen. Da stand er, voller Erwartung, wieder ruhmreiche Zeiten auf See zu erleben, als ihm im Traum ein Wahrsager erschien: »Nimm dein Lieblingsruder und geh ins Landesinnere, bis dorthin, wo niemand je von dir gehört hat, und dann geh noch weiter bis dorthin, wo niemand je etwas von Rudern oder vom Meer gehört hat. Pflanze dein Ruder dort in den Boden und lege einen Garten an.«

Das Leben mag die Dinge herabstufen, auf die wir uns verlassen oder die für unser Selbstbild wichtig sind, aber unser Geist ruht, wartend wie ein Lied in einer Decke. So kostbar uns das Muster darauf auch sein mag, in jedem von uns wartet etwas noch Kostbareres darauf, dass die Decke gelüftet wird und unser Geist ein Lied anstimmen kann.

Oktober

- Denke an eine berufliche Veränderung, vor der du stehst.
- Denke daran, wie deine Arbeit dir geholfen hat, zu definieren, wer du bist.
- Schließe die Augen und denke dir deine Arbeit als ein Glas und dich selbst als Wasser.
- Meditiere darüber, in welche anderen Arten von Tätigkeiten du dich einbringen könntest.

12.

Wir neigen zum Festhalten

Ich beneide den Baum, wie er die Äste ausstreckt,
aber nie festhält.

Dinge von Bedeutung kommen und gehen, aber wenn wir berührt werden und spüren, dass das Leben weitergeht, neigen wir dazu, zu klammern und festzuhalten, und versuchen zu verhindern, dass sich etwas ändert. Natürlich klappt das nicht, und die Dinge verändern sich. Häufig sind wir so stur, jenes, was da anscheinend geht, weiterhin zu verfolgen und zu versuchen, den Fluss des Lebens zu steuern und zu manipulieren. Natürlich klappt auch das nicht.

Wir können das Leben nicht am Fließen hindern. Also bleibt uns nichts anderes übrig, als zu fühlen, was war und was ist; den Unterschied dazwischen nennen wir Verlust. Aber all das Klammern und Halten macht es nur schlimmer. Neues kommt, und manche von uns rechnen schon mit dem Verlust und lassen die Dinge des Lebens vorüberstreichen, ohne sie überhaupt zu fühlen.

Ich habe all dies getan, aber wenn ich klar und offen genug bin, versuche ich, die Dinge an mich heranzulassen, mich von ihnen berühren zu lassen. Ich versuche, nicht in ihnen herumzustochern und nicht an ihnen zu ziehen, während sie sich durch mich hindurchbewegen. Das verhindert keine Verluste, aber wenn ich genug Vertrauen habe, es geschehen zu lassen, bin ich im Einklang wie eine Harfe im Wind.

- Setze dich still hin und vergegenwärtige dir ein Gefühl, das du festzuhalten versucht hast.
- Atme gleichmäßig und vergegenwärtige dir ein Gefühl, von dem du dich abgeschnitten hast.
- Atme langsam und vergegenwärtige dir etwas, das du jetzt tief empfindest; versuche, es an dich heranzulassen, ohne es zu stören.

13.

Weisheit des zerrissenen Herzens

*Eine Fahne verliert ihre Form, wenn sie
die Form des Windes annimmt, der sie flattern lässt,
und so liebe ich.*

Die Lehre der Fahne ist eine Herausforderung für unser Vertrauen in den Stoff unseres Lebens. Sie fordert uns auf, dem Wind des Geistes keinen Widerstand zu leisten, wenn er weht. Denn die Energien des Lebens begegnen uns wie plötzliche Böen der Erfahrung, und wir können unser wahres Selbst nur entfalten, wenn wir unseren Widerstand aufgeben und erkennen, dass unser Lebenszweck, nach all unserem Leiden, so einfach und schön ist wie der einer Fahne.

Der große Dichter Rilke hat geschrieben: »Ich will mich entfalten. Nirgends will ich gebogen bleiben, denn dort bin ich gelogen, wo ich gebogen bin.« Wieder einmal sind wir aufgerufen, im Offenen zu leben. Wir werden ermutigt und herausgefordert, uns über unsere Angst hinaus zu entfalten, auf dass die Erscheinung des Lebens, das größer und älter ist als wir, uns in die pralle Lebendigkeit schnalzen lässt.

Natürlich ist das nicht einfach, denn all unsere schlechten Erfahrungen und unsere behütende Erziehung haben uns darauf vorbereitet, allem Plötzlichen oder Machtvollen Widerstand

Oktober

zu leisten. Doch selbst wenn wir stolpern und fallen, lernen wir irgendwann, dass der Arm, der sich steif macht, bricht. Oft macht unser Widerstand die Dinge nur schlimmer. Wie schon der chinesische Weise Laotse vor zweitausendfünfhundert Jahren schrieb: »Das Starre und Steife wird zerbrechen, das Weiche und Geschmeidige wird sich durchsetzen. Wer steif und starr ist, ist ein Schüler des Todes. Wer weich und nachgiebig ist, ist ein Schüler des Lebens.«

Um unter den Lebenden zu bleiben, sind wir oft gefordert, Mut zu fassen und keinen Widerstand zu leisten. Das ist etwas anderes, als die andere Wange hinzuhalten oder sich den herrschenden Kräften zu unterwerfen. Vielmehr bedeutet es, der Welt in all ihrer schmerzhaften Vielfalt mit breit aufgestellten Beinen und ausgebreiteten Armen zu begegnen, weder alles akzeptierend noch alles ablehnend, sondern sich hinneigend zum Nährenden und das Übrige durchlassend.

So wird das Herz zu einer zerrissenen Fahne ohne Land, und im Lauf der Zeit sind es die kleinen Risse, die durch das Leben im Offenen entstanden sind, für die wir dankbar sind. Denn diese kleinen Risse, die wir erleiden, lassen die Böen durch, die zu heftig sind, als dass wir sie ertragen könnten.

Vielleicht ist das Weisheit, die erworbene Demut unseres Leidens, die an nichts festzuhalten versucht. Vielleicht ist es diese Weisheit des zerrissenen Herzens, die uns weitermachen lässt.

◆ Zentriere dich und mache deinen Atem zum Wind des Fühlens, der dein Herz aufrollt.

◆ Fühle einen kürzlich erlebten Augenblick des Schmerzes und einen kürzlich erlebten Augenblick der Freude. Lass sie jeweils durch dich hindurchwehen wie Wind durch eine Flagge. Einen nach dem anderen. Wieder und wieder.

◆ Mit jedem Atemzug übe, keinen Widerstand zu leisten, indem du dich in jedes Gefühl hineinlehnst, und lass jedes Gefühl durch dich hindurch, ohne daran festzuhalten.

14.

Im Tempo der Schöpfung

*Der erste Atemzug
ist immer lebensspendend.*

Langsamer zu werden in unserem Denken und Fühlen und die Welt direkt wahrzunehmen, steht in direktem Zusammenhang mit Zentriertheit. Alle Weisheitstraditionen kennen Meditationen oder Gebete, die darauf abzielen, uns langsamer werden zu lassen, in diese Mitte hinein, wo die Schöpfung in ihrem eigenen Tempo atmet. Alle spirituellen Praktiken helfen uns, jede auf ihre Art, diese Zentriertheit wiederzugewinnen, denn auf diese Weise zentriert zu sein, lässt uns wieder und wieder in jenen unsichtbaren Strom eintauchen, in dem alles Leben beständig vital und frisch ist.

Im Tempo der Schöpfung atmet alles auf dieselbe Weise. Wenn wir langsamer werden und atmen, erstrecken wir uns wie die Bäume in alles Offene hinein, und ganze Himmel voller Wolken treiben im Einklang mit den Träumen ganzer Völker. Wenn wir uns bis auf das Tempo der Schöpfung verlangsamen können, wird die Wahrheit wie ein Vogelschwarm vom Berg herunterstreichen, den wir erklimmen. Im Tempo der Schöpfung strömt der Anfang in uns ein, und wir sind neu.

Wenn wir den Mut haben, unsere Seele in die Offenheit hinein zu entspannen, verlangsamt sich das Tempo, indem wir in der Geschwindigkeit denken, in der unser Herz fühlt, und gemeinsam erzeugen sie auf wundersame Weise den Rhythmus, in dem unsere Augen in allem Gewöhnlichen das Wunder erkennen können.

- ◆ Schließe die Augen und verlangsame deinen Atem, bis du dich zentriert fühlst.
- ◆ Wenn du zentriert bist, öffne die Augen und atme im Einklang mit allem Leben um dich herum.

Oktober

◆ Wenn du während deines Tages wieder schneller wirst, nimm im Einklang mit etwas Kleinem in deiner Nähe einen langsamen Atemzug.

15.

Unsere Person wertschätzen

Weisheit sagt mir, ich bin nichts.
Liebe sagt mir, ich bin alles.
Und zwischen den beiden strömt mein Leben.
< Nisargadatta Maharaj >

Jahre, nachdem sie den Holocaust und den Tod ihres Mannes Dr. Elkhanan Elkes überlebt hatte, der ein hoch geehrter Ältester des Ghettos von Kovno in Litauen war, erzählte Miriam Elkes ihrem Sohn, dass es zwei Dinge gab, die sie während dieser Zeit aufrecht hielten: »Das eine war ein Stück Brot, das sie immer irgendwo an sich versteckt hielt; das andere ein Stück von einem zerbrochenen Kamm. Sie behielt das Brot für den Fall, dass es jemand dringender benötigte als sie selbst; und was auch geschah, kämmte sie sich morgens und abends mit dem Stück Kamm – als Ausdruck der Wertschätzung ihrer Person.«

Was Miriam Elkes da bei sich trug und wie sie es nutzte, ist ein ergreifendes Beispiel dafür, wie der Geist gewöhnliche Dinge in lebendige Symbole verwandeln kann, die uns leben helfen. Was sie bei sich trug – das Stück Brot und das Stück Kamm – und warum sie es bei sich trug, erzählt von der Weisheit der Liebe und lässt mich fragen: Welches kleine Ding trägt jeder von uns bei sich, das wir anderen geben können, die bedürftiger sind als wir selbst, und welche Geste haben wir, mit der wir uns selbst als Person wertschätzen können?

Es kann lebenserhaltend sein, sich diese Fragen zu stellen. Denn ein kleines Stück Brot oder Wahrheit bei uns zu haben, das wir anderen anbieten können, erinnert uns immer an zwei wichtige Tatsachen: dass wir in diesem Leben nicht alleine sind und dass wir, egal wie schwierig unsere Situation sein mag, etwas haben, das wir anderen geben können. Diese Tatsachen mindern nicht unseren Schmerz, aber sie bestärken uns darin, selbst wenn wir leiden, noch wertvoll zu sein.

Wir alle leben irgendwo zwischen nichts und allem. Immer wieder die kleinste Geste der Wertschätzung deines Lebens auszuführen, bedeutet: Gottes Werk zu tun. Nur indem wir unsere Person wertschätzen, kann der Schössling des menschlichen Geistes den Boden durchbrechen und zu etwas Freiem heranwachsen.

- Zentriere dich und atme deinen Weg hin zur Ruhe des Geistes, die jenseits aller Schwierigkeiten wartet, mit denen du zu tun haben magst.
- Während du langsam atmest, lass dir von deinem Herzen ins Bewusstsein bringen, welches kleine Ding du hast, das du anderen anbieten kannst, die bedürftiger sind als du.
- Während du frei atmest, lass deinen Geist deinem Körper eine Geste eingeben, durch die du deine Person wertschätzen kannst.
- Atme ein und schenke dir selbst Wertschätzung, atme aus und biete der Welt deine Gaben an.

16.

Herz und Weg

Betrachte jeden Weg genau und aufmerksam.
Probiere ihn aus, sooft du es für nötig hältst.
Und dann frage dich, und nur dich …:
Hat dieser Weg ein Herz? Wenn ja, ist es ein guter Weg.
Wenn nicht, ist er unnütz.
< Carlos Castaneda >

Sechs Millionen Pollen sind nötig, um eine Pfingstrose hervorzubringen, und Lachse schwimmen ihr ganzes Leben lang, bis

Oktober

sie ihren Weg nach Hause finden; wir brauchen uns also nicht ängstigen oder entmutigen zu lassen, wenn wir Jahre brauchen, um Liebe zu finden, oder Jahre, um unsere Berufung im Leben zu begreifen.

In der Natur ist allem eine gewisse Widerstandskraft gegeben, mit deren Hilfe es einüben kann, seinen Weg zu finden, um zu gegebener Zeit den Augenblick auch voll ausnutzen zu können. So geht es auch uns.

Wenn die Dinge nicht so gut laufen – wenn eine Liebe unerwartet endet oder eine berufliche Laufbahn in eine Sackgasse gerät –, mag das schmerzhaft und traurig sein, aber wenn wir uns dem Blick auf den größeren Zusammenhang entziehen, entwickeln wir nicht die Fähigkeit, Widerstände elastisch abzufedern. Dann kann aus Traurigkeit Entmutigung werden, und Schmerz kann zu Verzweiflung vergären.

So wie viele Pollen eine Blume hervorbringen und viel Fischlaich einen Fisch, bringt jeder Mensch, den wir lieben, und jeder Traum, den wir zu verwirklichen trachten, uns dem Mysterium des Lebendigseins näher. Also müssen wir so oft Anlauf nehmen wie nötig, bis unsere vielen Lieben zu der einen Liebe werden, bis unsere vielen Träume zu dem einen Traum werden, bis das Herz und der Weg sich gleich anfühlen.

- Setze dich still hin und vergegenwärtige dir deine Enttäuschungen in der Liebe und über deine Träume.
- Atme sanft und versuche, nicht zu tief in deine Traurigkeit zu sinken.
- Atme stattdessen tief und versuche, jede dieser Enttäuschungen nicht als Fehlschlag zu sehen, sondern als eine schimmernde Perle auf dem Halsband deines Lebens.
- Atme vollständig und lass dich von diesen Perlen zur nächsten leiten.

17.

Reflex oder Antwort

Ich habe nicht überlebt, um unberührt zu sein.

Die emotionalen Muster in unserem Leben sind sehr stark. Sie entstehen oft, weil wir sie zum Überleben brauchen. Doch früher oder später kommen wir alle an einen Punkt, wo genau das, was uns einst rettete, uns umzubringen droht, denn es hält uns davon ab, wahrhaft zu leben. Unsichtbar zu sein, hat uns vielleicht einst vor Verletzungen bewahrt, aber jetzt scheinen wir zu verschwinden. Zuzuhören hat vielleicht einst eine Beziehung gerettet, aber jetzt ersticken wir an unseren ungehörten Schreien. Konflikte zu vermeiden, hat uns vielleicht einst aus der Schusslinie gehalten, aber jetzt lechzen wir nach echtem Kontakt.

Schon früh im Leben habe ich gelernt, mich zu schützen, und ich wurde sehr gut darin, Dinge abzufangen. Ich ging nirgends hin, ohne meinen Fanghandschuh mitzunehmen. Was auch immer in meine Richtung flog, ich war bereit. Das hat mich zwar vor den unvorhersehbaren Angriffen meiner Familie geschützt und mir sogar in meiner Odyssee durch den Krebs noch geholfen, doch es gewann irgendwann ein Eigenleben. Alles – Vögel, Frauen, Freunde, Wahrheiten – wurde vom blitzschnellen Reflex meines Handschuhs abgefangen. Nichts kam mehr durch, und genau das, was mich einst überleben ließ, verhinderte jetzt, dass ich berührt wurde. Die Zärtlichkeit und das Wunder der Welt verschwanden aus meinem Leben.

Aber ich habe nicht überlebt, um auf Distanz zu bleiben, und so begann ich den langen und schmerzhaften Prozess, meinen Handschuh abzulegen und die Entscheidungsfreiheit darüber wiederzugewinnen, ob und wie ich mich schützen will. Ich begann zu erkennen, dass es ein tieferer Überlebensweg ist, das Leben an mich heranzulassen. Im Lauf dieses Prozesses merkte ich, dass der Atem eine erstaunlich dünne Schutzschicht bildet,

Oktober

die wir, so glaube ich, alle haben. Jenseits davon lebt der Impuls unseres Herzens, unsere echte Antwort auf alles, was uns begegnet. Diesseits davon leben die Reflexe unseres emotionalen Überlebens, das blitzschnelle Aufzucken unserer Muster.

Es scheint, dass unsere Fähigkeit, authentisch und frei zu sein, uns erst dann zur Verfügung steht, wenn wir uns auf die andere Seite, jenseits der zuckenden Muster, geatmet haben. Dazu müssen wir oft erst einmal den ängstlichen Impuls aussitzen, das uns Entgegenkommende abzufangen oder zu verändern; erst dann können wir von der Mitte unseres Seins Antwort geben.

Es ist ein Unterschied, ob wir jemanden halten, weil wir seine Liebe nicht verlieren möchten oder um unser Selbstbild eines fürsorglichen Menschen aufrechtzuerhalten, oder ob wir jemandem helfen, weil sich das Herz in diese Richtung bewegt.

Wir alle fechten immer wieder einen Kampf aus; einerseits wollen wir uns vor Verletzungen bewahren, die uns vor langer Zeit zugefügt wurden, andererseits wollen wir uns unbefangen für die unerwartete Berührung des Lebens öffnen, immer und immer wieder.

- Setze dich still hin, bis du langsam deinen Weg findest zu dieser dünnen Schutzschicht des Atems, die dein Herz umgibt.
- Lass eine Situation in dein Bewusstsein steigen, in der du von einem dir lieben Menschen Druck empfindest.
- Atme von dieser dünnen Schicht ein und aus, probiere unterschiedliche Möglichkeiten, wie du mit der Situation umgehen könntest.
- Welche Art des Umgangs hat dir in der Vergangenheit geholfen zu überleben?
- Welche Art des Umgangs kann dir jetzt helfen, vollständiger zu leben?
- Was fühlt sich lebensspendender an?

18.

Honig meiner Fehlschläge

Letzte Nacht, als ich schlief,
träumte ich – wundervoller Irrtum! –,
ein Bienenkorb sei in meinem Herzen.
Und die goldenen Bienen
machten weiße Waben und süßen Honig
aus meinen alten Fehlschlägen.
< Antonio Machado >

Es scheint unmöglich, aber jedes Leben, das zur Demut gefunden hat, bestätigt es: Die Süße des Lebens wird uns zuteil, wenn genau die Menschlichkeit, die wir bereuen und zu verbergen suchen, all unsere scheinbaren Makel und unsere schambesetzten Geheimnisse, vom Lauf der Zeit und der Natur in eine ganz eigene Art von Honig verwandelt werden. Letztlich besteht der Stoff der Transformation genau aus dem, was an uns nicht perfekt ist, aus den Brüchen, die wir in uns tragen und durch die der Wind hindurchpfeift.

Wie andere Menschen sind auch mir viele Dinge, die ich sein wollte, zwischen den Fingern zerronnen und wurden dann zum Zunder, der den nächsten Traum in Gang setzt. Die verletzenden Dinge, die ich eigentlich nie so sagen wollte, ließen im Lauf der Zeit auf meiner Zunge eine Freundlichkeit wachsen, die ich nie für möglich gehalten hätte. Sooft ich es nicht schaffte, so zu sein, wie es jemand anderes gewollt, gebraucht oder erhofft hatte …; sooft ich es nicht schaffte, so zu sein, wie ich es selbst gewollt, gebraucht oder erhofft hatte … – jeder Fehlschlag in der Liebe hat zu unerwartetem Lernen geführt. Die schmerzhaften Hobelspäne der einen Liebe würzten die Freuden der nächsten. Es heißt, wenn Cupidos Pfeile nicht im Herzen landen, verwunden sie wie gewöhnliche Pfeile. Wie Cupido geben wir uns große Mühe und verletzen doch so manchen, dem wir begegnen, bis

Oktober

wir endlich mitten ins Herz treffen. Und wenn wir es tun, verwunden wir uns selbst genauso wie den anderen.

Nichts von alledem mindert den Schmerz unserer Reise, aber es tröstet mich, dass unsere Fehlschläge – unser unerwartetes Stolpern – der Stoff sind, aus dem unsere Süße entsteht.

Wenn alles in deinem Leben in die Brüche geht, wisse also, dass du den Boden in dir bereitest, dass etwas reifen kann, das noch nicht sichtbar ist, aber zu seiner Zeit zu schmecken sein wird.

◆ Setze dich mit einem vertrauten Freund still hin. Meditiert über eine Beziehung, in der ihr meint, versagt zu haben.
◆ Nach einer Zeit der Ruhe redet miteinander darüber, wie ihr jeweils meint, versagt zu haben.
◆ Sprecht darüber, wie ihr diesen Fehlschlag in euch tragt, welche Wirkung er auf eure gegenwärtigen Beziehungen hat.
◆ Findet möglichst einen Punkt, wo ihr in eurem Herzen weicher geworden und gewachsen sein, weil ihr diesen Fehlschlag erlebt habt.
◆ Und obwohl die Beziehung nicht von Dauer war, bezeugt euch eine Süße, die von ihr geblieben ist.

19.

Der innere Ruf

Jedes Jahr laufen die Karibus um den Skalp unseres Planeten, folgen demselben Wanderweg entlang dem Polarkreis. Der Ruf, diesem Weg zu folgen, ist ihnen angeboren. Und jedes Jahr warten Koyoten entlang dem Weg, um Karibus zu fressen. Doch ungeachtet der Gefahr kehren die Karibus jedes Jahr zurück und folgen ihrem Weg.

Die Natur macht schwierige Dinge manchmal sehr klar. Was sich wie Verwirrung anfühlt, ist oft das Ergebnis unserer Unwilligkeit, die Dinge so zu sehen, wie sie sind. Welche Lehre tönt von den Karibus zu uns herüber, wenn sie mit donnernden Hufen um die Krone des Planeten wandern? Sie sind der Beweis, dass es in jedem Lebewesen innere Notwendigkeiten gibt, die schwerer wiegen als alle Konsequenzen. Bei den Karibus ist klar, worin diese bestehen.

Für uns geistige Wesen in menschlicher Form ist es ein Segen und ein Fluch, dass wir unseren inneren Ruf nicht immer so klar vernehmen. Ein Teil unserer Wanderung besteht darin, ihn zu finden. Was ruft uns, jenseits aller formalen Bestrebungen?

Die Karibus zeigen uns, dass wir trotz aller Risiken und Gefahren, die in der Welt lauern, tatsächlich keine Wahl haben, als auszuleben, womit wir geboren wurden, unseren Weg zu finden und ihn zu leben. Diese eleganten Tiere zeugen von einer Kraft, die tiefer geht als Mut, und obwohl man die Karibus einfältig nennen könnte, offenbart uns das Mysterium ihrer Wanderungen die stille, unausweichliche Übermacht des Lebens gegenüber dem Verstecken, des Seins gegenüber dem Denken, des Teilnehmens gegenüber dem Beobachten, des Gedeihens gegenüber dem Überleben.

In der Arktis-Region gelten die Karibus nicht einfach nur als Tiere, die ungeachtet aller Gefahren ihren Instinkten folgen. Es heißt vielmehr, ihr endloses, durch nichts aufzuhaltendes Wandern sorgt dafür, dass die Erde sich weiterdreht. Und hinter allem Zögern und aller Verzweiflung ist es der nie endende Ruf ins Sein in jedem von uns und in uns allen gemeinsam, der dafür sorgt, dass das Feuer in der Mitte der Erde weiterbrennt.

- Setze dich still hin und frage dich, was dich ruft. Wenn du keine Wahrnehmung eines inneren Rufs hast, lies bitte trotzdem weiter.
- Beschreibe, was auftaucht, ohne etwas daraus abzuleiten. Wenn du den Ruf verspürst, zu singen, leite daraus nicht ab, dass du Sängerin werden solltest. Wenn du den Ruf verspürst, zu malen, leite daraus nicht ab, dass du Maler werden solltest. Wenn du den Ruf verspürst, zu pflanzen, leite daraus nicht ab, dass du Gärtnerin werden solltest.
- Bleibe bei der Essenz dessen, was auftaucht. Empfange dies als eine Energie, die in dir lebt, und nicht als ein Ziel, das du erreichen musst.

Oktober

20.

Die Straße dazwischen

Aufrecht zu stehen und uns abtragen zu lassen
auf etwas Tieferes hin,
ist ein Gelöbnis,
das zu halten uns das Leben zwingt.

Ich fuhr fünfhundert Meilen die kalifornische Küste entlang, mit den Bergen zur Linken und dem Meer zu Rechten. Tagelang sprachen sie zu mir über das Aufrechtstehen und das Abgetragenwerden. Und ich fuhr auf der Straße, die wir Menschen dazwischen gebaut hatten. Am vierten Tag wurde die Straße zu einem Band. Da wurde es am schönsten.

Ich fand die ganze Welt da draußen auch in mir, und ich weiß: Die Ströme des Lebens erfordern es, dass wir uns immer wieder aufrichten, und es ist keine Niederlage, wenn wir abgetragen werden, wir werden nur auf einer tieferen Ebene freigelegt. Es ist uns bestimmt, dazwischen zu leben.

Auf diese Weise wird das Leben immer kostbarer. Es ist ein Naturgesetz, wie die Schwerkraft oder die Osmose: Steh aufrecht, und du wirst abgetragen bis auf den Grund. So wird alles, was im Weg ist, dünner, auf dass wir fühlen können, wie durch und durch lebendig wir sind.

- Setze dich still hin und vergegenwärtige dir eine Zeit, in der du dich mit etwas, dem du dich stellen musstest, aufrecht konfrontiert hast.
- Atme tief und vergegenwärtige dir, auf welche Weise diese Erfahrung dich abgetragen hat.
- Zentriere dich, und wenn es dir möglich ist, benenne, wie dieses Aufrichten und Abgetragenwerden dich verändert hat.

21.

Echte Freunde haben

Wenn du mir sagst, du verstehst schon,
fühle ich mich etwas pessimistisch.
Wenn du sagst, du verstehst nicht,
fühle ich mich optimistischer.
< Thich Nhat Hanh >

Dieser für seine Erkenntnisse berühmte vietnamesische Mönch hilft uns, uns daran zu erinnern, dass niemand alle seine Erwartungen an sich selbst verwirklicht. Wir können nur unsere Fragen ausleben.

Ich habe von beiden Seiten gelernt – vom Einssein mit allen Antworten und vom Einssein mit allen Fragen –, dass eine echte Verbindung mit anderen erst zustande kommen kann, wenn wir wirklich mitteilen, wer wir sind, und nicht nur unsere Schlussfolgerungen. Ich habe lange dafür gebraucht, aber allmählich kapiere ich es. Ich kann erst dann sowohl Wahrheit als auch Liebe in meinem Leben haben, wenn ich vom »Ich« aus spreche und aufhöre, all meinen Schmerz in das »Du« zu legen; wenn ich all meine Fehlschläge als die meinen annehme und aufhöre, meine Misserfolge auf meine Nächsten zu projizieren.

Ich habe einen Freund; sein Name ist Alan. Wir kennen einander seit neunundzwanzig Jahren, über achtzehn Staaten hinweg, und in turbulenten Zeiten haben wir uns geschworen, einander nie im Stich zu lassen. Durch Scheidungsprozesse, Unfälle und Krebserkrankungen hindurch haben wir einander gehalten. Wir haben einander Trost zugesprochen, als unsere Großmütter starben.

Ich habe ihn im Regen gesehen, als keine Worte ihn mehr erreichten. Ich habe die Regengüsse gesehen, die seine ureigensten waren. Und weil wir es gewagt haben, unsere kleinen Fenster einander zu öffnen, weil wir mit Bruchstücken, die wir für

Oktober

Wahrheit hielten, voreinander in die Knie gegangen sind, steht es uns heute zu, einander zu fragen, als wäre es das erste Mal: »Wer bist du?«

Ich schaue ihn an, nach all diesen Jahren, ohne jeden Schutz, und sage: »Ich möchte dich kennen. Was immer du zurückgehalten hast, was immer ich nicht hören konnte – lass uns zusammen auf der Lichtung sitzen und einander verstehen wie zwei alte Vögel, deren abgewetzte Flügel eher zum Kuscheln taugen als zum Fliegen.«

Einen echten Freund zu haben – jemanden, vor dem du alle Taschen deines Herzens ausleeren kannst und immer noch das Gefühl hast, etwas wert zu sein –, das ist ein Schatz, mit dem du nichts kaufen kannst, doch der dir alles gibt. Und um solch einen Freund zu finden, müssen wir genau so ein Freund sein – das ist das Geheimnis.

◈ Dies ist eine Meditation über Risiko. Zentriere dich, atme frei und vergegenwärtige dir, wem du gerne näher wärst.

◈ Atme tief und erinnere dich an eine Überzeugung, die du gegenüber diesem Menschen zum Ausdruck gebracht hast.

◈ Meditiere über die persönliche Erfahrung, die dich zu dieser Überzeugung gebracht hat.

◈ Atme frei und sicher, und versprich dir, dem anderen etwas von dieser Erfahrung zu erzählen, wenn ihr das nächste Mal zusammen seid.

22.

Präsent bleiben

Ich bin, wie alle Sterblichen, unfähig, geduldig zu sein.
< Pablo Neruda >

Das Abwarten fällt uns so schwer, doch nur Geduld öffnet uns den Zugang zum Wesen der Ganzheit. Teilweise liegt das daran, dass das Mysterium des Lebens in seiner Gesamtheit unbegreiflich ist, und was davon verstanden werden kann, offenbart sich oft in einer äußerst langsamen Sprache, und wir verweilen nur selten lang genug, sie zu hören. Wie der große chilenische Dichter Pablo Neruda bestätigt, ist Geduld eine Gabe, die jenseits unserer menschlichen Erregbarkeit angesiedelt ist. Doch nur durch die unendlich schwierige Anstrengung des Präsentbleibens offenbaren sich uns die Kräfte der Einheit des Lebens.

Kürzlich war ich am Meer. Ich lauschte bis tief in die Nacht der Brandung und sah am nächsten Morgen überrascht, dass die Ebbe einen Felsen freigelegt hatte. Jetzt konnte ich auf dem, was sich da offenbart hatte, bis weit ins Meer hinauswandern. Das um mich herum sprühende Wasser – wie es gegen das brandete, was normalerweise nicht zu sehen ist – ließ mich erkennen, dass es mit unserem Schmerz oft ganz ähnlich ist. Denn nur wenn wir die Dunkelheit abwarten können, wird die Schärfe unserer Erfahrung weichen wie die Flut und freilegen, was darunter überlebt hat. Was tragisch erscheint, offenbart sich bei längerer Betrachtung oft als Teil einer größeren Transformation.

Ich erinnere mich auch daran, wie ich eine Lichtung im Wald entdeckte, die so dicht überwuchert war, dass es deprimierend undurchdringlich wirkte. Etwas in mir war dem ähnlich und brachte mich dazu, mehrere Male zurückzukehren. Dann wurde es schließlich Winter. Vom Laub befreit, zeigte sich die Lichtung plötzlich als ein herrlicher Lichthafen, der sich auf der Höhe eines wunderschönen Hügels befand. Demütig erkannte ich, dass auch der Winter befreiend sein kann und dass ich oft so mit Erinnerungen, Begründungen und Gedankendickicht überwuchert bin, dass kaum noch Licht durchkommt.

In unserer Aufgeregtheit und Ungeduld eilen wir oft angespannt dahin, nach Liebe oder Frieden suchend, und können uns nicht vorstellen, dass dort, wo wir zuerst gesucht haben, jetzt Licht durchkommt oder Wahrheit gedeiht. Ein Holzapfel braucht Monate, in seinem Holz den Apfel zu finden, und noch länger braucht Freude, die menschliche Rinde zu durchbrechen.

◆ Atme tief. Zentriere dich im dichten Wald deines Herzens.
◆ Geh zu der Lichtung, von der aus du dich verstehst.

Oktober

- Setze dich unters Dickicht der vielen Erinnerungen, Begründungen und Gefühle, die in deinem Herzen wie Laub gewuchert haben.
- Spüre, wie die Bewahrung all dessen, was du durchlebt hast, kaum noch Licht durchlässt.
- Ohne zu analysieren oder wehmütig zu werden, ohne überhaupt zu denken, atme tief und lass deinen Atem etwas vom Laub in deinem Herzen auflösen.
- Lass deinen tief zentrierten Atem zu einem sanften Wind werden, der anfängt, dein Herz freizulegen.

23.

Die Weisheit des Überlebens

Meine Mutter meinte, man habe ihr das Schwimmen
beigebracht. Jemand habe sie in einem Boot
mit auf den See genommen und ins Wasser geworfen.
So habe sie schwimmen gelernt.
Ich sagte: »Mama, die haben nicht versucht,
dir Schwimmen beizubringen.«
< Paula Poundstone >

Die Umdeutung dessen, was uns widerfährt, kann ein gesunder Weg sein, Entsetzliches zu überleben, oder es kann zu einem Schleier des Verleugnens werden, der uns daran hindert, weiterzukommen. Oft müssen wir einfach darauf vertrauen, dass wir die Wahrheit erkennen werden, wenn wir bereit dafür und stark genug sind.

Wenn wir die Dinge jedoch nicht so sehen, wie sie sind oder waren, besteht die Gefahr, dass wir meinen, wir müssten aus dem Boot – oder aus der Beziehung – geworfen werden, um etwas zu lernen. Wenn wir den Unterschied zwischen der erlebten Grausamkeit oder Härte und der Weisheit unseres Überlebensinstinktes nicht erkennen, kann es dazu kommen, dass wir Krisen und Leiden brauchen, um zu lernen. Zwar entsteht viel Lernen durch Krisen oder Leiden, aber es ist nicht immer nötig.

Wir brauchen keine Fehlschläge oder schlimmen Erfahrungen, um uns zu verändern.

- ◆ Setze dich still hin. Vergegenwärtige dir eine Veränderung in deinem Leben, vor deren Durchführung du dich fürchtest.
- ◆ Atme tief und frage dich: Wartest du darauf, dass dich jemand aus dem Boot wirft?
- ◆ Atme sanft und sorge dich nicht darum, was du tun solltest oder wie; atme einfach aus und spüre, dass die Weisheit des Überlebens und Wachsens in dir ruht.

24.

So wie die Dinge sind

Gib dich zufrieden mit dem, was du hast,
erfreu dich am Sosein der Dinge.
Wenn du einsiehst, dass dir nichts fehlt,
gehört dir die ganze Welt.
< Laotse >

Jenseits dessen, was wir zum Überleben brauchen, bedeutet uns zu verbessern vielfach, so viel zu haben, wie man irgendwie nur hamstern kann. In unserer modernen Welt ist das zu einer Sucht geworden. Dieser Wunsch, möglichst viel zu haben, beruht auf einem Gefühl des Mangels, der Angst, dass etwas fehlt, das durch Besitz irgendwie ausgeglichen werden könnte.

Doch uns innerlich zu verbessern ist eine andere Sache. Je mehr wir es uns zu Herzen nehmen, desto mehr versuchen wir, das auszufüllen, was wir von Anfang an dabeihaben. Dieser Wunsch beruht auf einem Gefühl der Fülle, einer Sehnsucht, das Mysterium dessen, was bereits da ist, zu enthüllen.

Als ich gegen den Krebs kämpfte, wurde mir dieser Unterschied sehr bewusst. Denn ich betete um Besserung, und meine

Oktober

Gebete wurden erhört, als ich eines Morgens aufwachte und vollkommen zufrieden war mit mir, so wie ich bin, egal was passiert. Die Dinge waren zwar nicht so, wie ich es mir wünschte, doch tatsächlich fehlte nichts, und während die Schwestern ihre Morgenrunde machten, schwor ich, mit niemandem den Platz tauschen zu wollen, aber mit jedem den Geist.

- Zentriere dich und spüre die Realität des Lebens an diesem Morgen.
- Lass deinen Atem dich einen Augenblick lang über deine Träume von Verbesserung hinaustragen.
- Während du ausatmest, fühle die Wundheit um all deine Wünsche.
- Während du einatmest, spüre das Mysterium in der Mitte, wo es an nichts mangelt.

25.

Bis auf den Kern

Niemand landet da, wo er hinwollte.
Noch nicht einmal Gott.

Wir sind so schnell dabei, dies oder jenes zu verdammen, die Wortbrüchigen auszustoßen, wo doch in Wahrheit nichts in der Natur nach Plan abläuft. Tatsache ist vielmehr: Eben weil der Abstand zwischen dem, was wir beabsichtigten, und dem, was wir tun, oft so groß ist, fangen wir immer wieder von vorne an. Weil die Lücke zwischen dem, was wir fühlen, und dem, was wir sagen, uns oft selbst überrascht, versuchen wir es immer wieder. Weil das Feld zwischen dem, was wir erfahren, und dem, was wir verstehen, so weit ist, wachsen wir immer weiter.

Absichtlich das Gegenteil von dem zu tun, was wir glauben und sagen, ist Täuschung und Heuchelei. Das ist etwas ganz anderes. Doch meistens verpassen wir fehlbaren Menschen einfach das Ziel. Wir meinen es gut, geben uns Mühe und landen doch daneben oder davor oder dahinter.

Ich bin zu der Überzeugung gelangt, dass das alles zu der natürlichen Reibung gehört, die entsteht, wenn das innere Leben der Dinge zum äußeren wird. So wie wir in der Schule etwas über Lichtbrechung lernen, wie wir lernen, dass ein ins Wasser gelegter Stock nicht an Ort und Stelle bleibt, so verändern sich auch unsere Gefühle, Gedanken und Ziele, wenn sie in der Welt »landen«, und bleiben nie ganz so, wie wir es uns vorgestellt hatten.

Trotz der damit verbundenen Frustrationen ist es genau das, was das Leben interessant und das Lieben schwer macht. Jeder bekommt die Chance, immer wieder und voller Überzeugung seine eigene Version von »Die Erde ist flach« zu verkünden, nur um demütig zu erfahren, was schon immer wahr ist.

Wenn ich an die Überzeugungen denke, die ich im Lauf meines Lebens verkündet habe, und wie sie gestürzt sind wie Bäume im Sturm, oder die Versprechen, die ich auf jeden Fall halten wollte und doch verleugnete wie Petrus einst Jesus, oder wie der Stolz, nie das Knie beugen zu wollen, sich auflöste, als mich die Schmerzen in die Knie zwangen – wenn ich akzeptiere, dass sich die menschliche Reise eben auf zerbrechliche Art entfaltet, sind all das nicht so sehr Fehler, sondern vielmehr die Art, wie die Natur eben funktioniert. Selbst um Selbst wachsen wir in die Wahrheit hinein: fragend, erklärend, zielend, verfehlend, wieder fragend. So wie alle Früchte in einer Schale reifen, so reift auch das Licht in der Dunkelheit und die Wahrheit im Herzen. Der einzige Weg, die Wahrheit zu erkennen, ist, ihre vielen Hüllen zu durchleben.

- Zentriere dich und meditiere über den Geist in dir, der all die verschiedenen Selbst, die du warst, überlebt hat.
- Atme tief und fokussiere dich auf eine Wahrheit, auf die du geschworen hast und von der du jetzt weißt, dass sie nicht mehr stimmt.
- Atme langsam und nimm dir Zeit, mit jedem Atemzug alle Beschämung und jedes Gefühl des Versagens abzulegen, das vielleicht hochkommt, wenn du es dir eingestehst.
- Liebe in Demut die Frucht, die du bist, die in all diesen verschiedenen Schalen herangereift ist.

Oktober

26.

Die Mühe des Zuhörens

*Was ist so wichtig, dass wir uns alle Zeit der Welt nehmen,
um all die Bücher über Liebe und Beziehungen zu lesen,
aber keine Zeit haben,
um dem Herzen unseres Liebsten zuzuhören?*
< Molly Vass >

Wir alle leiden manchmal darunter, dass wir etwas studieren, anstatt es zu leben. Oder dass wir Probleme lösen oder einen Ratschlag erteilen wollen, anstatt zuzuhören und in den Arm zu nehmen. Doch wie der Theologe Paul Tillich sagte: »Die erste Pflicht der Liebe ist es, zuzuhören.«

Wenn ich daran denke, wann ich in meinem Leben wirklich zugehört habe – dem endlosen Rauschen des Meeres, dem Seufzen meiner Großmutter, wenn sie dachte, dass keiner sie hört, den Schmerzen anderer, die ich verursacht habe –, dann erkenne ich, dass das Annehmen dieser einfachen Wahrheiten mich zu einem besseren Menschen gemacht hat.

So oft weigern wir uns, zuzuhören, sind wie besessen davon, die Welt nach unserem eigenen Bilde neu zu erschaffen, statt den Geist in uns zu öffnen für den Geist dessen, was ist.

Auf der tiefsten Ebene ist es nicht unsere Aufgabe, gehört zu werden, sondern still genug zu werden, um zu hören. Wie der indianische Älteste Sa'k'ej Henderson sagt: »Wirklich zuhören bedeutet, zu riskieren, für immer verändert zu werden.«

◆ Nimm dir während deines Tages fünf Minuten, höre auf, zu machen, zu denken …, und höre einfach zu.

27.

Der Körper der Welt

Erdmutter, du, die du mit tausend Namen gerufen wirst.
Mögen alle sich daran erinnern,
dass wir Zellen in deinem Körper sind
und zusammen tanzen.
< Starhawk >

Wenn du je geflogen bist, weißt du, dass von oben, unterhalb der Wolken, die Straßen aussehen wie Arterien und die Autos wie Zellen. Wenn wir den Verkehr von oben betrachten, wird klar, dass wir zwar alle ein Ziel haben, auf das wir uns zubewegen, aber eigentlich kreisen wir einfach nur immer durch die Straßen. Wir beschleunigen, halten an, fahren wieder los, ohne je sicher zu wissen, ob die Straße, in die wir einbiegen, gesperrt, frei oder verstopft ist.

Zum Beispiel schalte ich jeden Tag den Blinker ein und fahre die Washington Avenue hinunter. An manchen Tagen sind keine Autos unterwegs, und die Ampeln sind alle grün. An anderen Tagen muss ich warten und verspanne mich. Doch egal ob ich nach meinem Plan früh oder spät dran bin, der Fluss der Ereignisse entzieht sich meiner Macht.

Wie kleine Zellen flitzen wir bestimmte Wege entlang, kommen zusammen und verstreuen uns, fühlen uns bedrängt und dann wieder einsam, und all das hält den Körper der Welt irgendwie gesund. Wie das Blut im Körper, so sind wir das Leben, das durch die Straßen strömt. Selbst wenn wir an einer Ampel stehen, helfen wir dem Leben, weiterzugehen.

◆ Wenn du dich demnächst in einer Menschenmenge befindest, werde langsamer und spüre, wie das Leben um dich kreist.
◆ Lass einen Augenblick lang los, wohin du gehst, und atme einfach.

Oktober

◆ Atme deine Sorgen aus und fühle dich als eine gesunde Zelle, deren einfache Bewegungen den Körper der Welt gesund erhalten.

28.

Buddha und Angulimala

Ich halte still. Du nicht.
< Buddha >

Eine buddhistische Geschichte erzählt davon, wie der Mörder Angulimala, kurz bevor er gehängt wurde, durch eine Begegnung mit dem Buddha ein Arahant, ein Erleuchteter, wurde. Angulimala war wohl von seinem eigenen Leben so getrieben, dass er anderen das Leben nahm. Vielleicht war es der richtige Zeitpunkt: die Bereitschaft eines Mannes, der kurz vor seinem Tod mit der unwandelbaren Präsenz eines authentischen Geistes konfrontiert wurde. Wir werden es nie erfahren. Aber es heißt, die beiden standen lange voreinander, und als die Stille den Schleier vor Angulimalas Augen durchdrungen zu haben schien, sagte Buddha zu ihm: »Ich stehe still. Du nicht.« Dem folgte eine weitere ausdrucksstarke Stille, in der die Festung der Grausamkeit, die Angulimala um sein Herz errichtet hatte, einstürzte. Es heißt, Angulimala wurde dann zwar gehängt – an einem Seil aus den Fingerknochen seiner Opfer –, doch in den Momenten zwischen den Worten Buddhas und seinem letzten Atemzug habe er wahrhaft gelebt.

So eine Geschichte ist natürlich ein eindringliches Rätsel. Was hatte dazu geführt, dass dieser Mann nicht stillhielt, sodass er zu einem Mord fähig war? Und was hatte dazu geführt, dass Buddha stillhielt, was ihn zur Erleuchtung befähigte? Wir wissen es nicht, aber vielleicht bedeutet »nicht stillhalten« jede Form des Wegrennens vor dem Risiko und dem Schmerz des Lebens, wie zum Beispiel Verleugnung, Verstecken, Projektion? Denn jede Form des Wegrennens vor der Wahrheit unserer selbst kann zu einer derart dumpfen Existenz führen, dass Fühlen nur noch durch Gewalt möglich ist. Wenn wir nicht aufhören, wegzulaufen, ermorden wir uns wieder und wieder, indem wir anderen das Leben nehmen, sei es durch physische Gewalt, sexuellen Zwang, emotionale Dominanz oder berufliche Macht.

Wie auch immer man sich diesem Rätsel nähert: Wir sind sowohl Buddha als auch Angulimala, und wir müssen dieses Gespräch immer wieder mit uns führen, um mitfühlend und echt zu bleiben.

◆ Zentriere dich und lass mit dem Einatmen den Buddha in dir sagen: »Ich halte still.«
◆ Atme tief und mit dem Ausatmen lass Angulimala in dir sagen: Ich halte nicht still.«
◆ Atme langsam ein, und selbst wenn du nicht weißt wie, geh mit dem Entschluss in diesen Tag, aufzuhören, vor der Wahrheit deines Lebens wegzulaufen.

29.

Unsere Fähigkeit zu versuchen

Wenn du versuchst zu lehren, bevor du lernst,
oder zu gehen, bevor du bleibst,
verlierst du deine Fähigkeit, es zu versuchen.

Es gibt viele Möglichkeiten, wie wir uns von unserer eigenen Erfahrung abtrennen können. Ich erinnere mich, wie ich mich als junger Mann vor den Leiden der Liebe fürchtete und wie ich endlos viel Zeit damit verbrachte, andere bei ihren Liebesproblemen zu beraten. Ich erinnere mich: Wenn ich mich vor der Traurigkeit und dem Schmerz der Auseinandersetzungen mit lieben Menschen fürchtete, schrieb ich Zettel, statt direkt mit ihnen zu reden, in dem Versuch, die Notwendigkeit der direkten Konfrontation zu vermeiden. Ich erinnere mich, wie ich vor

Oktober

der nächsten schrecklichen Chemobehandlung endlos versuchte, mich auf jeden einzelnen Augenblick des Schmerzes vorzubereiten, und dann doch entdeckte, dass keine Vorbereitung der Welt mich davor bewahrt, ihn zu durchleben.

Jede dieser Trennungen – ich stellte das Lehren über das Lernen, das Weggehen über das Bleiben, das Vorbereiten über das Erleben – beraubte mich meiner tiefsten Ressource: der Energie meiner Lebenskraft. Wegzugehen, auch vom Schmerz, ließ mich erblassen und machte mich unfähig, weiterzugehen.

Wenn eine Nadel, eine Hand, der Regen oder die Sonne die Haut berühren, können wir dieser Berührung nur von innen begegnen. Denn in dem Augenblick, da das Innere und das Äußere einander begegnen, wird eine Elektrizität des Geistes freigesetzt, die uns mit einem feinen Gespür für das Wachsein belohnt.

- ◆ Setze dich mit einem dir vertrauten lieben Menschen zusammen, und nachdem ihr euch zentriert habt, wechselt euch mit dem Folgenden ab:
- ◆ Lass den anderen langsam seine Handfläche auf dein Herz legen.
- ◆ In dem Moment, wo seine Hand auf deinem Herzen landet, versuche, der Berührung mit deiner Energie von innen her zu begegnen.

30.

Die Kunst, den Dingen zu begegnen

Die Menschen haben etwas vergessen, das jeder Lachs weiß.
< Robert Clark >

Die Lachse können uns viel darüber beibringen, wie man etwas begegnet. Wenn sie die Stromschnellen hochschwimmen, scheinen sie sich der Schwerkraft zu entziehen. Es ist sehr beeindruckend, das zu beobachten. Bei näherer Betrachtung offenbart sich eine Weisheit, die für alle Wesen gilt, die gedeihen wollen.

Irgendwie wissen die Lachse, wie sie die hintere Hälfte ihrer Unterseite in den starken Strom drehen müssen, sodass dieser mit voller Wucht auf sie trifft und sie dadurch aus dem Wasser und flussaufwärts schleudert; dann kehren sie wieder ihre Unterseite in den Strom, der sie natürlich erneut mit voller Kraft trifft. So lassen sie sich nach und nach die Stromschnellen hochwerfen. Ihre unglaubliche Reise ist ihnen möglich, weil sie sich immer wieder dem zuwenden, was auf sie zukommt.

Aus der Entfernung erscheint es wie Zauber, als ob diese großen Fische fliegend ihr Element meistern würden. Tatsächlich sind sie mit ihrem Element tief im Einklang, lassen sich durch und durch auf diesen beeindruckenden Tanz ein: zuwenden, getroffen werden, hochgeschleudert werden; so gelangen sie durch Wasser und Luft zu ihrem Ursprung.

Aus der Art und Weise, wie die Lachse ständig vertrauensvoll ihre Unterseite dem Strom darbieten, können wir eine Lektion für unser spirituelles Leben lernen. Auf geheimnisvolle Weise ist es genau dieser mutige Akt, der es ihnen ermöglicht, sich durch ihr Leben zu bewegen. Es ist ein Paradox, aus dem wir eine Lehre ziehen können; denn auch wir müssen vertrauensvoll in der Offenheit leben, wenn wir angesichts unserer täglichen Erfahrungen echt bleiben wollen. Um nicht von den Strömungen des Alltags davongeschwemmt zu werden, müssen auch wir einen Weg finden, uns den Kräften zuzuwenden, die mit voller Wucht auf uns treffen.

Die Lachse zeigen uns einen Weg, uns der Wahrheit zu stellen, ohne uns zu verschließen. Sie zeigen uns, wie wir uns unserer Erfahrung zuwenden können, denn auch wenn wir den Aufprall nicht mögen, bringt sie uns weiter. Immer und immer wieder möchten wir uns zwar lieber abwenden, doch nur wenn wir bereit sind, uns verletzen zu lassen und aufzuprallen, können wir Mysterium und Gnade erfahren.

◆ Setze dich still hin und meditiere über das letzte Mal, als du dich dem Leben, das auf dich zukam, geöffnet hast.
◆ Versuche, in dieser Erinnerung besonders dreierlei zu erkennen: die Art, wie du dich entfalten konntest, indem du dich

Oktober

geöffnet hast; die Art, wie der Aufprall deinen Standpunkt im Leben verändert hat; und wo du nach deinem lachsartigen Sprung gelandet bist.

- Atme gleichmäßig und lade die Lehren des Öffnens, Verändertwerdens und Landens in dein Herz ein.
- Atme langsam und erkenne, dass du jetzt in diesem Prozess bist.
- Entspanne dich und wende den Bauch deines Herzens dem Tag zu.

31.

Nur in der Liebe

Du hattest eine schwere Kindheit, na und?
Du kannst auch mit nur einem Bein tanzen
und mit nur einem Auge eine Schneeflocke fallen sehen.
< Robert Bly >

Ich flog den ganzen Weg nach Südafrika und schleppte all meine Probleme mit mir wie Übergepäck, das ich nirgendwo abgeben konnte, und dort in der Sonne Kapstadts sah ich auf der Green Street einen Jungen, der mit Krücken tanzte.

Ich setzte meine Problemkoffer ab, um ihm zuzuschauen. Während er tanzte, hüpften die Krücken leicht wie Trommelschlegel über die Straße. Wenn er anhielt, waren sie wieder Krücken. Nur während er tanzte oder nur während ich dem Tänzer zusah, ergab es diesen Sinn.

Jetzt bin ich wieder zurück, und ich nähere mich den Dingen anders. Denn nur wenn wir die Wahrheit sagen, leuchtet uns das Licht der Wahrheit den Weg. Wenn wir anhalten, wird alles undurchsichtig und schwer. Ich habe ein paar meiner Problemkoffer dort an der Green Street, unterhalb des Äquators, zurückgelassen. Jetzt schleppe ich weniger mit mir herum und versuche, mit meinen Krücken zu tanzen. Denn nur während des Liebens werden die Schmerzens des Fühlens leicht.

- Vergegenwärtige dir eine Narbe, die du mit dir herumträgst.
- Spüre, wie schwer sie wiegt.
- Jetzt versuche zu erkennen, ob du eine Krücke hast, die dir hilft, das Gewicht deiner Narbe aufrechtzuhalten. Wenn ja, halte die Krücke nicht mehr so fest.
- Atme tief und spiele mit deiner Krücke.
- Atme vollständig und lege sie einen Moment lang ab.

Notizen

Oktober

Geburtstage, Festtage

1
2
3
4
5
6
7
8
9
10
11
12
13
14
15
16
17
18
19
20
21
22
23
24
25
26
27
28
29
30

1.

Der nächste Augenblick der Liebe

*Sich von einer Vielzahl gegensätzlicher Bedenken
davonschwemmen zu lassen,
zu vielen Anforderungen nachzugeben,
sich auf zu viele Projekte einzulassen,
jedem helfen zu wollen,
bedeutet, sich der Gewalt zu beugen.
Die Arbeitswut des Aktivisten macht seine Arbeit
für den Frieden wieder zunichte.*
< Thomas Merton >

Merton rät uns weise, nicht nur langsamer zu werden, sondern letztlich unsere Beschränkungen zu akzeptieren. Wir sind bestenfalls vielleicht von göttlichen Impulsen getrieben, doch wir haben nur zwei Hände und ein Herz. Der Wunsch, alles zu tun, ist eine subtile Variante des Wunsches, alles zu sein, und auch wenn dahinter der Wunsch steht, Gutes zu tun, wird es oft hektisch, weil unser Ego daraus einen Weg machen will, uns Anerkennung zu verschaffen.

Ich habe es viele Male getan: weil ich nicht Nein sagen wollte, weil ich eine Gelegenheit nutzen wollte, weil ich als absolut mitfühlend gelten wollte. Doch wo immer ich nicht mein ganzes Sein einbringen kann, bin ich nicht da. Wie wenn ich anbiete, zu viele Becher Kaffee auf einmal zu tragen. Ich verschütte dabei immer etwas auf jemand völlig Unbeteiligtes.

Helen Luke meint genau dasselbe, wenn sie von der Falle guter Werke spricht. Sie bezeichnet sie als »jene, die vor sich selbst fliehen, indem sie unreflektiert Gutes tun, all ihre Energie in die Rettung der Gesellschaft oder anderer Menschen stecken und dabei blind sind für ihre eigene Dunkelheit«.

Es gibt den alten Spruch: »Tu eine Sache und tu sie richtig.« Ich würde allerdings eher sagen: »Tu jeweils nur *eine* Sache und

November

nicht mehrere Sachen gleichzeitig, und tu sie ganz, und sie wird dich zum nächsten Augenblick der Liebe führen.«

◆ Zentriere dich und denke an die vielen Freundlichkeiten, zu denen du dich aufgerufen fühlst.

◆ Während du atmest, lass dein Herz eine davon besonders erleuchten.

◆ Ohne darüber nachzudenken, bete für die anderen, aber widme dich selbst heute ganz dieser einen.

2.

Die Jagd nach der Wahrheit

Ich nehme eine Wolfsrippe
und schleife sie an beiden Enden scharf
und friere sie in Walspeck ein
und lege sie den Bären auf den Weg.
Und wenn sie verschwunden ist,
begebe ich mich auf die Bärenpfade
und ziehe meine Kreise,
tagelang.
< Galway Kinnell >

Die Art, wie die Eskimos Bären jagen, wird in Galway Kinnells Gedicht »Der Bär« eindrucksvoll dargestellt. So wie die Eskimos Nahrung jagen, um zu überleben, suchen wir oft nach innerer Nahrung, nach Wahrheit. Denn authentisches Leben ist nicht einfach eine interessante Idee oder ein schickes Gefühl. Authentizität, die Erfahrung von Wahrheit, ist unsere reichhaltigste Nahrung. Ohne sie frieren wir uns zu Tode.

Kinnells Eskimos erleben auf ihrer Jagd zwei Dinge, die schwer umzusetzen sind. Am dritten Tag der Jagd hungert der Jäger genauso sehr wie der Gejagte, und am Abend kommt es, wie er es schon geahnt hat: Er kniet nieder, um zähneknirschend einen Haufen blutdurchtränkten Bärenkot in sich hineinzuschlingen. Das erinnert uns, dass wir demütig anerkennen müssen, nicht zu wissen, was wir tun werden, wenn wir nach Wahrheit hungern – unabhängig davon, was wir zu tun oder nicht zu tun behaupten, nach welchen hohen Maßstäben wir uns selbst und die Welt auch richten mögen. Und das ist richtig so, denn das Leben auf Erden zwingt uns oft in die Knie, damit sich etwas verwurzeln kann. Als ich fürchtete, am Krebs zu sterben, war ich – ein stolzer Jude, der sich geschworen hatte, niemals niederzuknien – bereit, vor einem katholischen Heiler auf die Knie zu gehen, damit er seine Hände auf den Tumor in meinem Kopf legen konnte. Wenn wir uns von der Wahrheit ernähren, beeinträchtigt das zwar unter Umständen unser Selbstbild, doch es kann auch eine tiefe Bestätigung dafür sein, dass wir Menschen unvorstellbar widerstandsfähig sind.

Wenn der Eskimo nach sieben Tagen Jagd halb erfroren den Bären endlich erlegt hat, wird er einem zweiten Zwang ausgesetzt: Um in der Kälte zu überleben, bleibt ihm nichts anderes übrig, als sich in den aufgeschnittenen Bauch des Bären zwischen seine Eingeweide zu legen.

Jenen von uns, die in den kalten Straßen der modernen Welt nach Wahrheit suchen, zeigt sich hier, dass es nicht ausreicht, die Wahrheit aufzuspüren. Wir müssen sie anziehen, sie bewohnen, in sie hineinschlüpfen und sie tragen.

Wo sollen wir also anfangen? Nun, die Eskimos lehren uns auch, die Wahrheit so anzulocken, wie sie einen Köder auslegen. Nicht durch intellektuelle Diskussionen oder esoterische Studien, sondern indem wir etwas von uns selbst riskieren, indem wir etwas offenbaren, das süß und für uns schwierig ist. Indem wir etwas Wesentliches von unserem Hunger zeigen und in unsere Verletzlichkeit einpacken, locken wir mit einer kleineren Wahrheit eine größere heraus. Das Bedürfnis nach Wahrheit wird uns unweigerlich dahin bringen, jenseits unserer perfekten Vorstellungen ein Leben zu führen, das wir nicht erwartet haben.

◆ Gibt es etwas, das du getan hast, obwohl du geschworen hattest, es nie zu tun?

◆ Betrachtest du das als Triumph oder als Niederlage?

November

- Was hat dich dazu gebracht, dich so zu verhalten? War es Mut, Notwendigkeit oder war es ein Fehler?
- Wie hat sich dein Leben durch diese unerwartete Erfahrung verändert?

3.

Unsichtbar dienend

*Genie ist eine Krise, in der sich das verborgene Selbst
für kurze Zeit mit unserem alltäglichen Verstand verbindet.*
< William Butler Yeats >

Wir haben gelernt, Genie als eine ungewöhnliche Begabung des Geistes zu betrachten, eine Fähigkeit, unglaubliche Mengen an Informationen zu verarbeiten. Doch im ursprünglichen Sinne ist ein Genius ein Schutzgeist: ein Wesen, das unsichtbar in unserer Nähe ist und sich um alles kümmert. Das ist eigentlich eine andere Definition von Gott, eine andere Beschreibung des Tao, des unsichtbaren Stroms, in dem wir alle schwimmen.

Yeats bietet uns eine Einsicht in das Leben auf Erden an. Der große irische Dichter beschreibt Krisen als ein unerwartetes Zusammentreffen von Wegen, wodurch wir mit unserem dienstbaren Geist in Kontakt kommen.

Das erinnert mich daran, dass das chinesische Ideogramm für »Gefahr« auch »Gelegenheit« bedeutet. Das soll nicht heißen, dass wir Gefahren suchen sollten; wenn uns Erfahrungen zusammenbrechen lassen, sollen wir stattdessen nach Öffnungen suchen, durch die wir unsere Verbindung zu dem unsichtbaren Strom wiederfinden, und uns daran erinnern, dass wir ein Teil von ihm sind.

Vielleicht ist das der Sinn von Krisen, falls es einen gibt: Es geht nicht um das Zusammenbrechen, sondern um das Aufbrechen.

- Setze dich still hin und spüre den unsichtbaren Strom, von dem du ein Teil bist.

- Atme langsam und meditiere über den Genius, deinen dienstbaren Geist.
- Atme sanft und offenbare deine eventuelle momentane Krise deinem dienstbaren Geist.
- Wenn du kannst, bewege dich durch den Tag und spüre dabei sowohl deine Krise als auch die Tiefe deines Genies. Lass sie zusammenfinden.

4.

Andere betrachten

Ein Mal jedes, nur ein Mal. Ein Mal und nicht mehr.
Und wir auch ein Mal. Nie wieder.
Aber dieses ein Mal gewesen zu sein, wenn auch nur ein Mal:
irdisch gewesen zu sein, scheint nicht widerrufbar.
< Rainer Maria Rilke >

Ein Freund, den ich besuchte, fragte mich: »Wie bereitest du dich auf eine Begegnung mit Menschen vor, vor denen du Hochachtung hast? Woher weißt du, was du fragen oder sagen willst?«

Ich hatte darüber noch nie nachgedacht, aber seine Frage ließ mich erkennen, dass ich seit meiner Krebserkrankung jede Begegnung mit einem anderen Wesen in der Haltung angehe: »Wenn ich mit dieser Person nur noch diese *eine* Zeit auf Erden hätte, wenn ich sie nie wiedersehen würde, was würde ich fragen oder wissen wollen? Was würde ich sagen wollen?«

Ich stelle fest, dass ich anderen jetzt so gegenübertrete, als hätte ich eine Wüste durchquert und der andere wäre eine Oase. Die Wahrheit ist: Jeder Mensch, dem wir begegnen, ist eine Tiefe, in der wir sanft schwimmen können, ein Wunder, das unseren Durst stillen kann. Andere auf diese Weise zu würdigen, hat mir Weisheiten eröffnet, die mir sonst in meiner Zeit auf Erden nicht kund geworden wären.

November

- Setze dich mit einem vertrauten Menschen oder einem Freund zusammen und schließt die Augen. Meditiert darüber, wie ungewöhnlich es ist, zur selben Zeit zu leben.
- Wenn ihr euch dessen ganz bewusst seid, öffnet die Augen und versenkt euch in den Anblick des anderen.
- Atme langsam. Lass die *eine* Frage in dir auftauchen, die du stellen würdest, wenn ihr nur diese Zeit miteinander hättet.
- Betrachtet einander tief und fragt.

5.

Pläne und Planung

Pläne sind nutzlos,
aber Planung ist von unschätzbarem Wert.
< Winston Churchill >

Wir verwechseln leicht Pläne mit Planen, Träume mit Träumen und Liebe mit Lieben. Churchills weise Worte besagen, dass wir wie hungrige Fischer leben: Wir flicken unsere Netze und werfen sie aus, obwohl wir nie recht wissen, was sich in ihnen verfangen wird, nie wirklich wissen, was uns nähren wird, bis wir es einholen und an Bord bringen. Um gute Fischer zu sein, müssen wir also, wie die Buddhisten sagen, unsere Anhaftung an den Traum von den Fischen aufgeben. Dadurch wird, was immer sich im Netz verfängt, zu einem Schatz.

Wenn ich all die Bücher betrachte, die ich geschrieben habe, muss ich zugeben, das jedes davon entstand, während ich eigentlich andere Pläne verfolgte. Die Vorstellung, die ich zu Anfang davon habe, ist nie das, was letztlich geschrieben wird. Das Gleiche gilt für meine berufliche Laufbahn. Die für mich bedeutungsvollsten Arbeitserfahrungen entstanden immer überraschend, wenn ich auf meinem Weg zu anderen Träumen Gelegenheiten nutzte, die mein Herz berührten. Ich muss auch gestehen, dass ich zwar oft von Liebe und Liebenden geträumt habe, doch jede Person, die zu lieben mir zuteil wurde, trat auf eine Weise in mein Leben, die ich mir nie vorgestellt hatte.

Natürlich gibt es Zeiten, wo wir etwas vorausschauend bedenken müssen, und es gibt Zeiten für Spontaneität. Doch allzu oft legen wir uns auf eines von beiden fest. Pläne sind Anmachholz für Feuer, und keine zwei Feuer sind sich gleich. Wir brauchen nur ihre Wärme und ihr Licht.

- Zentriere dich und denke an deine jetzigen Pläne, glücklich zu werden.
- Während du atmest, lege deine Pläne vor deinem Herzen aus wie Anmachholz.
- Ohne zu wissen, welches Feuer sie in dir entflammen wollen, geh in den Tag und halte Ausschau nach dem Zündfunken.

6.

Wenn wir die Augen zusammenkneifen

Und wenn wir die Augen zusammenkneifen, meinen wir, scharf zu sehen wie die Tiger, doch die Wahrheit strömt wie die Sonne überallhin außer durch unsere Schlitze.

Wenn die Dinge schwierig sind und uns alles zu viel wird, kennen wir alle den aufmunternden Rat: »Nur immer feste drauflos.« Das wird oft als eine aggressive, wachsame Haltung verstanden. Wir sammeln unseren Fokus und unser Denken und sind auf alles vorbereitet. Doch indem wir uns für den Kampf wappnen und unseren Fokus einengen, blenden wir leicht außer dem, was wir fürchten, auch das aus, was wir bräuchten.

Ich meine damit nicht, dass wir gedankenlos durchs Leben taumeln sollten. Ich meine vielmehr ein tieferes Verständnis von Wachsamkeit. Es gibt einen deutlichen Unterschied zwischen der scharfen Linie eines Laserstrahls und der Weite des Sonnenscheins über offenem Feld, zwischen der Schärfe eines unter Druck stehenden Verstands und der Weite und Wärme eines

November

offenen Herzens. Gerade wenn wir es am meisten brauchen, ist es uns fast unmöglich, uns durch die Schlitze eines kampfbereiten Verstands mit Mitgefühl zu betrachten.

Ein paar Monate nachdem der Tumor aus meinem Kopf verschwunden war, begegnete ich in einem Restaurant zufällig einer alten, sehr klugen Freundin, die hartnäckig nachfragte, was ich getan hatte, um den Tumor verschwinden zu lassen. Ich erzählte ihr immer wieder von der enormen Hingabe, die in mein Leben gekommen war, und dass ich nicht wirklich wüsste, wie das Wunder zu erklären sei. Sie kniff schrecklich die Augen zusammen, als ob sie den Glanz des Wunders ausblenden wollte, und bestand darauf, meine Heilung sei ein Beweis für die Überlegenheit des Geistes über die Materie. Während sie so die Augen zusammenkniff, spürte ich, wie sich ihr Herz verschloss. Es war sehr traurig. Seitdem haben wir uns kaum noch etwas zu sagen.

Ich habe mich von Zeit zu Zeit auch selbst unfähig gefühlt, im Gefühl des Augenblicks zu bleiben, wenn meine Wachsamkeit in einer Krise wie ein Periskop nach oben schoss und mich aus meinem Herzen riss; und bevor ich mich versah, verlor ich mich in der Analyse der Problemlösung und im Abwägen von Vorteilen und Zuständigkeiten.

Wenn ich die Augen zusammenkneife und wie meine Freundin allein auf meine Willenskraft zähle, verschließe ich mich dem Mysterium, und ich merke, dass ich traurig werde und mir selbst nur noch wenig zu sagen habe.

Das hat mich gelehrt, dass das Achten auf die Kleinigkeiten mit Fürsorge verwechselt werden kann. Tatsächlich erfordert Wachsamkeit oft, dass wir unseren Fokus erweitern und mit dem schauen, was die Sufis »das Auge des Herzens« nennen. Denn Krisen und Überraschungen mögen uns zwar die Augen zusammenkneifen und die Klauen herausfahren lassen wie ein Tiger, doch am meisten hilft uns das Streben nach Weite und Offenheit.

- Meditiere vor einem Spiegel mit geschlossenen Augen über ein Problem, das dir Schwierigkeiten bereitet.
- Nimm dir einen Augenblick Zeit, über die Umstände und möglichen Lösungen nachzudenken.
- Jetzt betrachte dich selbst im Spiegel; achte auf die Spannung in deinem Gesicht und wie deine Augen aussehen.

- Bleibe vor dem Spiegel und meditiere wieder mit geschlossen Augen. Versuche, deine Analyse loszulassen. Versuche, deine Verwirrung oder dein Problem mit dem Auge des Herzens zu betrachten, ohne dich an Lösungen zu versuchen.
- Jetzt schau wieder in den Spiegel und achte darauf, ob und wie sich dein Gesicht und deine Augen verändert haben.
- Rede mit einem vertrauten lieben Menschen über die Unterschiede.

7.

Die Wasser in uns

Der Geist ist wie Wasser eine Quelle des Lebens.
Wir können nicht auf dem Trockenen leben.

Je mehr wir von Erfahrungen verschlissen werden, desto mehr werden wir zu einem Zufluss und desto mehr Wasser des Lebens fließen aus uns heraus. Deshalb kommen die Tränen umso leichter, je länger wir hier sind.

Vielleicht ist Weisheit nichts anderes als das Anschwellen der unaussprechlichen Wasser um unsere Augen, so wie das Meer die Küste erweicht, ein Ausdruck jener unausweichlichen Flut, die ein Leben lang ansteigt. Wir fürchten die Wasser in uns so sehr, dass wir uns oft verspannen, wenn wir Tränen sehen, und fragen, was nicht in Ordnung ist. Vielleicht sollten wir lieber jene, die gerade auf See sind, fragen, was sie sehen?

- Setze dich still hin und erinnere dich an das letzte Mal, als du geweint hast.
- Atme langsam und vergegenwärtige dir das Gefühl der Erleichterung.
- Atme in diese Erleichterung hinein und schau hinter das, was dich zum Weinen brachte.

November

◆ Atme tief und fühle, wie die unaussprechliche Weisheit aufsteigt, um dich zu überfluten.

8.

Wir alle werden biegsam gemacht

Wir alle werden biegsam gemacht, oder wir vergehen.
Ist das nicht das Tuch, das unsere Trauer webt?

Die harten Dinge brechen. Die weichen Dinge biegen sich. Die Unbeugsamen schlagen gegen alles, was unbeweglich ist. Die Flexiblen passen sich dem an, was ihnen begegnet. Natürlich sind wir alle hart und weich, unbeugsam und beweglich, und so brechen wir, bis wir lernen, uns zu biegen, und wir stoßen uns, bis wir akzeptieren, was uns begegnet.

Das erinnert mich an die sumerische Sage von Gilgamesch, jenem unbeugsamen, harten König, der den Unsterblichen nach dem Geheimnis des Lebens fragte. Ihm wurde gesagt, dass Steine ihm den Weg dorthin weisen würden. Aber in seiner Eile und seinem Stolz ärgerte sich Gilgamesch über die Hindernisse in seinem Weg und zerschmetterte genau die Steine, die ihm helfen konnten. In der Blindheit seines Herzens zerstörte er alles, was er brauchte, um seinen Weg zu finden.

In der gleichen Verwirrung zerbrechen auch wir, was wir brauchen, stoßen jene weg, die wir lieben, und ziehen uns zurück, wenn wir es am dringendsten brauchen, gehalten zu werden. Viele Male war ich in meinem Leben zu stolz, um Hilfe zu bitten, oder zu ängstlich, darum zu bitten, gehalten zu werden, und in dem Wahn meiner eigenen Isolation habe ich wie Gilgamesch das Fenster zerschlagen, das ich eigentlich öffnen wollte, habe die Bank zerschlagen, die ich gerade zu bauen versuchte, und habe die Lage verschlimmert, indem ich die Person verwundete, der ich meine Zärtlichkeit zeigen wollte.

Der Lebensbogen biegt sich. Der tote Zweig knickt. Wir müssen uns von unserer Trauer erweichen lassen, denn sonst wird in spröden Zeiten aus uns das Nächste, das Kummer macht.

- Meditiere über eine Situation, vor der du jetzt stehst, in der du hart, unbeugsam und im Widerstand bist.
- Betrachte deine Unbeugsamkeit. Was bewahrst du durch deine Härte? Was könnte zerbrechen, wenn du weiterhin Widerstand leistest?
- Jetzt schau hinter deine Unbeugsamkeit. Was fürchtest du, könnte geschehen, wenn du dich der Situation beugst? Was könnte durch Weichheit gewonnen werden?

9.

Halbblind tauchen

Wir tragen die Wunder in uns, die wir außen suchen.
< Thomas Brown >

Der Kormoran und die Trottellumme sind Seevögel, die halbblind nach Nahrung tauchen. Wenn sie von der Oberfläche in die Tiefe schwimmen, verfangen sich Luftblasen in ihren Federn und lassen sie wie Silber glänzen.

Wir auch: Verfangen sich nicht auch unsere Blasen des Schmerzes in unseren Federn und werden zu Juwelen, je näher wir der Grundströmung unter allem kommen? Dies ist die Taufe wahren Fühlens: Je tiefer wir gehen, desto langsamer die Welt; je langsamer die Welt, desto sanfter unser Weg. Also sollten wir nicht aufhören, einander in die Tiefe dessen zu locken, was wir wissen. Denn unter der Oberfläche zeigt sich unser Glanz. Hinabtauchend werden wir silbern.

An der Luft mögen die Wunden dieser Welt brennen. Doch wenn wir uns in die Tiefe wagen, werden sie weich und fangen an zu leuchten. Die Wahrheit ist: Je mehr wir unsere Grenzen akzeptieren und uns der Tiefe jenseits unserer Verletztheit hingeben, desto mehr trägt uns das Große. Und der einzige Weg, das zu erfahren, besteht darin, zu tauchen.

November

- Zentriere dich und besinne dich auf einen Schmerz, den du in dir trägst; halte ihn sanft in deinem Bewusstsein.
- Atme langsam und umhülle deinen Schmerz mit einer Meditation liebevoller Güte, die sich ausweitet zu einem Gebet für alle Lebewesen.
- Dann lass dieses stille Gebet verklingen.
- Jetzt spüre, wenn du kannst, wie dein Schmerz durch deine Liebe zur Welt sanfter geworden ist.

10.

Leben am Rand

Du bist das, was du suchst.
< Franz von Assisi >

Wenn ich mich einsam fühle, ist mein erster Gedanke, dass du den Schlüssel zu meiner Einsamkeit besitzt. Wenn ich mich verwirrt fühle, ist mein erster Gedanke, dass du (oder jemand, den wir beide nicht kennen) klarer ist, wenn ich ihn nur finden und ihn zum Reden bringen könnte. Wenn ich Anerkennung brauche, ist mein erster Gedanke, dass sie durch irgendeine große Leistung zu erringen ist, der ich mich widmen sollte. Ich versuche so sehr, außerhalb von mir das zu finden, was ich mir wünsche oder was ich brauche; ich bin mir so sicher, dass es irgendwo da drüben auf mich wartet.

Am Ende bringt uns diese Suche jedoch nur an den Rand unserer Selbsterkenntnis.

Wenn wir nie nach innen schauen, werden wir zu Experten des Lebens am Rand und entdecken nur selten, was all unser Suchen bedeutet. Wir werden Meister darin, die Gipfel der Welt zu erklimmen, statt uns einen Pfad zur Mitte unserer Wundheit zu bahnen. Wir werden Meister darin, nachts mit schnellen Autos durch die Straßen zu rasen, statt die dunklen Ecken unseres Gemüts zu erkunden. Wir werden Meister darin, Fremde im Namen der Liebe zu verführen, statt uns der weichen, weniger vollkommenen Teile unserer selbst anzunehmen.

Unsere Suche in der Welt ist immer ein Spiegel für uns, der uns zeigt, wo im Inneren Arbeit auf uns wartet; doch sich gefährlichen Situationen im Außen auszusetzen war schon immer ein Weg, sich vom Ruf unserer Seele, uns auf ein echtes inneres Risiko einzulassen, abzulenken.

- Meditiere über etwas, wonach du suchst. Vielleicht ist es Liebe, vielleicht Macht, Wohlstand, der Nervenkitzel eines Fallschirmsprungs oder Ruhm.
- Jetzt stell dir vor, dass das Gesuchte bereits in dir lebt, und während du atmest, sieh, was du suchst, wie eine Tür vor dir, durch die du hindurchmusst, wenn du je ganz sein willst.
- Atme tief ein und fühle das Gesuchte als einen Teil deines Geistes, der deine Aufmerksamkeit will.
- Atme tief aus, und auch wenn du nicht weißt *wie,* schenke dir selbst diese Aufmerksamkeit.

11.

Das Staunen bewahren

Ein einziges Atom enthält alle Elemente der Erde; eine einzige Bewegung des Geistes beinhaltet alle Gesetze des Lebens; in einem einzigen Tropfen Wasser findet sich das Geheimnis des endlosen Ozeans; in einem einzigen Aspekt deiner selbst befinden sich alle Erscheinungsformen des Lebens.
< Khalil Gibran >

Als Menschen leben wir immer in Kreisläufen. Der Verstand baut sich einen Panzer, um seine Schildkrötennatur zu schützen, aber der Panzer dämpft den Geist, und irgendwann wachsen wir über ihn hinaus und finden Wege, ihn aufzubrechen.

Wir bauen den Panzer, und dann zerbrechen wir ihn. Nun bauen wir einen dünneren Panzer und brechen ihn wieder auf.

November

Doch nur zwischen diesen von uns errichteten Panzern sind wir wirklich berührbar. Nur zwischen unseren Gehäusen kann uns die Liebe durchdringen.

Doch das ist nicht unsere Schuld. Die ganze Natur lebt in solchen Zyklen. Auf Bäumen wächst Moos, Silber läuft an, und der Verstand wird von Konzepten überwuchert. Doch ein Sturzregen wäscht das Moos weg, ein Kratzer entfernt den Belag, und eine Krise legt die rohe Oberfläche des Verstands wieder frei.

Die Zeit baut auf und baut ab, und wir werden transformiert und sind doch gleich. Der Wind häuft den Sand zu einer Düne auf, und die Flut unterspült die Düne. Unsere frühen Jahre beladen uns, und die späteren spülen sanft und leise alles fort. Wir haben keine andere Wahl, als den Belag zu ertragen, der sich immer wieder bildet, und die Erosion auszuhalten, die unausweichlich folgt.

Für uns Menschen findet dieser Tanz von Aufbau und Abbau natürlich nicht nur physisch statt. Er spielt sich auch in unserem Denken, Fühlen, Sehen und Sein ab. Wie leicht stumpfen wir immer wieder ab und werden wieder klar. Wie leicht hören wir auf, teilzuhaben und zu erfahren, verlieren jede Erinnerung an den Geist und verfangen uns in Beobachtungen und Analysen. Eines Morgens wachen wir dann auf und haben vergessen, wie sich Leben anfühlt, sind nur noch mit seinem Schattenbild beschäftigt. Wir können alles so klar sehen, in jeder Nuance, doch wir können es nicht mehr fühlen. So wuchern im Verstand Gedanken und Worte, wie auf unserem Planeten Bäume wuchern, bis wir irgendwann den Himmel nicht mehr sehen können, und dann müssen wir unsere Gedanken und Worte wie Bäume fällen, und jawohl, die Stille ist eine Axt.

Unsere Lebendigkeit beruht letztlich auf unserer Fähigkeit, das Staunen zu bewahren: die Augenblicke zu verlängern, in denen wir wirklich unverhüllt sind, still zu bleiben, bis alle Elemente der Erde und alle Geheimnisse des Meeres die Aspekte des Lebens, die in uns warten, in Bewegung versetzen.

- ◆ Wenn du das nächste Mal draußen spazieren gehst, lass die kalte Luft über deine geschlossenen Augen streichen.
- ◆ Nimm einen tiefen Atemzug und lass die Luft den Belag der Erinnerungen oder Gedanken abstreifen, mit denen du ringst.

◆ Fühle, wie das Blut durch dein Gesicht strömt, und öffne deine Augen mit einem frischen, neuen Blick.

12.

Die Schale verbrennen

Seit Anbeginn liegt der Schlüssel zur Erneuerung im Abstreifen alter Hüllen.

Die Polynesier sagen, die Welt begann, als Taaora – so nennen sie den Schöpfer – erwachte und merkte, dass er in einer Schale wuchs. Er streckte sich und zerbrach die Schale, und die Erde entstand. Taaora wuchs weiter und nach einer Weile befand er sich in einer weiteren Schale. Wieder streckte er sich und zerbrach die Schale, und der Mond entstand. Und wieder wuchs Taaora weiter und wieder befand er sich in einer Schale. Dieses Mal entstanden bei ihrem Zerbrechen die Sterne.

In dieser alten Geschichte haben die Polynesier uns die Weisheit überliefert, dass wir in diesem Leben wachsen und dabei immer wieder Schalen aufbrechen, dass sich das Göttliche in uns streckt, bis es keinen Platz mehr hat, und dann muss die uns bekannte Welt zerbrechen, damit wir neu geboren werden können.

So leben wir, wer wir sind, bis diese Form uns nicht mehr halten kann und wir, wie Taaora, die Form aufbrechen müssen, die uns enthält, um unseren Weg zu gehen, der unser nächstes Selbst hervorbringt. So streifen wir unsere vielen Arten, die Welt zu sehen, nacheinander ab, nicht weil sie falsch wären, sondern weil jede von ihnen eine Zeit lang ihren Zweck erfüllt, bis wir so gewachsen sind, dass sie uns nicht mehr dient.

Ich habe viele »Selbste« durchlebt. Das erste Ich war so eifrig bemüht, berühmt zu werden, etwas Großes zu bewirken, dass es alles Gewöhnliche mied. Ich strebte nach dem Siegerpokal,

November

wollte auch ein großer Musiker werden – alles, um berühmt und außergewöhnlich zu sein. Doch während meines Strebens nach Ruhm fühlte ich mich nachts einsam. Auf einem Thron, und sei er noch so prächtig, ist immer nur Platz für *einen*.

Mein zweites Ich wollte von Wellen überrollt werden, Sterne einatmen und schweben wie ein Lied. Jetzt wollte ich selbst die große Musik sein. Groß zu sein war zwar herrlich, doch immer noch einsam.

Mein drittes Ich gab die Idee der Großartigkeit auf. Ich wollte anderen näherkommen. Ich stellte mehr Fragen, ohne mich wirklich für die Antworten zu interessieren, sondern um hinter dem Gesicht, das gleich sprechen würde, das tiefere Gesicht zu erkennen.

Und dann, während meiner Krebserkrankung, kam noch ein Selbst. Ich lag da, verkrümmt und entstellt, im Chrom des Krankenhauses, und die Abendsonne flutete über meine Kissen. In dem Chrom war ich tot, auf dem Kissen war ich lebendig, ein leiser Atemhauch dazwischen – tot, lebendig – gleichzeitig. Und merkwürdigerweise ängstigte mich das nicht, denn hinter jedem leisen Atemzug spürte ich den Pulsschlag des Lebens, und der Ort, zu dem ich hintranszendierte, ist hier.

Fast zu sterben war eine weitere Schale, die ich aufbrechen musste. Das brachte mich zu der Erkenntnis, dass jedes Selbst sich entfaltet, jede konzentrische Keimhülle zur nächsten führt, und jede enthält und übersteigt die letzte. Ich würde an eine Ankunft glauben, wenn ich nicht entlang dem Weg so viele Ankünfte zerbrochen hätte.

◆ Atme langsam und spüre mit geschlossenen Augen einen Aspekt deiner gegenwärtigen Welt, der einengend erscheint.
◆ Statt dich auf die damit zusammenhängenden Personen oder Umstände zu fokussieren, versuche, diese Einengung als Schwelle zu deinem nächsten Wachstumsschritt zu betrachten.
◆ Meditiere darüber, wie das Göttliche in dir sich strecken und vollständiger aufrichten könnte, sodass ein vollständigeres Sein dessen, wer du bist, die Einengung aufbricht.
◆ Bete darum, zu begreifen, dass nichts davon schlecht ist, sondern einfach notwendig für das Wachstum deiner Seele.

13.

Die eigene Seele ehelichen

Treu sein dem, was wir sind, bedeutet,
unseren Geist wie eine Kerze
in die Mitte unserer Dunkelheit zu tragen.

Wenn wir leben wollen, ohne wesentliche Teile unserer selbst zu verleugnen oder zu betäuben, müssen wir uns selbst ein Versprechen geben und es auch halten. Dieselben Worte, die wir sagen, wenn wir uns auf eine Ehe einlassen, können auch innerlich Ausdruck unserer Hingabe und Fürsorge für unsere Seele sein: »… in guten wie in schlechten Tagen …, in Krankheit wie in Gesundheit … zu lieben und zu ehren, bis dass der Tod uns scheidet.«

Dies ist ein Gelöbnis, dem eigenen inneren Weg treu zu bleiben. Es bedeutet, dich nicht von dir selbst zu trennen, wenn es schwierig oder verwirrend wird. Es bedeutet, dich anzunehmen mit all deinen Fehlern und Schwächen. Es bedeutet, dich zu lieben, egal wie die anderen dich sehen. Es bedeutet, das unveränderliche Strahlen in dir zu ehren, auch wenn du dir Beulen und Kratzer zuziehst. Es bedeutet, mit diesem aufrichtigen Gelübde dein Leben an die Wahrheit deiner Seele zu binden.

Interessanterweise wird das englische Verb *to marry* in der Nautik auch für das Zusammenspleißen zweier Seile verwendet. Die eigene Seele zu ehelichen, lässt sich also auch verstehen als das Zusammenweben deines geistigen Lebens mit deinem psychischen Leben, des Lebens deines Herzens mit dem Leben deines Verstands, des Lebens deines Glaubens und deiner Wahrheit mit dem Leben deiner Zweifel und Ängste. Und so wie zwei Seile zusammengespleißt doppelt so stark sind, entsteht auch durch die Verbindung unserer Menschlichkeit mit unserem Geist ein Leben, das doppelt so stark in der Welt ist.

 *November*

- Setze dich still hin und zentriere dich.
- Meditiere über die Tatsache, dass Zentriertheit auch deine Verwirrungen und Sorgen einschließt, so wie ein See vielen Vögeln und Fischen Heimat bietet.
- Atme sanft und lass deinen Atem das Wasser sein.

14.

Der Preis der Spaltung

Das Kind zu gebären und es gleichzeitig zu betrachten, erzeugt Wahnsinn.
< Chögyam Trungpa >

Trotz aller Mühe können wir nicht gleichzeitig teilhaben und beobachten, ohne uns aufzuspalten. Der Preis dafür, uns mitten in unserer Erfahrung aufzuspalten, scheint Wahnsinn zu sein. Über unsere nächste Geste oder Antwort nachzudenken, während eine Wahrheit mitgeteilt wird, spaltet die Fähigkeit des Herzens, zu fühlen. Unsere Körper zu beobachten, während wir Liebe machen, spaltet die Fähigkeit der beiden Herzen, sich zu verbinden. Über den Lohn nachzudenken, während wir etwas Freundliches tun, spaltet unsere Authentizität.

Es gehört manchmal zu den schwersten Dingen, die ein Mensch zu tun hat: Wenn wir einem lieben Menschen in die Augen schauen, müssen wir ihm wirklich in die Augen schauen. Treten wir auf ein trockenes Blatt, müssen wir ganz da sein und auf die Trockenheit des brüchigen Blattes treten. Spüren wir das Gesicht eines fremden Hundes, müssen wir sein Hecheln mit ganzem Herzen spüren, ohne uns ablenken zu lassen.

- Zentriere dich, und während du meditierst, sieh dich meditierend dort in deinem Zimmer sitzen.
- Mit jedem Atemzug lege nach und nach erst den Raum ab, in dem du sitzt, und dann den Raum deines Verstands.
- Während du atmest, versuche nichts zu denken und nichts zu beobachten; spüre einfach, wie die Luft kommt und geht.

15.

Ins Jetzt sterben

Letztendlich weiß jeder:
Niemand behält irgendetwas von dem, was er hat,
und das Leben ist nur ein Ausleihen von Knochen.
< Pablo Neruda >

Drei Jahre nach meinen Operationen stehe ich unter der Dusche und entdecke dort, direkt neben der Narbe auf meinem Kopf, die Anfänge eines Pickels. Innerhalb von dreißig Sekunden flippe ich durch eine Kaskade dessen, was das bedeuten könnte. Ist das die Ankündigung eines neuen Tumors? Und wenn er schon gestreut hat? Während das Wasser über mich perlt, toben meine Ängste. Ich sehe mich beim Arzt, sehe, wie ich mich für die Operation entkleide, sehe mich nach der Operation durch Krankenhausflure wanken, sehe mich in der Chemotherapie liegen, schwächer werden, sterben. Alles in dreißig Sekunden.

Mein Herz rast, während ich immer noch nackt unter der Dusche stehe. Ich möchte so gerne leben. Ich bin so wach, endlich im Frieden, doch was, wenn es wirklich so ist? Was soll ich tun? Wo soll ich hingehen? Das Wasser rinnt über mich, und in diesem Augenblick komme ich wieder zu mir. Wenn es wirklich wahr wäre, wenn ich bald sterben würde, weiß ich, was ich tun würde … Ich seufze tiefer, als ich es je für möglich gehalten hätte: Ich würde zu Ende duschen …

In diesem Augenblick lernte ich, dass alles richtig ist, wo auch immer wir sind. Welchen Schmerz oder welche Schwierigkeiten es auch geben mag – das ganze Leben liegt in jedem wachen Augenblick. Ich konnte klar sehen und fühlen, wie die Angst vor dem Tod uns weglaufen lässt, obwohl es nichts gibt, wohin wir flüchten könnten. Doch ich lernte, dass auf geheimnisvolle Weise in der Mitte jeder Angst ein Ring des Friedens wartet, wenn wir nur dorthin gelangen.

November

Jedes Mal wenn ich jetzt dusche, versuche ich, mich daran zu erinnern, dass wir erst wirklich leben können, wenn wir unseren Tod akzeptieren. Sonst rennen wir immer vor etwas weg oder auf etwas zu. Nur wenn wir akzeptieren, dass wir zerbrechliche Gäste auf dieser Erde sind, nur dann werden wir zu Hause sein, wo immer wir sind.

◆ Lass beim Duschen das Wasser dich sowohl von Gleichgültigkeit als auch von Angst reinigen.
◆ Atme vollständig und fühle, wie die klaren Tropfen auf deine Haut auftreffen.
◆ Atme tief und danke, dass du lebendig bist.

16.

Der Augenblick der Morgendämmerung

In jedem Menschen ist eine Sonne –
das Du, das wir Gefährte nennen.
< Rumi >

Es ist wichtig, das Paradox zu erkennen und zu akzeptieren, dass zwar niemand deine Reise für dich durchleben kann, du aber trotzdem nicht allein bist. Jeder ist auf der gleichen Reise. Wir alle erleben die gleichen Schmerzen, die gleiche Verwirrung, die gleichen Ängste, die, wenn wir sie einander offenbaren, an Schärfe verlieren und uns daher weniger verletzen.

Eine berührende Geschichte aus dem Talmud beschreibt dieses Paradox, wie wir alle zusammen allein auf unserer Reise sind: Ein Rabbi fragt seine Schüler: »Woran erkennt ihr, dass der erste Augenblick der Morgendämmerung da ist?« Nach einer langen Stille wagt es einer: »Wenn man den Unterschied zwischen einem Schaf und einem Hund erkennen kann.« Der Rabbi schüttelt verneinend den Kopf. Ein anderer meint: »Wenn man den Unterschied zwischen einem Feigenbaum und einem Olivenbaum erkennt.« Wieder schüttelt der Rabbi den Kopf. Niemand sonst weiß eine Antwort. Der Rabbi umkreist ihr Schweigen und sagt schließlich: »Du weißt, dass der erste Augenblick der Morgendämmerung gekommen ist, wenn du in die Augen eines anderen Menschen schaust und dich selbst siehst.«

- Setze dich still hin und versuche, dich zur Mitte hin zu atmen.
- Atme einfach, damit sich dein Herz öffnet, und versuche, sowohl dein Alleinsein als auch das, was du mit jedem anderen Menschen gemeinsam hast, zu fühlen.
- Atme tief und langsam und versuche, dies nicht zu verstehen, sondern nur zu fühlen.

17.

Willst du gehen?

Mauern werden Körnchen um Körnchen abgetragen,
und Herzen werden Gefühl um Gefühl geöffnet.

Susan und ich saßen in einem Eiscafé, als die beiden Paare neben uns anfingen, laut zu werden. Sie amüsierten sich einfach, aber ich fühlte mich ein wenig gestört. Ich wollte gerne gehen. Ich lehnte mich zu Susan hinüber und fragte sie, ob sie gehen wolle. In ihrer Zufriedenheit sagte sie freundlich: »Nein, ich bin ganz glücklich hier.« Doch als sie mein betroffenes Gesicht sah, fragte sie: »Willst du gehen?«

In dieser schlichten Situation in einem Eiscafé erkannte ich, dass ich einen großen Teil meiner neunundvierzig Jahre versucht habe, für meine Bedürfnisse zu sorgen, indem ich sie auf andere projizierte und dann so tat, als würde ich mich um die anderen kümmern. Während das Eis schmolz, verstand ich mich selbst. Ich lachte, schüttelte den Kopf, fühlte mich etwas verlegen, seufzte tief und sprach dann das Offensichtliche aus: »Ja, ich würde gerne gehen.«

November

Diese indirekte Art, zu bekommen, was ich will, indem ich meine Gefühle den Menschen meiner Umgebung als Bedürfnisse nahelege, um die ich mich dann kümmere, ist ein Weg gewesen, meine Verletzlichkeit zu verstecken und als freundlicher, rücksichtsvoller Mensch zu erscheinen. Ich weiß, dass ich damit nicht alleine dastehe. Es findet oft so subtil statt und liegt einer gesunden Art, mit anderen umzugehen, so nahe, dass wir die darin steckende Manipulation und Täuschung nur selten mitbekommen.

Natürlich lebt diese Indirektheit in uns, weil wir im Lauf der Zeit – und oft aus gutem Grund – gelernt haben, dass wir verletzt werden, wenn wir unsere Bedürfnisse direkt äußern. Doch ich kenne keinen anderen Weg, dieses Versteckspiel aufzugeben, als uns selbst jedes Mal in aller Freundlichkeit zu erwischen und aus unserer Höhle herauszukommen, unsere Indirektheit zuzugeben und so bald wie möglich auszusprechen, was wir brauchen.

Die Energie, die darauf verschwendet wird, andere still und heimlich dazu zu bringen, sich so zu verhalten, wie es unseren Bedürfnissen entspricht, bleibt jedoch eine große Quelle von Ängsten und Entfremdung. Dieses indirekte und unaufrichtige Verhalten bewahrt uns allerdings nicht davor, verletzt zu werden, es verstärkt vielmehr unsere Isolation von all dem, was Lebendigkeit bedeutet.

Jenseits all dessen liegt die fundamentale Wahrheit: So wie Bäume Blätter haben, die abgerissen und gefressen werden, haben Menschen Gefühle, die durch das Leben in Mitleidenschaft gezogen werden. Wir haben ein Recht auf sie. Sie sind der Beweis für unsere menschlichen Jahreszeiten.

- Erinnere dich an das letzte Mal, als du jemanden gebeten hast, etwas zu tun, statt direkt auszudrücken, was du brauchst.
- Was hielt dich davon ab, deine Bedürfnisse direkt zum Ausdruck zu bringen? Wovor hast du dich gefürchtet?
- Stell dir vor, was du gesagt hättest, wenn du die Situation direkter ausgelebt hättest.
- Jetzt übe, dich direkt auszudrücken, indem du die Situation laut durchspielst, obwohl du allein bist.
- Geh in deinen Tag und fühle dabei die Leichtigkeit, die direktes Leben mit sich bringt.

18.

Der Welpe im Zwinger

Jeder kann von dort aus lieben, wo er gerade ist.
Wir alle können unseren Teil an Liebe beitragen,
ohne das Zimmer zu verlassen.
< Helen Nearing >

Während des Abendessens erzählte eine Freundin, die gerade Bewerbungsgespräche absolviert, wie sehr sie manchmal danach lechzt, angenommen zu werden. Sie sagte, sie fühle, wie sie manchmal innerlich bettelt wie ein Welpe in einem Zwinger: »Nimm mich! Nimm mich!«

Wir lachten alle über ihre Geschichte, denn wir alle kennen das. Wenn wir uns innerlich verwirrt fühlen, meinen wir, all unserer Gaben und Möglichkeiten beraubt zu sein. In diesen schmerzhaften Zeiten fühlen wir uns so klein, meinen wir, so wenig zu bieten zu haben, dass wir um jeden Preis irgendwo dazugehören wollen.

Wir verschlimmern die Situation noch, indem wir Teile unserer selbst verbergen, denn wir sind sicher, wenn unser potenzieller Chef oder unser neuer Freund alles von uns sehen würde, könnte er uns unmöglich noch wollen.

Stecken wir einmal in dieser Art des Denkens, ist sie schwer zu ändern. Die Herausforderung ist immer wieder, aufzuhören, uns selbst niederzumachen. Denn wozu soll es gut sein, wenn nur noch ein Splitter von dir übrig ist? Wenn nur noch ein Ohr von dir akzeptabel ist und der Rest deines Körpers unsichtbar bleiben muss? Wenn nur dein Gehorsam und deine guten Manieren annehmbar sind und der Rest deiner Leidenschaften und deiner Persönlichkeit verborgen bleibt?

Die Wahrheit ist, dass niemand nur mit einem Splitter leben kann; denn Splitter, selbst wenn sie aus Gold sind, lassen sich nur schwer festhalten.

November

- Zentriere dich und vergegenwärtige dir eine Zeit, in der du das Bedürfnis nach Akzeptanz gespürt hast.
- Lass das Gefühl kommen und gehen. Während du weiteratmest, lass möglichst jenen Teil von dir auftauchen, der sich so danach sehnt, geliebt zu werden.
- Atme gründlich, und mit jedem Einatmen lass deinen uralten Geist deine sehr menschliche Sehnsucht umarmen.

19.

Der Faden des Weiblichen

In deinem Kommen liegt das Geheimnis zu deinem Gehen.

In der griechischen Mythologie gibt es die Geschichte von Theseus, der seinen Weg durch ein Labyrinth finden muss, um nach Hause zu können. Zuerst geht es in die dunkle Mitte, wo er den schrecklichen Minotaurus tötet. Den Weg zurück ans Tageslicht findet er mit Hilfe eines Fadens, den er beim Hineingehen abgewickelt hatte. Den Faden hatte ihm die freundliche Ariadne gegeben.

Solche Geschichten enthalten Weisheiten, die wir brauchen, um ganz zu werden. Jeder von uns hat ein Ungeheuer in seiner Mitte, dem wir uns stellen müssen, um friedvoll zu leben. Doch wie Theseus können wir unseren Rückweg nur finden, wenn wir unseren Weg in die Dunkelheit mit Freundlichkeit und Liebe zurückverfolgen.

Nachdem ich jahrelang schlecht behandelt worden bin, kann mir also eines Tages demütig bewusst werden, dass ich selbst andere schlecht behandele. Nachdem ich mich, um geliebt zu werden, in dieser Weise jahrelang selbst verleugnet habe, komme ich dann in der dunklen, lieblosen Mitte dieses Wegs an, und der einzige Ausweg ist, den dünnen Faden der Akzeptanz meiner selbst zurückzuverfolgen, bis er mich dorthin führt, wo ich einst begann, nur dass die Erkenntnis meines Platzes in der Welt mich diesmal zu Tränen rührt.

- Setze dich mit offenen Handflächen still hin.
- Atme gründlich und meditiere in deiner rechten Handfläche über das Wesen deines Labyrinths, den Weg zu deinem Ungeheuer.
- Jetzt atme genauso gründlich und meditiere in deiner linken Handfläche über das Wesen deines weiblichen Fadens, deinen Weg ins Licht.
- Öffne im Lauf deines Tages deine Handflächen und mache dich mit deinem Labyrinth – deinem Weg nach innen – sowie mit deinem weiblichen Faden – deinem Weg nach außen – vertraut. Beide sind Freunde.

20.

Sich einlassen und etwas riskieren

*Sobald man sich definitiv einlässt, bewegt sich auch
die Vorsehung. Alle möglichen hilfreichen Dinge ereignen sich,
die sonst nie geschehen wären. Ein ganzer Strom von
Ereignissen, die sich niemand hätte träumen lassen können,
entsteht aus dieser Entscheidung.*
< W.H. Murray >

Wir hätten alle gerne eine Garantie, bevor wir uns entscheiden oder uns auf ein Risiko einlassen, aber ironischerweise öffnet genau das Risiko dem Schicksal den Weg. Es ist, als wollten wir wissen, wie etwas schmeckt, bevor wir es in den Mund stecken. Doch so geht das nicht.

Ich scheine immer wieder aufs Neue zu lernen, dass ich mich wirklich einlassen muss, bevor ich weiß, was bei einer Sache herauskommt. Darum geht es beim Hinhören auf das Herz. Kein Vogel kann fliegen, ohne von seinem Ast zu springen. Keine Liebe ist möglich, ohne aus der Stille des eigenen Herzens zu springen. Wenn wir nicht danach streben, ganz zu werden, ergeht

November

es der göttlichen Essenz in allem nicht anders als dem Brot, das allmählich hart wird, wenn niemand es isst.

Rückblickend wurde ich erst zum Dichter, nachdem ich mich darauf einließ, zu sprechen, ohne dass ich eine Ahnung hatte, was ich sagen sollte, und die Gnade, geliebt zu werden, kam in mein Leben, nachdem ich freimütig eingestand, lieben zu wollen, obwohl ich nicht genau wusste, wie.

Wenn wir uns auf die Mühe einlassen, echt zu sein, wird uns das Leben in all seinen Formen finden, so wie der Wind die Blätter findet und die Wellen den Strand.

- Zentriere dich und lass dich mit jedem Atemzug mehr darauf ein, da zu sein, wo du bist.
- Nach einer Weile geh langsam im Zimmer umher und spüre bei jedem Schritt, wie du dich auf das Aufsetzen des Fußes einlässt und das Hochheben riskierst.

21.

So weit, wie wir können

*Wo immer wir anhalten,
da ist der Gipfel.*

Ich fuhr die Trail Ridge Road in den Rocky Mountains hoch. Ich wollte zur kontinentalen Wasserscheide, doch plötzlich durchdrangen mich zwei starke Gefühle fast gleichzeitig. Ich hatte noch nie Probleme mit Höhe gehabt, doch auf einmal überfluteten mich Wellen der Angst, während ich auf fast viertausend Metern Höhe die schmalen Wege entlangfuhr. Und mich erfüllte die unwiderrufliche Wahrheit, dass alles, was es gibt, da ist, wo wir jeweils sind.

All dies ließ mich anhalten und in die offene, Tundra-artige Landschaft über der Baumgrenze gehen. Dort überkam mich plötzlich die Erkenntnis, dass ich nicht weitergehen konnte und dass ich nicht weitergehen musste. Ist diese Reise durch die Berge möglicherweise ein Spiegel für die Reise durch unser Leben? Ist unser Leiden den schwindelerregenden Aufstiegen durch die Felsen ähnlich, die uns die Eingeweide zusammenschnüren? Gehen wir einfach, so weit wir können, und kommt der Gipfel zu uns, wenn wir unsere Menschlichkeit akzeptieren?

Welch unwahrscheinliche Wahrheit. Ich ging, so weit ich konnte, und dort, auf der nackten Erde, erkannte ich, dass mein Ziel da ist, wo ich nicht weiterkann. Das ist der Verschleiß des Herzens, dem sich keiner entziehen kann. All unseren noblen Bemühungen, edle Gipfel der Liebe oder des Erfolgs zu erklimmen, zum Trotz – wir tragen den Gipfel in uns. Die Anstrengung und die Erschöpfung – das heißt, die Reise selbst – eröffnen uns den Blick in die Weite, der überall möglich ist. Denn der Gipfel ist weniger etwas, das es zu erreichen gilt, als etwas, das in uns freigelegt wird.

Ich spürte die Wahrheit über das Ankommen dort, wo meine menschliche Begrenztheit mich hingebracht hatte, ich wusste, es ist genug, und ein Schrei entstieg mir wie Dampf. Wir sind so nackt wie diese von Wind und Wetter blank gewetzten Felsen, und wie viele Landkarten wir auch erstellen und weitergeben mögen – wenn all unsere Ersparnisse aufgezehrt sind, sind wir wieder bei dem angelangt, was wir schon immer hatten. So gewinnen wir an Demut.

Wenn wir unsere gebrechliche Menschlichkeit annehmen, erkennen wir, welch sture und zerbrechliche Lebewesen wir sind. Wir erkennen, dass selbst ein dünnes Rinnsal von Wasser in einer Bergspalte etwas wachsen lässt und dass selbst ein dünnes Rinnsal der Liebe in unseren steinernen Herzen die Seele zum Blühen bringt.

- ◆ Wir haben diese Fragen schon zuvor einmal erkundet, doch sie scheinen einer erneuten Betrachtung wert. Also atme tief und schau, was sie jetzt in dir anrühren.
- ◆ Was ist es am Menschsein, wofür du am meisten dankbar bist?
- ◆ Was ist es am Menschsein, das dich immer wieder überrascht?

November

22.

Trauer

Wenn wir daran ziehen, wird Trauer zu einem Faden,
der uns nackt im Lied stehen lässt.

Ein Freund nahm mich mit in die Redwoods, wo die Bäume mit Gott reden, und ein dick berindeter, fünf oder sechs Jahrhunderte alter Riese ließ mich daran denken, dass meine Großmutter mir immer noch nahe ist. Sie ist vor zwölf Jahren gestorben, und obwohl es niemand versteht, trage ich sie hinter meinem linken Auge in mir, dort, wo der Geist sieht. Ich lehnte mich an diesen uralten Baum und klagte leise. Die Blätter raschelten. Die jüngeren Bäume ächzten mit mir. Ich vermisse sie schrecklich. Meistens widerstehe ich diesem Gefühl des Verlusts und der Leere, seit sie nicht mehr da ist, doch wenn ich mich in diese Trauer hineinbegebe, fühle ich mich hinterher immer lebendiger, echter.

Ich habe gelernt, dass Trauer ein langsamer Schmerz sein kann, der nie aufzuhören scheint, der immer wieder auftaucht; doch wenn wir trauern, werden jene, die wir lieben, auf geheimnisvolle Weise mehr und mehr ein Teil dessen, wer wir sind. Auf diese Weise ist Trauer nur ein weiteres Lied, das unser Herz singen muss, um das Tor zu allem, was ist, zu öffnen.

In Wahrheit gibt es in jedem von uns etwas Kleines, das leidet, einen Engel, der versucht, sich in der Dunkelheit Flügel wachsen zu lassen, und wenn dieser Engel singen lernt, verliert sich unser Drang, uns zu verstecken. Ja wirklich, wenn ein Herz spricht, können alle Herzen fliegen. Das ist wahre Größe: zu sagen, was sich unaussprechlich anfühlt, und damit freizusetzen, was in uns allen wartend ruht.

- Setze dich still hin und wenn du einen Verlust betrauerst, lass dieses Gefühl sich durch dich hindurchbewegen.
- Atme gleichmäßig. Stell dir mit jedem Atemzug vor, wie der Engel in deinem Herzen seine Flügel auszubreiten versucht.
- Atme tief und wisse, dass jedes gefühlte Gefühl eine weitere Feder zu diesem Flügel ist.

23.

Risiko und Wahrheit

Gib mir die Kraft,
die Autorität der Aufrichtigkeit auszuüben
und Teilnehmer zu sein
in der schwierigen Gewöhnlichkeit des Jetzt.
< Ted Loder >

Es waren einmal zwei befreundete Menschen: Die eine war sehr wagemutig, was neue Erfahrungen betraf, sie probierte immerzu Neues aus, entdeckte immer neue Wege. Der andere war schüchterner in der Welt, aber er hatte die Kraft, direkt auf die Wahrheit jeder Situation zu schauen. Sie halfen einander wachsen.

Im Lauf der Zeit verliebten sie sich ineinander und wurden Partner: *Sie* führte sie beide in neue Erfahrungen, *er* zeigte ihnen beiden die Wahrheit dessen, wo sie gewesen waren. So ging das viele Jahre gut, doch irgendwann wollte die Wagemutige weiter und weiter in die Welt, und der Wahrheitsseher wollte weiter und weiter seinem Gespür für Wahrheit folgen.

Schließlich musste jeder von ihnen einen eigenen Weg gehen, was sehr traurig war. Doch die Wagemutige musste ihre eigene Fähigkeit entwickeln, die Wahrheit zu erkennen, und der jede Situation direkt Erkennende musste selbst fähig werden, neue Wege zu erkunden.

Es dauerte ein weiteres Leben, doch sie begegneten sich wieder, diese beiden Freunde, die ein Paar geworden waren, das eigene Wege gegangen war, und obwohl sie sich jetzt weniger brauchten, wollten sie einander noch mehr.

◆ Zentriere dich, und während du ausatmest, öffne dein Herz bis dorthin, wo du Risiken eingehst.

◆ Atme tief, und während du einatmest, öffne dein inneres Auge bis dorthin, wo du die Wahrheit siehst.

November

- Atme gleichmäßig, bis dein Herz und dein inneres Auge zu verschmelzen beginnen.
- Atme gleichmäßig, bis der Ort in dir, der Risiken eingeht, jenen Ort in dir berührt, der die Wahrheit sieht.

24.

Das Bedürfnis weiterzumachen

Älter geworden,
findest du Heiligkeit in allem, was weitergeht.
< Naomi Shihab Nye >

Je länger ich auf dieser Erde bin, desto lauter sprechen die stillen Dinge mit mir. Je mehr ich erfahre und überlebe, desto mehr Wahrheit finde ich in dem, was wir alle gemeinsam haben. Je mehr Schmerz mich erweicht, desto tiefer ist meine Freude und desto größer sind die Lektionen jener Dinge, die in großer Stille leben.

Bevor ich Krebs hatte, beklagte ich mich über vieles. Ich ärgerte mich über die vielen Hausarbeiten, die zu erledigen waren, über das erneut wachsende Gras, sobald ich es geschnitten hatte. Heute staune ich ehrfürchtig darüber, wie es wächst, was auch immer geschieht. Wie ich dieses Wissen brauche.

Heute, zwölf Jahre nach jener Bettlägerigkeit, stehe ich im sanften Regen, und jeder Tropfen flüstert von einfachen Dingen, die ich nie verstehen werde. Heute ist nur Luft im Himmel des Herzens, der darauf wartet, zu regnen. Heute bin ich dünner, grauer, heller, weniger sprachgewaltig, und mein Herz hat mehr auf dieser Seite gelernt, als es mich je wissen lassen wird. Heute will ich eine Orange küssen, ungeschält, und den Saft schmecken.

Vor zwölf Jahren verschwand die ungebetene Wucherung, und – gelobt sei das Leben – seitdem habe ich nicht aufgehört, mich zu häuten. Heute ist nichts mehr übrig als mein lebenswilliges, unbewaffnetes Herz.

- Setze dich still hin und stelle dir deine Gedanken als Blätter vor und dein Herz als Baum.

- Atme langsam und versuche, auf den Grund und Boden zu lauschen, den du mit allem gemeinsam hast.
- Atme tief und meditiere auf das, was in dir am ältesten ist.

25.

Mitgefühl

Ich habe bloß drei Dinge zu lehren: Einfachheit, Geduld und Mitgefühl. Diese drei sind deine größten Schätze. Sei mitfühlend gegenüber dir selbst, und du bringst alle Wesen auf der Welt in Einklang.
< Laotse >

Zuerst fragen wir vielleicht: Wie kann Mitgefühl mit sich selbst alle Wesen der Welt in Einklang bringen? Um das Geschenk darin zu verstehen, müssen wir uns an die Analogie des Rades und seiner Speichen erinnern, der zufolge jedes Leben eine eigene Speiche ist und all diese Leben wie Speichen in einer gemeinsamen Nabe oder Mitte zusammentreffen. Deswegen sorgen wir für alle Seelen, wenn wir uns um unsere tiefste Mitte kümmern.

Eine andere machtvolle Art, unsere wechselseitige Verbundenheit zu erkennen, besteht darin, sich die menschliche Familie wie eine Gruppe Espen an einem Bach vorzustellen. Jeder Baum scheint unabhängig zu wachsen, doch unter der Erde sind die Wurzeln aller Bäume in einem einzigen riesigen Wurzelsystem miteinander verbunden. Genau wie bei diesen Bäumen scheint auch unser Seelenwachstum unabhängig voneinander vor sich zu gehen und ist doch aufs Innigste mit der Gesundheit der Menschen um uns herum verbunden. Denn in der Mitte, außerhalb unserer Sichtweite, berühren wir uns alle.

Dies erkennend bleibt uns nichts anderes übrig, als die Gesundheit unserer Nächsten als einen Teil unserer eigenen Gesundheit zu betrachten. In den vielen Krebsräumen, in denen

November

ich war, habe ich das immer wieder tief empfunden. Ich weiß, dass es wahr ist: Wenn ich mich gegenüber Fremden verschließe, verschließe ich mich gegenüber mir selbst; wenn ich Wurzeln abschneide, beschneide ich mein Wachstum; wenn ich Fremde liebe, liebe ich mich selbst.

Insofern glaube ich, Laotses dritte Anweisung will uns sagen, dass wir Misstrauen überwinden und eine innige Beziehung zu allen anderen Lebewesen eingehen müssen, wenn wir uns unseres eigenen Leidens bewusst sind und es zu lindern wünschen. Auf tiefe und nachhaltige Weise heilen wir die Welt, wenn wir uns selbst heilen. Denn so wie der Körper nur so gesund ist wie seine Zellen, ist die Welt nur so gesund wie ihre einzelnen Seelen.

Über die Jahrhunderte hinweg wissen wir um diese zeitlose Medizin: Lebe direkt, warte und kümmere dich um deine Seele, als wäre sie die ganze Welt.

- Atme langsam und spüre, wie sich dein Herz zusammenzieht und erweitert wie deine Pupillen.
- Atme langsam und kümmere dich mit jedem Atemzug um deine Seele. Fühle, wie sich dein Herz ausdehnt. Fühle, wie sich dein Gefühl für das Selbst öffnet.
- Atme langsam und fühle, wie sich durch deine Fürsorge für deine Seele dein Gespür für die Welt öffnet.

26.

Verwandtschaft durch Dankbarkeit

Wenn ihr aus zwei eins macht
und wenn ihr das Innere wie das Äußere macht
und das Obere wie das Untere –
dann werdet ihr in das Königreich eingehen.
< Jesus >

Das Ziel aller Erfahrung ist, alles zu entfernen, was uns von der Ganzheit abhält. Was wir durch Liebe und Schmerz lernen, baut unsere Mauern ab und bringt das innere und das äußere Leben zusammen, während die Reibung des Lebens die übrigen Hindernisse weiter abträgt.

Aber der einfachste und tiefste Weg, um uns mit der Welt in Einklang zu bringen, ist die Verwandtschaft durch Dankbarkeit. Nichts bringt die Welten des Geistes und der Erde schneller zusammen. Dankbar zu sein bedeutet, nicht nur für jenes zu danken, was wir wollen, sondern auch für alles, was unseren Stolz und unsere Sturheit überwindet. Manchmal hätten mich die Dinge, die ich wollte und für die ich gearbeitet habe, zerstört, wenn ich sie tatsächlich bekommen hätte.

Manchmal bringt allein die Dankbarkeit für das Geheimnis aller Dinge alles und jeden näher, so wie ein Sog Wasserströme zu sich zieht. Nimm also die Gelegenheit wahr und bedanke dich offen, selbst wenn du nicht ganz sicher bist, wofür, und spüre, wie die Fülle allen Lebens dein Herz erfrischt.

- Setze dich still hin und meditiere darüber, was dich davon abhält, dich selbst zu erkennen.
- Atme tief und baue deine Mauern ab, indem du Dankbarkeit äußerst, ohne sie an etwas Bestimmtes zu knüpfen.
- Jetzt atme mit Dankbarkeit ein und atme aus, was noch im Weg steht.
- Wiederhole dies mehrmals im Lauf deines Tages.

27.

Die Wahrheit des Morgens

Da ist eine Weite, die der Seele Ruhe schenkt. Doch manchmal stecken wir so mitten zwischen all den Kräften des Lebens, dass wir nicht sehen können, wovon wir ein Teil sind.

Die Wahrheit des Morgens liegt darin, dass das kleine Licht des Anfangs durchbricht, immer und immer wieder. Seine Weisheit

November

ist so groß und klar, und sie trägt uns so still und leise durchs Leben, dass wir sie selten wahrnehmen.

Tag um Tag bedeckt uns der Staub dessen, was wir durchmachen. Er belastet uns, und dann denken wir und planen und lösen Probleme. Dann sorgen wir uns, ob wohl alles auch wirklich klappt und ob es überhaupt das Richtige ist. All das nimmt uns das Licht und lässt uns in Unordnung und Chaos versinken.

Doch trotz unserem beharrlichen Sorgen ermüden wir und müssen alles Geschehen der Wiege der Nacht übergeben. Das ist gut so. Denn so unfertig wir auch scheinen – das Loslassen und Einschlafen ist immer wieder ein stilles Wunder. Es ist eine reflexhafte Form der Meditation, ähnlich wie eine Fliege sich über das Gesicht streicht oder ein Reh sein Kitz ableckt. Früher oder später müssen wir schlafen, trotz aller Disziplin der Hingabe, trotz aller Entschlüsse und Fehler. Wir müssen alle Absichten und alles Bedauern aufgeben, damit das kleine Licht des Anfangs wieder in uns aufsteigen kann, immer und immer wieder.

Wir können diesen zutiefst einfachen Dingen nicht entgehen: Was geschieht, legt sich wie eine Schicht auf uns nieder. Es bedeckt unser Herz und unseren Verstand, bis wir zu den Ufern der Erschöpfung kommen und in einer Art täglicher Taufe in die Wasser des Schlafes gleiten, um wieder neu anfangen zu können.

Wann immer du dich also in Eile oder überwältigt fühlst, wann immer du dich unter Druck fühlst, eine Lösung zu finden oder das Undenkbare zu überdenken: Ruhe aus …, damit der endlose Anfang, den manche die Stimme Gottes nennen, durch das Geschehen durchbrechen kann. Und du wirst erwachen und dich fühlen wie der junge Tag.

- Das ist eine Gute-Nacht-Meditation. Atme langsam und vergegenwärtige dir eine Absicht von heute sowie ein Bedauern.
- Atme gleichmäßig und lass deinen Atem deine Absicht und dein Bedauern weit genug wegblasen, dass du sie klar erkennen kannst.
- Zentriere dich und erkenne, diese Gedanken und Gefühle gehen zwar durch dich, sind aber nicht, was du bist.
- Lass diese Gedanken und Gefühle außerhalb von dir und nutze jeden Atemzug, um dich dem Loslassen des Schlafes näher und näher zu bringen.

28.

Andacht

Lauterkeit ist das,
was aus deinem authentischen, innersten Selbst strömt.
Ohne sie ist Ehrlichkeit irreführend und ungenügend.
Es ist, als wollte man ein Boot ohne Ruder bewegen.
< Mochimasa Hikita >

Richtig zu sehen ist eine Sache; aufrichtig zu fühlen, was du siehst, ist eine andere. Und dein Handeln von deinem ehrlichen Sehen und aufrichtigen Fühlen bestimmen zu lassen, ist wieder eine andere.

All dies erinnert mich an eine Bleiglas-Meisterin aus Europa. Ihrer Lehre nach sind drei Wege des Sehens nötig, um ein heiliges Fenster zu erschaffen: Zuerst muss man sehen, welches Lebensbild das Fenster gestaltet. Dann muss das Fenster mit Farbe gefüllt werden. Und zuletzt kommt der Akt – das Versprechen –, dass alles ins Licht gebracht und damit zum Leben erweckt wird.

Sind wir diesen Bleiglasfenstern nicht sehr ähnlich? Ehrlichkeit ermöglicht es uns, die Bilder des Lebens aufzudecken, die uns formen, die Bilder der Erfahrung, die sich uns einätzen und uns prägen. Aber sie bedürfen der Aufrichtigkeit des Herzens, die uns und sie mit Farben erfüllt. Doch um überhaupt lebendig zu werden, müssen wir uns dem Licht aussetzen.

Wir alle kennen das plötzliche Aufleuchten eines Bleiglasfensters: Eben sieht es noch schmutzig und lichtundurchlässig aus, doch wenn wir es von innen betrachten und das Sonnenlicht hindurchfluten sehen, verschlägt uns seine Schönheit den Atem. So sind auch wir: In der Entstehung begriffene heilige Fenster. Uns dem Licht auszusetzen und einander von innen zu sehen, gehört zu den wichtigsten Fertigkeiten, die wir zu lernen haben.

Wenn wir das tun, praktizieren wir Andacht. Es mag sich schwierig anhören, aber es ist nichts anderes als die Koordination

November

zwischen Augen, Hand und Mund, wenn wir etwas essen. Es ist grundlegend und notwendig, und einmal gelernt, machen wir es jeden Tag, ohne nachzudenken.

◈ Dies ist eine Ess-Meditation. Stell eine Schale mit Nüssen oder Obst vor dich.
◈ Atme tief und iss langsam.
◈ Während du deine Nahrung ansiehst, denke Ehrlichkeit.
◈ Während du deine Nahrung zum Mund führst, denke Aufrichtigkeit.
◈ Während du deine Nahrung aufnimmst, denke Andacht.

29.

Der Engel der Beziehungen

Der Engel, der über uns wacht,
sieht uns durch die Augen des anderen.
< Rickie Lee Jones >

Wenn wir ineinander schauen können und zumindest einen Moment lang frei sind von irgendwelchen Absichten, Erwartungen, Wünschen oder Bedürfnissen, lässt uns etwas Unbeschreibliches und Wesentliches zu mehr werden, als wir es alleine sind. Das ist der Unterschied zwischen dem Blick in den Spiegel und dem Blick in die Augen eines geliebten Menschen.

Es scheint, der Engel der Beziehungen kann nur erscheinen, wenn unser Herz mit seinem Pochen unsere Augen öffnet. Es ist so ein mächtiges Gefühl, dass es leicht falsch interpretiert wird. Ich kann meinen, die Lebendigkeit, die ich zwischen uns spüre, komme von dir, und will deshalb vielleicht nur noch mit dir sein und vernachlässige mich selbst. Oder etwas tief in dir wird angerührt, was dich ängstigt, und du denkst vielleicht, ich hätte dich dort angeschubst, und ziehst dich von einer der schönsten Erfahrungen, die dir zuteil werden können, zurück.

Doch wie die Sommersonne, der ich nachlaufe, um sie auf meinem Gesicht zu spüren, bin ich nicht sie und sie ist nicht ich.

Zwischen uns entfaltet sich eine dauerhafte Schönheit, die niemand haben kann und die doch jeder zum Leben braucht.

- Setze dich mit einem lieben, vertrauten Menschen zusammen. Atmet in Stille, während ihr einander sanft und unverwandt in die Augen schaut.
- Während ihr atmet, achtet auf die Gefühle, die zwischen euch auftauchen, und wisst, dass der Engel der Beziehung aufgeht und untergeht wie die Sommersonne.

30.

Was uns kostbar ist

Was uns kostbar ist,
kann die Welt heilen.

Es gibt eine alte Geschichte von einer Gruppe Pilger, die nach dem Heiligen Land suchten. Sie wanderten viele Tage, bis sie ans Ufer eines sehr breiten Flusses kamen. Er war zu tief, um hindurchzuwaten, und es gab nichts, womit sie ein Boot hätten bauen können. Im Gebet vernahm einer der Pilger eine Stimme, die riet, jeder solle etwas aufgeben, was ihm kostbar war, daraus könnten sie ein Floß bauen. Denn nur was ihnen kostbar sei, wäre stark genug, sie ins Heilige Land zu tragen.

Sofort kamen Konflikt und Misstrauen auf. Jener, der die Stimme gehört hatte, wurde beschuldigt, ihnen das Kostbarste nehmen zu wollen. Schließlich waren vier der Pilger bereit, sich darauf einzulassen. Sie breiteten Dinge aus, die den anderen unnütz erschienen: einen Stein, eine Feder, ein Stück Treibholz und eine Seite aus einem Buch, das keiner verstand. Doch während sie schliefen, floss die Wertschätzung, die sie in diese Dinge gelegt hatten, auf geheimnisvolle Weise zusammen, und am Morgen fanden sie ein wunderbares Floß vor.

November

Auf der anderen Seite angekommen, vernahm jener, der die Feder gegeben hatte, eine weitere Stimme, die ihm sagte, das Heilige Land sei gerade dort, wo sie gelandet waren.

Die vier Pilger ließen sich dort am Ufer nieder, in Sichtweite der anderen, die nicht über den Fluss kamen. In jener Nacht verbrannten sie das Floß, um sich Essen zu kochen, und die Stimmen sagten ihnen, dass das Heilige Land überall dort ist, wo das, was dir kostbar ist, dich trägt und nährt.

Die Weisheit in dieser alten Legende sagt uns, dass das, was wir für unser ganz Persönliches halten, auf geheimnisvolle Weise allen gehört; dass die Dinge, die uns kostbar sind, eine heilende Kraft entfalten können, wenn sie mit allen geteilt werden. Das heißt nicht, dass wir aufgeben sollten, was uns gerade heilt und kostbar ist. Die Geschichte ermutigt uns vielmehr, persönliche Symbole loszulassen, damit sie auch andere heilen können.

Das erinnert mich an die Reliquie eines Heiligen, die mir jemand während meiner Krankheit gab: ein Knochensplitter von jemandem, der vor Jahrhunderten gelebt hatte und der einen Glauben begründet hatte, der nicht meiner war. Aber ich hielt diese Reliquie in der Hand, betete, machte mir Sorgen und durchlebte schwitzend meine Ängste, und so wurde sie für mich kostbar.

Nachdem ich wieder gesund war, wurde sie mir ein heiliger Glücksbringer, bis die Person, die ihn mir gegeben hatte, sehr krank wurde und selbst ihrer bedurfte. Ich fürchtete mich, die Reliquie wegzugeben, ich fühlte mich nackt ohne sie, doch ich es tat es, und dadurch wurde alles heilig.

Ich habe seitdem auch andere mir kostbare Dinge weggeben, wenn der richtige Zeitpunkt gekommen war: Kristalle, Bücher, persönliche Schätze, die ich lange gehütet hatte. Denn nur wenn sie gebraucht werden, entfaltet sich ihre Heilkraft.

Das Geben von dem, was uns kostbar ist, hilft uns, den Fluss zu überqueren.

◈ Zentriere dich. Meditiere über etwas, das für dich persönlich Kraft hat und das dir kostbar ist: vielleicht eine Muschel oder ein Stein, mit dem du schon gebetet hast, oder eine besondere Kerze, die du anzündest, wenn du dich bedrückt fühlst.

◈ Atme tief und danke dafür, dass es dir kostbar ist.

1.

Kerzen und Kokons

Träume sind Kerzen, die uns durch die Dunkelheit helfen.
Wenn sie verwendet werden, schmelzen sie.

Häufig definieren wir uns über unsere Träume und Wünsche. Ich will Schauspielerin sein oder Musiker oder Präsident oder Großmutter. Ich träume davon, berühmt zu sein, in die Geschichte einzugehen, eine Heldin zu sein. Und wenn uns das Leben anders formt, meinen wir oft, versagt zu haben, uns mit weniger zufrieden geben zu müssen, weil wir nicht gut genug waren, um das zu werden oder zu bekommen, was wir wollten.

Wenn wir gerade mit einer unserer Grenzen konfrontiert werden, fühlt sich das natürlich manchmal wahr an. Doch auch durch unsere Beschränkungen entwickeln wir uns, so wie aus einer Raupe eine Puppe und aus einer Puppe ein Schmetterling wird. In welcher Reihenfolge unsere Schwierigkeiten im Leben auftreten, ist genau das, was wir brauchen, um unsere Seligkeit und unseren Platz in der Ordnung der Dinge zu finden.

Die Wahrheit ist, dass unsere Träume und Wünsche nicht immer von Dauer sind. Sie dienen einem bestimmten Zweck in unserer Entwicklung und dann verflüchtigen sie sich, verlieren ihre Bedeutung. Und wir können uns sehr schaden, wenn wir auf etwas bestehen, das eigentlich schon gestorben ist.

Als Jugendlicher wollte ich unbedingt Basketball-Profi werden. Meine Begabung reichte gerade aus, um für eine Weile meine Grenzen zu verbergen, und ich spielte in der Highschool und im College. Doch als ich in meinem letzten Collegejahr zu spielen aufhörte, entdeckte ich meine Berufung als Dichter. Sie trug mich durch fast achtzehn Jahre, bis mich der Krebs für das spirituelle Leben öffnete.

Dezember

Ich habe nicht darin versagt, Basketballspieler zu werden, und auch die Dichtkunst hat mich nicht enttäuscht. Eher hat sich mein Inneres durch meine Lebenserfahrung so entwickelt, dass sich die körperliche Bewegung durch die Luft zum Tanz des Dichters mit dem Gefühl und dann zur spirituellen Anmut des Seins entwickelte. Ich habe in meinem Verlangen, ein großer Basketballspieler zu werden, nicht *mehr* versagt, als ein Kokon gegenüber dem Schmetterling versagt, auch wenn es schmerzhaft war, die Form des Traumes zu verlieren.

Einen Traum zu verwirklichen ist selten so wichtig, wie sich ihm hinzugeben um all dessen willen, was er uns zu lehren hat.

◆ Versuche, dich an den ersten Traum zu erinnern, der dich wirklich ergriffen hat.
◆ Was wolltest du von diesem Traum?
◆ Was hat dich der Traum gelehrt und wo hat er dich hingeführt?
◆ Ist dir die Essenz des Traums erhalten geblieben?
◆ Hast du heute einen Traum?
◆ Was lehrt er dich?

2.

Eine Einladung

Deine Aufgabe ist, es zu leben, nicht es zu offenbaren.
< Helen Luke >

Helen Luke war eine sehr weise, tief im spirituellen Leben verwurzelte Frau. Ich kannte Helen während ihrer letzten beiden Lebensjahre. In dieser Zeit war sie mir eine Mentorin. Die oben stehenden Worte stammen aus unserem letzten Gespräch. Sie machten mir zu schaffen, denn ich habe mein Leben dem Schreiben gewidmet und dachte, das sei meine Aufgabe: zu offenbaren, was wesentlich und verborgen ist.

Seit Helen gestorben ist, habe ich begriffen, dass ihr letzter Rat eine Einladung war, alles Streben nach Großem aufzugeben, wie sehr uns das, was wir tun, auch am Herzen liegen mag. Sie riet mir nicht, mit dem Schreiben aufzuhören, sondern nicht mehr danach zu streben, bedeutend zu sein. Sie ermunterte mich, damit aufzuhören, die Dichtung des Lebens aufzuzeichnen, und anzufangen, an der Dichtung des Lebens teilzunehmen.

Diese Lektion gilt für uns alle. Wenn wir uns dem Stück Leben hingeben, das gerade ansteht, wird sich der Rest ergeben. Denn es scheint, das Leben offenbart sich durch jene, die bereit sind zu leben. Alles andere, und sei es noch so schön, ist nur Werbung.

Ich brauchte viele Jahre, um das zu lernen und zu akzeptieren. Ich begann ganz unbefangen, doch dann kam es zu Trennungen, und heute weiß ich, dass Gesundheit aus direkter Erfahrung entsteht. So hat mich mein Ringen darum, etwas zu tun, was noch nie getan wurde, entdecken lassen, dass das Leben selbst die Urkunst ist.

- Zentriere dich. Denke an dein Leben wie an eine Geschichte, die noch nicht geschrieben wurde.
- Atme langsam und befreie dich von der Verantwortung, deine eigene Geschichte aufzuzeichnen.
- Atme tief und stelle dir deinen Weg als das Stück Himmel vor, durch das ein Vogel fliegt.
- Jetzt atme einfach und fliege. Geh in den Tag, atme und lebe.

3.

Gastfreundschaft

Im Kern ist Gastfreundschaft ein Über-die-Schwelle-Helfen.
< Ivan Illich >

In Dantes »Göttlicher Komödie« wird Dante vom freundlichen Vergil durch die Hölle der Verleugnung und das Fegefeuer der

Dezember

Illusionen geführt, bis zu einem Feuerweg, durch den Dante allein hindurchmuss, um authentisch zu werden. Noch früher in der Geschichte hat Aaron seinen Bruder Moses vom Berg Sinai zurück in die Welt geleitet, wo der Prophet leben musste, was Gott ihm offenbart hatte. Und wenn wir von den Geschichten der Bestrafung absehen, die wir so oft gehört haben, begleitet Gott selbst im Garten Eden Adam und Eva bis an die Schwelle zur Welt, hin zu jenem schmerzhaften und wundervollen Leben der direkten Erfahrung, das nur uns Menschen zuteil wird.

Dies sind eindrucksvolle Beispiele spiritueller Gastfreundschaft. Verwandte Seelen geleiten sich, um in ihrem Leben weiterzukommen. Dies ist wohl das Höchste, was wir von anderen erbitten können: uns auf unserem Weg zu beraten und zu trösten, ohne uns zu bedrängen und ohne einen Lohn zu erwarten. Das ist die Gastfreundschaft von Beziehungen: zur Familie, die uns hilft, uns in der Welt zu manifestieren, zu Freunden, die uns an die Schwelle unserer Echtheit bringen, zu Liebsten, die uns ermutigen, unsere selbst erschaffenen Grenzen zu überschreiten, um Augenblicke höchster Lebendigkeit zu erfahren.

Dies ist ein echtes Willkommenheißen an der Tafel, ohne darüber zu urteilen, was wir essen. Häufig ist die Aufgabe der Liebe genau dies: dass andere uns geleiten, ohne Erwartung und ohne einzugreifen, so weit sie können, damit wir anfangen können.

Das erinnert mich an einen Traum, den ich während meiner Krankheit hatte: Ich kam an einen Wald, und die kleinen Lichtungen, die ich darin erblickte, riefen mich. Ich stand lange dort, viele Gelegenheiten kamen und gingen. Schließlich tauchte eine alterslose, resolute Frau auf und sagte: »Du kannst nicht losgehen, ich weiß, und wenn ich nett wäre, würde ich dich ein Stück weit hineinbegleiten, aber ich bin mehr als nett. Du musst allein hineingehen. Ich erwarte dich auf der anderen Seite.«

Ich weiß nicht, ob dieses weibliche Wesen Gott war oder ein Engel oder der Frieden meiner eigenen Seele, aber ihr starker, sanfter Hinweis gab mir genug Kraft, es hindurchzuschaffen, und ich sah sie nie wieder. Aber wenn ich heute aus Liebe Wege freilege, die ich und andere nehmen können oder auch nicht, dann spüre ich sie in meinen Händen.

Sie ist einer unserer tiefsten Impulse zur Liebe – jene besondere Gastfreundschaft für die Verletzten, jenes starke Mitgefühl, das den Leidenden hilft, sich zu heilen. Sie drängt uns auf geheimnisvolle und beharrliche Weise, Verwirrung aufzulösen und Trost zu suchen in dem, was echt ist. Durch sie können wir, die gelitten haben, jetzt selbst etwas beitragen, den Gestürzten stützen und dem Erschöpften den Kopf halten, dass er trinken kann, wissend, dass wir nie für ihn trinken können.

- Atme tief und meditiere über einen Rat und Trost, den du erhalten hast, ohne dass dafür etwas erwartet wurde.
- Atme aus und danke für diese Geste der Gastfreundschaft.
- Atme ein und spüre deine eigene Fähigkeit, zu begleiten, ohne einzugreifen. Fühle deine eigene Fähigkeit, zu trösten, ohne etwas dafür zu wollen.
- Übe im Lauf deines Tages, anderen anonym kleine Gesten der Freundlichkeit oder Wahrheit auf ihren Weg zu streuen. Lass für die Obdachlosen ein halbes Sandwich zurück, lass ein Buch auf einer inspirierenden Seite offen liegen, hinterlass im Bus eine Blume.
- Hilf der Welt, indem du eine Spur deiner Selbst zurücklässt.

4.

Arbeit und Leidenschaft

Frage nicht, was die Welt braucht.
Frage, was dich lebendig werden lässt, und tue es.
Denn was die Welt braucht, sind Menschen, die lebendig sind.
< Howard Thurman >

Ich erinnere mich, wie zu Anfang meiner Collegezeit viele von uns in die Lehrerausbildung gedrängt wurden, weil es damals zu wenig Lehrer gab. Bis wir fertig waren, waren Lehrerjobs jedoch schon wieder knapp geworden. Dasselbe geschah fünfzehn Jahre später, als ich am College lehrte. Viele Schüler wurden ermutigt,

Dezember

Betriebswirtschaft zu studieren, doch wenige Jahre, nachdem sie fertig waren, gab es kaum noch Arbeitsplätze in diesem Bereich.

Auch das ist ein Weg, wie Mangel unser Leben beeinflussen kann. Wenn wir unsere Interessen an dem ausrichten, was andere brauchen, tauschen wir unsere Chance auf Erfüllung vielleicht gegen etwas ein, das uns sicher erscheint. Das Prinzip von Angebot und Nachfrage mag auf dem Papier funktionieren, doch in der Welt kann es zu einem Leben ohne Liebe führen.

Herauszufinden, was wir lieben, mag Jahre dauern, aber es fördert ein leidenschaftliches Leben. Denn was dich lebendig werden lässt, kann dich lebendig erhalten, ob du gut dafür bezahlt wirst oder nicht. Und jenseits aller Bewegungen auf dem Arbeitsmarkt macht uns ein leidenschaftliches Leben zu einer gesunden Zelle im Körper der Welt.

- Zentriere dich und lass zu, dass die Dinge, die dich bewegen, in dein Herz treten. Es kann etwas ganz Einfaches sein, wie einer Kerzenflamme beim Flackern zuzuschauen oder durch den Wind zu laufen.
- Atme frei und fühle einfach, wie sich diese Dinge auf deinen ganzen Körper und dein ganzes Sein auswirken.
- Wenn möglich, sprich mit einem lieben Menschen darüber, was dich lebendig werden lässt.

5.

Dem Hindernis nachgehen

Geh dem Hindernis nach. Es wird dich frei machen.

Als ich an den Berg kam, war ich in Eile. Ich dachte, es würde zu lange dauern, um ihn herumzugehen, also versuchte ich, mir einen Weg zu bahnen. Jeder Stein und jeder Ast fühlte sich nach Zeitverschwendung an. Wenn nur dieser Berg nicht im Weg stünde. Ich zerkratzte mir Arme und Beine. Ich fing an, schwerer zu atmen, und verlor die Orientierung. Jetzt musste ich nach oben klettern, um Ausschau zu halten.

Als ich über die Baumgrenze kam, wollte etwas in mir auch den Gipfel sehen. Ich eilte hinauf, doch während ich mich Schritt um Schritt emporarbeitete, fühlte es sich merkwürdigerweise so an, als käme ich überhaupt nicht vorwärts. Schließlich ließ ich die Wolken hinter mir. Ich hatte noch die Sonne auf den Wolken gesehen. Ich saß auf einem Felsen auf einer Lichtung, und das Licht strahlte mir auf den Kopf, als wäre ich eine Wolke. Plötzlich schien es nicht mehr wichtig, den Gipfel zu erreichen oder den Berg zu überwinden. Ich fand es wunderbar, wo ich war, und hatte das Gefühl, ich könnte auf dem Berg leben. Aber ich musste zurück. Ich brauchte Essen. Ich brauchte Liebe.

Doch wenn jetzt jemand davon spricht, etwas zu überwinden, was im Weg steht oder was ihn in seiner Eile behindert, schaue ich in beide Richtungen und empfehle: »Geh dem Hindernis nach. Es wird dich frei machen.«

Diese Geschichte lädt uns ein, jedes Hindernis als etwas zu würdigen, das auch seinen Platz hat im universellen Strom, und uns selbst und das Hindernis als zwei Äste desselben Baumes zu betrachten, die in demselben Strom treiben und aneinanderstoßen, ja sich vielleicht sogar einen Augenblick lang gegenseitig blockieren.

Diese Sichtweise lädt uns ein, jenes, was uns aufhält, nicht als etwas zu betrachten, das seinen Willen gegen unseren Willen stemmt. Denn das Hindernis gibt uns unseren Widerstand einfach zurück. Wir haben jedoch die Möglichkeit, das Leben des Hindernisses nicht weiter zu stärken oder aufrechtzuerhalten, sondern mit Offenheit für die Energie des Hindernisses zur Seite zu treten – ähnlich wie die alte Kunst des Aikido lehrt, einen Schlag nicht abzuwehren, sondern ihn an dir vorbeizuleiten.

Gleichzeitig gilt es, zu fragen, was in uns darauf besteht, das vor uns Stehende als Hindernis zu betrachten. Vielleicht ist es keines. Vielleicht ist es eines. Oder es ist etwas Kleines, das durch die Geschichte unseres Kampfes wie eine Tragödie oder ein Unglück erscheint.

Wenn möglich, müssen wir uns also auf unsere Beziehung zum Strom konzentrieren und nicht auf die Dinge, die neben

Dezember

uns darin schwimmen. Wenn etwas unseren Weg zu versperren scheint, müssen wir versuchen, zu verstehen, was es bewegt
und was uns bewegt. Wenn unsere Bewegung in der Welt dann
immer noch behindert ist, bedeutet das vielleicht, dass es ange-
bracht wäre, still zu stehen. Wir müssen versuchen, uns nicht
unnötig Schaden zuzufügen, indem wir eine Bewegung vor ihrer
Zeit erzwingen wollen.

◆ Identifiziere das größte Hindernis in deinem gegenwärtigen
Leben. Wovon hält es dich ab?

◆ Beschreibe das Hindernis als einen Teil der Natur mit einer
eigenen Geschichte. Ist es wie eine Muschel, die von der
Brandung herangespült wurde, oder ein Stein, der in einer
Lawine herabgerollt ist, oder ein kleines Reh, das schreck-
erstarrt in der Mitte einer befahrenen Straße steht?

◆ Wie kollidiert das, was du brauchst oder willst, mit dem, was
es braucht oder will?

6.

Die Farbe der Wahrheit

*Die besten und schönsten Dinge der Welt
können nicht gesehen oder berührt werden …,
sondern nur im Herzen gefühlt.*
< Helen Keller >

Die alte chinesische Kunst der Porzellanmalerei erfordert neben
handwerklichem Geschick und Können tiefes Vertrauen in den
Prozess sowie Geduld. Es wird eine dünne Pigmentschicht nach
der anderen aufgetragen. Jede davon muss trocknen und ins Porzellan einziehen. Doch auch getrocknet zeigt sich nicht die wahre
Farbe des Pigments. Was gemalt wurde, zeigt sich erst, wenn das
Porzellan gebrannt wurde.

Das ähnelt sehr dem Lebensweg der Fragen, die sich aus dem
Leben ergeben. Wir verwenden die Pinsel unserer Gefühle, um
unsere Fragen in unser Herz zu malen. Doch erst wenn wir durch

das Feuer der Erfahrung gegangen sind, erst wenn unsere gefühlten Fragen sich durch Erfahrung in unser Herz gebrannt haben, erst dann wird die Farbe der Wahrheit für uns sichtbar.

Es gibt keine Antworten auf die tieferen Fragen des Lebens, nur die Farben der Wahrheit, die sich zeigen, wenn wir das Vertrauen und die Geduld haben, in ihnen zu leben.

- Setze dich still hin und vergegenwärtige dir die Farbe einer Wahrheit, in der du persönlich gelebt hast.
- Verfolge diese Wahrheit mit Hilfe deines Atems zurück bis zu den Fragen, die du hattest, bevor du sie gelebt hast.
- Bemerke den Unterschied und teile die Geschichte dieser Wahrheit einem Freund oder einer Freundin mit.

7.

Wir haben die Wahl

*Das Herz ist ein starkes Gestade
und das Meer kennt viele Stimmungen.*

Mit jedem Tag haben wir die Wahl: Wir können Mauern errichten, uns vor dem Licht abschirmen und unter der Stickigkeit in unserer Seele leiden. Oder wir können ungeschützt leben und unter den Angriffen der Erosion leiden, die mit einem Leben in der Offenheit einhergeht.

Die meisten von uns, inklusive meiner selbst, leben hinter Mauern, die von anderen begonnen und von uns selbst fertig gestellt wurden. Häufig fürchten wir uns grundlos voreinander: jene, die Mauern bauen, und jene, die weiterstrahlen. Letztlich kommt es darauf an, wie man das Leben lebt – sicher oder in seiner ganzen Fülle. Ich gebe zu, dies sagt jemand, der darum ringt, weiterzustrahlen, denn letzten Endes ist es auch nicht unbedingt sicher, wenn man sich nicht vom Leben berühren lässt. Ich habe

Dezember

gelernt: Je mehr ich riskiere, zu sein, wer ich bin, so wie eine Sonne es wagt, zu strahlen, desto dünnere Mauern brauche ich um mich herum.

Meine erste Erfahrung damit war eine schmerzliche Situation in meiner Kindheit, in der mich meine Mutter aufgefordert hatte, etwas zu tun. Wir waren allein in meinem Zimmer, und ich sagte Nein. Ich erinnere mich nicht mehr, was sie von mir wollte, nur dass ihr Ansinnen demütigend und unnötig war. Ich war nicht aufsässig, ich war nur standhaft. Ich erinnere mich, wie ich, ihren Ärger fürchtend, möglichst schnell eine Mauer aufbaute. Ich hatte mich noch kaum vorbereitet, als sie schon die Hand hob und mich heftig schlug. Die Mauer hatte nicht funktioniert. Meine Seele war erschüttert.

Sie hob den Arm, um mich erneut zu schlagen, aber inzwischen hatte meine Seele irgendwie reflexhaft eine Stärke entwickelt, die sie nicht durchdringen konnte. Ich leuchtete. Sie hielt mitten in der Luft inne und rief meinen Vater, um ihre Forderung durchzusetzen. Auch er fühlte mein Strahlen, aber er ließ sich nicht beirren und schlug zu. Als seine Hand in meinem Gesicht landete, leuchtete ich in mir weiter. Es tat weh, keine Frage, aber ich war geschützt.

Es gibt Zeiten, da sind Mauern notwendig, aber häufig können wir uns schützen, indem wir sind, wer wir sind. Weder uns zu verbergen noch uns zu offenbaren verhindert, dass wir unseren Anteil an Leid abkriegen, aber indem wir sind, wer wir sind, haben wir Teil am universellen Strom und sind nicht nur eine Nuss in einer Schale, die darauf wartet, herunterzufallen.

◆ Zentriere dich und meditiere abwechselnd über dein Gespür für die Mauer, hinter der du hervorschaust, und über dein Gespür für das, was da schaut.

◆ Atme gleichmäßig. Während du einatmest, schließe die Faust und spüre deine Mauer.

◆ Atme langsam. Während du ausatmest, öffne die Hand und spüre, wer du bist.

◆ Nach einer Weile übe, jenes, was du bist, über die Mauer zu bringen, indem du mit offener Hand ein- und ausatmest.

◆ Nach einer Weile steh auf und bewege dich im Raum außerhalb deiner Mauer. Beobachte, wie sich das anfühlt.

8.

An der Quelle

Nimm einen Krug voll Wasser und stelle ihn ins Wasser –
jetzt ist Wasser innen und Wasser außen.
Wir müssen dem keine Namen geben,
sonst fangen die törichten Leute wieder damit an,
von Leib und Seele zu reden.
< Kabir >

Wir können nicht anders. Wir machen zu viel Aufheben darum, wo wir aufhören und wo andere anfangen. Doch nur indem wir klare Grenzen setzen, können wir das klare gemeinsame Wasser des Geistes entdecken und erfahren, von dem Kabir spricht. Das kann verwirrend sein. Doch auch wenn wir in dem, was wir ausdrücken, nicht immer eloquent oder klar sind, ist doch jeder an der Quelle, wo Herz und Geist eins sind, klar wie Wasser.

Wie Teilhard de Chardin sagt: »Wir sind nicht menschliche Wesen, die eine spirituelle Erfahrung machen. Wir sind spirituelle Wesen, die eine menschliche Erfahrung machen.« Mit dieser Haltung in unseren Alltag zu gehen, verändert etwas. Unserem kleinen Krug voll Leben wird der Ozean angeboten.

Es hilft, uns daran zu erinnern, dass es trotz all unseres Ringens um Identität, trotz der Last des Lebens, in jedem von uns ein nicht zu unterdrückendes Quäntchen Geist gibt, einen Jungbrunnen, den wir in uns tragen, der blockiert sein kann, aber nie aufgehalten werden kann. Das ist es, was aus allen Wesen als Sehnsucht nach Liebe und Frieden hervorstrahlt.

Wenn wir unsere Sehnsucht, unseren aufrichtigen Wunsch nach Liebe öffnen, öffnen wir jenen Brunnen und werden, wie Kabirs Krug, im Wasser lebendes Wasser, in Liebe lebende Liebe, etwas lebendiges Kleines in einem lebendigen Großen, ein Atem im Wind.

Dezember

- Setze dich still hin, atme und stell dir vor, du bist Kabirs kleiner Wasserkrug.
- Atme tief und frei und stell dir die unsichtbare Welt des Geistes um dich herum als einen Ozean vor, der dich trägt.
- Atme langsam und sauber und versuche zu fühlen, wie du und das Leben um dich herum aus demselben bestehen.

9.

Das Werk der Liebe

Die Liebe strömt durch alles.
< Fakhruddin Iraqi >

Ich habe vor Kurzem erfahren, dass der erste Bleistift einfach ein Klumpen Blei war. Nachdem sie erkannt hatten, dass Blei, wenn man damit kratzt, Linien hinterlässt, mühten sich die Menschen darum, wie man mit dem Zeug am besten schreiben könnte. Durch die Beiträge von vielen fand man einen Weg, das Material in eine nützliche Form zu bringen, die in die Hand passt. Aus der Entdeckung wurde ein Werkzeug.

Ich muss nach einem Leben voller Beziehungen zugeben, dass es mir mit der Liebe ganz ähnlich ergangen ist. Ob als Geliebter, als Freund oder als Familienmitglied – die Entdeckung von Nähe taucht in unserem Leben zunächst einmal wie ein Klumpen Blei auf, als etwas, mit dem wir Markierungen machen können, durch die wir uns verständigen können.

Doch das ist nur der Anfang. Das Werk der Liebe besteht dann darin, aus dem Material unserer Beziehungen ein Werkzeug zu machen, das in unsere Hand passt. Mit jedem Problem, dem wir uns stellen, mit jeder Illusion, die wir uns anschauen, mit jeder Grenzüberschreitung, für die wir die Verantwortung übernehmen, wird ein weiteres Stück abgeschliffen, bis aus der Liebe ein heiliges Werkzeug wird.

Wenn die Wahrheit in mitfühlenden Händen liegt, wird die Schärfe der Liebe klar und nicht verletzend.

- Vergegenwärtige dir eine wichtige Beziehung, mit der du zu kämpfen hast.
- Zentriere dich und bete, dass die Liebe, die euch verbindet, weiterhin ihre Form finden möge.
- Während du durch deinen Tag gehst, bleibe formbar und offen dafür, ein Werkzeug zu werden.

10.

Fragen an die Kranken (4.)

Wann hast du das letzte Mal
den Geschichten anderer zugehört?
< Frage eines indianischen Medizinmanns an einen Kranken >

Ich besuchte eine Psychodrama-Gruppe, die sich zwei Jahre lang alle zwei Wochen traf. Ich hatte keine Ahnung von Psychodrama und hätte das nie ausprobiert, doch die Gruppe wurde von einem Mann geleitet, den ich für weise hielt. Ich wusste, dass ich noch mehr von ihm lernen konnte, und hatte mir geschworen, an allem teilzunehmen, was er anbot.

Es stellte sich heraus, dass Psychodrama ein Prozess ist, in dem jeder Teilnehmer einen Teil seiner inneren Geschichte lebendig werden lässt, in der Hoffnung, dass wir im Ausagieren unserer Träume, Konflikte oder unbewältigter Teile unserer Vergangenheit einander helfen können, darin eine Weisheit zu entdecken, die uns in unserem Leben weiterhilft.

Ich brauchte etliche Wochen, um mich zu trauen, selbst ein Thema einzubringen. Ich wollte zuerst einmal am Rand warten und zusehen, wie sich alles gestaltete. Doch ohne damit zu rechnen, begann ich, in jeder Geschichte der anderen – auch wenn sie sich noch so sehr von meiner eigenen unterschied – einen Teil von mir zu erkennen, dem ich noch nie Ausdruck verliehen hatte. Ich entdeckte, dass das Teilnehmen an den Träumen, Konflikten

Dezember

oder der unbewältigten Vergangenheit der anderen eine tiefere Art des Zuhörens ist, eine tiefere Art der Präsenz. Der Lohn dieses tiefen Zuhörens ist die unglaubliche Ehre, erster Zeuge eines Beispiels menschlichen Muts zu sein und dann aus der überraschten Erkenntnis, dass unsere Geschichten letztlich alle gleich sind, Trost und Heilung zu schöpfen.

Es scheint, die alten Medizinmänner wussten, das Anhören der Geschichte eines anderen gibt uns irgendwie durch ihr exemplarisches Vorbild die Kraft, weiterzumachen, und kann uns Aspekte unserer selbst zeigen, die wir nicht so leicht erkennen können. Denn das Anhören der Geschichten anderer – nicht ihrer Vorbehalte und ihrer persönlichen Gebote – ist eine Art Wasser, welches das Fieber unserer Einsamkeit bricht. Und wenn wir aufmerksam genug hinhören, besänftigt es uns so weit, dass wir uns unseres gemeinsam Namens erinnern.

- Atme langsam und meditiere darüber, heute offen und empfänglich zu sein.
- Widme deine Energie dem Zuhören, während du dich durch deinen Tag bewegst.
- Wenn du die Geschichten anderer hörst, achte darauf, wo sie Teile deiner eigenen Geschichte berühren.
- Wenn du kannst, biete einen Teil deiner eigenen Geschichte als Gegengeschenk an.

11.

In der Schwerkraft

In der Schwerkraft
geschieht dasselbe, nur langsamer.

Wenn ein Teller zerbricht, nennen wir es ein Missgeschick. Wenn ein Herz zerbricht, nennen wir es traurig. Wenn es unser eigenes ist, nennen wir es tragisch. Wenn ein Traum zerbricht, nennen wir es manchmal ungerecht. Doch Ameisen lassen ein Stückchen Erde fallen und nehmen neue auf, und Vögel lassen Futter fallen und nehmen etwas anderes auf. Nur wenn wir Menschen etwas fallen lassen, was wir brauchen, hagelt es Philosophien und Klagen.

Das Problem ist nicht, dass wir stöhnen, vielmehr dass wir zu leben aufhören, nur um uns selbst stöhnen zu hören. Doch dessen ungeachtet stoßen Sterne zusammen und Geschichten nehmen ihren Lauf. In unserer Welt gibt es immer etwas, das loslässt, und etwas, das auf die Erde auftrifft. Häufig überlebt das, was loslässt, genau dadurch: indem es nicht festhält, bis das, was wegmuss, fortgerissen wird. Und das, was den Aufschlag erlebt, überlebt, indem es weich bleibt, indem es zulässt, von dem Aufschlag vorübergehend verformt zu werden, so wie ein Stein den Schlamm verformt.

Als Menschen lassen wir abwechselnd los und werden getroffen. Liebe federt diesen Prozess ab, und Frieden verlangsamt ihn, bis wir in gesegneten Augenblicken mit dem, was wir brauchen, Fangen zu spielen scheinen.

- Denke beim Einatmen an etwas, das dich gerade trifft. Wie könntest du weicher werden, um den Aufprall abzufedern?
- Denke beim Ausatmen an etwas, das dich verlassen muss, und wie du dich öffnen könntest, um es leichter loszulassen.

12.

Der Schatz zu unseren Füßen

Es ist nicht leicht, in uns selbst Glück zu finden,
und es ist unmöglich, es irgendwo anders zu finden.
< Agnes Repplier >

Wenn wir sie denn benennen müssen, sind die größten Hindernisse zum Frieden wir selbst und die Welt. Entweder ich fahre mich auf dem Weg zur Wahrheit meiner Seele in mir selbst fest oder ich ver-

Dezember

liere mich in der Welt. Oder umgekehrt. Doch wir tragen die kostbare Essenz in uns. Sie ist immer da, ganz nah, auch wenn sie fern erscheinen mag, und der Schatz ist nirgendwo anders zu finden als unter unserer Unruhe und Erregung. Er wartet dort wie Gold auf dem Grund eines flachen Sees, und obwohl wir im Wasser stehen, den Schatz zu unseren Füßen, hält uns das ständige Aufwühlen unseres Spiegelbildes davon ab, ihn zu erkennen. Meistens geht es für mich darum, dass ich aufhöre, mich zu bewegen, zu denken und nach Lösungen zu suchen, und mich nach innen wende.

Renne also, wenn du willst, denn es wird alles mit dir kommen. Oder denke und analysiere, so viel du musst, denn dein Herz wird alle Wellenschläge deiner Gedanken überdauern. Oder gib den Dingen dieser Welt die Schuld, wenn du das brauchst, denn die Dinge, die du anklagst, werden irgendwann verschwinden. Und dann wird dir und mir nichts bleiben als wir selbst, die Welt und der Schatz zu unseren Füßen.

- Zentriere dich, und falls es etwas gibt, wovor du davonläufst, atme ein und lass es dich einholen.
- Setze dich still hin. Falls es etwas gibt, das du rational wegzudenken versuchst, atme aus und lass dich davon berühren.
- Sei still, und während du atmest, lass die Kräfte der Welt dich berühren und vorüberziehen.
- Wenn du kannst, strecke dich jetzt mit deinem Atem nach dem Schatz aus, der in dir wartet.

13.

Wenn wir sprechen

*Ich habe erst jetzt erkannt, dass etwas Endloses
in mir Wurzeln geschlagen hat, und mir bleibt
nichts anderes übrig, als zu leben und zu lieben,
bis es mich zum Wachsen bringt wie einen Baum.*

Bei einer Versammlung begegnete ich einem alten Mann. Als alle ihrer Wege gingen, lehnte er sich über den still gewordenen

Raum zwischen uns zu mir herüber und sprach, als wären wir Bäume. Er kratzte sich am Kinn und sagte: »Wir fangen dünn und grün an, und jedes Mal, wenn der Himmel sich verdüstert, meinen wir, dass es uns niederschmettern wird, aber die Wolkenbrüche lassen uns wachsen, wenn auch nicht gerade. Wir drehen uns immer nach dem Licht, und je mehr wir uns von der Erde wegrecken, desto tiefer fingert sich etwas in uns auf merkwürdige Weise nach unten, und genau das, unsere unsichtbaren Finger, die sich nach dem Kern ausstrecken, bewahren uns davor, weggepustet zu werden. Jetzt gibt es kein Weglaufen mehr und nur noch wenig Biegsamkeit, und auch wenn es viele Sprachen gab, wurde keine gehört, nur ein Knarren am frühen Morgen und ein Knacken in der Nacht, und früher oder später werden wir zum Umstürzen gebracht. Es spielt keine Rolle, wie. Wir werden niedergemacht. Doch aufgeschichtet brennen wir, und Dichtung steigt aus uns auf, und in der Asche bleibt Weisheit zurück.« Dann ging er.

Ich war mir nicht sicher, was da geschehen war, aber ich glaube, diese Geschichte hatte mit Demut zu tun und damit, wie all unsere Erfahrung eigentlich Anmachholz ist für den Ausdruck unserer Wahrheit. Wir wachsen irgendwie durch all die Dinge, die so dunkel erscheinen, und mit jedem Wechsel der Jahreszeiten werden unsere Wurzeln dicker und tiefer und breiten sich aus, um unser Gewicht des Lebens in der Welt zu halten.

Doch was ist mit »umstürzen« und »niedergemacht werden« gemeint? Vielleicht steht das für Enttäuschung, Verlust, unerwartete Veränderungen – alles, was uns demütig näher an die Erde bringt. Vielleicht verweist es darauf, dass jede Entwurzelung unserer persönlichen Vorstellungen es uns ermöglicht, unsere Verbindung mit anderen Lebewesen vollständiger zu spüren.

Und was bedeutet es für uns, aufgeschichtet zu sein, um zu brennen? Vielleicht geht es darum, so einfach zu werden, dass das, was in uns gewachsen ist, mit Leidenschaft für das Leben aus uns aufsteigen kann. Nach zwei Ehen und dem Kommen und Gehen meiner engsten Freunde kann ich vielleicht entrindet, heiß und klar etwas über die Bedeutung der Liebe stammeln.

Dezember

Nach dem Verlust einer Rippe und dem Gewinn meines Lebens kann ich vielleicht, wenn mich der Augenblick entflammt, etwas Zunder darüber aushauchen, was es bedeutet, von Wahrheit zu leben.

Erfahrung scheint aus uns heraus brennen zu wollen, und egal ob das, was dabei herauskommt, intelligent oder hübsch ist – der eigentliche Zweck von Feuer ist, zu erhellen und zu wärmen. Vielleicht müssen wir wie der Bauer, der im Herbst Holz sammeln muss, um über den Winter zu kommen, unsere Erfahrungen sammeln und entzünden, um unsere Lebendigkeit gesund und warm zu halten.

- ❖ Setze dich still hin, wenn möglich vor ein Feuer, und meditiere über eine entscheidende Erfahrung, die dich unerwartet zu dem geformt hat, wer du bist.
- ❖ Atme lang und sanft und lass diese lebensverändernde Erfahrung in dir wie eine kleine Flamme aufsteigen.
- ❖ Atme gleichmäßig und benenne diese kleine Flamme mit ein oder zwei Worten.
- ❖ Wiederhole die Worte, die aufgetaucht sind, mit geschlossenen Augen mehrmals und lass dich von deiner eigenen Erfahrung wärmen.

14.

Uns selbst befreien

Es ist schwer, die Wahrheit zu sagen,
aber einmal ausgesprochen ist es schwer,
sie zurückzuhalten.
< Sharon Green >

Welche Wahrheit wir uns auch gezwungen fühlen, zurückzuhalten; wie undenkbar es uns auch erscheinen mag, sie auszusprechen: Es nicht zu tun, ist so, als würden wir spirituell den Atem anhalten. Das geht nur eine gewisse Zeit lang. Je länger wir unsere Wahrheit versteckt halten, desto schwieriger wird es natürlich, ihr eine Stimme zu verleihen, jedenfalls scheint es so, weil sich der Druck aufbaut und uns die Luft knapp wird. Aber wir sind nie mehr als einen Herzschlag davon entfernt, uns aus dieser schrecklichen Isolation zu befreien, sind nie weiter als ein Schlucken und ein Räuspern davon entfernt, zurückzufallen in die Offenheit.

Währenddessen hindert die Macht des Verborgenseins uns daran, die Vitalität des Lebens zu erfahren. Die Wahrheit auszusprechen, wirkt insofern heilend, weil es uns zum Pulsschlag dessen, was heilig ist, zurückführt. Ebenso wichtig wie die Achtung und das Vertrauen, die mit dem Aussprechen der Wahrheit gewonnen werden, ist die Befreiung von dem schrecklichen Druck, der uns versteckt hält und einsam macht. Dies ist das verkörperte Geschenk der Wahrheit, die uns wie das Atmen am Leben erhält.

- Zentriere dich, atme und stell dir vor, dass du deine Wahrheit ein- und ausatmest.
- Nimm dir im Lauf deines Tages Zeit, deine Wahrheit einzuatmen und wieder freizusetzen in die Welt.

15.

Goya und Melville

Die Sonne hört nicht auf zu scheinen, weil es Blinde gibt.

Es ist schwer, uns selbst treu zu bleiben, wenn wir auf Gleichgültigkeit treffen. Ablehnung und Widerstand sind schmerzhaft, aber so behandelt zu werden, als wäre man Luft, ist auf eine stille Art niederschmetternd. Dieses weiche Stechen ist ausgesprochen menschlich. Adler segeln stundenlang über die Canyons, und die Tatsache, dass niemand davon weiß, beeinträchtigt ihre Flugkünste nicht im Geringsten. Doch wenn wir sind, wer wir sind,

Dezember

schwingt für uns immer ein gewisses Gefühl von Heldentum mit, vor allem wenn wir uns missverstanden, verurteilt oder ignoriert fühlen. Unser Bedürfnis nach Liebe verleiht der Meinung anderer enorme Kraft, weshalb wir uns davor schützen müssen, unser Leben nach den Erwartungen anderer auszurichten.

Ein großartiges Beispiel dieses Hörens auf das tiefere Selbst ist der spanische Maler Goya. André Malraux schreibt über ihn: Nachdem Goya 1792 taub geworden war, habe er begriffen, dass er alles Bestreben, anderen zu gefallen, aufgeben musste, um sein Genie für sich selbst sichtbar werden zu lassen. Es ist berührend und lehrreich, dass Goya seine gottgegebenen Gaben erst voll entfalten konnte, als er den Anforderungen seiner Umgebung gegenüber taub wurde.

Ein sehr trauriges Beispiel für Geringschätzung ist das Leben des Schriftstellers Herman Melville. Nachdem er mehrere Jahre gegen seinen Willen auf See verbracht hatte, hatte Melville mehrere Seefahrergeschichten geschrieben, die sich gut verkauft hatten. Aber als er seine Seele öffnete und »Moby Dick« schrieb, geschah zweierlei: Eines der größten Werke der amerikanischen Literatur war geboren, und die Öffentlichkeit machte sich über den weißen Wal und seinen Autor lustig; er wurde verlacht und abgelehnt. Dieser tiefsinnige und sensible Mann nahm sich das so zu Herzen, dass er sich im Alter von zweiunddreißig Jahren, auf der Höhe seines Schaffens, unter Schmerzen zurückzog und vierzig Jahre lang nichts mehr schrieb. Er löschte seine innere Stimme aus, weil seine Umgebung sie nicht hören wollte.

Ich trage sowohl Goya als auch Melville in mir, um mich daran zu erinnern, wie kostbar und einzigartig jede unserer Begabungen ist. Niemand kann wirklich wissen, wozu du berufen oder zu was du fähig bist, außer dir selbst. Doch selbst wenn es niemand sieht oder versteht, bist du unersetzlich.

◆ Setze dich mit einem vertrauten, lieben Menschen zusammen und wechselt euch damit ab, eine Zeit zu beschreiben, in der ihr euch innerlich mit einer Person oder einer Situation verbunden gefühlt habt, obwohl es niemand verstehen konnte.

◆ Was ließ dich deinen Gefühlen treu bleiben?

◆ Wie gut kennst du diesen Teil deiner selbst?

16.

Den Weg wirklich kennen

Wenn du zu einer Weggabelung kommst, nimm sie.
< Yogi Berra >

Wie bei den Koans der Zen-Mönche oder den Scherzen von Shakespeares Narren weiß man nie genau, ob die Sprüche dieser Baseball-Legende völliger Unsinn sind oder vollkommene Weisheit. Er sagt uns, dass wir uns nicht zu lange an den Weggabelungen des Lebens aufhalten sollen und nicht durch unser Zögern das Leben verpassen sollten. Wir können nicht alles erfahren, und wenn wir die eine Straße nehmen, schließt das immer die andere aus, aber wenn wir uns zu lange damit quälen, welche wir nehmen sollen, lernen wir am Ende keine kennen.

Selbst wenn wir den einen Weg nehmen, kann es zum Bedauern führen, wenn wir den anderen zu lange in uns lebendig halten. Diese Art von Bedauern ist eine Art Widerstand gegen unsere Begrenztheit, ein Ausdruck der Sturheit unseres Herzens. Den anderen Weg aktiv in uns mitzunehmen, hält uns letztlich davon ab, den gewählten Weg wirklich kennenzulernen.

Wir sind wundervolle Kreaturen mit Grenzen, wir sind fähig, große Momente vollständigen Lebens zu erfahren, aber wir können nicht alles haben und wir können nicht alles erfahren. Paradoxerweise können wir alles, was ist, nur erfahren, wenn wir uns vollständig und demütig auf den kleinen Weg einlassen, zu dem wir uns hingezogen fühlen.

- ◆ Zentriere dich und vergegenwärtige dir eine Entscheidung, vor der du stehst.
- ◆ Atme langsam. Probiere jeden Weg innerlich nur *ein* Mal aus.
- ◆ Kehre zu deinem Tagesablauf zurück und versuche, die Möglichkeiten nicht weiter durchzuspielen. Lass einfach dein tieferes Selbst sich um diese Dinge kümmern.

Dezember

17.

Uns selbst heilen

In dieser Welt konnte Hass
noch nie durch Hass überwunden werden.
Nur Liebe überwindet Hass.
So ist das Gesetz, uralt und unerschöpflich.
< Buddha >

Von den Wunden zu heilen, die einem andere zugefügt haben, ist besonders schwer, wenn jene, die uns verletzt haben, der Wunde keine Luft geben, das heißt, nicht eingestehen wollen, dass sie zu unserem Schmerz beigetragen haben. Ich habe damit oft gerungen. Immer wieder verwechsele ich das Bedürfnis nach Gerechtigkeit mit dem Bedürfnis eines Zeugen für meine Wunde.

Körperliche Verwundungen sind leicht zu erkennen, aber emotionale Wunden sind selten sichtbar. Deswegen müssen sie gesehen und anerkannt werden, um heilen zu können. Doch häufig trägt zu unserem Schmerz die sehr menschliche Tatsache bei, dass wir uns über das Wesen dessen, was passiert ist, nicht einig sind. Und wenn doch, gestehen wir es einander nicht ein. Oder die Entschädigung, auf die wir meinen, Anspruch zu haben, ist mit demjenigen, der uns verletzt hat, zu Grabe getragen worden.

Wie bei vielen anderen wichtigen Begebenheiten im Leben ist es hier wichtig, das zu würdigen, was in uns ist. Wir müssen unsere eigenen Zeugen sein, denn es gibt keine größere Macht, als mit der Autorität jenes in uns lebenden Anteils Gottes anzunehmen und zu vergeben.

◆ Setze dich still hin, bis du dich sicher fühlst, und vergegenwärtige dir eine Wunde, die nicht geheilt ist.
◆ Atme gleichmäßig und schau dir die Wunde direkt an, die dich selbst und alles, was du durchgemacht hast, bezeugt.
◆ Atme vollständig und lass dein Mitgefühl mit dir selbst die Luft sein, welche die Wunde reinigt.

18.

Unseren Weg erleuchten

Man wird nicht dadurch erleuchtet,
dass man sich Lichtgestalten vorstellt,
sondern durch Bewusstmachung der Dunkelheit.
< C. G. Jung >

Wenn Jung recht hat, dann ist das Paradies nicht mehr, als das Licht zu sehen, das sich in der Dunkelheit abzeichnet. Vielleicht bedeutet erwacht zu sein, aufmerksam zu sein für den gegenwärtigen Augenblick des Lebens, den wir so oft für selbstverständlich nehmen, jenen Augenblick, der sich – gleich einer Empfängnis, gleich einem aufbrechenden Samen – jetzt gerade ereignet, während du dies liest. Doch wie sich auf einem Scheinwerfer ein Belag absetzt, wenn er Wind und Wetter ausgesetzt ist, wird unsere Wahrnehmung von unseren Erfahrungen überzogen, und unsere Fähigkeit, zu sehen, ist eingeschränkt, bis wir sie wieder säubern. Dies ist ein lebenslanger Prozess, der nie endet, sondern immer wieder von vorne beginnt.

Sich ständig um sich selbst zu kümmern ist daher zwingend notwendig – so einfach und schwierig, wie Geist und Herz von den Überresten unserer Erfahrungen zu reinigen, damit dein ursprüngliches Gesicht dir wieder den Weg erhellen kann. Doch so wie wir jemand anderen brauchen, der uns am Rücken kratzt, brauchen wir einander auch oft, um unser Empfinden von Einheit wiederzugewinnen.

Es gibt eine alte Sufi-Geschichte von einem durstigen Mann, der einen schlammigen Fluss bis zu seiner Quelle in einer Höhle zurückverfolgt. Er trägt eine Laterne, hält sie vor sich und findet die klare Quelle, aus der er trinken kann. Wenn wir uns unklar und trüb fühlen, sollten wir also nicht vom Trüben trinken, sondern es sorgfältig zu seiner Quelle zurückverfolgen. Die Laterne unseres Geistes vor uns her tragend, müssen wir uns auf die

Dezember

Dunkelheit unserer Sorgen einlassen, um wieder aus der klaren Quelle trinken zu können. Das macht die Dunkelheit bewusst, und Mitgefühl bringt dich dazu, dein kleines Licht auch anderen hinzuhalten, die gerade zu bedrückt oder zu trübe sind, um den Weg zu finden.

- Setze dich mit geschlossenen Augen still hin und fühle das Licht des Geistes in jeder Zelle deines Körpers.
- Während du einatmest, fühle jede Zelle heller werden.
- Während du ausatmest, fühle ein leichtes Zunehmen des Lichts um dich.
- Wenn du dich im Lauf deines Tages bedrückt fühlst, halte inne, atme langsam und erhelle deinen Weg.

19.

Zucker im Baum

So wie jemand unter einem Baum sitzend
sich vorstellen kann, wie die Erde aussieht, wenn sie
von oberhalb des Baumes betrachtet wird,
kann ein Herz auch unter der Last der Wirklichkeit
um die Ewigkeit wissen.

Als Junge habe ich viele Stunden auf See in der Ketsch verbracht, die mein Vater gebaut hatte. Bei rauer See ging ich unter Deck, wo der Lärm und die Bewegungen der Tiefe gegen den Rumpf donnerten und jedes Werfen und Schlingern unmittelbar ankam.

Mein Vater kam zu mir und erzählte mir, wie seekranke Seeleute immer an Deck gingen, um auf den Horizont zu schauen. Das verhinderte natürlich nicht das Heben und Senken der sturmgepeitschten Wogen, aber solange der größere Zusammenhang sichtbar bleibt, geraten wir nicht so sehr in Unruhe.

Ich habe mir diese Weisheit zu Herzen genommen, wann immer mich ein Sturm traf. Als ich mit dem Krebs konfrontiert war, immer wieder zurückgewiesen und dadurch verunsichert war, ja selbst in Augenblicken tiefster Einsamkeit, wurden meine heftigsten Ängste gelindert, wenn ich es schaffte, den größeren Zusammenhang des Lebens wie den Horizont im Blick zu behalten.

Das ist der Unterschied zwischen Verzweiflung und Glauben, zwischen der engen Sichtweise des Zweifels und dem Weitblick auf all die lebensspendenden Möglichkeiten. Es scheint, wir leiden mehr, wenn wir unter Deck kauern, und auch wenn die ewige Perspektive, der Horizont aller Zeiten und allen Lebens, uns nicht vor unseren Stürmen bewahrt, macht er sie doch erträglicher.

Während der schwierigsten Zeiten half mir der Blick auf den Horizont, solche Dinge zu ertragen wie den Verlust einer Rippe, einer Ehe und einer geliebten Arbeit. Denn wenn wir da bleiben, wo wir Gott im Blick behalten können, wird das Auf und Ab des Lebens ein wenig berechenbarer. Es zeigt sich, dass sogar das Leiden einen Rhythmus hat. Der größere Zusammenhang macht den Unterschied zwischen der Vorstellung, das Leben sei grausam, und dem Wissen, dass die Erfahrung ein mächtiger Ozean ist. In allem Wesentlichen ist Gott immer der Horizont, und Glauben heißt, dass wir uns an Deck begeben, wie groß unser Schmerz auch sein mag.

- Wo immer du bist – in deinem Schlafzimmer, an deinem Schreibtisch oder im Bus –, sitze still und sieh dich selbst von oben betrachtet dort sitzen.
- Atme langsam. Sei gleichzeitig da, wo du bist, und darüber.
- Jetzt fühle den Stress oder den Schmerz dessen, was du in diesem Augenblick trägst.
- Atme langsam und versuche, dich in deinem Leben und von oben betrachtet zu sehen, und fühle sowohl deinen Schmerz als auch das Universum um deinen Schmerz.
- Wenn du dich in deinen Schmerz kauerst, versuche, dir einen Weg zum Horizont zu atmen.

Dezember

20.

Glauben

Ein Kind lebt nur durch seinen Glauben.
< Kurtis Lamkin >

Picasso hat einmal gesagt, Künstler seien jene von uns, die noch mit den Augen eines Kindes sehen. Während unserer Lebensreise in die Welt stellt sich da irgendwie immer mehr in den Weg, und wir hören auf, die Dinge infrage zu stellen, um tiefer in sie einzutauchen, und fangen an, Dinge zu hinterfragen, um sie zu prüfen, weil wir fürchten, sie könnten falsch sein.

Als Kind redete ich mit den Dingen: mit den Vögeln, die über meinen Kopf flogen, mit den Bäumen, die nachts rauschten, selbst mit den Steinen, die in der Sonne trockneten. Ich habe jedoch jahrelang aufgehört, es offen zu tun, weil ich den Spott der anderen fürchtete, und dann hörte ich ganz und gar damit auf. Heute weiß ich, dass die amerikanischen Ureinwohner das ständig tun, dass viele Naturvölker mit ihrem kindlichen Blick bis ins Herz der Dinge schauen.

Heute, mit fast fünfzig, entdecke ich demütig die Weisheit wieder, dass Glauben nicht aus Schlussfolgerungen entsteht, sondern ein Weg ist in die Lebendigkeit, die in allem wartet.

◆ Rede mit einem Kind darüber, wie es die Welt sieht.

21.

Nirgendwo hingehen

Wir können nichts tun und nirgendwo hingehen.
Dies akzeptierend, können wir alles tun und überall hingehen.

Eine der Grundannahmen des Taoismus ist, dass die Welt mit all ihren Geheimnissen und Schwierigkeiten nicht verbessert, sondern nur erfahren werden kann; dass das Leben in all seiner Komplexität und mit all seinen Wundern vollständig ist, so wie es ist – sich ständig verändernd und vital, aber nicht zu vervollkommnen. Ich habe gelernt, dass das nicht bedeutet, wir sollten uns nicht einlassen. Im Gegenteil, wenn wir akzeptieren, dass die Welt auch ganz gut ohne uns auskommt, befreit uns das von der Last, korrigierende Heldentaten vollbringen zu müssen, und wir können uns einfach darauf konzentrieren, die Reise der Lebendigkeit aufzunehmen.

Unsere Aufgabe besteht daher nicht darin, etwas zu entfernen oder zu erneuern. Wir sind vielmehr aufgerufen, wie menschliche Fische den Sinn des Lebens zu erfahren, indem wir ihn durch unser Herz wie durch Kiemen hindurchströmen lassen. Letztlich sind wir kleine Lebewesen, die im Strom erwachen, nicht Götter, die Flussbetten aushöhlen. Wir können den Hunger nicht ausmerzen, aber wir können einander nähren. Wir können Einsamkeit nicht ausschalten, aber einander halten. Wir können Schmerz nicht verhindern, aber ein Leben in Mitgefühl leben.

Ich habe diese Erkenntnisse erst gewonnen, nachdem ich sie erfahren habe. Im Angesicht des Todes wurde mir die Möglichkeit genommen, die Welt zu verändern. Ich konnte nur überleben und mich von der Welt verändern lassen. Das versetzte mich zunächst in eine plötzliche Depression, aber ich fand bald heraus, was mir Befreiendes geblieben war. Bar aller Ziele und Pläne entdeckte ich, dass alles, was ich brauchen oder wünschen konnte, genau hier ist – in unvollkommener Fülle.

Seitdem versuche ich weniger, das Leiden zu meiden, als vielmehr, es zum Ausdruck zu bringen; ich versuche weniger, Freude zu erringen, als vielmehr, sie zu entdecken; weniger, die Leben um mich herum zu verbessern, als vielmehr, Liebe anzunehmen, wo immer ich sie finde.

- ◆ Setze dich still hin. Lass dein Herz einfach ohne Fokus atmen.
- ◆ Versuche, nicht zu denken, und versuche, nicht *nicht* zu denken.
- ◆ Atme allen Druck aus und komme dort an, wo du bist.

Dezember

◆ Atme tief und nimm diesen Augenblick an mit all seinem
juwelengleichen Glanz, aber auch seinen rauen Qualitäten.

22.

Die Lehre

Gott bricht das Herz wieder und wieder und wieder,
bis es offen bleibt.
< Hazrat Inayat Khan >

Als ich jung war, erlebte ich meine erste unglückliche Liebe. Sie
brach mich auf, wie der Blitz einen Baum spaltet. Jahre später
brach mich der Krebs weiter auf, wie eine Flutwelle das Bett eines
schmalen Flusses erweitert. Dann musste ich nach zwanzig Jahren meine Ehe aufgeben. Das brach mich auf, wie der Sturm die
Fenster eindrückt.

Dann sah ich in Afrika das Gesicht eines namenlosen Schul-
jungen, der sein Leben begann. Das brach mich erneut, aber diesmal war es, wie wenn heißes Wasser ein Stück Seife auflöst. Jedes
Mal versuchte ich, wieder zu verschließen, was geöffnet worden
war. Das war ein natürlicher Reflex. Aber es ging natürlich genau
um das Gegenteil. Es ging darum, zu lernen, mich nie wieder zu
verschließen.

◆ Zentriere dich und konzentriere dich auf jenen Teil deines
Herzens, der gerade aufbricht.
◆ Lindere den Schmerz, indem du durch die Bruchstelle hin-
durchatmest.
◆ Wenn du kannst, versuche zumindest für einen Augenblick,
dein Herz offen zu halten, und schau in die Bruchstelle hinein.

23.

Eine Bürgschaft aus Wurzeln

Du bist nicht in dieses Haus gekommen,
damit ich ein Stück aus deinem Leben reiße.
Vielleicht nimmst du, wenn du gehst,
etwas von meinem Leben mit:
Kastanien, Rosen oder Sicherheit gebende Wurzeln.
< Pablo Neruda >

Misstrauen ist wohl die größte Sturheit, die uns davon abhält, Liebe zu erfahren. Natürlich gibt es in unserer Welt Gründe genug, vorsichtig und wachsam zu sein und uns davor zu schützen, verletzt oder ausgenutzt zu werden.

Doch das ändert nichts an der Tatsache, dass trotz all der schlimmen Nachrichten und der schrecklichen Geschichten, die auf Partys erzählt werden, der einzige Weg zu Güte und Freundlichkeit in dem kleinen Risiko besteht, uns ein wenig zu öffnen und es zu probieren. Die Frage, die wir uns stellen müssen und die ich mir selbst jeden Tag stelle, lautet: Was ist schädlicher: von der Liebe abgeschnitten zu sein oder neue Narben davonzutragen?

Neruda ist so ein großer Dichter, weil er so ein großes Herz hat, und in seiner großen Güte erinnert er uns daran, dass Geben heilt und dass nichts möglich ist, solange wir nicht in den Raum zwischen uns treten und es probieren. Doch wenn wir es tun, werden Geben und Empfangen dasselbe, und wir alle werden stärker, wenn wir es gemeinsam tun.

- ◆ Zentriere dich und vergegenwärtige dir drei kleine Gaben, die du bereit bist zu verschenken. Das mögen konkrete Dinge sein oder Symbole oder Gesten der Freundlichkeit.
- ◆ Wickle jedes dieser Geschenke sanft in deinen Atem ein.
- ◆ Nimm diese Gaben mit dir in deinen Tag.
- ◆ Verschenke sie, bevor du heute Abend nach Hause kommst.

Dezember

24.

In einem Ausbruch von Einheit

Im besten Fall bleiben von Wachs und Docht
nichts als Licht und Wärme.

Wie bei einer Kerze ist der Docht unseres Geistes in unsere Menschlichkeit gehüllt, und wenn unser Geist berührt wird, leuchten wir auf, bis alles, was wir wissen, um der Flamme unserer Erfahrung willen schmilzt und seine Form verändert. Immer wieder brennt unser Schweiß und unser Kämpfen unser Selbstbild und unsere Welt nieder, damit unser göttlicher Funke freigesetzt werden kann. Solche Augenblicke des spirituellen Aufleuchtens ordnen nicht nur unser Leben neu, sondern erhellen und wärmen auch jene, die uns nahe sind.

In diesen Momenten werden wir eins mit dem, was wir sehen, und diese plötzliche Einheit ist das, was die Gläubigen, egal welcher Richtung, Liebe nennen. Im Licht dieser Einheit namens Liebe bleibt nichts als die Bereitschaft zur Geburt, ein Drang, von etwas Zeitlosem und Frischem berührt zu werden. Es bleibt nichts als der Wunsch nach dem Tiefen in Fremden. Das Erwachen mehr zu genießen als das Wachsein, das Brennen mehr zu genießen als das Verbranntwerden, das Lieben mehr zu genießen als das Geliebtwerden.

Wenn wir – egal wie kurz – eins sein können mit dem, was wir mit allem Leben gemeinsam haben, werden wir über alle Anhaftung und allen Besitz hinaus belohnt. Zum Sänger zu werden oder zum Lied zu werden – das ist der Unterschied. Das höchste Ziel besteht darin, dass die Tänzerin in den Tanz hineinschmilzt, dass der Liebende in das Lieben hineinschmilzt, dass der Erbauer in das hineinschmilzt, was er erbaut, bis in einem Ausbruch von Einheit Tänzerin, Liebender und Erbauer eins sind.

Wenn wir mit dem Strom schwimmen, sind wir der Strom; bewegen wir uns zur Musik, sind wir die Musik; wiegen wir die Verwundeten, sind wir die Leidenden – einen Augenblick lang vielleicht. Wenn wir ohne Masken denken, sind wir reiner Gedanke; glauben wir ohne Zweifel, sind wir Gott – einen

Augenblick lang vielleicht. Vielleicht werden wir deshalb in den Augenblicken vollständigsten Liebens, Wissens oder Seins namenlos, zeitlos und atemlos: weil alles von uns aufgebraucht wird, wie bei einer Kerze, alles abgebrannt, nur um ganze Räume mit unserer Flamme zu erhellen.

- Schau jemandem zu, der etwas tut, was er liebt. Das kann etwas so Einfaches sein wie Gärtnern, etwas Kostbares reinigen, ein Haustier pflegen, Holz aufstapeln oder ein Kind waschen.
- Beobachte genau, wie die Person ihrer Aufgabe nachgeht.
- Woran erkennst du, dass sie liebt, was sie tut?
- Gibt es einen Augenblick, wo sie eins zu sein scheint mit dem, was sie liebt?
- Was kannst du aus diesem Akt der Liebe lernen?

25.

Von Neuem beginnen

Die Herrlichkeit um euch wird jeden Tag von Neuem geboren.
< Die Muppets-Version
von Charles Dickens' »Weihnachtsgeschichte« >

Die Schöpfung geht immer weiter. Die Welt beginnt jeden Tag aufs Neue. Das ist das Wunder, das lautlos geschieht, aber alles verändert, wenn wir still genug sein können, es zu bemerken. Wenn wir daran teilhaben können, beginnen wir jeden Tag aufs Neue. Denke nur daran, wie die Sonne die Erde mit ihrer Wärme überflutet, wie sich die Wolken auflösen, wie das Gras wächst und Steine zerfallen, wenn niemand zuschaut, und etwas Tieferes, Glatteres kommt zum Vorschein. So ist es auch mit uns. In einem Augenblick der Echtheit lösen sich die Wolken in unserem Verstand auf, unsere Leidenschaft erneuert sich und unsere Mau-

Dezember

ern zerfallen, wenn niemand zusieht. Alles erneuert sich, wenn wir es zulassen. Und es erneuert sich alles auf einer so subtilen Ebene.

Wir meinen, dass die Nacht die Welt bedeckt, aber in jenem geheimnisvollen Augenblick der Ruhe wird alles Lebendige neu erschaffen. Und jedes Mal, wenn du blinzelst, wenn du innehältst, damit dein Herz einfach in der Luft flattern kann, und sooft du deine Augen öffnest, kannst du von Neuem beginnen. Das ist die Wahrheit. Dies ist der Moment der Auferstehung, in dem wir die Augen öffnen.

◆ Setze dich still hin und schaue auf die Dinge um dich herum, so alltäglich sie auch sein mögen.
◆ Atme tief, schließe die Augen und bete darum, alles wieder zum ersten Mal zu sehen.
◆ Atme langsam, öffne die Augen und gehe in dein Leben wie ein Pilger.

26.

Im Wind

Manchmal wandere ich umher und tue mir selbst leid,
doch die großen Winde tragen mich unablässig
durch den Himmel.
< Spruch der Ojibway >

Wenn wir leiden oder verzweifelt sind, müssen wir unbedingt darauf achten, dass diese Gefühle nicht in alles überschwappen und unsere ganze Welt eintrüben. Ebenso wichtig ist es, unsere Gefühle nicht so stark zurückzuhalten, dass sie anfangen, zu gären und unser Selbstbild zu untergraben. Irgendwo zwischen diesen beiden Extremen liegt der gesunde Ausdruck im Leben: nicht alles persönlich nehmen und nicht die ganze Welt schwarzmalen.

Unsere innere Arbeit ist meistens besonders fordernd, wenn wir traurig und ängstlich sind, denn diese Gefühle überwältigen uns leicht und lassen uns glauben, die Welt habe weniger Möglichkeiten oder wir selbst seien weniger fähig. Sobald dieses

Gefühl des Weniger da ist, spüren wir nicht mehr die Wahrheit dessen, was authentisch ist, und verlieren den Kontakt zu den großen Winden des Lebens.

Doch irgendwie findet das Leben immer einen Weg, uns weiterzutragen, ob wir es bemerken oder nicht. So wie der Strom sowohl die hungrigen als auch die schlafenden Fische mit sich schwemmt, so tragen die großen Winde sowohl das gepeinigte als auch das friedvolle Herz ins Morgen.

Und wenn uns am wenigsten nach Beten zumute ist, besteht das Werk des Gebets darin, weder die Welt noch uns selbst größer oder kleiner zu machen, sondern unsere Verbindung zu den machtvollen Strömungen des Lebens wiederherzustellen.

- Setze dich still hin und öffne dich nach einer Weile ohne Worte für die Stimmung des Gebets.
- Atme langsam und bete darum, die großen Winde um dich herum zu spüren.
- Atme gleichmäßig und fühle, wie sich dein Atem mit den Strömungen des Lebens vermischt.

27.

Das Schöne daran

Wenn das Jetzt alles ist, was ich habe,
wo suche ich dann Freude?

Ohne Hoffnung auf die Zukunft, ohne Hoffnung auf Änderung, ohne Hoffnung, das Verlorengegangene zu finden, und ohne Hoffnung, das Vergangene zurückzubringen, mit nichts als dem Risiko, alles, was sich um mich verhärtet hat, aufzubrechen – was tue ich dann mit dem, was ich habe?

Zunächst mag das furchterregend oder traurig wirken, aber so wie ein erschöpft an Land gehender Schwimmer überraschend

Dezember

Perlen zwischen seine Beine gespült findet, hebe ich mein müdes Haupt immer und immer wieder, um festzustellen, dass alles, was ich brauche, genau hier ist, wo ich bin. Doch weil ich menschlich bin, schweife ich ab und träume von anderen Leben als meinem eigenen, und schon bald bin ich damit beschäftigt, etwas anderes zu wollen, woanders sein zu wollen, jemand anderen haben zu wollen – bin ich damit beschäftigt, mir etwas vorzustellen, etwas anzustreben, was gerade außerhalb meiner Reichweite liegt.

Damit will ich sagen: Wenn du unglücklich bist oder leidest, kann nichts diese Schichten an der Oberfläche entfernen. Doch Akzeptanz und ein starkes Herz können sie aufbrechen wie eine Muschel und etwas Weiches freilegen, was schon immer war und darauf wartet, Form anzunehmen. Es leuchtet. Ich glaube, das ist der eine Geist, den wir alle miteinander gemeinsam haben.

◆ Zentriere dich und stelle dir mit geschlossenen Augen vor, was du wünschst.

◆ Atme langsam und erkenne mit offenen Augen, was du hast.

◆ Kehre den Prozess um. Schließe die Augen und erkenne, was du hast. Jetzt atme langsam und stelle dir mit offenen Augen vor, was du wünschst.

◆ Tue dies immer weiter, bis jenes, was du wünschst, und jenes, was du hast, allmählich dasselbe werden.

28.

Integrität

Integrität ist die Fähigkeit, auf etwas in sich zu hören,
das sich nicht verändert, auch wenn das Leben,
das dieses in sich trägt, sich verändern mag.
< Rabbi Jonathan Omer-Man >

Weite Teile unserer Reise durch dieses Buch haben sich darum gedreht, diesen inneren Ort zu finden und die Fähigkeit zu üben, gleichzeitig auf ihn zu hören und Mitgefühl für das Leben zu haben, das ihn in sich trägt.

Das bewegt mich dazu, die Geschichte eines bedrückten Mannes zu erzählen, der, von seinem Leiden und seiner Verwirrung erschöpft, zu einem Weisen ging und um Hilfe bat. Der Weise schaute tief in den Mann und bot ihm mitfühlend die Wahl an: »Du kannst entweder die Landkarte haben oder das Boot.«

Der Mann sah die vielen anderen Pilger um sich herum, die alle genauso belastet und verwirrt schienen, und sagte: »Ich nehme das Boot.«

Der Weise küsste ihn auf die Stirn und sagte: »So geh denn hin. Du bist das Boot. Das Leben ist das Meer.«

Immer wieder stellen wir fest: Wir haben alles, was wir brauchen, in uns. Diese Fähigkeit, nach innen zu lauschen, ist unser ältestes Ruder. Du bist das Boot.

- Setze dich still hin und lege alle deine Landkarten einen Augenblick lang weg.
- Lass deinen Atem dich sicher auf See tragen.
- Atme sanft und tanze dort auf den Wellen … und lausche einfach …

29.

So singe denn

*Solange wir singen, kann der Schmerz der Welt
uns nicht das Leben nehmen.*

Während meiner Krebserkrankung und während meiner Kindheit in Amerika, während ich von den unzähligen Kämpfen um Freiheit in aller Welt erfuhr, alle anders und doch gleich, und während ich bei den Menschen in Südafrika war, wurde mir eines sehr klar: Das Überleben des Äußeren hängt wesentlich davon ab, dass dem Inneren eine Stimme gegeben wird. Wo wir auch leben, wen wir auch lieben, was wir auch wünschen oder

Dezember

nicht haben können – dies ist die Lehre, die ich nicht oft genug wiederholen und lernen kann.

Wenn alles im Leben von außen Druck auf uns ausübt, haben wir keine andere Wahl, als wie verängstigte Kinder zu singen, in der Hoffnung, dass das Lied den Schmerz verdrängt, so wie Feuer die Kälte verdrängt. Das ist das Geheimnis alles Geistigen; deshalb kann der Geist nicht innen bleiben, sondern muss aus uns heraus in die Welt gebracht werden. Denn das Lied aus dem Inneren sorgt dafür, dass der Schmerz des Lebens uns nicht auslöscht. Dieses immer wieder aufs Neue entflammte Lied aus dem Inneren lässt die Welt sich weiterdrehen. Wenn wir es für uns selbst tun, tun wir es auch für jedes noch ungeborene Kind.

So wie Tag und Nacht sich abwechseln auf dieser riesigen Erde, die sich nirgendwohin dreht, wechselt das Lied, das wir innerlich miteinander teilen, sich mit den Katastrophen des Lebens ab. Wenn wir verstummen, kommen dunkle Zeiten auf uns zu.

So singe denn, in jeder Sprache, die dich dein Schmerz gelehrt hat. Singe, auch wenn du es nie gelernt hast. Singe, denn der Ruf von all den Orten in dir, die du ruhiggestellt hast, wird die Kälte verdrängen, wird die Gefahr lindern, wird die Welt sich weiterdrehen lassen, noch eine Runde …

◆ Schließe die Augen und lass tief und einfach das, was in dir ist, langsam hochkommen.

◆ Atme alles aus, was im Weg zu stehen scheint, und verleihe dem Stück des Unendlichen, das in dir ist, eine Stimme.

◆ Lass einen Ruf hinaus, einen Laut oder ein Seufzen und spüre, wie die Welt weitergeht.

30.

Wir werden zur Erde

Auf der Suche nach dem Wesentlichen werden wir wesentlich.

Ich staune immer wieder, dass die tiefsten Dinge nicht greifbar sind: Liebe, Zweifel, Glauben, Verwirrung, Frieden, Weisheit,

Leidenschaft. Wo sind sie? Wir können sie nicht in der Hand halten wie eine Frucht oder auf unserem Schoß umblättern wie die Seiten eines heiligen Textes. Und doch formen sie unser Leben. Ein zentrales Mysterium aller heiligen Weisheit war immer: Die einzigen Dinge, die es wert sind, gesagt zu werden, sind unaussprechlich.

Es macht demütig, zu erkennen, dass wir diese Weisheit ein Leben lang Körnchen um Körnchen einsammeln, uns darum bemühen, sie zu verstehen, auszudrücken und mitzuteilen, nur um immer mehr Teil davon zu werden, selbst unaussprechlich zu werden. Im Lauf der Zeit altern wir in eine Stille hinein, die atmet wie ein Stein, offen jenseits allen Widerstands.

Vielleicht ist dieses berührende Paradox eine Art Schutzwall der Natur, um nicht zu viel des Mysteriums offenzulegen. Jahrelange Lebenserfahrung ist nötig, um all dem, was nicht spricht, ein paar kostbare Worte abzuringen. Geformt von unserem Leiden und blank gerieben von unserer Freude, werden wir zur Erde, wissen mehr und sagen weniger. Es hat seine eigene Ironie, dass wir nach einem ganzen Leben endlich wichtige Dinge zu sagen hätten und dann unsere Fähigkeit verlieren, sie auszusprechen. Doch das mindert nicht den Wert dessen, was wir zu sagen versuchen. Denn die Tatsache, dass Klang immer in Stille endet, macht die Musik unserer Seele nicht weniger kostbar.

Offenbar können wir immer weniger an die Oberfläche bringen, je mehr wir durchleben. Ich erinnere mich, wie ich Großmutter Minnie besuchte, als sie vierundneunzig war. Ich hatte die Schiffsfahrkarte gefunden, mit der sie 1912 als Mädchen in dieses Land gekommen war. Auf dem Fahrschein stand ein fremder, schöner Name: Maiyessca. Das war ihr Geburtsname, doch in diesem Land wurde er nie genannt. Ich gab ihr das gelbe Stück Papier in die Hand. Ihre Augen weiteten sich, und ich spürte, wie der große alte Fisch ihres Herzens auftauchte und die Wasser in Bewegung versetzte, die achtzig Jahre lang geruht hatten. Ganze Lebzeiten verstrichen in der Stille zwischen uns. Dann erzitterte sie, gluckste hustend und sagte nur: »Ich hatte vergessen, dass ich mal gekommen bin.«

Dezember

Daran ist nichts Trauriges. Es fühlt sich eher unvermeidlich und heilig an, dass wir zu dem werden, wonach wir streben. Wir fangen an und wollen wissen, was Liebe ist, und wenn wir lange genug leben, werden wir Liebe. Wir fangen an und wollen Gott kennenlernen, und wenn wir lange genug leiden, werden wir Gott. Im Lauf der Zeit erweitert sich das Herz von innen heraus, und alle unsere Häute werden dünner, bis wir etwas Elementares werden, uns runden zu dem nächsten Körnchen Weisheit, das gefunden wird.

- Setze dich mit einem vertrauten Freund still hin.
- Atmet tief und meditiert, jeder für sich, über eure eigene Geschichte der Liebe. Lasst die wortlosen Gefühle durch euch hindurchströmen.
- Versucht nach einer Weile, diesen wortlosen Strom zu würdigen, indem ihr ein einziges Wort oder einen kurzen Satz in euch aufsteigen lasst.
- Schreibt dieses Wort oder diesen kurzen Satz auf und haltet ihn in Stille an euer Herz.
- Tauscht miteinander das Blatt Papier aus, ohne darauf zu schauen, und meditiert in Stille mit dem Wort oder den Worten eures Freundes an eurem Herzen.
- Lest euch nach einer Weile die Worte gegenseitig laut vor.

31.

Ich sehe dich

Ich sehe dich!
Ich bin hier!

Seit Jahrhunderten ist dies die gegenseitige Begrüßung afrikanischer Buschmänner. Tritt ihnen in der Wildnis einer ihrer Brüder oder Schwestern entgegen, ruft der eine: »Ich sehe dich!«, und der andere erwidert freudig: »Ich bin hier!«

Dieses zeitlose gegenseitige Bezeugen ist einfach und tief, und viele unserer modernen therapeutischen Reisen drehen sich um genau das: dass jemand sieht, wer wir sind und was wir erlebt haben. Denn durch diese einfache, direkte Bestätigung sind wir fähig, unsere eigene Präsenz wirklich anzunehmen, zu sagen: »Ich bin hier!«

Jene Menschen in unserem Leben, die uns als Person bestätigt haben, indem sie uns sahen, und das auch ausgedrückt haben, sind das Fundament unseres Selbstwerts. Wer ist das für dich? Für mich war der erste Mensch, der sich an meinem Hineinkrabbeln in die Welt erfreute, meine Großmutter. Hätte sie mich nicht so ohne jeden Zweifel geliebt, ich hätte vielleicht nie den Mut gefunden, mich überhaupt zum Ausdruck zu bringen. Ist Kunst nicht letztlich in all ihren Formen nur ein wunderschönes Zeugnis unseres allzu menschlichen Versuchs, immer und immer wieder zu sagen: »Ich bin hier!«

Gesehen zu werden, ermöglicht es uns, unser Leben anzunehmen, und dann können wir dieses Geschenk auch an andere weitergeben. Doch genauso wichtig wie das Bezeugen ist die Freude, mit der diese Buschmänner kundtun, was sie sehen. Es ist die Freude des ersten Sehens und des ersten Erkennens. Es ist ein Geschenk der Liebe.

In einer Kultur, die ihre Menschlichkeit auslöscht, in der Akte der Unschuld und des Neubeginns unsichtbar gemacht werden, ist es dringend notwendig, dass wir mit Freude gesehen und erkannt werden, damit wir angesichts all der wundersamen Dinge, die sich hätten zutragen können oder nicht, gleichermaßen staunend und unbefangen verkünden können: »Wir sind hier!«

So weit unsere Erinnerung reicht, haben die Menschen der ältesten, von der Zivilisation unberührten Stämme regelmäßig darüber gejubelt, gemeinsam hier auf der Erde zu sein. Wir *können* das nicht nur füreinander tun, wir *müssen* es tun. Denn so wie Sterne den Weltraum brauchen, um gesehen zu werden, so wie Wellen ein Ufer brauchen, um sich daran zu brechen, so wie Tau Gras braucht, um sich darauf niederzulassen, so hängt unsere Lebendigkeit davon ab, dass wir jubelnd verkünden: »Ich sehe dich!« – Ich bin hier!«

Dezember

- Setze dich mit einem vertrauten lieben Menschen hin und meditiert mit geschlossenen Augen über die Essenz des anderen, so wie ihr ihn kennt.

- Wenn du mit der Präsenz des anderen erfüllt bist, öffne die Augen und erkläre mit Freude und Aufrichtigkeit: »Ich sehe dich!«

- Gib dem anderen Zeit und Raum, antwortend zu verkünden: »Ich bin hier!«

- Dann wechselt die Rollen und wiederholt diesen Prozess des ersten Sehens und ersten Erkennens. Wenn du dich davon bewegt fühlst, lebe dein Leben in dieser Art.

Notizen

Dezember

Danksagung

Ich möchte die tiefe Präsenz jener würdigen, die geholfen haben, mich zu einem offenen Gefäß zu machen, das dieses Buch empfangen und in die Welt bringen konnte. Dank an Carol Hegedus für ihre feinfühlige Fähigkeit, von der Mitte her zuzuhören. An Joel Elkes für die freundliche Weisheit, die er jedem mit seinen Augen schenkt. An Parker Palmer für die Verwurzelung seines sehr großen Herzens. An Wayne Muller für die Freude seiner Gesellschaft und das Geschenk seines Mitgefühls. An Maggi Alexander für die Integrität ihrer Zuwendung. An Megan Scribner für ihre Bereitschaft, weiterzureisen. An Mary Williams für ihr beständiges Dasein.

Dank an David Blustein und Pearl Mindell, dass sie mich tiefer in die Wahrheit geführt haben. An Paul Bowler für die lebenslange Freundschaft, die uns beide geformt hat. An Robert Mason für mehr, als Worte sagen können, mein Bruder. An Susan McHenry für das zärtliche, bestätigende Zuhause, das du meinem Herzen gibst.

Dank an Tom Callanan, dass du genug an mich geglaubt hast, um meine Arbeit herumzuzeigen. Meinen Mitarbeitern Elizabeth Roche und Samantha Berman für ihre Geduld, Fürsorge und Freundschaft. Meiner Lektorin Mary Jane Ryan, die mich ermutigte, dieses Buch zu schreiben, als ich erst fünf Beiträge fertig hatte. Dein Glauben und deine Genauigkeit halfen, dieses Buch in die Welt zu bringen. An die 260 suchenden Seelen aus aller Welt, die sich Zeit genommen haben, diese Beiträge zu lesen und per E-Mail darauf zu antworten. Und an Melody Beattie, die Pionierin dieser Form von Texten für jeden Tag, die damit einen Weg eröffnet hat, mehr Spiritualität in unseren Alltag einfließen zu lassen. Und an die Stimmen all jener Lehrerinnen und Lehrer, die ich hier zitiert habe, weil sie ihren Schmerz und ihr Staunen durch die Zeitalter bis zum Altar des Heute getragen haben.

Quellenangaben der amerikanischen Originalausgabe

Wir haben uns sehr bemüht, alle Nachdruckgenehmigungen einzuholen. Es war ein komplizierter Vorgang. Wenn irgendwelche notwendigen Genehmigungen fehlen, lag das nicht in unserer Absicht. Wenn Sie uns benachrichtigen, werden wir dies in zukünftigen Ausgaben berichtigen.

Ich danke für die Erlaubnis, aus den folgenden bereits veröffentlichten Werken zitieren zu dürfen:

Auszug aus *Illuminated Rumi* von Coleman Barks, Michael Green. Copyright © 1997 von Coleman Barks und Michael Green. Verwendet mit Genehmigung von Broadway Books/Random House, Inc. Auszug aus einem Manuskript von Coleman Barks. Copyright © 1995 von Coleman Barks. Nachgedruckt mit Genehmigung von Coleman Barks. Auszug aus *Morning Poems* von Robert Bly. Copyright © 1997 von Robert Bly. Nachgedruckt mit Genehmigung von HarperCollins Publishers, Inc. Auszug aus *Selected Poems of Rainer Maria Rilke,* herausgegeben und übersetzt von Robert Bly. Copyright © 1981 von Robert Bly. Nachgedruckt mit Genehmigung von HarperCollins Publishers, Inc. Auszug aus »*one climbs*« von Rene Daumal, aus *Confucius to Cummings.* Copyright © 1964 von New Directions Publishing Corp. Nachgedruckt mit Genehmigung von New Directions Publishing Corp. Auszug aus *The Roaring Stream: A New Zen Reader,* herausgegeben von Nelson Foster und Jack Shoemaker. Copyright © 1996 von Nelson Foster und Jack Shoemaker. Vorwort Copyright von Robert Aitken. Nachgedruckt mit Genehmigung von HarperCollins Publishers, Inc. Auszug aus »*The Holy Longing*« von Goethe, übersetzt von Robert Bly aus *News of the Universe: Poems of Twofold Consciousness.* Copyright © 1980 von Robert Bly. Nachgedruckt mit Genehmigung von Sierra Club Books. Auszug aus *Basho's Ghost* von Sam Hamill, Übersetzer. Copyright © 1989 von Broken Moon Press. Nachgedruckt mit Genehmigung von Sam Hamill. Auszug aus »*The Bear*« aus *Three Books* von Galway Kinnell. Copyright © 1993 von Galway Kinnell. Früher veröffentlicht von Body Rags (1965, 1966, 1967). Nachgedruckt mit Genehmigung von Houghton Mifflin Company. Auszug aus *Wrestling the Light: Ache and Awe in the Human Divine Struggle: Prayers and Stories* von Ted Loder. Copyright © 1991 von Innisfree Press. Nachgedruckt mit Genehmigung von Innisfree Press. Auszug aus »*Pessoa Fragment*« von Thomas Merton, aus *The Collected Poems of Thomas Merton.* Copyright © 1948 von New Directions Publishing Corp, 1977 von Trustees of the Merton Legacy Trust. Nachgedruckt mit Genehmigung von New

Directions Publishing Corp. Auszug aus einem Stück von Naomi Shihab Nye, abgedruckt in *The Language of Life* von Bill Moyers. Copyright © 1996. Nachgedruckt mit Genehmigung von Naomi Shihab Nye. Auszug aus *»Who Knows by Abutsu-Ni«* von Kenneth Rexroth, aus *Women Poets of Japan.* Copyright © 1977 von Kenneth Rexroth und Ikuko Atsumi. Nachgedruckt mit Genehmigung von New Directions Publishing Corp. Auszug aus *»Haiku' von Kikakou«* von Kenneth Rexroth, aus *One Hundred Poems from the Japanese.* Copyright © 1964. Nachgedruckt mit Genehmigung von New Directions Publishing Corp. Auszug aus *The Collected Works of Theodore Roethke,* Doubleday, 1948. Keine Genehmigung erforderlich. Auszug aus *»Maybe, Someday«* von Yannis Ritsos in *Yannis Ritsos: Selected Poems 1938–1988,* herausgegeben und übersetzt von Kimon Friar & Kostas Myrsiades, Copyright © 1989. Verwendet mit Genehmigung von Boa Editions, 260 East Avenue, Rochester, NY 14604. Auszug aus *»A Ritual to Read to Each Other«* von William Stafford. Copyright © 1960, 1998 vom Estate of William Stafford. Nachgedruckt aus *The Way It Is: New & Selected Poems* von William Stafford mit Genehmigung von Graywolf Press, Saint Paul, Minnesota. Sieben Zitate aus *Tao Te Ching by Lao Tzu, A New English Version,* Vorwort und Anmerkungen von Stephen Mitchell. Übersetzung Copyright © 1988 von Stephen Mitchell. Nachgedruckt mit Genehmigung von HarperCollins, Inc. Auszug aus *Selected Poetry of Rainer Maria Rilke,* herausgegeben und übersetzt von Stephen Mitchell. Copyright © 1984 von Stephen Mitchell. Nachgedruckt mit Genehmigung von Random House, Inc.

Hinweis für die vorliegende deutsche Ausgabe:
Bis auf die deutsche Übersetzung des »Tao Te King« von Stephen Mitchell (Goldmann 2003) wurden alle Zitate direkt aus dem Amerikanischen übersetzt. (Anm. d. Übers.)

Über den Autor

Mark Nepo ist Dichter und Philosoph und lehrt seit über fünfundzwanzig Jahren in den Bereichen Poesie und Spiritualität. Als
Überlebender von Krebserkrankungen widmet er sich heute ganz
der Bedeutung des inneren Lebens. Sowohl in seinen Schriften
als auch in seinen Lehren geht es immer um das Leben in innerer Transformation und Beziehung, um die Erkundung der Reise
der Heilung, in der sich die Wege von Kunst und Spiritualität
begegnen. Mark Nepo lehrte achtzehn Jahre lang an der State
University of New York in Albany. Heute arbeitet er mit Organi-
sationen zusammen, die der Ganzheitlichkeit von Körper, Geist
und Seele zum Wohl der individuellen und kollektiven Gesundheit verpflichtet sind. Einige seiner Werke, darunter die ameri-
kanische Originalausgabe des vorliegenden Buches, wurden zu
Bestsellern bzw. unter die besten spirituellen Bücher der jeweiligen Erscheinungsjahre gewählt. Mark Nepo lebt in Albany, New
York, hält Vorträge und leitet Retreats.

www.marknepo.com
www.threeintentions.com